区域视角下的老工业基地调整改造

——以中部地区为例

姚莉◎著

長江出版傳媒
湖北人民出版社

鄂新登字 01 号

图书在版编目(CIP)数据

区域视角下的老工业基地调整改造/姚莉著.
武汉:湖北人民出版社,2012.10

ISBN 978-7-216-07326-4

Ⅰ. 区…
Ⅱ. 姚…
Ⅲ. 老工业基地—区域经济发展—研究—中国
Ⅳ. F427

中国版本图书馆 CIP 数据核字(2012)第 193214 号

区域视角下的老工业基地调整改造 姚 莉 著

出版发行: 长江出版传媒 湖北人民出版社
地址:武汉市雄楚大道 268 号
邮编:430070

印刷:荆州市翔羚印刷有限公司	**经销:**湖北省新华书店
开本:787 毫米×1092 毫米 1/16	**印张:**20.25
字数:340 千字	**插页:**1
版次:2012 年 10 月第 1 版	**印次:**2012 年 10 月第 1 次印刷
书号:ISBN 978-7-216-07326-4	**定价:**38.00 元

本社网址:http://www.hbpp.com.cn

目　录

MU LU

第一章　导论

全书选择了区域视角对老工业基地调整改造进行深入研究。作为全书的开篇部分，本章主要阐述了我国老工业基地调整改造研究的背景及重要意义，系统梳理了全书的研究思路和框架内容，并对国内外关于老工业基地的相关研究成果进行了文献整理和述评。

第一节　研究的对象、背景和意义

一、研究对象

（一）老工业基地

一般来讲，老工业基地是与新兴工业基地相对应的概念。它具有广义和狭义两种理解。从广义理解，老工业基地是指历史时期形成的对全国或区域经济产生较大影响的工业基地，主要是按照时间来界定的。从狭义理解，老工业基地则是指历史时期形成的，曾经对全国或区域经济产生较大影响，但后来出现衰退和老化特征的工业基地。实际上，这是把老工业基地等同于“处于衰退中的老工业基地”。之所以出现这种理解，主要是在许多国家，只有老工业基地面临衰退或老化等诸多问题时，国家才有可能在政策上给予支持。这类地区在国外一般被归并为“萧条地区”或“衰退地区”，或者称为“衰退的后工业化地区”。本书重点研究的是狭义的老工业基地。

（二）老工业基地调整改造

工业化是人类社会发展中经济结构演进的一个阶段，伴随工业化的进程，工业基地先后在欧美国家崛起。英国的曼彻斯特、德国的鲁尔、美国的匹兹堡、俄国的乌拉尔都曾名噪一时。在这些工业基地里聚集了巨大的工业力量和社会财富，为本国的工业化和现代化作出了重大贡献。由于科技进步、市场变化、资源枯竭等多种因素，这些工业基地都经历了一个从开发期、鼎盛期、衰退期到振兴期的演变过程。因此，老工业基地的调整改造，是世界上发达国家都经历过、现在仍在经历着的发展难题，是指老工业基地衰退后，针对老工业基地出现的各种问题，国家给予特别的政策支持，帮助其恢复昔日的辉煌。

在我国，老工业基地调整改造是一个具有时代特色的概念，不同时期老工业基地的调整改造有着不同的主题。从20世纪80年代起，国家开始进行老工业基地的调整改造工作："六五"至"八五"时期，以国有企业技术改造为核心，先后对上海、天津、武汉、重庆、沈阳、哈尔滨等老工业基地城市进行了改造，对"三线"企业开展了以技术改造升级和企业布局调整为重点的调整改造探索。"九五"期间，进行了辽宁省改造调整的试点工作，继续对中西部地区国有经济布局进行了调整。"十五"期间对东北地区老工业基地实施了以振兴为目标的调整改造。"十一五"期间，确立了"比照东北老工业基地的经验，支持中部老工业基地振兴"的政策。进入新的历史时期，国家开始统筹推进全国老工业基地的调整改造，则是为了实现全国老工业基地的振兴。

二、研究背景

老工业基地是新中国工业的摇篮，是我国工业的奠基石和经济的重要支柱，是我国经济社会发展的重要载体。"一五"、"二五"和"三线"建设时期，国家集中力量建设了一批以能源、原材料、装备制造、国防工业为主的重大项目，形成了一批工业基地。这些工业基地为我国形成独立完整的工业体系和国民经济体系，为改革开放和现代化建设作出了历史性重大贡献。改革开放后，这些工业基地的体制性、结构性矛盾日益显现，进一步发展面临着许多困难和问题。党中央、国务院高度重视老工业基地的改革和发展，采取了一系列推进国有企业改革、加快结构调整、建立社会保障体系的措施。

早在20世纪90年代初期，国务院就开展了一次全国大型老工业基地调整改造工作。当时我国正处在计划经济向市场经济体制转型过渡的时期，市场经济极不发达，对外开放程度低，思想较为落后，老工业基地作为我国计划经济色彩浓重的产物，问题矛盾十分突出。国家重点提出了六个特大型老工业基地的改造振兴问题，包括上海、天津、沈阳、武汉、重庆、哈尔滨六个老工业基地，主导思想是坚持市场经济体制，大力发展市场经济，在这一前提下进行老工业基地的改造，关注的重点主要是企业技术改造、产业转型及新型产业发展等经济问题和解决各种历史遗留问题，对社会民生问题以及生态环境问题关注较少。

2003年，国家又从全面建设小康社会全局出发，作出了振兴东北地区等老工业基地的战略决策，重点对东北老工业基地进行调整改造，包括吉林、辽宁、黑龙江三省及内蒙古东北部地区。这一时期老工业基地的调整改造主要局限于东北地区，属于局域性的老工业基地调整改造，涉及的领域从开始的企业改造及解决历史遗留问题逐步涵盖经济、社会、环境等各个方面。经过多年的努力，老工业基地调整改造取得了重要的阶段性成果，东北地区再次成为全国重要经济增长区域，大多数老工业基地走上了内生驱动、良性发展的轨道。但老工业基地中不平衡、不协调、不可持续问题依然突出，中西部地区仍有许多老工业基地发展滞缓，一些城市呈现典型的衰退特征，已成为我国经济社会发展的薄弱环节和转变发展方式的难点。

新时期，尤其是“十二五”时期，国际国内发展环境发生了新的变化，国际竞争的进一步加剧，使得加快老工业基地调整改造，以尽快实现我国老工业基地的全面振兴成为国家重大的战略问题。随着振兴东北老工业基地各项政策的实施取得初步成效，为尽快解决“东北地区等老工业基地”中的“等”字问题，2010年8月17日，温家宝总理主持召开了国务院振兴东北地区等老工业基地领导小组第二次全体会议，强调要统筹推进全国老工业基地调整改造工作，研究编制并组织实施《全国老工业基地调整改造专项规划》，结合新形势和新情况，研究制定符合实际、切实有效的政策措施。由此，老工业基地调整改造开始酝酿在全国范围内推进。这是进行老工业基地调整改造研究的一个全国大背景。

2011年，国家发展改革委东北振兴司主持开展了《全国老工业基地调整改造规划》的前期重大课题研究，涉及老工业基地调整改造的总体战略思路、产业结构调整、城市功能提升、国企改造、政策措施研究以及中西部地区老工业基地调整改造研究等一系列内容，其中的一项专题《中部地区老工业基地的调整改造专题研究》，要求对中部地区老工业基地的现状、问题进行深入分析，并提出中部老工业基地调整改造的对策措施。笔者作为课题负责人主持了这项课题的研究工作，先后对中部地区20多个老工业基地城市展开了实地调研。在研究的过程中，也深入思考了一些问题：为什么这一次国家要在全国范围内铺开老工业基地的调整改造工作？为什么中西部地区是这次老工业基地调整改造的重点？这一次全国老工业基地的调整改造与过去历史上我国老工业基地改造有什么区别？……笔者认为，首先，全国老工业基地调整改造有必要全面推进。老工业基地调整改造是全国转变经济发展方式、调整经济结构、发展低碳经济的重点和难点，调整改造的顺利完成将有助于全面建设小康社会、构建和谐社会、促进区域协调发展和包容性增长。东北老工业基地在我国率先进行了探索性的调整与改造，经过八年的努力，东北地区重新焕发了活力，经济社会得到快速发展。但东北老工业基地只是我国老工业基地的一部分，解决的问题也是局域性的，还有更多地区的老工业基地需要调整改造，下一阶段，我国老工业基地调整改造的重点和难点将在中西部地区。中西部地区经济发展相对落后，其老工业基地长期以来受到的关注相对较少，存在的各种问题及历史包袱也较多，且未得到过国家专门针对老工业基地发展的政策支持，中西部地区亟须增长极带动区域的发展，而老工业基地最有基础成为区域经济增长极。其次，全国老工业基地调整改造有经验可寻。自2003年开始国家实施东北振兴战略以来，东北地区老工业基地从经济社会等各方面开始全面调整改造，八年多时间里，东北老工业基地不仅实现了振兴，而且也为我国老工业基地全面调整改造积累了很多重要经验，可向其他地区推广。第三，全国老工业基地调整改造有能力进行。随着改革开放的深入推进，国家整体经济实力不断增强，我国已成为世界第二大经济体，国家财力越来越雄厚，有能力将老工业基地的调整改造工作向全国铺开。

沿着这一系列的思考，并结合对中部地区老工业基地的深入研究，笔者开始探索区域视角下全国老工业基地的调整改造问题。笔者通过对我国老工业基地发展历史及特点的梳理和研究，阐释了新时期我国老工业基地调整改造的内涵及作用，分析了老工业基地发展的现状及面临的机遇挑战，并提出了中部地区老工业基地改造与振兴的思路、目标、模式和具体路径。这便是本书形成的起源。

三、研究意义

本书研究不仅具有重要的理论意义，同时，更具有重大的现实意义。

从国家层面看，本书深入研究了新时期我国老工业基地调整改造的新内涵，以及如何以老工业基地的振兴促进区域协调发展。一方面，本书深入研究了新时期老工业基地调整改造的内涵。老工业基地的调整改造与振兴是世界各国共同持久的话题，也是一个具有时代特色的话题，不同时期老工业基地的发展环境和发展主题不一样，老工业基地调整改造的内涵也就不同。自20世纪80年代中期以来，我国就开始进行老工业基地的调整改造。从六大老工业基地的改造振兴、"三线"老工业基地改造到东北老工业基地的振兴，不同时期我国老工业基地调整改造的内涵和主题思想都不尽相同，调整改造的重点任务和路径也不一样。进入新时期，国际国内环境发生重大变化，我国发展的主题和战略也发生了变化，对老工业基地需要承担的任务也有新要求，赋予新时期我国老工业基地调整改造新的内涵。本书旨在通过分析过去我国老工业基地调整改造的历程，总结其经验特点，结合新的历史时期老工业基地发展环境发生的变化，探索新时期我国老工业基地调整改造的新思路和路径，这些对于实现老工业基地的振兴意义重大。另一方面，本书还深入研究了如何以老工业基地振兴促进区域协调发展。自新中国成立以来，我国区域格局发生过几次变化，区域发展的战略重点也发生过转移。老工业基地曾是各区域的重要经济支撑，改革开放以后各区域老工业基地也经历了不同的兴衰变化。老工业基地改造与区域发展之间存在辩证的关系，彼此互相影响。目前，我国区域发展不平衡、不协调的问题仍然十分突出，中西部地区与东部地区的差距有扩大的趋势。所以，在新时期振兴老工业基地尤其是中西部地区的老工业基地，将其打造成为区域经济增长极，带动区域整体发展，对促进区域协调发展意义重大。

从区域层面看，本书重点研究了中部地区老工业基地调整改造及振兴的实现路径。中部地区是我国"一五"、"二五"、"三线"时期大规模建设的重点区域，经过国家和地方政府的共同投资建设，形成了一大批老工业基地城市。这些城市在能源和原材料供应、人才培养、资金积累、技术创新、劳动力就业、国家经济和国防安全、促进现代国民经济体系形成等方面为国家作出了巨大的贡献，是区域乃至全国经济社会发展的重要支撑。中部老工业基地无论从城市数量、人口规模、地域面积，还是从经济总量、发展趋势上看，在全国都具有举足轻重的地位，其调整改造的成败不仅关系到中部地区的崛起，更关系到我国国民经济的进一步发展。改革开放以后，在向市场经济转轨的过程中，中部老工业基地囿于计划经济体制的深度束缚和沉重的历史包袱，未能及时适应市场的变化和竞争的冲击，企业经营机制日显僵化，技术装备逐渐老化过时，工业效益开始明显下滑，下岗失业人员迅速增多，严重影响和制约了中部地区经济社会的快速发展。与此同时，国家战略的重点开始转向东部沿海地区，导致国家对中部地区尤其是艰难转轨中的老工业基地的投资锐减，且中部地区大量的人才、资金等生产要素向东部流出，中部老工业基地的发展陷入困境。进入21世纪尤其是国家实施促进中部地区崛起战略以来，中部老工业基地开始逐步走出困境，实现了稳步快速发展，有力带动了中部地区经济的发展。但是，中部老工业基地长期积累下来的体制性和结构性矛盾未得到根本解决，发展困难重重，制约着中部老工业基地的全面振兴。当前和今后一段时期，是中部老工业基地发挥优势、加快发展的战略机遇期，是实现老工业基地全面振兴和中部崛起的关键时期，加快中部老工业基地调整改造，对推动中部地区崛起、转变经济发展方式、促进区域协调发展、保障国防及经济安全、维护社会稳定与和谐、以工促农统筹城乡发展具有重大意义。本书对中部地区老工业基地的调整改造进行了实证研究，深入剖析了中部老工业基地发展的现状及存在的问题，提出了中部老工业基地调整改造的思路及具体措施，以期为中部老工业基地的调整改造实践提供支撑，对促进中部老工业基地尽快走上振兴之路意义重大。

第二节　研究的思路、内容及方法

一、研究思路

本书试图从区域视角探索我国老工业基地调整改造的有效途径。全书在系统梳理我国老工业基地调整改造历程和国外典型老工业区改造经验的基础上，深入研究了新时期我国老工业基地调整改造的内涵及思路。通过回顾我国区域发展格局及战略的演变，分析了老工业基地与区域发展之间的关系，并以中部地区老工业基地的调整改造为例，提出了以老工业基地的调整改造加快促进区域发展的崭新思路。

全书的主题是新时期我国老工业基地的调整改造，深刻分析了在新的历史时期我国老工业基地发展面临的新环境，诠释了老工业基地调整改造的新内涵，提出了我国老工业基地调整改造的新思路及重点任务；贯穿全书的主线是以老工业基地的调整改造推进区域发展，深入剖析了老工业基地与区域发展之间相互促进的辩证关系，不仅关注各区域老工业基地的调整改造问题，更以新时期最具代表性的中部地区老工业基地的调整改造为案例进行实证研究，探索老工业基地的调整改造如何促进区域发展。

简而言之，本书的逻辑思路可表述为：理论——经验——内涵——实践。首先，重点阐述了区域经济发展等相关理论，为我国老工业基地的调整改造寻找理论依据；其次，总结了国外老工业基地调整改造的做法，为我国老工业基地调整改造提供经验借鉴；第三，明确了新时期我国老工业基地调整改造的内涵，在新的调整改造思想指导下，为新时期全国的老工业基地调整改造指明方向；最后，深入分析了老工业基地调整改造与区域发展之间的关系，同时具体以中部地区为例，对中部老工业基地的现状、问题及调整改造的思路、对策进行深入研究，为各区域老工业基地调整改造提供有益探索。

本书的研究是由点上升到面的，具体来说，就是从对中部地区老工业基地调整改造的研究上升到对全国老工业基地调整改造的研究。

二、研究内容

具体来看，全书的内容共分八章。

第一章，导论。本章是全书的开篇部分，主要阐述了本书研究的对象、背景、及意义，研究的思路、方法及框架内容。同时，还对国内外老工业基地的相关研究成果进行了详细的介绍和评述。

第二章，老工业基地调整改造的理论基础。本章是老工业基地调整改造的理论支撑部分，主要介绍了区域经济发展相关理论，包括经济增长阶段理论、非均衡发展理论、二元结构理论、贫困恶性循环理论等；产业结构相关理论，包括产业结构理论、产业结构演化理论和产业结构调整优化理论等；生命周期理论，包括产品生命周期理论、产业生命周期理论、区域生命周期理论等；区域可持续发展理论，包括区域可持续发展理论的概念、内涵、研究的对象及内容等；制度变迁理论，包括制度与制度创新、制度变迁的动因与路径依赖、制度创新与经济增长等内容。本章主要是根据老工业基地调整改造可能涉及的领域内容，选取相关的理论进行归纳阐述，以形成老工业基地调整改造研究的理论支撑。

第三章，世界典型区域老工业基地调整改造的经验借鉴。本章选择了工业化进行得比较早的发达国家老工业基地进行研究，包括德国鲁尔老工业基地、美国“锈带”老工业基地、英国中部老工业基地、法国洛林老工业基地、日本九州老工业基地等,从老工业基地的区域背景、发展兴衰变化历程、改造振兴的措施及成效等方面对各国老工业基地进行了详细的研究,最后对各国老工业基地的调整改造经验进行了总结,以期对我国老工业基地的调整改造有所启示。

第四章,中国区域发展格局演变与老工业基地调整改造历程。本章研究了区域发展与老工业基地之间的关系,对老工业基地与区域发展之间相互促进的辩证关系进行了深入分析。一方面,对中国区域发展格局及战略演变进行了追溯回顾,并对未来我国区域发展趋势进行了预测展望,分析其对老工业基地可能产生的影响;另一方面,对我国老工业基地调整改造的历史过程进行了梳理,描述了我国老工业基地的兴衰变化历程,并对衰落的原因进行了深入剖析。同时,以东、中、西、东北"四大板块"为区域单位,从各区域实际情况出发,分别提出了各区域老工业基地调整改造的侧重点。

第五章,新时期中国老工业基地调整改造的内涵。本章研究了新的历史时期我国老工业基地调整改造的新内涵。首先,全面分析了新时期我国老工业基地发展面临的新环境,包括老工业基地调整改造所处的国际国内新环境、面对的各种矛盾及要处理的关系、须承担的历史新任务等;其次,结合对过去我国老工业基地调整改造的实践总结以及新时期老工业基地的发展环境,从老工业基地调整改造的概念、思路、重点任务等方面对老工业基地调整改造的新内涵进行了深刻阐述;最后,提出了新时期老工业基地调整改造需要解决的几个重点问题,包括老工业基地的范围界定、类型划分等问题。

第六章,中部老工业基地调整改造的现实基础。本书的6～8章对中部地区老工业基地调整改造进行了全面研究。本章是中部老工业基地调整改造的基础分析部分,系统研究了中部老工业基地的范围界定及类型划分、中部老工业基地的区域地位及发展历程及布局特征、中部老工业基地的发展现状及存在的问题,以及中部老工业基地的区域地位及发展潜力等。本章采用了大量的图表数据以及老工业基地城市的案例分析,在确定老工业基地的范围及类型时,采用定量和定性分析相结合的方法进行确定,同时也考虑了中部地区的实际情况;在分析发展历程时,从时间和空间两个维度进行描述,并对老工业基地发展的主要特征进行了总结;在分析老工业基地的现状和问题时,对老工业基地的区域地位进行了阐述,同时也归纳分析了中部老工业基地的问题及产生的原因。

第七章,中部老工业基地调整改造的战略构想。本章是中部老工业基地调整改造的总体思路部分,包括中部老工业基地振兴的重要意义及调整改造的思路、目标和具体路径。本章提出了中部老工业基地调整改造的五大基本原则，根据中部实际情况确立了中部老工业基地发展的战略定位，明确了中部老工业基地调整改造的总体思路，并且分阶段提出了老工业基地调整改造期望达到的近期目标和远期目标。最后，根据调整改造的思路，提出了中部老工业基地调整改造的具体路径，涉及国企改革、产业发展、城市改造、社会保障、生态环境、改革开放六个方面。

第八章，中部老工业基地调整改造的政策研究。本章是中部老工业基地调整改造的政策研究章节。中部老工业基地的调整改造需要国家的各种政策支持，而政策研究涉及范围较广，因此本章首先提出了政策设计原则和政策支持手段，并分别从支撑政策、保障政策、发展政策、特殊政策四大类政策，提出了中部老工业基地十个方面的具体政策诉求。为保障政策的研究制定和有效实施，同时还提出了促进政策实施的一系列保障措施。

三、主要研究方法

（一）理论研究与实证研究相结合

本书在研究过程中，综合运用了区域经济学、产业经济学、发展经济学、制度经济学等相关的经济学理论，系统总结了世界各区域老工业基地和我国东北老工业基地等调整改造的经验，通过阐释分析归纳总结，使全书研究理论化、系统化；同时还深入中部老工业基地城市开展实地调研，通过大量收集相关资料和统计数据，建立指标体系和模型，对中部老工业基地调整改造进行了深入的实证研究。

（二）定性研究与定量研究相结合

本书在研究过程中，将定性研究与定量研究有机结合，不仅运用定性分析方法，同时还运用定量分析方法，选取了大量的统计数据，采用图表及动态投入产出模型等经济分析工具进行具体数据分析，以横向与纵向的比较分析结果作为基础研究的支撑。

（三）其他常规研究方法

本书在研究过程中，还通过实地调研、案例分析和问卷（访谈）调查等多种形式开展了课题的相关研究，特别是问卷调查、统计分析、比较分析等方法在课题研究中均有较多的应用。

第三节　国内外相关研究文献综述

一、国外相关研究文献综述

相对于经济学其他研究而言，老工业基地改造的研究还处于起步阶段。国外在老工业基地方面的研究主要集中于衰退原因分析、产业结构调整、区域经济政策等方面，对老工业基地调整改造的系统研究比较少，比较多的是对衰退老工业区的具体案例分析研究。

（一）老工业基地衰退的原因研究

美国北卡罗来纳州大学地理系教授Rees教授提出老工业区的衰退与工业生产生命周期有着极为密切的联系，它是由产品的生命周期所决定的，老工业区衰退的一个原因是主导产品正处于产品生命周期中的成熟后期和衰退阶段①；另外一个原因是无法及时退出产品生命循环进程。汤普森（J. H. Thompson）研究了新英格兰地区从年轻到成熟再到衰老的过程，并用区域生命周期理论来说明新英格兰地区已显露出老年特征，开始步入衰退的老年期，而英格兰地区在30年内通过创新再度繁荣起来，又进入新一轮的生命周期循环②；缪尔达尔（G. Mydral）运用循环累积因果理论分析了区域差距问题，提出回流效应引起不发达区域经济的衰退，并用下降的循环运动解释了不发达地区和问题区域中老工业区的经济衰退问题③；美国经济学家纳克斯（R. Nurkse）通过供给和需求两个方面研究了贫困恶性循环的累积作用；卡尔多（N. Kaldor）论述了循环累积的作用将会使发达地区以更快的速度发展，而不发达地区将保持持续衰退。

①Rees. Technological chang and regional shift in American manufacturing[J]. Professional Geographer31, P45 ~ 54

②汤普森. 对制造业地理的几点理论思考[J]. 经济地理，1966年第42期

③G. Myrdal. Economic Theory and Underdeveloped Regions[M]. London. : uck-Worth. 1957

Toothill(1961)认为,老工业区的经济衰退是由其“不合理”的产业结构所造成的;Krugman(1993)在分析新英格兰地区老工业区时指出,像新英格兰这样的老工业区经济衰退的原因之一就是老工业区单一产业结构下的专业化。

荷兰乌特列支大学的Ron Boschma和Jan Lambooy在20世纪末曾对老工业区衰退原因及可能的调整策略进行了较为系统的研究①。通过对发达工业化国家的实地考察和研究发现,自20世纪70年代以来,西方国家出现了许多衰退工业区,许多城市的成熟产业如纺织、钢铁制造、煤炭开采加工和造船业都进入衰退的行列。在前人对老工业区衰退原因解释的基础之上,Ron Boschma和Jan Lambooy首先讨论了老工业区衰退的解释框架,然后用演化分析的方法研究了这些地区的产业衰退,他们认为这些衰退工业区面对的主要问题是路径依赖、锁定和缺乏学习能力所导致的,需要通过创新、树立“学习型”区域的理念来调节,从而在旧的经济体中发展出新的多样化的经济。

(二)老工业基地现代化与“新经济”的危机研究

多特蒙德大学的Hermann Bomer教授以德国鲁尔区的多特蒙德市为例,研究了老工业区现代化与“新经济”危机的政治经济问题。他分析了过去40年中鲁尔区的危机以及多特蒙德市的结构政策及其新经济规划的六个主要目标,认为多特蒙德市的研究条件和高等教育有利于其发展新产业集群,虽然新产业集群对于老工业区的现代化是必要的,但是现代化无法解决新经济发展而带来的“失业危机”。同时,他还认为解决“新经济危机”单靠鲁尔区不行,必须依赖欧盟以及欧盟成员国的宏观就业政策,同时还要缩短工作时间。

(三)政府在老工业基地综合治理中的作用研究

英国学者帕维德·莫尔以英国莫西郡老工业区的综合治理为例,研究了欧盟政府在治理衰退产业和衰落区域中的作用及其经验②。他通过对英国莫西郡老工业区的治理规划、治理过程、治理经费以及治理成效等的研究,认为欧盟及英国政府在产业衰落区域的治理中发挥了积极的作用。他总结出欧盟在老工

①Ron Boschma and Jan Lambooy, Why Do Old Industrial Regions Decline: An Exploration of Potential Adjustment Strategies, First Draft Paper to be Presented at the Ruropean RSA-Congress Dublin, Ireland, August 23 ~ 27, 1999

②[英]帕维德·莫尔:《欧盟产业衰落区域的综合治理——英国莫西郡案例研究》,西南财经大学出版社,2001年版,第364 ~ 376页

业区综合治理中的主要经验有:(1)对区域问题的重要性认识清楚,认为支持困难区域的发展不仅增强欧盟各国的凝聚力,而且也增强欧盟对外的竞争力;(2)支持困难区域的发展有明确的政策,大胆对市场失灵的部分进行干预,而不是等待市场机制的自行恢复;(3)支持衰退区域的发展有产业导向式发展战略,培育新兴产业替代衰退产业,加快产业升级的步伐。在培育新兴产业的过程中,以区域政府为主体,筛选适合本地区经济发展的产业作为目标,实行特定产业导向的区域经济发展战略,并创造适合这些地区产业发展的投资和经营环境。

(四)老工业基地产业重建的区域政策研究

英国纽尔斯尔大学的 Colin Wren 和 Jim Taylor 研究了老工业区产业重建中的区域政策①。他们通过考察专业化区域 1971—1994 年间的就业变动,分析了受援助地区产业结构调整的区域政策,认为正是这些有力的区域政策使这些地区受经济变化的冲击程度较小,使得所有地区都变得更加专业化,但是产业的地理集中程度比较低,形成了产业结构向本地区收敛的就业模式。由于受到区域产业政策的刺激,这种趋势在受援助地区表现得非常强烈。Colin Wren 和 Jim Taylor 认为这种区域产业政策是通过政府大规模的拨款,从而加快受援助地区传统衰退制造业调整而实现就业的。

(五)鲁尔老工业区问题系列研究

Knut Koschatzky 研究了德国鲁尔区 30 年结构变迁的时间,认为老工业区都面临着大企业衰落、工厂关闭、高失业率、人口外迁、低环境标准、基础设施落后等问题,其主导产业如钢铁、化工等都进入到了生命周期的最后阶段。20 世纪 70 年代以来,鲁尔区的经济转型取得了一系列的成绩,如多元化产业结构的形成、商业的兴起、企业创新活动的扩展、许多新技术领域的建立、多样化与富有成效的基础设施供给的创新、富有弹性的经营管理等等,使得鲁尔区由单一的煤钢结构变为多样化的现代经济体系。Bonfante Jordan 研究了鲁尔区重建的成效,他认为鲁尔区的调整改造是没有终点的②,鲁尔区振兴的成绩是相对的,解决严重失业问题以及恢复生态环境是当前鲁尔区重建必须面对的新问题。

---

①Colin Wren & Jim Taylor, Industrial Restructuring and Regional Police, Oxford University Press 1999, Oxford Economic Paper 51(1999), p487 ~ 516

②Bonfante Jordan, No Rest in the Ruhr Time Australia. 02/24/97 Issue 8, p41, 1p, 2c

柏林大学的格拉柏赫(Grabher)以鲁尔地区钢铁业集群为例,研究了路径依赖所导致的集群锁定效应。德国维藤大学经济系的何梦笔(Carsten Herrmann-Pillath)研究了鲁尔区经济结构转型的阶段性问题。Knapp 研究了鲁尔区的转型方向,认为要提高鲁尔区的国际化程度,为改善城市功能、形成城市化集聚提供基础,鲁尔区应当转化成为欧洲的大都市圈。Wolfgang Knapp, Klaus R. Kunzmann 和 Peter Schmitt 研究了鲁尔区的区域合作问题①,他们依据中心地理理论和廊道概念,认为在制度化意义上,鲁尔区具有其观念形态、领土形态、制度形态和权力机构形态,作为欧洲大都市圈的鲁尔区,应当驾驭整个地区的政治、经济、文化发展,维持德国和欧洲的竞争力。

二、国内相关研究文献综述

由于我国老工业基地改造还处于探索阶段,积累的经验不够丰富,该研究领域尚缺乏系统性的研究成果,普遍的研究起点都是基于发达国家对老工业基地改造的经验。国内对于老工业基地调整改造的相关研究大致可分为两大阶段。

第一阶段是在国家实施东北地区振兴战略以前,这一时期比较深入的是《老工业基地的新生——我国老工业基地改造与振兴研究》课题组的研究("八五"哲学社会科学国家重点研究课题,经济管理出版社,1995 年),该课题从体制改革、产业升级等方面对我国老工业基地改造进行了深入的研究,但其研究的是我国前几次的老工业基地改造,和现在的实情有一定的差距。此外,民盟中央东北老工业基地调研组完成的《振兴老工业基地,发展东北三省经济调研报告》,从观念、体制创新、民间资本和支柱产业等方面对老工业基地进行了调研,并给出了相关的对策建议。其他研究的内容则比较单一,如有人研究新型工业化与老工业基地、国企改制、老工业基地产业结构的调整等等。

第二阶段的研究是在我国确定实施东北振兴战略以后,这一时期的研究主要以东北老工业基地为研究对象,对我国老工业基地的界定、调整改造的意义、调整改造的政策、老工业基地影响因素等问题进行了一些研究,对东北老工业基地的调整改造起到了积极的指导作用。

---

①Wolfgang Knapp, Klaus R. Kunzmann&Peter Schmit, A Cooperative Spatial Future for RheinRuhr, European Planning Studies, vol. 12, No. 3, April 2004

（一）老工业基地的分类研究

关于老工业基地界定和划分标准的研究，王洛林、魏后凯（2005）认为，从经济类型看，主要有重工业基地、轻工业基地和综合性工业基地，其中，重工业基地又包括原材料工业基地和加工工业基地；从经济转型看，既有像上海、青岛等已经顺利实现转型的老工业基地，也有像鞍山、本溪、阜新等至今仍面临诸多困难的老工业基地；从城市功能看，既有单一资源型城市和原材料基地城市，也有一批综合性的中心城市①。北京大学李国平课题组（2010）提出，根据老工业基地发展现状与发展态势，可以将其分为三大类型，即繁荣型、发展型和后发型②。

（二）老工业基地发展的影响因素研究

陆大道等（2000）提出：影响我国区域社会经济发展的主要地学因素有自然条件、区位因素、资源基础、生态环境和基础设施的空间分布③。汪浩瀚等（2003）以实证分析为基础，认为投资、消费、对外贸易等因素是拉动经济发展的重要因素④。李小建等（2006）提出：区域经济增长是一个多因素作用过程，主要受到资源禀赋、资源配置能力、区位条件和外部环境四方面影响⑤。我国大多老工业基地是在计划经济体制下，根据资源禀赋特征或区域区位条件建设而成。一直以来，对科技、人口、分工协作以及对外贸易等因素未给予足够重视，导致部分老工业基地偏重发展重工业，而轻视了轻工业和生产性服务业的配套发展，也忽略了企业本身的科技研发支持；与所在地政府之间缺乏责任分工和合理的社会经济合作，导致民生问题和老工业区问题逐渐突出；因在建设初期未有统一、科学的整体规划，仅是按照战略安全布局，导致部分老工业基地与周边区域缺乏有效分工与合作，区域内部联系度较低。

---

①王洛林，魏后凯．振兴东北老工业基地的主要政策措施．中国经济时报[N]，2005年7月18日

②北京大学课题组．“十二五”全国老工业基地调整改造规划研究．2010年12月

③陆大道，刘卫东．论我国区域发展与区域政策的地学基础[J]．地理科学，2000年第20卷第6期，第487～493页

④汪浩瀚，丁远耀等．区域经济增长影响因素的贡献率分析[J]．经济地理，2003年第23卷第5期，第593～596页

⑤李小建等．经济地理学[M]．北京：高等教育出版社，2006年版，第25～208页

（三）老工业基地衰退原因研究

李俊江结合德国鲁尔区分析了老工业基地衰退的原因，他认为，老工业基地的衰退是市场规律作用的客观结果，具体原因包括：资源枯竭、传统企业的市场依赖性、产业结构不能适应市场需求结构、技术和生产工艺落后等①。李诚固分析了世界主要的老工业基地形成和衰落的过程，认为西方老工业基地衰退的主要原因为：(1)区域优势的转变；(2)市场需求结构的变化；(3)市场竞争能力的下降；(4)产业结构的单一化；(5)产业布局畸形发展②。柯文专门研究了德国鲁尔工业区的发展历程，认为鲁尔工业区的衰退是由该区的产业结构特点所决定的③。魏爱臣、苏晓莉(2004)从制度结构的角度论述了东北老工业基地经济衰退的原因④。任保平主要以德国鲁尔区为例，分析了欧盟老工业区产业衰退的原因，认为产业比较优势的丧失是欧洲老工业区衰退的主要原因⑤。

（四）老工业基地调整改造的措施研究

在老工业基地调整改造的措施研究上，国内学者主要提出了体制机制改革、产业调整、完善金融市场、扩大对外开放、提升科技创新能力、保护生态环境、解决社会民生问题等方面的内容。

1. 体制机制改革研究。林木西(2004)提出，从近二十年东北老工业基地调整改造的经验与教训来看，振兴东北老工业基地的关键问题是深化体制改革，特别是加快国家经济改革的步伐，尽快形成新体制、新机制⑥。林木西(2005)对振兴东北老工业基地应该发展混合经济进行了理论研究，他认为，国有经济、民营经济和外资经济混合发展是振兴东北的必由之路，单独依靠民营经济或是外

---

①李俊江，史本叶．老工业基地兴衰与资源的市场化配置——国外老工业基地改造的措施和启示[M]．“深化国有企业改革，振兴东北老工业基地”国有经济长春论坛文集，2003 年版，第 327 ~ 334 页

②李诚固．世界老工业基地衰退机制与改造途径研究[J]．经济地理，1996 年第 2 期

③柯文．鲁尔工业区的振兴及启示[J]．管理世界，1992 年第 2 期

④魏爱臣，苏晓莉．从制度结构看东北资源型工业经济的衰退[J]．长春工程学院学报(社会科学版)，2004 年第 2 期

⑤任保平．衰退工业区的产业重建与政策选择[M]．中国经济出版社，2007 年 12 月，第 76 ~ 78 页

⑥林木西，时家贤．体制创新——振兴东北老工业基地的关键，东北大学学报(社会科学版)，2004 年 7 月

资经济都难以完成振兴东北老工业基地的重任。

2. 产业调整改造研究。陈耀(2003)提出,老工业基地的调整改造要重视发挥主导产业的比较优势,并扶持主导产业中的龙头企业和重点企业①。纪玉山(2004)提出,要顺应世界范围内产业和重组的大趋势,抓住国家进行产业调整的机遇,通过结构调整搞好东北老工业基地的整个制造业。第一,充分发挥高新技术产业对经济结构的优化升级作用;第二,大力发展机电工业,形成具有国际竞争力和广泛带动作用的生产体系;第三,通过改组、改造,提高原材料工业产业素质和发展后劲②。张国红(2004)分析了区域经济发展与产业结构之间的关系问题,提出产业结构的调整是国外老工业基地转型的关键③;金成晓(2005)认为,地区的产业结构调整应适应全球化的要求,并围绕主导产业建立起以主导产业为核心的、各产业协调配套、竞争优势显著的区域产业系统;李俊江、史本叶(2006)指出,在老工业基地改造上,西方发达国家通过产业结构调整、培育新的经济增长点和新兴产业,使老工业基地的面貌有较大改观④。

3. 市场化及对外开放研究。林木西(2007)认为,振兴东北老工业基地必须解决市场化程度低、市场体系不健全、市场机制不完善等一系列问题,并强调了建立和完善地方金融体系与资本市场和期货市场的重要性⑤。

4. 创新能力研究。纪玉山(2004)提出,技术创新是振兴东北老工业基地制造业的必然选择,是东北老工业基地走出困境、发展壮大的强大动力,通过技术创新改造老工业基地迫在眉睫⑥。李向平等(2004)提出,增强东北老工业基地主导产业及其骨干企业的核心竞争力,取决于能否利用好世界制造业战略性转移的重大机遇,把引进国外先进技术、雄厚资本,挤占国际市场份额同东北发展现代重化工业有机地结合起来⑦。李向平(2007)提出,实现东北工业的全面创新应着力完成三项任务,之一则为培育产业发展的新技术基础,促进技术升级

①陈耀. 振兴老工业基地要有新思路. 2003 年

②纪玉山,罗雄波. 振兴制造业:东北老工业基地调整和改造的重大战略. 2004 年

③张国红. 产业结构调整与区域经济增长——东北老工业基地振兴的关键[J]. 商业研究,2004 年第 24 期

④李俊江,史本叶. 国外老工业基地改造的措施与启示[J],经济纵横,2006 年第 5 期

⑤林木西. 东北老工业基地振兴与制度创新. 繁荣 · 和谐 · 振兴——辽宁省哲学社会科学首届学术年会获奖成果文集

⑥纪玉山,罗雄波. 振兴制造业:东北老工业基地调整和改造的重大战略. 2004 年

⑦李向平. "十一五"期间振兴东北老工业基地的基本任务和主要政策. 2004 年

和产业发展①。林木西(2007)论述了制度创新与技术创新的关系，提出解除传统体制的制度约束，通过技术创新解除传统产业的技术约束，似能带来更大的边际效益②。魏后凯(2010)提出，要着力增加研究与开发资金投入，积极鼓励企业加大研发力度，提高研发经费比重和科技资金使用效率；重点支持建立一批有特色的工程技术中心、研发中心、重点实验室和博士后流动站，提高原始创新、集成创新和引进消化吸收再创新能力；以高新技术产业开发区为载体，加快推进高新技术产业化进程，重点支持创业中心、大学科技园、海外学子创业园等各类孵化器建设，打造老工业基地科技成果转化平台；开展对重大关键技术和公用技术的联合公关，着力打造以重点行业技术创新为核心的产业技术支撑平台；推动科技和教育资源共享，加强校地、校企合作，强化区域创新体系建设，打造一体化的网络化制造平台、科技创新平台和公共信息平台③。

5. 生态环境研究。以煤炭、钢铁为支柱产业的老工业基地在发展过程中生态环境遭到严重破坏，影响了经济的可持续发展和当地居民的生活。陈瑛、李艳、杨永生认为，在循环经济的减量化、再使用、再循环原则之下，能够实现经济发展与资源消耗及环境破坏成反比④。杜峥平(2007)认为，德国鲁尔区的改造表明，老工业基地的环境改善，使老工业基地在投资环境上，无论是硬件方面还是软件方面，都具有巨大吸引力⑤。郭凤典、朱鸣(2004)认为，老工业基地改造是基地产业战略性改组和城市功能转换相结合的过程，考虑改造项目要和城市化密切结合起来⑥，如鲁尔工业区的整治中注意生态环境的修复并修建大量风景优美、设施齐全的工业园区来吸引企业落户。刘伯英、陈挥分析了德国鲁尔区生态治理的措施并将其概括为三部分，即对于空气污染的治理；对于污染水体的修复和雨水的利用；煤矿山的改造和建立自然保护区，恢复植被和群落生境。

6. 社会民生问题研究。魏后凯(2003)认为在老工业基地调整改造过程中

①李向平.振兴东北老工业基地的重大举措.2007年

②林木西.东北老工业基地振兴与制度创新.2007年

③魏后凯，蒋媛媛，邬晓霞.我国老工业基地振兴过程中存在的问题及政策调整方向.2010年

④陈瑛，李艳，杨永生.循环经济模式对我国东北老工业基地改造的启示[J]，昆明冶金高等专科学校学报，第22卷第2期

⑤杜峥平.德国鲁尔区的改造对东北老工业基地振兴的启示[J]，经济纵横，2007年第5期

⑥郭凤典，朱鸣.德国鲁尔工业区整治经验及启示[J]，理论与实践(理论月刊)，2004年第7期

应实行国家支持下的就业转移政策，同时，建立下岗工人再就业培训制度，并加强对在职职工适应新技术的培训，以便为就业转移创造有利条件①。王英明(2007)认为完善老工业基地社会保障制度是解决老工业基地下岗、失业人员再就业问题的重要手段。通过养老、医疗、失业、工伤、生育五类保险的保证，可以为就业再就业人员扫清就业道路上的一切风险和障碍，进而改善就业状况，促进经济发展，有效改善经济增长的质量②。魏后凯(2010)认为应完善老工业基地的就业制度，多渠道筹集就业安置资金，如设立转岗培训基金、对吸纳下岗失业人员的企业实行税费减免等措施、进一步完善再就业小额贷款制度，以缓解老工业基地的就业压力③。徐充(2004)认为完善的社会保障体系有利于化解个人风险和社会风险④。魏后凯(2010)认为应通过扩大社会保险覆盖面、增加财政投入、强化基金征缴等多种渠道，积极筹措社会保障资金，确保离退休人员养老金、下岗职工基本生活费、城市居民最低生活保障金按时足额发放，积极完善社保体系，缓解老工业基地的社会保障压力⑤。

(五)老工业基地调整改造的政策研究

在我国老工业基地调整改造和振兴的过程中，许多专家学者和官员借鉴国外老工业基地调整改造和振兴的政策经验，结合我国老工业基地现实情况进行了政策的本土化研究。他们从不同的角度，对政策的制定、实施和完善提出了很多非常有价值的观点。

1.产业政策研究

专家学者认为，老工业基地传统产业的调整改造要以传统优势产业为中心，加快优化升级，强化产业链意识，从区域经济的系统工程角度出发进行合理规划、分类指导。对于一些衰退型产业也要建立和完善产业援助机制和产业退出机制，积极培养地区新兴经济增长点，确保老工业基地平稳转型。魏后凯(2010)提出，加大对老工业基地衰退产业的直接援助，建立资源型产业衰退期转产资金制度和衰退产业援助基金，不断完善衰退产业援助机制；加快资金开发补偿

①魏后凯.要有计划地稳步推进老工业基地调整改造.2003年

②王英明.东北老工业基地社会保障制度研究.2007年

③魏后凯.我国老工业基地振兴过程中存在的问题及政策调整方向.2010年

④徐充.完善东北老工业基地社会保障体系的探索.2004年

⑤魏后凯.我国老工业基地振兴过程中存在的问题及政策调整方向.2010年

的立法，尽快建立资源开发补偿保证金制度和资源开发补偿基金，进一步完善资源开发补偿机制；设立老工业基地产业投资基金，优先安排老工业基地重大项目布局，鼓励龙头企业集团联合重组老工业基地相关产业，加快重点产业调整升级步伐；合理引导综合型老工业基地发挥中心城市作用，不断增强综合实力，巩固其区域中心的地位①。纪玉山(2004)提出，要顺应世界范围内产业和重组的大趋势，抓住国家进行产业调整的机遇，通过结构调整搞好东北老工业基地的整个制造业②。陈耀(2003)认为，解决我国老工业基地衰落问题首先要着眼于整个基地经济结构的战略性调整，这不仅包括调整单一资源性产业和重化工业，发展新兴产业、接续产业等多元化产业发展战略，以及大力培养中小企业的企业组织结构战略，而且也包括国有经济"有进有退"(退出一般竞争性领域)的战略性调整，以及城市布局"有进有退"(如"退二进三")的战略性调整。

2. 财税政策研究

(1)重视中央财政在老工业基地调整改造和振兴中的作用

专家学者普遍认为，老工业基地的调整改造和振兴，中央财政应当发挥主要作用，应当以进行财政转移支付和设立专项拨款等形式体现中央财政在老工业基地调整改造和振兴过程中的作用。中国人民大学陈共教授认为，对于老工业基地，中央财政应当承担主要作用，加大转移支付和专项拨款的力度，同时给予地方财政适当的自主权，允许承担老工业基地改造的省份采取"休养生息"的财政政策，转变地方财政过分追求财政收入增长的状况，让市场因素在资源配置中起更为积极的因素，政府的财政投入则主要投向于公共设施建设和技术更新改造方面。

但是，在中央财政转移支付和专项拨款的资金投向问题上，学者们的看法存在一定的分歧。一些专家学者认为，中央财政转移支付和专项拨款的投入，应主要集中于公共设施建设、技术更新改造方面，并为剥离"企业办社会"提供援助，减轻企业发展所承担的成本。这种观点的核心，是让中央财政承担老工业基地调整改造和振兴的改革成本，主要目的是减轻地方政府调整改造和振兴老工业基地的财政负担。而另一些专家学者则认为，民间资本是老工业基地调整改造和振兴的重中之重，因此，中央财政的转移支付和专项拨款应当主要用

①魏后凯，蒋媛媛，邬晓霞. 我国老工业基地振兴过程中存在的问题及政策调整方向. 2010年

②纪玉山，罗雄波. 振兴制造业：东北老工业基地调整和改造的重大战略. 2004年

于引导民间资本参与老工业基地调整改造和振兴。具体而言，地方政府运用中央财政转移支付和专项拨款的资金，应通过政府采购、财政补贴等直接投入的方式，引导民间资本投资于现有法律法规没有禁止的领域；或者通过再投资退税、加速折旧、税收抵免等间接投入形式，刺激非公有制经济发展。孙文学教授也持有将资金投向加强老工业基地地区基础设施建设、完善社会保障体系等公共领域的观点，但其与第一种观点不同的是，前者强调政策实施的主要目的在于减轻地方政府的财政负担；后者强调政策实施的主要目的在于改善老工业基地投资环境，从而有利于扩大民间资本在老工业基地地区投资规模。

(2)进一步深化分税制财政体制改革

中国社会科学院何振一研究员提出，振兴老工业基地是不能离开财政支援的，但解决老工业基地问题单纯依靠传统式的转移支付手段是远远不够的，中央财政还要通过改革分税制财政体制，剔除计划经济体制下保留的体制因素，减轻地方政府财政上的负担；建立专门为支援东北老工业基地振兴服务的财政政策性投融资体系，专门为技术升级、结构调整和产业转型提供低息或者无息贷款支持；鼓励内外资本进入老工业基地；发挥政府采购在老工业基地振兴中的作用等政策措施，提高有限的财政资金的利用效率。

(3)制定引导民间资本投资于老工业基地调整改造的财税政策

东北财经大学孙文学教授认为，民间资本是老工业基地调整改造和振兴过程中的重中之重。应当充分发挥民间资本的作用，吸引民间资本进入工业生产领域，鼓励与引导民间资本进入国有企业的改组改制，使国有企业退出一般性竞争领域，并促使民间资本进行补充，促进产业技术创新和产品升级，扩大就业机会，广泛吸纳由于国企改组改制、减员增效形成的大量下岗职工和剩余劳动力。因此，应综合运用财政和税收政策，引导、扩大民间资本进行投资。具体而言，在财政政策方面，政府可以通过政府采购、财政补贴、转移支付、财政贴息等方式，引导民间资本投资于现有法律法规没有禁止的领域，帮助民间资本进行融资，扩大企业资金来源；在税收政策方面，实施积极的税收优惠政策，通过采取优惠税率、先征后退等方式鼓励非公有制企业吸纳下岗失业职工；通过再投资退税、加速折旧、税收抵免等形式，刺激非公有制经济发展，从而提供更多就业岗位；加快税费改革进程，清理各种不合理不合法的收费项目，规范税收收入体系，改变企业过去行政性收费负担过大的局面。在采取财政、税收政策的同时，政府还应当进行必要的财政投资，改善基础设施和投资环境，建立完善社会保障体系，改善企业发展的政策环境，从而改善市场经济发展条件，吸引大量民间资本投入老工业基地的发展当中。许多专家学者都认为政府应当以政府信用为担保，建立政策性投融资体制，为非公有制经济投入老工业基地发展建设扩大资金来源，降低非公有制资本准入门槛，打破公有制经济垄断地位。中国社会科学院何振一研究员提出，政府应当建立专门为支援老工业基地振兴服务的财政政策性投融资体系，为非公有制经济在老工业基地技术升级、结构调整和产业转型等方面的投资提供低息或者无息贷款支持，从而鼓励内外非公有制资本投资于老工业基地。

(4)援助老工业基地政策性破产企业

我国的经济体制经历了计划经济时期，老工业基地企业通常属于国有企业，并且分布于各行各业之中。而老工业基地调整改革和振兴的一项重要内容，是要让老工业基地国有企业退出竞争性行业，使老工业基地地区市场更有活力。因此，专家学者普遍持有的观点是：对于竞争性行业的老工业基地国有企业，中央财政应通过财政补贴的形式加大对政策性关闭的破产企业的支持，妥善安置破产企业的职工，对于政策性破产企业的职工安置费用，财政应予以适当的财政补贴。支持老工业基地的社会保障工作推进等。

(5)重点关注老工业基地企业办社会问题

财政部科学研究所苏明副所长指出，中央财政在老工业基地调整改造和振兴中负有不可推卸的责任，但是财政支持所应采取的方式则是需要细化研究的问题，中央财政所要负担的主要应包括解决企业办社会问题、减轻老工业基地调整改造和振兴面临的沉重负担。

(6)着力解决老工业基地地区失业问题

由于老工业基地调整改造涉及分离“企业办社会”、引导国有企业政策性破产等问题，因此势必会引起失业问题。针对解决老工业基地的失业问题，专家学者认为，中央财政应当首先建立并完善老工业基地地区社会保障体系，并不断加大社会保障资金占财政支出的比例，保障失业人员底线生存的权利；加大用于扶持再就业方面的资金投入，投向于再就业培训和公共就业服务体系建设；制定税收优惠措施，鼓励和扶持下岗失业人员自主创业，鼓励企业吸纳下岗职工；由财政出资，创造公益性就业岗位。

(7)财政承担改革成本，市场解决发展问题

辽宁省财政厅厅长邴志刚认为，改变老工业基地现状的核心是分清市场与

政府的职责，政府承担改革成本问题，发展的问题则应该由市场来解决。其中，财政应当采取多种方式支持国有资本退出竞争性领域，把改革的包袱消化掉。同时，改革投融资体制，运用市场机制培育新经济增长点，允许民间资本和国外资本进入基础设施、公共事业及法律法规未禁入的其他行业和领域，并对进入这些领域的民间资本和国外资本予以优惠的补贴政策，加大民间资本和国外资本的进入规模。

3.金融政策研究

（1）投资政策研究

投资政策的研究集中在加大政府投资力度和大力吸引外资两方面。魏后凯（2003）建议进一步加大对老工业基地的支持力度，设立老工业基地调整改造基金。从国际经验看，支持老工业基地加快调整改造，必须有稳定的资金来源和渠道。建议国家设立老工业基地调整改造基金，专项用于老工业基地衰退产业的退出、接续产业的培育、就业安置和职工培训等。该项基金由中央财政提供，但省级财政和老工业基地城市应各提供15%～20%的配套资金。而对于那些因资源枯竭或衰退性产业转产发展起来的接续产业，中央应考虑给予一定资金补助，并提供减免税收、低息或贴息信贷、加速折旧等政策支持①。魏后凯等（2010）提出，应积极调整长期建设国债的使用结构和方向，通过发行长期建设国债及财政参股、财政贴息、财政投融资等方式加大政府投资的力度②；进一步完善外商投资引导政策，引导外商参与老工业基地改造，扩大对外开放领域，放宽服务贸易领域的进入限制，扩大金融、保险、商贸、旅游、信息咨询等领域的对外开放，鼓励外资参与国有企业改造，从而合理引导外资投向，扩大老工业基地城市的利用外资规模，提高对外开放的质量和水平③。李向平（2008）认为，在东北扩大对外开放中，要注重通过引资打造有竞争力的产业集群，而不是一味追求利用外资的数量，要坚持实施中央赋予东北的引进外资促进大中型国企改制政策，继续探索中央直属企业加快改革及与地方经济融合的途径和政策④。

---

①魏后凯.要有计划地稳步推进老工业基地调整改造.宏观经济研究，2003年第10期

②魏后凯，蒋媛媛，邬晓霞.我国老工业基地振兴过程中存在的问题及政策调整方向.经济纵横，2010年第1期

③魏后凯，蒋媛媛，邬晓霞.我国老工业基地振兴过程中存在的问题及政策调整方向.经济纵横[J]，2010年第1期

④李向平.开创振兴老工业基地新思路.中国社会科学院院报[J]，2008年5月13日，第7版

（2）金融政策研究

在优化金融市场环境方面，李向平（2008）针对制约东北振兴的区域金融风险和金融支持弱化倾向，建议在东北地区试点区域金融货币政策，全面实施不良资产证券化，尝试不良资产处置信托项目，发行地方政府不良资产处置专项债券等。应将政府组织优势转化为社会信用优势，切实改善地区金融生态环境；加强有关利益各方的合作性博弈，寻求金融的有效合作与联合。在完善金融市场体系方面，林木西（2007）认为，为了解决老工业基地的资金来源问题，除充分发挥政策性金融、开发性金融等的作用外，还必须大力发展市场性金融，后者是一个较大的概念，包括建立地方性金融机构（如创办东北振兴银行），发展保险、证券、期货、信托、基金、租赁等机构或组织，以及以金融服务业为龙头的现代服务业。同时，还要大力发展资本市场和期货市场（如大连商品交易所），全方位、多渠道地筹措资金①。

以上这些金融政策宏观上指导了金融市场环境、体系的建设，但是缺乏更加细化具体的意见措施，有待进一步改进。

4.社会发展政策研究

（1）社会保障政策研究

徐充（2004）认为完善的社会保障体系有利于化解个人风险和社会风险。随着社会的发展，个人风险和社会风险的联系也愈加紧密。社会保障体系健全了，个人从社会得到的满意度就高了，进而个人风险就得到了控制，社会也就相对得到了稳定②。黄书亭、周宗顺（2004）认为，我国社会保障中中央政府与地方政府职责划分存在问题：在社会保障制度设计和政策制定方面，中央政府与地方政府相关责任划分不清晰；在社会保障具体项目负责方面，中央政府与地方政府存在"错位"现象，尤其表现在中央政府的"缺位"和"越位"以及地方政府的"缺位"；在社会保障财政投入方面，中央政府和地方政府表现出不稳定性和不平衡性，中央财政负担越来越重，地方财政却处于缺位或尚未完全到位的状态；在社会保障管理和监督方面，缺乏相互之间的积极配合及有效协作，甚至出现相互推卸责任的现象③。景天魁（2004）在研究作为社会保障制度所依赖的公平原则

①林木西.东北老工业基地振兴与制度创新，繁荣·和谐·振兴——辽宁省哲学社会科学首届学术年会获奖成果文集

②徐充.完善东北老工业基地社会保障体系的探索，2004年

③黄书亭，周宗顺.社会保障中政府机制与市场机制的适度选择，2004年

时，提出了“底线公平”的概念。“底线公平”是指全社会除去个人之间的差异之外，共同认可的一条线。这条线以下的部分是每个公民的生活和发展中共同具有的部分，即起码必备部分，也就是其基本权利必不可少的部分。所有公民在这条底线面前所具有的权利的一致性就是“底线公平”①。李向平(2007)认为东北三省在振兴中已初步建立起城镇社保体系，目前还亟待完善：(1)建立多元的养老保险体系。继续依法扩大社保基金征缴覆盖面和提高基金征缴率，提高财政支出中社保支出比重，同时采取发行社保长期债券、变现部分国有资产等方式，补充养老保险资金。(2)把社会保障纳入法制化轨道，为建立筹资机制、管理机制、运行机制、监督机制等提供法律依据及支持。(3)逐步建立覆盖全社会的社保体系，改变非公有制企业参保率低、社保不覆盖农村的不合理现象②。魏后凯(2010)认为应多渠道筹集社会保障资金，积极完善社保体系，缓解老工业基地的社会保障压力。完善老工业基地的社会保障制度应从多角度、多渠道去考虑：(1)通过扩大社会保险覆盖面、增加财政投入、强化基金征缴等多种渠道，积极筹措社会保障资金，确保离退休人员养老金、下岗职工基本生活费、城市居民最低生活保障金按时足额发放。可考虑利用股市变现部分国有资产和发行社会保险彩票等方式，筹集和补充社会保障资金。(2)进一步完善养老保险制度及破产和困难企业职工社保政策，积极促进国有企业下岗职工基本生活保障向失业保险并轨，多方面完善社会保障体系③。

(2)就业与再就业研究

魏后凯(2003)认为在老工业基地调整改造过程中应实行国家支持下的就业转移政策。建议国家在总结辽宁阜新经验的基础上，逐步扩大资源型城市经济转型试点市的范围，继续在政策上给予扶持。国家应鼓励这些城市培育和发展接续产业，促进就业由资源枯竭或衰退性产业逐步向新兴产业转移。对于那些针对资源枯竭或衰退性产业转产而发展起来的接续产业，中央应考虑给予一定资金补助，并提供减免税收、低息或贴息信贷、加速折旧等政策支持。为推动产业转移和多元化，各级政府应高度重视利用经济手段，调动中小企业、民营企业和外资企业发展的积极性。同时，建立下岗工人再就业培训制度，并加强对在职职工适应新技术的培训，以便为就业转移创造有利条件④。王英明(2007)

①景天魁.论底线公平，2004年

②李向平.振兴东北老工业基地的重大措施，2007年

③魏后凯.我国老工业基地振兴过程中存在的问题及政策调整方向，2010年

④魏后凯.要有计划地稳步推进老工业基地调整改造，2003年

认为完善老工业基地社会保障制度是解决老工业基地下岗、失业人员再就业问题的重要手段。完善的社会保障制度对就业再就业起到促进作用，通过养老、医疗、失业、工伤、生育五类保险的保证，可以为就业再就业人员扫清就业道路上的一切风险和障碍，进而改善就业状况，促进经济发展，有效改善经济增长的质量①。魏后凯(2010)认为应完善老工业基地的就业制度，多渠道筹集就业安置资金，积极扶持就业，缓解老工业基地的就业压力。完善老工业基地的就业制度应采取多种途径加强就业服务和就业管理。如设立转岗培训基金，加大再就业培训力度；对吸纳下岗失业人员的企业实行税费减免、优惠贷款和投资补贴等措施；通过设立担保基金、实施全额贴息、制定合理的贷款条件、强化社区服务和风险管理职责等措施，进一步完善再就业小额贷款制度②。

(3)棚户区改造研究

2005年8月12日在大连召开的东北地区中央下放地方煤矿棚户区改造试点工作座谈会上，国家发改委副主任姜伟新、国务院副总理曾培炎、建设部部长汪光焘等在会上发言。国家发改委副主任姜伟新发言提到，棚户区改造要贯彻房改政策，考虑棚户区居民出资能力，在积极推进棚户区改造的同时，优先抓好采煤沉陷区治理。国务院副总理曾培炎发言提到，在当前国债建设资金逐年减少的情况下，要妥善安排计划，解决好棚户区改造补助资金问题。财政部门要抓紧研究提出相关的政策措施，及时拨付补助资金；国土资源部门要积极调整城镇用地结构，保证棚户区改造用地的需要；建设部门要做好城镇规划等有关工作，提高对棚户区改造的服务和管理水平。建设部部长汪光焘发言提到，做好棚户区改造政策与住房政策的衔接，积极推进住房制度改革和住房保障制度建设。结合棚户区的拆迁安置，建立和完善廉租住房制度，促进棚户区改造和住房制度改革、廉租住房制度建设的良性互动。

当前学术界关于老工业基地社会政策理论及实施的研究还有很多内容。通过这些回顾，我们可以看到我国老工业基地社会政策还不健全，实施起来还有很多不足之处，因此还需要做好以下工作：(1)完善老工业基地社会保障体系，提高社会保障政策实施效果。(2)改善老工业基地就业再就业状况。(3)加快老工业基地棚户区改造进度，保质保量。这样才能进一步完善我国老工业基地的社会发展政策，促进老工业基地调整和改造的顺利完成。

①王英明.东北老工业基地社会保障制度研究，2007年

②魏后凯.我国老工业基地振兴过程中存在的问题及政策调整方向，2010年

5. 科技人才政策研究

(1)科技政策研究

关于科技政策方面，学者大都围绕加强科技创新能力、促进传统产业调整改造、加强科技成果转化等内容进行研究。纪玉山(2004)提出，技术创新是振兴东北老工业基地制造业的必然选择。我国制造业的技术落后、技术含量低是公认的事实。技术创新是东北老工业基地走出困境、发展壮大的强大动力，通过技术创新改造老工业基地迫在眉睫①。李向平等(2004)提出，提升企业核心竞争力、重塑东北产业创新能力是振兴东北老工业基地的基本任务。要充分发挥政府支持产业技术自主创新功能，支持建立和扩张一批"官产学"结合的原创性技术、共性基础技术研发基地，促进企业应用性研究能力提升，使之成为应用性科技研发和转化的主体②。陈立军(2004)提出，老工业基地城市政府应提供良好的科技创新环境，加速科技成果转化。首先，要统筹办好大学科技园，促进科技成果的转化。其次，充分发挥名牌企业和产品的优势，通过与院校合作开展重大创新项目的研究，获取更具竞争力的核心技术，使企业尽快抢占行业制高点，并真正成为技术创新的主体，使老工业基地制造的品牌成为我国工业领域中的著名品牌③。

(2)人才政策研究

对老工业基地人才政策的研究，学者多围绕建立多元化人才培养模式、完善人才发展体系环境等内容进行研究。王雅莉(2004)提出，政府应充分发挥统筹协调作用，整合现有教育资源，大力营造有利于职业教育发展的良好社会氛围，促进职业教育的良性发展④。赵文祥等(2005)提出振兴东北老工业基地的人才策略：第一，要树立人才本位观念，发挥人才的作用，破除"官本位"观念；第二，要加大对人才的薪酬激励力度，侧重薪酬、保险和福利等物质激励；第三，人才资本应该有产权收益，人才不仅应得到劳动力价格的补偿，而且应获得人才资本所有者的剩余价值的补偿⑤。林木西(2007)提出，要解决东北老工业基地的人才问题，必须建立和发展区域性的劳动力市场、人才市场和企业经营者市场，运用市场机制，依靠市场的力量解决"人往哪里去"和"人才从哪里来"的问

①纪玉山，罗雄波. 振兴制造业：东北老工业基地调整和改造的重大战略，2004 年

②李向平. "十一五"期间振兴东北老工业基地的基本任务和主要政策，2004 年

③陈立军. 论东北高校在振兴东北老工业基地中的作用

④王雅莉. 大力发展职业教育 为振兴沈阳老工业基地提供有力的人才支撑，2004 年

⑤赵文祥，邵晴. 振兴东北老工业基地的人才策略，2005 年

题①。魏后凯(2010)提出,设立人才发展基金,鼓励优秀人才到老工业基地创业,支持老工业基地发展②。

表 1—1　国内老工业基地研究的主要成果简介

年份	第一作者	研究区域	主要研究成果	评述
2006,2010	金凤君	东北	①针对东北老工业基地的整体情况,提出了其社会经济各方面调整改造的政策建议;②对东北地区的四大区域中心城市提出了其具体发展定位。	给予东北地区的社会经济发展以理论贡献与实践指导。
2006,2010	魏后凯	中部	①中部老工业基地的界定与分类;②中部老工业基地的政策研究;③对于各地区的老工业基地进行分类指导。	注重于中部区域中心城市的打造与培育。
2007	王青云	全国	①对全国老工业基地进行界定与划分,确定了 109 个老工业基地城市;②讨论了老工业基地的分布问题。	从全国层面来讨论老工业基地问题,第一次用计量方式界定老工业基地。
2003,2004	陈耀	东北	针对东北老工业基地提出社会经济发展的八点政策建议。	提出多方面具有针对性的政策建议。
2003	唐坚	四川	①总结了四川老工业基地发展的历程;②分析了四川老工业基地发展问题。	对于四川省老工业基地改造有重大指导意义。
2006	娄成武	东北	①构建了东北老工业基地的政策体系;②总结了东北老工业基地振兴面临的十个方面的关键政策问题。	系统构建了东北老工业基地的政策体系。
2008	崔万田	东北	①对于东北老工业基地区域经济历史地位与现实定位;②提出了东北老工业基地区域经济创新对策与建议;③对于我国装备制造业三大基地的比较分析。	对东北振兴中遇到的具体问题和解决办法进行了系统的研究,特别是针对地方区域经济创新给予了较为深入的研究,采用了数据模型计算,更具说服力。

①林木西.东北老工业基地振兴与制度创新,2007 年

②魏后凯,蒋媛媛,邬晓霞.我国老工业基地振兴过程中存在的问题及政策调整方向,2010 年

续表

年份	第一作者	研究区域	主要研究成果	评述
2009	程伟	东北	①以国家战略为立意，即振兴东北绝不只是一个简单的区域性问题，而具有强烈的国家战略需求特征；②以“再工业化”模式为主线，这是该项研究工作中最大的亮点，也是贯穿该研究始终的一条主线。	在理论层面具有系统性和创新性，在实践层面具有针对性和前瞻性。
2008	李向平	东北	①顺应科技革命和国际化分工的新趋势，在充分发挥比较优势的基础上实现区域产业结构优化升级，开创振兴老工业基地的新模式；②工业振兴要高度关注传统优势产业中的骨干企业成长，以推动国有企业组织结构调整和技术升级，带动东北地区产业功能重新定位和产品技术创新。	分析了东北老工业基地结构产生矛盾的特殊性，证明东北老工业基地已进入全面振兴的加速期，提出依然需要继续努力推进老工业基地全面振兴战略。
2001，2009	宋冬林	东北	①回顾了东北老工业基地的历史演进，特别是资源型城市的历史演进；②研究产业进入和退出的一般与特殊规律；③探讨资源开发补偿和沉陷区援助的理论根据和实施机制；④探讨发展衰退区域和产业振兴的路径与模式。	深入分析东北老工业基地资源型城市发展接续产业的必要性，进而研究产业进入和退出的一般与特殊规律，探讨资源开发补偿和沉陷区援助的理论根据和实施机制、发展衰退区域和产业振兴的路径与模式。
2007，2009	林木西	东北	①从新制度经济学的角度分析，提出了东北振兴所要解决的长期战略性任务；②大企业集群将成为东北重工业发展的一大优势；③东北亚经济合作将逐步从互补性合作模式向战略性合作模式提升。	探讨东北老工业基地振兴的战略意义，强调产业集群的重要作用，认为区域联动和分工协作是振兴工作的关键。

资料来源：根据各位作者的相关著作或论文归纳整理。

第二章　老工业基地调整改造的理论基础

老工业基地的调整改造是一项复杂的系统工程，因此其所涉及的理论范畴比较广泛，主要包括经典的区域经济发展理论、产业结构相关理论、生命周期理论、区域可持续发展理论以及制度经济学相关理论等。

第一节　区域经济发展理论

一、经济增长阶段理论

美国经济学家罗斯托的经济增长阶段理论也叫做“起飞”理论。罗斯托在其 1960 年出版的《经济成长阶段》一书中提出了所有国家都必须经历的一系列发展阶段。罗斯托认为，根据各国发展的历史事实，每一个国家的经济发展都需要经历传统社会阶段、为起飞创造条件阶段、起飞阶段、成熟阶段和高额群众消费阶段。1971 年他在另一部著作《政治和成长阶段》中，又在上面五个成长阶段之后，加进了第六个成长阶段，即追求生活质量阶段。罗斯托对经济发展阶段的划分主要是根据投资率和主导部门两项指标进行的，经济发展的这六大阶段实质上也是工业化过程的六大阶段。

第一阶段是传统社会阶段。罗斯托把近代科学技术产生以前的社会泛称为“传统社会”。传统社会阶段的基本特征是经济处于原始状态，没有现代科学技术，人类赖以生存的产业以农业为主，整个社会生产力低下等。这个阶段的传统社会大体上相当于资本主义以前的原始社会、奴隶社会和封建社会。

第二阶段是为起飞创造条件的阶段。这个阶段是从“传统社会阶段”向“起飞阶段”过渡的阶段，是人类社会进入工业化的前奏。这个阶段的基本特征是新的科学技术开始应用于农业、工业，金融机构开始出现，交通运输状况得到很大改进，商业范围扩大。发展的障碍逐渐被克服，但是人均收入仍然增长缓慢。这个阶段大体相当于资本主义社会的原始积累阶段。

第三阶段是起飞阶段。这个阶段是经济发展的最关键阶段，是经济发展过程中具有分水岭意义的阶段。在起飞阶段，有效储蓄和投资占国民收入的比重从5%提高到10%以上。建立了能迅速吸收新技术，并使之扩散到经济中的主导部门带动国民经济增长；形成了一个有眼光、有能力经营现代企业的企业家阶层。农业生产力也发生了革命性的变化。这个阶段大体相当于资本主义的工业革命时期①。

第四阶段是成熟阶段。这个阶段是起飞阶段后一个持续进步的时期。在这一阶段，现代技术有效地应用于经济活动的大部分领域。新投资（新厂房、新设备的投资）通常占国民收入的10%～20%。投资的增长使生产的增长超过人口的增长。这一阶段是重大的结构转变阶段，生产技术不断改进，传统的工业部门趋于稳定，新的工业部门加速增长，其结果是人均国民生产总值持续增长。这一阶段大体相当于自由资本主义向垄断资本主义过渡的阶段，即工业化完成阶段。

第五阶段是高额群众消费阶段。这一阶段是一个富裕阶段，工业高度发达，人们开始追求更高水平的消费。汽车、各种家用电器等都获得了广泛的消费，社会福利和保障事业得到深入发展。在这一阶段，主导部门已经转移到耐用消费品的生产部门和服务业。具有专业知识的经理阶层成了新的“中心人物”。这一阶段大体相当于发达资本主义国家进入的后工业化阶段。

第六个阶段是追求生活质量阶段。在这一阶段，人类社会不再以生产有形产品为主，转而生产无形产品，即以提高服务为主。主导部门已经从耐用消费品的生产部门转移到以服务业为代表的与提高居民生活质量密切相关的部门，如教育、保健、医疗、社会福利、文娱、旅游等部门。同时，这一阶段需要解决的主要问题是那些可能妨碍社会顺利发展的社会问题如环境污染、交通拥挤等。这个阶段是人类社会发展的最高阶段。

罗斯托的学说既包括发达国家的经验，也包括发展中国家的问题。而且在罗斯托看来，两者在各自的经济增长过程中，不可避免地会在相同的阶段中出

---

①黄健英. 起飞——西部民族地区大开发的新思维. 民族出版社，2002年版，第14页

现一些共同的趋势或特征。这就提出了一个问题:我们能否从这样的研究点出发来解释大多数国家(包括发达国家和发展中国家)的经济增长一般性趋势——这种共同的一般性趋势不是出现在同时期的不同国家中,而是出现在不同国家的相同阶段上。

二、区域“非均衡”发展理论

(一)循环累积因果理论

循环累积因果理论是由著名经济学家缪尔达尔在1957年提出的,后经卡尔多、迪克逊和瑟尔沃尔等人发展并具体化为模型。缪尔达尔等认为,在一个动态的社会过程中,社会经济各因素之间存在着循环累积的因果关系。某一社会经济因素的变化,会引起另一社会经济因素的变化,这后一因素的变化,反过来又加强了前一个因素的那个变化,并导致社会经济过程沿着最初那个因素变化的方向发展,从而形成累积性的循环发展趋势。市场力量的作用一般趋向于强化而不是弱化区域间的不平衡,即如果某一地区由于初始的优势而比别的地区发展得快一些,那么它凭借已有优势,在以后的日子里会发展得更快一些。在经济循环累积过程中,这种累积效应有两种相反的效应,即回流效应和扩散效应。前者指落后地区的资金、劳动力向发达地区流动,导致落后地区要素不足,发展更慢;后者指发达地区的资金和劳动力向落后地区流动,促进落后地区的发展。总之,循环累积因果论认为,经济发展过程首先是从一些较好的地区开始,一旦这些区域由于初始发展优势而比其他区域超前发展时,这些区域就通过累积因果过程,不断积累有利因素继续超前发展,导致增长区域和滞后区域之间发生空间相互作用。区域经济能否得到协调发展,关键取决于两种效应孰强孰弱。在欠发达国家和地区经济发展的起飞阶段,回流效应都要大于扩散效应,这是造成区域经济难以协调发展的重要原因。缪尔达尔等认为,要促进区域经济的协调发展,必须要有政府的有力干预。这一理论对于发展中国家解决地区经济发展差异问题具有重要指导作用。

(二)梯度转移理论

梯度推移理论起源于美国哈佛大学经济学家弗农等人创造的工业生命循环论,该理论认为:与生物处于不同的生命循环阶段一样,各工业部门及各工业产品在发展过程中也要经历创新、发展、成熟和衰退四个阶段,区域经济学家将这一理论引入区域经济学的研究中,并称之为梯度推移理论。其科学性在于以工业生命循环为基础,揭示了生产力在地区间转移的动态过程。该理论的主要内容包括:

首先,一个地区产业结构的优劣决定着该地区经济发展的快慢,而地区经济部门,特别是主导专业化部门在工业生命循环中所处的阶段又决定产业结构的优劣。高梯度区中的产业部门,大多处于发展和成熟阶段,技术和产品日益成熟,市场竞争扩大并加剧;处于成熟阶段后期和衰退阶段的产业部门,适宜在技术、资金和劳动力素质受到限制的不发达地区布局,形成低梯度地区。

其次,新产业部门、新产品、新技术、新的生产管理与组织方法等这些创新活动,大多发源于高梯度地区,随着时间的推移和生命循环阶段的变化,进一步由高梯度地区向低梯度地区转移。

第三,梯度转移主要是通过多层次城市系统扩张来实现。梯度推移理论对我国工业化进程和经济发展作出了一定的贡献。首先,打破了过去计划经济体制下片面遵循平衡布局的传统模式,将不平衡经济发展规律作为制定经济发展战略的出发点;其次,突出了总体统一的设计,促进了东部沿海地区经济的优先发展;再次,使有限的资金和人力、物力、科技、资源得到了有效的利用。我国实施的西部大开发战略、东北地区振兴战略、促进中部地区崛起战略等均是梯度发展理论的体现。

在区域经济发展的过程中,要贯彻资源配置的适度倾斜和非均衡发展的原则,使地区经济分步骤、分阶段实现预定的国民经济发展目标。

(三)区域"增长极"理论

"增长极"理论由法国经济学家弗郎索瓦·佩鲁(Francois Perroux)在1950年首次提出,该理论被认为是西方区域经济学中经济区域观念的基石,是不平衡发展论的依据之一。增长极理论认为:一个国家要实现平衡发展只是一种理想,在现实中是不可能的,经济增长通常是从一个或数个"增长中心"逐渐向其他部门或地区传导。因此,应选择特定的地理空间作为增长极,以带动经济发展。

佩鲁借喻了内部运动在磁极最强的规律,称经济发展的这种区域极化为增长极。他认为,如果把发生的经济空间看作力场,那么位于这个力场中的推进性就可以描述为增长极。增长极是围绕推进性的主导工业部门而组织的有活力的高度联合的一组产业，它不仅能迅速增长，而且能通过乘数效应推动其他部门的增长。因此，增长并非出现在所有地方，而是以不同强度首先出现在一些增长点或增长极上，这些增长点或增长极通过不同的渠道向外扩散，对整个经济产生不同的最终影响。佩鲁首先提出了一个完全不同于地理空间的经济空间。他主张经济空间是以抽象的数字空间为基础，经济单位不是存在于地理上的某一区位，而是存在于产业间的数学关系中，表现为存在于经济元素之间的经济关系。其次，佩鲁认为经济发展的主要动力是技术进步与创新。创新集中于那些规模较大、增长速度较快、与其他部门的相互关联效应较强的产业中，具有这些特征的产业佩鲁称之为推进型产业。推进型产业与被推进型产业通过经济联系建立起非竞争性联合体，通过后向、前向连锁效应带动区域的发展，最终实现区域发展的均衡。这种推进型产业就起着增长极的作用，它对其他产业（或地区）具有推进作用。第三，增长极理论的核心是推进型企业对被推进型企业的支配效应。支配，是指一个企业和城市、地区、国家在所处环境中的地位和作用。

1. 增长极包括狭义的经济增长极和广义的经济增长极。狭义的经济增长极有三种类型：（1）产业增长极，（2）城市增长极，（3）潜在的经济增长极。广义经济增长极指凡能促进经济增长的积极因素和生长点，其中包括制度创新点、对外开放度、消费热点等等。该理论主要观点是，区域经济发展主要依靠条件较好的少数地区和少数产业带动，应把少数区位条件好的地区和少数条件好的产业培育成经济增长极。在此理论框架下，经济增长被认为是一个由点到面、由局部到整体依次递进，有机联系的系统。

2. 经济增长极作为一个区域的经济发展的新的经济力量，它自身不仅形成强大的规模经济，对其他经济也产生着支配效应、乘数效应和极化与扩散效应。这三种效应的产生，充分显示了经济增长极的重大意义。

（1）支配效应。佩鲁认为，"一个单位对另一个单位施加的不可逆转或部分不可逆转的影响"，就是"支配效应"。在现实的经济发展中，经济单位之间由于相互间的不均影响而产生一种不对称关系，一些经济单位处于支配地位，而另一些经济单位则处于被支配地位。一般来说，增长极中的推动性单位都具有不同程度的支配效应，都能通过与其他经济单位间的商品供求关系以及生产要素的相互流动对这些经济单位产生支配影响。这就是我们经常说的拉动作用。

（2）乘数效应。这种效应主要是指增长极中的推动性产业与其他产业间的联系，有的是前向联系，有的是后向联系，有的是旁侧联系。这些联系的作用是，经济增长极的影响力量促使其他相关产业建立，从而在就业上、生产上和经济效益上，增长的数量表现出乘数效应。增长极的这种效应可有效地改变一个区域工业基础差、经济存量少的状况。

（3）极化效应和扩散效应。极化效应又称回波效应，是指迅速增长的推动性产业吸引和拉动其他经济活动，不断趋向增长极的过程。在这一过程中，首先出现经济活动和经济要素的极化，然后形成地理上的极化，从而获得各种集聚经济，即规模经济。规模经济反过来又进一步增强增长极的极化效应，从而加速其增长速度和扩大其吸引范围。佩鲁认为，极化效应促成各种生产要素向增长极的回流和聚集：即出现发达地区越来越发达，不发达地区越来越落后，经济不平衡状态越来越突出，甚至形成一个国家内地理上的局面。扩散效应是指增长极的推动力通过一系列联动机制不断向周围发散的过程。扩散作用的结果是以收入增加的形式对周围地区产生较大的乘数作用。扩散效应促成各种生产要素从增长极向周围不发达地区的扩散，即通过建立增长极带动周边落后地区经济迅速发展，从而逐步缩小与先进地区的差距。在发展的初级阶段，极化效应是主要的，当增长极发展到一定程度后，极化效应削弱，扩散效应加强。如果增长极的扩散效应大于回波效应，就会带动周边地区经济共同发展。然而由于积累性因果循环的关系，回波效应往往大于扩散效应，导致增长极地区越来越发达，周边地区越来越落后，形成地理空间上的二元经济，使地区经济差距扩大，甚至形成独立于周边地区的“飞地”。总之，增长极的极化效应往往是以牺牲外围地区的发展为代价的。

3.增长极的产生至少需要以下三个方面的条件：

（1）在一个地区内存在具有创新能力的企业群体和企业家群体，这实际上是熊彼特关于创新学说的反映，即创意与创新是经济发展的原动力而非简单的投资或消费拉动。

（2）必须具有规模经济效应。即发育成为增长级的地区需具备相当规模的资本、技术和人才存量，通过不断投资扩大经济规模，提高技术水平和经济效率，形成规模经济。

（3）要有适宜经济与创新发展的外部环境，它包括既要有便捷的交通、良好的基础设施等“硬环境”，还要有政府高效率运作、恰当的经济政策、保证市场公平竞争的法律制度以及人才引进与培养等“软环境”。

(四)“点—轴”开发理论

点轴开发理论即点与轴相结合的发展模式，适合于欠发达地区，对地区经济发展推动作用较大。点轴开发理论最早由波兰经济学家萨伦巴和马利士提出。该理论是增长极理论的延伸，也是从区域经济发展不平衡规律出发，研究欠发达地区的发展问题。该理论十分重视“点”即增长极，和“轴”即交通干线的作用，认为随着连接各种中心地理的重要交通干线如铁路、公路、河流航线的建立，使地区的人流和物流迅速增加，生产和运输成本降低，形成了有利的区位环境和投资环境，使产业和人口向交通干线聚集，使交通干线连接地区成为经济增长点，沿线成为经济增长轴。增长点和增长轴是区域经济增长的发动机，是带动区域经济增长的领头羊。

该理论对地区发展的区位条件十分重视，强调交通条件对经济增长的作用。点轴开发理论是一种地带开发，对地区经济发展的推动作用要大于单纯的增长极开发。因为点轴开发在空间结构上是点线面的结合，基本上呈现出一种立体网络结构的态势。它一方面可以转化城乡二元结构，另一方面又可以促进整个区域逐步向经济网络系统发展。20世纪90年代初我国实行的沿边开发战略和长江开发战略就是该理论的应用。

三、二元结构转变理论

二元结构论的中心问题是，不发达国家利用什么样的经济机制才能使国民经济结构从以仅能糊口的传统农业为主的经济转变为现代化、城市化、多样化的以制造业和劳动业为主的经济。这一理论被西方许多经济学家认为是解释第三世界劳动剩余国家经济发展过程的“普遍真理”。该理论建立在三个基本假设上:(1)不发达经济的二元结构特征，即不发达经济分为城市制造业为中心的现代化部门和农村中以农业、手工业为主的传统部门;(2)农业的边际劳动生产率为零或接近零;(3)从农业部门转移出来的工资水平由农业的人均产出水平决定。由于农业的边际劳动生产率为零或近乎于零，农业剩余劳动力对城市的供给价格低，且工业的边际劳动生产率远远高于农业剩余劳动力工资，因此工业发展就可从农业中获得无限量的廉价劳动力供给，在劳动力供给价格与边际劳动生产率中获得巨额利润。又由于工业利润中储蓄倾向高，由此产生一种累积性效应。这种累积作用的结果是农业劳动力的边际生产率提高，工业劳动力的边际生产率下降，以至于工、农业劳动边际生产率相等。这使二元结构消失，二元经济转变为一元经济。

二元结构论认为，在不发达经济的两个部门中，只有现代化的城市工业部门增长的动力来自资本积累，资本积累来自利润的再投入，利润又来自对剩余劳动的有效利用。刘易斯把经济发展过程分为两个阶段。在第一个阶段中，由于工业资本不多，无力吸收全部剩余劳动，因此无论对劳动力的需求怎样扩大，总能在不变的低工资水平上源源不断地得到劳动供给。这样，工业总产值中利润部分的增长速度将大大超过工资部分增长速度，于是进入第二阶段，出现一个资本积累加速和迅速吸收剩余劳动的增长时期。这一时期一直持续到农业部门的剩余劳动被吸收完，从二元经济结构转化为一元经济结构。伴随着这一经济结构的变化，不发达经济其他方面的二元特征，诸如城乡差别等也发生相应变化，从而完成了一国的工业化与现代化进程。

在刘易斯看来，城市的资本主义现代化工业部门是以现代技术为特征的发达经济部门，自给的农业部门是以传统的落后技术为特征的不发达经济部门。经济发展的动力在于拥有现代化技术的城市工业。因此，要实现经济发展，就要扩大城市工业，而城市工业的扩大，没有资本积累和技术进步是不可能的。他认为，资本积累和技术进步是同一方向的，二者密切相关。经济发展的关键就是资本积累（规模与速度）。

四、贫困恶性循环论和大推进理论

这两个理论也可大体上归结于结构转换理论，它在西方有很大影响，并且对第二次世界大战后发展中国家尤其是拉美国家的经济政策与经济发展影响巨大。

纳克斯的“贫困恶性循环论”的中心意思是：发展中国家底子太薄，所以现在还太穷。贫穷滋生着贫穷，发展中国家陷于贫穷之中，在贫穷中循环。即发展中国家收入低、贫穷，因此可以储蓄的部分就少；由于储蓄少，可以用来投资的资金就少；由于资金少，从而生产设备不足，数量少，质量低；由于生产设备不足，所以生产效率低；由于生产效率低，收入就少；收入少，就贫穷。这是从贫穷开始到贫穷结束的第一条恶性循环线，这条线是从贫穷影响投入、生产、供给的角度来分析的。此外，还可以从贫穷影响需求、消费的角度来说明。由于收入低、贫穷，居民和社会购买力就低；由于购买力低，需求对投资的诱发力就弱；由于诱发投资的力量较小，所以投资兴趣小，投资量少；由于投资量少，生产设备不足，资本效率低，所以收入低、贫穷。就这样，发展中国家陷入了一种“贫困恶性循环”之中。可以用图示表示：

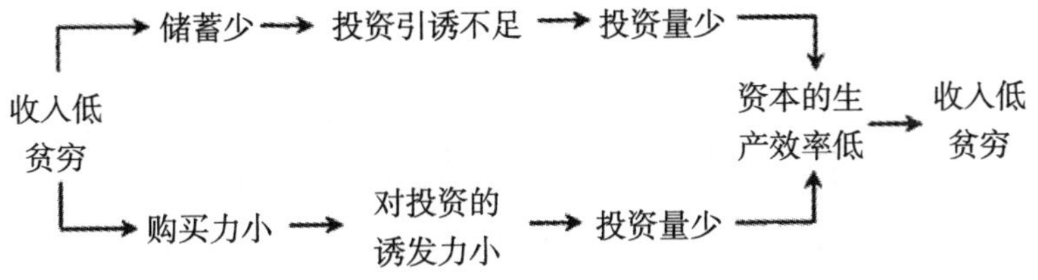

图 2—1　贫困恶性循环图

那么，怎样才能摆脱恶性循环呢？这就引出了罗丹的“大推进理论”。罗丹认为，发展中国家要想摆脱贫穷，实现从不发达到发达的转化，就需要投资发展工业，而投资必须有一个最低的数量，如果低于这个最低限，一点一点地投下去，就不会取得成功。这就是说，罗丹主张发展中国家必须做到在一定数额之上的、大规模的投资，通过这种大规模的投资所实现的大推进，经济才会得到发展。

罗丹认为，只有“大推进”才能克服生产函数、投资需求、储蓄供给三者存在的“不可分性”给经济发展设置的障碍。所谓生产函数中存在的“不可分性”，简单地说就是：工业基础设施、社会公共设施部门必须要限于直接生产部门投资，而且这些部门必须配套进行。发展这些部门所需要的投资量大、使用时间长、折旧慢、收回投资慢，这些特点都要求有巨额投资，否则经济是不可能发展的。其次，投资需求的“不可分性”，指的是各产业部门应该同时进行投资，平衡地发展，不能够一个部门一个部门的单独发展。因为产品之间存在着互补性，如果不同时发展，就会出现产品的挤压和滞销。储蓄供给的“不可分性”，是指储蓄和收入不能按同一比例增长，只有当收入达到一定程度时才能出现储蓄。发展中国家收入水平低，有限的收入只能用来维持基本生活需要，因此利息率的高低对储蓄影响不大。由于发展中国家的储蓄存在缺口，所以无法满足大规模的投资需求。罗丹认为上述三种“不可分性”给发展中国家的经济发展带来了障碍。因此，就必须采用大推进战略，投资数额要大，时间上要同时进行，实行所谓一揽子的投资政策。

罗丹提出两个办法来实施"大推进"战略:第一,获得资金。为此,在国内要增加税收,增加利润留成,他主张实行赤字财政政策。此外,要通过接受国外援助性赠款、国外银行贷款、国外私人直接投资的办法,吸收国外资金。第二,制定全面的政府计划。罗丹认为,这样巨额的同步投资,仅靠市场是不行的,必须借助于政府的计划,实现各产业部门的均衡发展。他指望政府能成为工业的一个大托拉斯,从而实现对资源的集中动员与配置。

第二节　产业结构基本理论

一、产业结构与产业结构理论

产业结构概念始于20世纪40年代。所谓产业结构,是指在社会再生产过程中,一个国家或地区的产业组成,即资源在产业间配置状态、产业发展水平以及产业间的技术经济联系。产业结构理论主要是从资源在各产业之间合理配置角度来研究影响和决定产业之间比例关系的因素、产业结构演进的规律、产业结构的合理化和高度化、支柱产业选择的基准、支柱产业与其他产业的协调发展等。它通过对产业结构的历史、现状及未来的研究,探索产业结构发展变化的一般趋势,为规划未来的产业结构和制定产业结构政策服务。

二、产业结构演化理论

产业结构的演进是有一定规律性的,很多学者从理论上深入研究了这种规律性。

(一)配第—克拉克定律

英国经济学家威廉·配第在17世纪第一次发现了世界各国国民收入水平的差异和经济发展的不同阶段的关键原因是由于产业结构的不同。经过长时间的考察,他在1672年出版的《政治算术》一书中得出结论:工业比农业收入多,商业又比工业的收入多,即工业比农业、商业比工业附加值高。后来,英国经济学家克拉克在配第的基础上重新发现并第一次研究了产业结构的演进趋势,得出了产业结构演进的规律性结论，即著名的"配第—克拉克"定律：随着全社会人均国民收入水平的提高，就业人口首先由第一产业向第二产业转移；当人均国民收入水平有了进一步提高时，就业人口便大量向第三产业转移。

（二）库兹涅茨法则

美国经济学家西蒙·史密斯·库兹涅茨在继承配第和克拉克等人研究成果的基础上，依据人均国内生产总值份额基准，考察了总产值变动和就业人口结构变动的规律，即产业结构的变动受人均国民收入变动的影响，揭示了产业结构变动的总方向。通过对大量历史经济资料的研究，他在 1941 年的著作《国民收入及其构成》中阐述了国民收入与产业结构间的重要联系，即：产业结构和劳动力的部门结构将趋于下降；政府消费在国民生产总值中的比重趋于上升，个人消费比重趋于下降。库兹涅茨将产业结构重新划分为"农业部门"、"工业部门"和"服务部门"，并使用了"产业的相对国民收入"这一概念来进一步分析产业结构。

（三）钱纳里的标准产业结构

1986 年，钱纳里、塞尔奎因又和鲁宾逊在《工业化和经济增长的比较研究》中重点研究了第二次世界大战后发展中国家，特别是其中的九个准工业化国家（地区）1960—1980 年间的历史资料，建立了多国模型，利用回归方程建立了 DGP 市场占有率模型，提出了标准产业结构。即根据人均国内生产总值，将不发达经济到成熟工业经济整个变化过程划分为三个阶段六个时期，从任何一个发展阶段向更高一个阶段的跃进都是通过产业结构转化来推动的。（1）初级产业，是指经济发展初期对经济发展起主要作用的制造业部门，例如食品、皮革、纺织等部门。第一阶段是不发达经济阶段。产业结构以农业为主，没有或极少有现代工业，生产力水平很低。第二阶段是工业化初期阶段。产业结构由以农业为主的工业传统结构逐步向以现代化工业为主的工业结构转变，工业中则以食品、烟草、采掘、建材等初级产品的生产为主。这一时期的产业主要是以劳动密集型产业为主。（2）中期产业，是指经济发展中期对经济发展起主要作用的制造业部门，例如非金属矿产品、橡胶制品、木材加工、石油、化工、煤炭制造等部门。第三阶段是工业化中期阶段。制造业内部由轻型工业的迅速增长转向重型工业的迅速增长，非农业劳动力开始占主体，第三产业开始迅速发展，也就是所谓的重化工业阶段。重化工业的大规模发展是支持区域经济高速增长的关键因素，这一阶段产业大部分属于资本密集型产业。第四阶段是工业化后期阶段。在第一产业、第二产业协调发展的同时，第三产业开始由平稳增长转入持续高速增长，并成为区域经济增长的主要力量。这一时期发展最快的领域是第三产业，特别是新兴服务业，如金融、信息、广告、公用事业、咨询服务等。(3)后期产业，指在经济发展后期起主要作用的制造业部门，例如服装和日用品、印刷出版、粗钢、纸制品、金属制品和机械制造等部门。第五阶段是后工业化社会。制造业内部结构由资本密集型产业为主导向技术密集型产业为主导转换，同时生活方式现代化，高档耐用消费品被推广普及。技术密集型产业的迅速发展是这一时期的主要特征。第六阶段是现代化社会。第三产业开始分化，知识密集型产业开始从服务业中分离出来，并占主导地位，人们消费的欲望呈现出多样性和多边性，追求个性。

三、产业结构调整与优化理论

（一）产业结构调整

1.结构主义学派的观点

钱纳里认为，经济是非均衡的，资源不可能长期处于有效配置状态。产生非均衡的原因，首先在于许多国家特别是发展中国家劳动市场的二重性，这些国家都是传统产业部门与现代产业部门并存的二元经济，在传统产业部门中存在着大量的不能为现代产业部门所吸收的非熟练劳动力；其次由于资源得不到有效配置，从而难以增加出口或替代进口而导致国际收支长期逆差。也就是说，经济的非均衡意味着劳动和资本在不同产业部门的边际收益是不同的，因此通过部门间劳动和资本的再分配无疑会增加总产出，从而促进经济增长。同时他们认为在经济增长过程中经济结构会发生变化。一方面，随着经济的增长，人均收入相应提高，根据恩格尔法则及有关实证研究，人们对食物需求的收入弹性小于1，而人们在工业品和劳务方面的支出比重则相应提高，这些因素将促使一国的需求结构发生变化，进而带动生产结构和就业结构发生变化。另一方面，随着经济的增长和人均收入的提高，社会储蓄和积累的比率会提高，技术水平也会不断提高，因此物质资本和人力资本积累的增长速度将超过劳动力的增长速度，从而推动劳动生产率的提高。由于各生产部门技术进步和劳动生产率的不平衡增长，又使得生产结构、就业结构和需求结构发生变化。加之自然资源禀赋、市场规模、经济体制等因素共同作用，导致一国经济在经济增长过程中发生全面的经济结构变化。

2.新经济增长理论的观点

新经济增长理论认为，要素投入增加对经济增长的贡献仅仅表现为量方面的作用；而要素从生产率低的部门流向生产率高的部门，从而引起全社会要素生产率和要素规模报酬的普遍提高，则表现为质方面的作用，即产业结构调整对经济增长的作用。在经济非均衡条件下，各产业部门之间的要素收益率存在着显著差异，结构变动将对经济增长产生两方面的影响。一方面，如果结构转变的步子太慢，或者管理效率不高，那么此时的产业结构将阻碍经济增长；另一方面，如果结构转变改善了资源配置，产业结构将促进经济增长。

现代经济增长的历史表明，经济总量的高增长率总是和产业结构的高变动率联系在一起的。西方主要工业化国家自产业革命以来在经济保持持续高速增长的同时，产业结构发生了根本性的变化，第三产业逐步取代第一、二产业，成为一国的主导产业。我国改革开放以来的经济增长历程也充分证明了这一点。产业结构调整对经济增长的影响主要表现在以下几点：首先就静态而言，由于经济增长是一种投入产出关系，大量的资源投入是经济增长的基础，而各种要素投入总是与特定的企业、行业、产业部门结合在一起形成一定的产业结构，因此产业结构的优化程度在很大程度上决定了要素投入的产出效益。其次就动态而言，由于经济增长必须依靠具有高于平均增长率的新兴产业来支撑。而任何产业都有产生、发展、成熟、衰落的过程，产业结构变动实际上就是具有较高收入弹性、较低相对成本的产业不断取代原有的已走向衰落的产业部门的过程，这一过程必将出现产出增大、成本降低的经济效益，从而促进国民经济更快增长。最后，由于产业结构是技术进步与经济增长的纽带，新科学技术总是首先出现在某一特定的生产部门，然后再通过产业之间的关联效应扩散到国民经济各部门，从而带动整个国民经济的增长。因此，技术创新的扩散只有在产业结构较为合理的状态下才能顺利地发生。

基于以上的原因，产业结构变动必将作为促进经济增长的关键因素加以考虑，那么产业结构变动又是通过何种途径来影响经济增长的呢？首先，就直接途径而言，产业结构既表现为各产业间的比例关系，又表现为各产业内部行业部门间的比例关系，因而可以通过调整三次产业的比例关系及各产业内部的比例关系来影响经济增长。当各产业间及其内部存在比较合理的比例关系时，整个国民经济就会持续稳定地增长。其次，就间接途径而言，产业结构可以进一步通过劳动结构、资本结构、技术结构和产业组织结构来影响经济增长，当三者合理时，劳动力资源就能得到较为充分的利用，科学技术就能较快地转化为现实生产力，也就能较好地兼顾竞争活力和规模经济，从而保持经济增长。

（二）产业结构优化

产业结构优化是指通过产业调整，使各产业实现协调发展，并满足社会不断增长的需要的过程。产业优化是一个相对的概念，它不是指产业结构水平的绝对高低，而是在国民经济效益最优的目标下，根据本国或本地区的地理环境、资源条件、经济发展阶段、科学技术水平、人口规模、国际经济关系等特点，通过产业结构的调整，使之达到与上述条件相适应的各产业协调发展的状态。产业结构优化是一个动态的过程。尽管在各发展阶段和时点上优化的内容不同，但一般而言，均包含以下几个方面的内容，并应达到相应的要求：

1. 产业结构的合理化

产业结构合理化的要求是：在一定的经济发展阶段上，根据消费需求和资源条件，理顺结构，使资源在产业间合理配置，有效利用。

2. 产业结构高度化

产业结构高度化的要求是：资源利用水平随着经济技术的进步不断突破原有界线，从而不断推进产业结构中新兴产业的成长。其标志是：代表现代产业技术水平的高效率产业部门的比重不断增大，经济系统内部显示出巨大的持续创新能力。产业结构合理化与产业结构高度化的联系非常密切。产业结构合理化为产业结构高度化提供了基础，而产业结构的高度化则推动产业结构在更高层次上实现合理化。产业结构合理化的着眼点主要是经济发展的近期利益，而产业结构高度化则更多地关注结构成长的未来，着眼于经济发展的长远利益。

3. 产业的均衡发展

产业的均衡发展有两个方面的要求：一是产业部门间的协调发展；二是产业发展的稳定性，即从时间序列上评价产业的均衡。产业协调发展是指产业部门、产业要素在产业发展中要协调一致。

4. 产业发展的效率

它要求各产业在发展过程中要做到速度、质量、效益的统一，特别是要以提高效益为主要目标。

第三节 生命周期理论

一、产品生命周期理论

(一)弗农的产品生命周期理论

产品生命周期理论是美国哈佛大学教授弗农(Raymond Vernon)提出的。1966年弗农为研究国际投资、国际贸易和国际竞争,基于M. Posner(1961)的“技术差距”理论,在《产品周期中的国际投资与贸易》一文中提出了“生产—出口—进口”的全球产业发展模式。在国际供需平衡的前提假设下,依据产业从工业发达国家到后发工业国家,再到开发国家的顺次转移现象,将产品生产划分为新产品阶段、成熟产品阶段和标准化产品阶段三个阶段。

(1)新产品阶段。由创新国垄断着产品技术,产品的需求价格弹性小、价格高,因此生产成本的差异对生产影响不大。这时,产品主要在发达国家生产以满足国内的需求,少量出口。

(2)成熟产品阶段。生产技术已基本稳定并且普及,市场上出现大量的竞争者和模仿者,对原生产者产生威胁。产品的需求价格弹性大,降低成本已成为竞争的关键,选择低成本国家生产便成为原创国的首选。这一阶段,发达国家开始在海外建厂生产,对后发工业国家进行跨国投资。

(3)标准化产品阶段。在这一阶段,价格竞争变得更加激烈,创新国的优势已丧失。由于新技术的出现,创新国的厂商便放弃产品的生产,转而投入新的产品生产。这一阶段,创新国从其他国家进口该种产品。弗农的产品生命周期理论强调的是产业的国际投资、国际贸易和国际竞争。他所做的三个竞争阶段的划分,对后期的生命周期理论具有较大影响,是后期产业生命周期理论的理论基础。

(二)A—U模型

1975年和1978年美国哈佛大学阿伯纳西(N. Abernathy)和麻省理工学院的厄特拜克(Jame M. Utterback)在大量案例研究的基础上,提出了基于技术创新的产品生命周期理论，即 A — U 模型。阿伯纳西和厄特拜克将研究转向了国内,他们根据产出的增长率将产品的生命周期划分为流动(不稳定)、过度(转换)和确定(稳定)三个阶段。

(1)流动阶段。在这一阶段,技术的使用存在巨大的不确定性,不同厂商携带不同的产品创新进入行业,产品差别化程度很高。在这一阶段,竞争主要在于创新,创新以巨变而非渐变的形式出现的比例很高,产出增长速度不快。

(2)过渡阶段。随着使用者已习惯不同形式的产品、生产者也学会如何提高产品的品质时,产业趋向于以主导产品设计和大批量生产为主的阶段,产品的竞争主要在价格和性能上,产品差别化程度低,创新重点转向旨在降低成本的过程创新,产出增长速度加快。同时,那些生产不能满足设计要求的厂商开始退出行业。

(3)确定阶段。随着提高产品性能的创新机会日益减少,产品创新日趋下降,厂商不必过于担心生产过程的投资收益会因创新产品的竞争而无法收回,于是厂商开始将精力投入到生产中。生产流程越来越自动化、集约化、系统化、专业化,这一阶段,产品标准化程度不断提高。资本密集的生产方式不断提高最低有效生产规模,导致大量厂商退出。在后期,产品需求量下降,市场萎缩,原有产品因无生命力而遭淘汰,企业将开发新的产品加以替代,产品生命周期又开始新一轮的变化过程。①

阿伯纳西和厄特拜克利用汽车工业为实例,阐述了产品生命周期受新技术进化的影响,更进一步为产业生命周期理论打下了坚实的基础。

二、产业生命周期理论

(一)高特和克莱帕的产业生命周期理论(G—K 模型)

在产品生命周期理论的基础上，1982 年高特（Michael Gort）和克莱帕(Steven Klepper)根据 46 个产品最多长达 73 年的时间序列进行分析,提出了第一个产业生命周期理论,即 G—K 模型。高特和克莱帕按照产业中厂商的数目将产业划分为五个阶段:即引入阶段、大量进入阶段、稳定阶段、大量退出和成熟五个阶段:(1)引入阶段。此阶段包括从一个新产品由第一个生产者(可能是

①杨振凯.老工业基地的衰退机制研究.吉林大学博士学位论文,2008 年

多个)引入市场开始,到产业竞争者的急速上升这样一个时期。在这一阶段,技术迅速传播导致竞争者不断涌入,因此技术的传播速度极大地影响此阶段的时间长度。(2)大量涌入阶段。在这一阶段,厂商大量涌入产业中,净进入者数量是正的。(3)稳定阶段。在这一阶段,进入产业的厂商数目大致与退出的产业的厂商数目相等,厂商净进入量大致等于零。(4)大量退出阶段。在这一阶段,厂商大量退出,产业厂商的净进入数量是负的。(5)成熟阶段。市场萎缩,产品退化,新的技术变革又开始一个新的产业生命周期。

高特和克莱帕认为,厂商的大量进入是源于外部的产品技术创新而不是规模经济,产品的创新速度与厂商数量增加和减少有直接关系。大量退出是由于价格战、外部创新减少和通过"干中学"引起的激烈竞争。创新的特征、重要性和来源在产业生命周期不同时期的变化与产业生命周期同步。

(二)克莱帕和格莱狄的产业生命周期理论

1990年克莱帕与格莱狄(Graddy)对G—K模型进行了进一步研究,他们按照厂商的数目重新将产业生命周期划分为成长期、淘汰期和稳定期三个阶段。该理论假定进入者数量主要由潜在进入者数量决定,而潜在进入者数量亦由边际成本决定。又假定整个竞争过程中价格随着成本的下降而下降,边际成本呈递减趋势,因而潜在进入者数量和进入亦呈递减趋势。这样,起源于重大但尚不完善的技术创新的产业会吸引一系列的潜在进入者,进入者会携带产品创新或过程创新。产品创新会很快扩散,过程创新会降低成本至当时所能达到的最低程度,而过程创新更有利于既有厂商和大规模厂商。随着时间的推移,进入越来越少,而成本竞争导致的退出会越来越多。在产业的发展过程中,需求增长停滞不再成为淘汰发生的必要条件,而过程创新所产生的成本竞争效应是厂商退出的主要原因。

三、区域生命周期理论

1966年,汤普森(John H. Thompson)在《对制造业地理的几点理论思考》一文中,提出了区域生命周期理论(Regional Cycle Theory)。该理论认为,一旦一个区域步入工业化道路,它就像一个生命有机体一样遵循一个规则的变化次序而发展,从年轻(Youth)到成熟(Maturity)再到老年(Old Age)阶段。在工业区域发展的青年期，市场明显急剧扩张，区域的比较优势突然被确认，投资资本、新技术、人才不断涌入。年轻的工业区具有明显的竞争优势，生产成本低，市场前景广阔。当发展至成熟期，工业区域相对于其他区域来说取得了主宰地位。随着工业的发展速度不断上升，企业主、管理人员甚至工头因为在此地学习到了经验与专业知识而开始向外地输出，区际竞争逐渐激烈。但是，成熟的工业区仍然保持竞争的优势。为应付其他地区的竞争，成熟工业区开始向其他地区输出资本和人员，分厂的转移伴随着人才的流动是这一阶段的主要特征。

在老年阶段，人才和市场的转移已接近尾声，高效的运输系统已经开始服务于全国，新的工业原料、新的加工材料也开始能够在其他地区获得，老工业区原有的地理市场、运输网络以及劳动力等优势丧失殆尽，区域经济便陷入膨胀或萧条。接踵而至的问题是：(1)劳动力成本相对比较高。这是因为，有过成功经验的老工业区工人要求更高的工资，老工业区工会组织也比新工业区强大。(2)工厂的积聚导致城市化不断加快，土地已无法满足继续扩张的需要。(3)税收相对增加。(4)厂房、设备过时和老化。(5)原来在国家的市场占有重要地位的产品这时已无法与其他的新工业区竞争，销售困难。(6)留下来的小家庭经营企业管理水平和专有技术已无法跟上新工业区的步伐等等。

汤普森以美国的东北地区(Northeastern United States)为例解释了老工业基地的变化历程。由于美国的东北地区拥有丰富的自然资源，受工业革命的影响，19世纪早期制造业开始落户新英格兰州。而1812年战争以及后来的国内战争的需求，使得东北地区的制造业快速繁荣。在这一时期，美国没有一个地区可以与之抗衡，甚至欧洲的制造业产品也很难在美国销售。东北地区经历了异乎寻常的制造业增长期，大城市开始发展，通往中部、南部的交通网络也已建立起来。直到1880年，文索基特(Woonsocket)、洛厄尔(Lowell)或特洛伊(Troy)的厂商不必担心来自南部或中部地区厂商的竞争。工业扩展的波浪不断向前推进，但是这一时期还没有达到中部和南部地区。可以说，在当时的美国没有哪个区可以拥有与东北地区相比的区位优势。在这一时期，东北地区处于青年期。

随着制造业在东北地区不断增长的同时，那些在这里学成的企业家、管理人员甚至工头开始向其他地区输出，东北部的公司开始向其他地区转移或在其他地区建立分公司，新的工业区开始在美国其他地区出现。人口的流失也开始出现，接踵而至的是市场在地理位置上的变化。在一战时，东北地区仍是最强劲、最成功的制造工业区，但它已是与其他高速成长的工业区处于激烈竞争当中的一个。因为它拥有丰富的制造业传统、良好的管理技术、全国绝大多数的技术工人以及相当好的国内市场通道，因此虽在激烈的竞争中挣扎，但其产业运行良好。这一阶段东北工业区进入成熟期。

20世纪20年代和30年代，东北地区由于劳动力成本相对比较高、土地已无法满足继续扩张的需要、税收相对增加、厂房和设备过时与老化、新工业区竞争导致销售困难等原因，造成人口和市场全面转移，地区的区位优势丧失殆尽，区域步入老年阶段。①

第四节　区域可持续发展理论

一、区域可持续发展的概念

区域可持续发展是指区域的经济、社会、环境和资源相互协调，既能满足当代人的需求而又不危害后代人满足自身需求能力的发展，既符合本地区人口的利益又不危害其他地区甚至全球人口利益的发展。总之，区域可持续发展的完整定义应充分体现时间维和空间维这两个方面，它不只是解决区域社会发展时间维上的问题，还要同时排除区域社会发展空间维上的障碍。

二、区域可持续发展的内涵

（一）公平思想

从时间维看，区域可持续发展在满足本区域当代人需求时决不能危害后代人的发展能力，应做到代际间的公平；从空间维看，它应在不危害其他区域人口利益的同时满足本区域人口的利益，使得处于不同地区、不同发展水平的同代人都能利用相同的资源，具有相同的发展机会，得到相同的发展结果。

（二）持续思想

它包括区域对资源的持续利用以及自然、经济、社会三个子系统的发展都

①John H. Thompson. "Some Theoretical considerations for Manufacturing Geography". Economic Geography, Vol. 42, No. 4. (Oct., 1966), pp. 356 ~ 365

应避免大起大落，要保持相对稳定的发展速度。

（三）效益思想

区域可持续发展要有一定的发展速度，也要保证质量，二者是有机统一的。而且不仅要强调区域经济的发展，同时还要促进经济效益、社会效益、生态效益三者的结合，进而提高区域PRED系统的整体效益。

（四）共同思想

当前社会任何区域发展都要受到全球社会系统的制约，任何一个区域发展必然影响周边区域的发展，任何区域都不可能脱离全球社会经济系统而独自发展。当今社会发展的趋势是世界经济一体化、区域经济集团化，只有在全球社会共同发展的前提下，才能实现各个区域的自身发展。

三、区域可持续发展的研究对象

从系统学角度看，区域可持续发展的研究对象是人口、资源、环境及发展诸方面的各种问题，在特定区域范围内有序组合而成的复杂系统，即区域PRED系统，可将它看作是由自然、经济和社会子系统这些物质实体所组成的“实体系统”中抽象出来的软系统。区域可持续发展就是要研究区域PRED系统的结构、功能、内在运行机制、障碍性因素，拟定调控与管理机制，预测其发展趋势，并提出不同类型区域可持续发展的优化模式。

四、区域可持续发展的研究内容

（一）区域PRED系统的基本要素研究

区域可持续发展的研究对象——区域PRED系统，是一个开放的巨系统。它由人口、资源、环境三个基本要素构成，三要素有机结合组成的整体形成区域可持续发展的能力。资源、人口、环境对可持续发展而言既存在着正方向的协调关系，又存在着负方向的制约关系。按照系统论整体大于部分之和的原则，三要素中任一要素如果不能与其他两要素密切协调，就会带来区域社会经济非持续发展的恶果。因此必须研究三要素彼此的作用机制。具体包括：单要素的研究如区域资源的承载力、环境的容量、人才潜力释放等单项要素分析；双要素相关研究如资源与环境、人口与环境、人口与资源三个要素所构成的九对关系的研究；三要素相关研究，即资源、环境、人口三者如何进行整体协调，改变长期以来系统失控以及低水平的系统运行状态，在生态环境得到保护、资源得到永续利用、人口得到有效控制的基础上，使PRED系统得到优化，从而实现区域可持续发展的目标，这实质是探讨 PRED 系统整体发展模式。

（二）区域 PRED 系统的三个子系统研究

区域PRED系统不仅是多要素、多变量的复杂系统，也是多层次、多结构的巨系统。区域 PRED 系统可划分出自然、经济、社会三个子系统，它们是以人为主体，彼此密切联系、不可分割的整体。区域可持续发展有赖于“三个系统，一个协调”，即三个子系统只有协调发展，才能达到可持续发展所追求的经济效益、社会效益、生态效益的和谐统一。人口、资源、环境也是构成自然、经济、社会三个子系统的基本要素。各个基本要素只有按一定的标准实现均衡配置，才会促进自然子系统的改善、经济子系统的增长和社会子系统的进步。

（三）区域 PRED 系统的地域结构研究

区域PRED系统实质上是研究不同尺度的区域人地相关的地域景观系统，因此对区域 PRED 系统的研究要着重空间结构的研究，强调地域的差异性，探讨不同类型地区 PRED 系统的运行特征、形成演变过程及障碍因子等。

第五节　制度变迁理论

制度变迁理论（Institution Change Theory）产生于 20 世纪 70 年代前后，旨在解释经济增长受到长期经济史研究的巨大推动，最终把制度因素纳入解释经济增长中来。制度经济学的代表人物诺思强调技术的革新固然为经济增长注入了活力，但如果没有制度创新和制度变迁的冲动，并通过构建一系列制度（包括产权制度、法律制度等等）把技术创新的成果巩固下来，那么人类社会长期的经济增长和社会发展是不可想象的。

一、制度与制度创新

(一)制度

从西方经济学的发展来看,对制度的研究可追溯到古典经济学,但作为学派的出现则是从19世纪末期旧制度学派开始的。以凡勃仑为代表的社会心理学派认为,制度是经济生活中有决定意义的东西,社会经济的发展也就是各种制度的发展。他们认为制度是社会生活过程中接触到所处的物质环境时如何继续前进的习惯方式。以康芒斯为代表的社会法律学派认为,制度是"集体行动对个体行动的控制",它主要是通过道德的、经济的和法律的制裁来实现。他们认为法律制度是一切制度中最具有决定意义的制度。

新制度经济学基本上接受了旧制度主义关于制度的内涵。其主要代表人物有科斯、诺斯和舒尔茨等。诺斯在《经济史中的结构和变迁》一书中说:"制度是一系列被制定出来的规则、守法程序和道德伦理规范,它旨在约束主体追求福利或效用最大化利益的个人行为。"制度又可分为正式的和非正式的两大类。正式制度一般通过制度的承载体——有形的组织或机构来实施。正式制度涉及两个层次,一个是宪法层次的基础制度,它规定了集体选择条件下的基本原则。另一个是集体行动层次的运行规则,也称制度安排,它是在宪法秩序框架内创立的涉及经济运行的各类操作规则。舒尔茨将制度定义为一种行为规则,这些规则涉及社会、政治及经济行为。执行经济功能的制度大致可分为四类:(1)用于降低交易费用的制度(如货币、期货市场);(2)用于影响生产要素的所有者之间配置风险的制度(如合约、分成制、合作社、公司、保险和公共安全计划);(3)用于提供职能组织与个人收入之间联系的制度(包括财产法和劳动者的其他权利);(4)用于确立公共品和服务的生产与分配的框架的制度。这些制度安排都是针对完全竞争市场经济模型中所忽略的因素的,在这些因素中并未有新的资本和劳动要素的增进,但这些制度却影响着经济增长的动态变化。如通过降低交易费用和克服不确定性可以增进社会的总产出,而产权的法律安排是建立有效率的经济制度的关键。汪丁丁将制度定义为"人与人之间关系的某种'契约形式'或'契约关系'"。这一定义强调了个体行为的社会约束性和交易自愿性,更符合新制度经济学家的本意。由于他又将契约关系分类为规则和习惯,因此这一定义基本符合诺斯等人的定义。

（二）制度创新

制度创新，是指能使创新者获得追加利益（潜在利益）的现存制度变革，只有在预期收益大于预期成本的前提下，行为主体才会推动直至最终实现制度变迁。从长期看，制度的发展过程是从制度创新到制度均衡、再到制度创新的过程。所谓制度均衡，是指制度创新后所出现的一种相对稳定的状态，因此这时不会出现制度创新。但若外界条件发生变化而出现了新的潜在利益，可能再次出现新的制度创新，然后重新达到制度均衡。制度的发展过程，就是这样一种周而复始的变动过程。在舒尔茨的制度变迁理论中，含有诱致性制度变迁的思想。他断言对制度的新需求是人的经济价值不断提高的结果，一些政治和法律制度就是用来满足这些需求的。如同土地所有权相对于物质资本所有权来讲，其对经济的影响力处于下降之中一样，随着人力资本的提高和累进，人力资本的所有权相对于物质资本的所有权来讲，其影响力日益增进。在他看来，人的经济价值提高是经济增长的结果，它会带来对不同制度的需求。如随着人类生活质量的提高，每一工人对使其免于事故的额外保障性需求转向对权利的需求。也正是这种人的经济价值的不断提高，引起了现有制度在执行其经济功能时出现非均衡，在重新趋向均衡的过程中，制度发生了滞后变迁。在由人的价值诱致的制度变迁的模型中，主要包括三个方面：（1）制度是对劳动力的市场价格提高的反应；（2）制度是对人力资本投资的报酬率提高的反应；（3）制度是对消费者可支配收入增加的反应。舒尔茨认为激励是经济增长的结果，那么随着上述人的价值的提高，足以激励适应以上三种变化（劳动力价值提高）的制度安排出现，从而促进经济增长。

二、制度变迁的动因与路径依赖

（一）制度变迁的动因

制度是一个社会的游戏规则，是为决定人们的相互关系而设定的一些制约。制度构造了人们的政治、经济、社会方面发生交易的激励结构。这种激励结构会影响或改变人们的偏好和理性计算，进而会影响人们的选择和行为，并最终影响经济运行的绩效。随着人口数量、要素相对价格、技术及偏好的变化，制度安排必然会发生相应的变化，即发生制度变迁。制度变迁理论研究的是制度变迁的原因或制度的起源、动力、过程、形式、制度移植、路径依赖等问题。制度变迁的一个重要原因就是交易成本的节约，即降低交易费用。制度变迁可以理解为一种收益更高的制度对另一种收益较低的制度的替代过程。新制度经济学往往借用博弈论和交易成本概念以及外部性概念来分析制度的起源。交易成本的发现者科斯使经济学从零交易成本的新古典走向正交易成本的现实世界，获得了对现实世界较强的解释力。经过威廉姆森等人的阐发和扩展，交易成本理论已成为新制度经济学中极富扩张力的理论框架。引入交易成本的概念进行各类经济分析，是新制度经济学对主流经济学理论的一个重要贡献，正交易成本及其相关假设已经构成了可能替代新古典分析环境的新制度分析环境。

(二)制度变迁的路径依赖

美国经济学家道格拉斯·诺思第一个用"路径依赖"理论成功地阐释了经济制度的演进。路径依赖是指具有正反馈机制的体系一旦在外部偶然性事件下被系统所采纳，由于规模经济、学习效应、协调效应以及适应性预期等因素的存在，会导致该体制沿着既定的方向不断得以自我强化，沿着一定的路径发展演进，而很难被其他潜在的甚至更优的体系所替代。制度变迁具有路径依赖的性质。路径依赖有两种表现形式：自我强化和锁定。产生路径依赖的原因是因为制度变迁背后都有对利益和所能付出的成本的考虑。对组织而言，一种制度形成以后，会形成利益集团，他们对现存的制度有强烈的要求，只有巩固和强化现有制度才能保障他们继续获得利益。

诺斯把阿瑟关于技术演进过程中的自我强化现象的论证推广到制度变迁方面来，从而建立了制度变迁的路径依赖理论，这一理论是诺斯对新制度经济学的又一贡献，其主要内容可概括为以下几点：

(1)制度变迁如同技术演进一样，也存在着报酬递增和自我强化机制。这种机制使制度变迁一旦走上了某一条路径，它的既定方向会在以后的发展中得到自强化。所以，"人们过去作出的选择决定了他们现在可能的选择"。沿着既定的路径，经济和政治制度的变迁可能进入良性循环的轨道迅速优化，也可能顺着原来的错误路径往下滑，弄得不好还会被锁定在某种无效率的状态之下。一旦进入了锁定状态，要脱身而出就会变得十分困难，往往需要借助外部效应，引入外生变量或依靠政权的变化，才能实现对原有方向的扭转。

(2)制度变迁不同于技术演进的地方在于，它除了受递增机制决定外，还受市场中的交易因素影响。诺斯指出，决定制度变迁的路径有两种力量，一种是报酬递增，另一种是由显著的交易费用所确定的不完全市场，如果没有报酬递增和不完全市场，制度是不重要的。而随着报酬递增和市场不完全性增强，制度变得非常重要，自我强化机制仍起作用，只是某些方面呈现出不同的特点：①设计一项制度需要大量的初始设置成本，而随着这项制度的推进，单位成本和追加成本都会下降。②学习效应，适应制度而产生的组织会抓住制度框架提供的获利机会。③协调效应，通过适应而产生的组织与其他组织缔约，以及具有互利性的组织的产生与对制度的进一步投资，实现协调效应。不仅如此，更为重要的是，一项正式规则的产生将导致其他正式规则以及一系列非正式规则的产生，以补充这项正式规则。④适应性预期，随着以特定制度为基础的契约盛行，将减少这项制度持久下去的不确定性。总之，制度矩阵的相互联系网络会产生大量的递增报酬，而递增的报酬又使特定制度的轨迹保持下去，从而决定经济长期运行的轨迹。

（3）由于制度变迁比技术演进更为复杂，所以行为者的观念以及由此而形成的主观抉择在制度变迁中起着更为关键的作用。诺斯认为，“在具有不同的历史和结果的不完全反馈下，行为者将具有不同的主观主义模型，因而会作出不同的政策选择，因此，制度变迁过程中，边际调整就不会完全趋同”。所以，不同历史条件下形成的行为者的不同的主观抉择，既是各种制度模式存在差异的重要因素，也是不良制度或经济贫困国家能够长期存在的原因之一。

（三）锁定效应

人们把一旦形成行为规范就很难改变的这种现象称为路径锁定效应，简称锁定效应。锁定效应由美国圣塔菲研究所研究员、斯坦福大学经济与人口学教授布莱恩·阿瑟提出。阿瑟认为，新技术的采用往往具有收益递增的机制，先发展起来的技术通常可以凭借先占的优势，实现自我增强的良性循环，从而在竞争中胜过自己的对手。与之相反，一种较其他技术更具优势的技术却可能因晚到一步，没有获得足够的支持者而陷于困境，甚至“锁定”（lock-in）在某种恶性循环的被动状态之中难以自拔。诺斯认为，在制度变迁中同样存在着收益递增和自我强化的机制，这种机制使制度变迁一旦走上了某一条路径，它的既定方向会在以后的发展中得到自我强化。诺斯认为经济发展极易出现锁定，从而中断经济发展的过程。一旦出现锁定或者制度退化，经济就会陷入停滞发展或者落入不发达的陷阱，无法超越“制度的可能性边界”。从一般意义上讲，经济发展的锁定效应主要表现在四个方面：

(1)技术锁定效应。技术锁定效应是指某一区域长期执著于培育一种技术优势，产业中的企业和用户被锁定在这种路径上，即使有了更好的技术，但市场很难自发实现这种技术迁移。技术锁定意味着某种技术的市场占有率达到一定程度之后，这种技术及其产品就会成为一种标准，其他与之竞争的产品就会处于明显的弱势。

(2)结构锁定效应。结构锁定效应也叫结构刚性。经济结构是在一定的技术基础之上形成的，技术锁定导致了结构锁定，形成了长期固化的经济结构。当经济结构被锁定后，其结构系统会尽力使自己维持在现有的运行模式上，即使有很多合理的原因要求改变它，该结构系统依然难以进行调整，或者调整需要较长的时间和较大的代价。

(3)功能锁定效应。由于技术锁定和结构锁定的作用，产业和企业中的资产具有较强的专用性，很难用于其他方面。

(4)认知锁定效应。也叫意识形态刚性效应。制度的形成、变更以及随着时间的变化而被打破的方式构成了制度变迁。在制度变迁中人们无意识地形成一整套具有持久生命力、世代相传的文化规则，主要包括价值信念、伦理规范、道德规范、风俗习性、意识形态等，难以改变。

三、制度创新与经济增长

依据传统新古典经济学的观点，一个地区的经济发展基本上取决于资本、技术及劳动等要素的投入状态。在建立经济模型时，明确界定的产权、完备的信息和无摩擦交易一般被当做暗含的假设，即把现代西方经济的制度视若当然，把制度因素看作是一种相对的稳定状态。如“哈罗德—多马”经济增长模型、科布—道格拉斯生产函数、贫困陷阱理论、剑桥学派的经济增长模型等都忽视制度因素。然而这种假定同转型国家有很大出入。

制度学派则对经济增长提出了全新的观点，他们认为资本积累、技术进步等因素与其说是经济增长的原因，倒不如说是经济增长本身。经济增长的根本原因是制度的变迁，一种提供适当个人刺激的有效产权制度是促进经济增长的决定性因素，在诸多制度因素中，产权的作用最为突出。在诺斯看来，有效率的组织需要在制度上作出安排和确立所有权，以便造成一种刺激，将个人的经济努力变成私人收益率接近社会收益率的活动。

为什么制度创新能提高生产率和实现经济增长？诺斯认为，经济学家们在构造他们的模型时，忽略了在专业化和劳动分工发展的情况下，生产要素交易所产生的费用，而这些交易费用是制度建立的基础。专业化和劳动分工的发展会增大交易费用，而不会自动导致降低交易费用的制度产生。结果，逐渐增大的交易费用会阻碍专业化和劳动分工的进一步发展，导致经济衰退。而制度的建立是为了减少交易成本，减少个人收益与社会收益之间的差异，激励个人或组织从事生产性活动，最终促进经济增长。诺斯认为，科学技术的进步对经济发展虽然起重要作用，但真正起关键作用的是制度，包括所有制、分配、管理、法律政策等。发展经济学家刘易斯在对制度与经济增长一致性的研究中得出一个结论：制度对经济增长的促进作用取决于制度把努力和报酬联系起来的程度，取决于制度专业化和贸易所提供的范围，以及制度允许寻求并抓住经济机会的自由。刘易斯认为，影响经济增长的直接原因主要有三个：第一是人们从事经济活动的努力；第二是知识的增长及应用；第三是人均资本和其他资源量的增加。而制度对它们有着深刻的影响。在制度与技术、人力、资本等决定经济增长的要素之间，制度更容易成为瓶颈，制约技术、资本、人力发挥其应有的效用。因而，制度在经济发展中起着关键性的促进或阻碍作用。

第三章　世界典型区域老工业基地改造的经验借鉴

老工业基地发展衰退是世界各国推进工业化进程中普遍存在的共性问题，发达国家针对老工业基地的衰退采取了很多相应的措施，取得了一定的成效，但也存在一些问题。各国老工业基地改造的经验与教训对于中国老工业基地的调整改造具有重要的参考借鉴意义。

第一节　德国鲁尔地区老工业基地的改造

一、鲁尔地区概况

鲁尔区是指“鲁尔区城市联盟”，它是世界上最大的工业区之一，位于德国经济最发达的北莱茵—威斯特法伦州（简称北威州）的中部，是北威州的五个区之一，由11个直辖市和4个县级市的总计54个镇组成，总面积约4432平方公里，占到北威州的1/10。鲁尔区人口约为540万，区域内5万人口以上的城市有20多个，部分城市人口超过50万，城市沿河道流域形成了连片的城市带。

鲁尔地区矿产资源丰富，交通区位优势明显，气候环境宜人。首先，鲁尔区的煤矿资源非常丰富。鲁尔的煤炭储量约为2190亿吨，占到德国总量的近3/4，其中可采储量约为220亿吨，占到德国全国的近90%。而且鲁尔区的煤炭质量较好，种类较为齐全，可炼优质焦炭的煤储量占一半以上。其次，鲁尔地区的水陆交通十分便利。鲁尔区有全世界最大的内河港口、繁忙的内河航道和欧洲最密集的铁路网，高速公路四通八达。莱茵河纵贯全区域南北，拥有莱茵河、鲁尔河、利珀河和埃姆斯河四条运河，总长达425公里，河道港口有70多个，并且河道与港口均已标准化，可通行千吨以上的欧洲标准货轮。第三，鲁尔区的气候

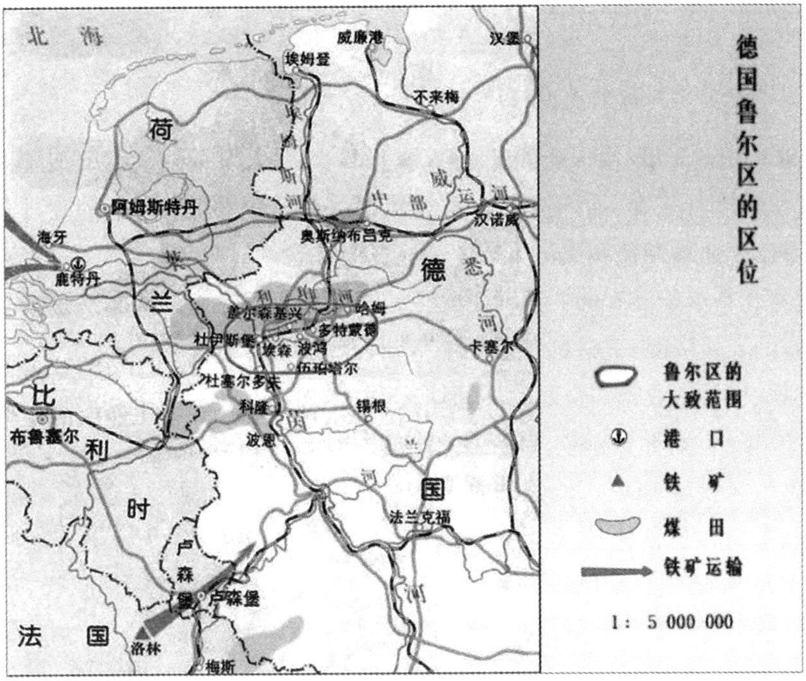

图 3—1 德国鲁尔区的区位图

环境比较适宜。其西北部是海洋性气候,适合动植物及人类生存。

二、鲁尔地区的兴衰变化

从 19 世纪中期到 20 世纪中期,从形成兴起到步入鼎盛时期,从鼎盛辉煌逐步走向衰落,鲁尔工业区在欧洲“风光”了一个世纪。在经历了一个世纪兴衰变化后,鲁尔工业区出现资源枯竭、经济停滞、环境污染等一系列问题。

(一)鲁尔工业区的形成兴起

鲁尔区的煤炭资源丰富,因此鲁尔工业区的形成是从煤炭工业开始的。鲁尔区的采煤业由来已久,最早可以追溯到1298 年,但在 19 世纪之前的时间里,鲁尔区的采煤业还不成规模。19 世纪初,随着焦炭炼铁的广泛普及以及蒸汽机在工业、铁路和内河航运中广泛应用,煤炭需求量大幅上升,为鲁尔区的煤炭开采业带来了机会。19 世纪中期,鲁尔开始采用深井采煤,深井采煤扩大了煤炭产量,鲁尔依托丰富的煤炭资源开始走上了工业化道路。到 19 世纪中后期,鲁尔区大力发展煤炭、钢铁、电力、机械、化工等重工业，逐渐成为世界闻名的工业区。

（二）鲁尔工业区的鼎盛辉煌

20世纪前半叶，由于受战争（第一次世界大战）及其他因素影响，德国对煤炭的需求陡增，采煤、冶炼技术不断进步，使得鲁尔区的煤炭开采量大幅上升，同时带动了机械制造和煤化工产业快速发展。这一时期产生了著名的克虏伯钢铁公司（Thyssen Krupp）、蒂森公司、鲁尔煤矿公司等一批采矿和钢铁康采恩，在丰富的煤炭资源、先进的工业技术基础以及创业精神的基础上，鲁尔区的煤矿、钢铁、机械工业得到全面发展，形成了强大的“采矿冶炼生产综合体”。到20世纪50年代，鲁尔区钢铁产量已占到德国70%左右，煤炭产量更高达80%以上。鲁尔区以其GDP占原西部德国12%的份额，成为德国经济实力最强劲的地区和重要的经济中心，为二战后德国“经济奇迹”作出了重大贡献，此时德国鲁尔工业区步入鼎盛时期。鲁尔工业区的兴盛，主要原因有三方面。首先，战争和经济发展导致对机械产品和化工产品的需求急剧增加。第一次世界大战期间德国利用法国的赔款为鲁尔区的发展积累了一定的原始资本。德国战败后，根据《凡尔赛条约》，战败国德国要用鲁尔的煤向法国进行战争赔偿，因此，鲁尔区引进了15万矿工和45万家属，庞大的移民计划给鲁尔区带来了大量的劳动力。其次，采煤和冶炼技术的快速进步促进了煤炭及钢铁工业的发展。从煤炭工业来看，随着机械的使用，采煤技术不断提高，鲁尔区的采煤由人工开采转变为机械开采，使得煤炭采量大幅提升；从钢铁工业来看，从1878年托马斯炼钢法产生以后，鲁尔区开始广泛推广此技术进行炼钢，钢铁产量迅速增加。此后鲁尔区引进氧化顶吹转炉炼钢等技术，使得鲁尔区的钢铁工业发展进一步加快。最后，煤炭和钢铁的结合是工业发展的原动力。以煤炭和钢铁工业为支柱，鲁尔区在机械制造和煤化工产业的发展上突飞猛进。至1929年，六个钢铁康采恩控制了鲁尔区65%的钢铁生产和60%的采煤业①。在煤炭的综合利用基础上，鲁尔区进一步发展起了炼焦、电力、煤化学等工业，进而促进了钢铁、化学工业的发展，并在钢铁、化学产品和电力充足供应的基础上，建立和发展起了机械制造业，特别是重型机械制造、氮肥工业、建材工业等。同时，为大量产业工人服务的轻工业，如服装、纺织、啤酒工业等也有了很大发展。

①数据来自裘元伦的《德国鲁尔工业区是怎样发展起来的》，载于《世界经济》1983年第10期

(三)鲁尔工业区的衰落

受世界能源结构变化、煤炭开采成本上升以及新型技术革命下轻工业和第三产业的发展等原因影响,20 世纪 60 年代开始,鲁尔工业区爆发了煤业危机和钢铁危机,以采煤、煤化工、重型机械为基础的重化工业经济结构弊端日益显露,区域经济陷入衰退的危机中。

20 世纪 60 年代,世界能源结构发生巨变,廉价的石油、天然气逐渐成为能源的主流,煤炭遭遇到了前所未有的竞争。在这一期间,鲁尔区的煤炭开采成本不断上升,受到了来自美国、中国和澳大利亚等国家进口煤炭的冲击。与此同时,国际市场对重工业产品需求量的下降,使鲁尔工业区的煤钢工业受到了严重挑战,并严重影响到许多关联工业部门。与鲁尔区相反,德国南部的巴伐利亚州和巴登—符腾堡州以其新兴的高科技产业经济开始腾飞,逐步取代了北方鲁尔区在德国经济中的地位,使得鲁尔区的经济逐步陷入困境。鲁尔区从德国工业化的“领头羊”、20 世纪 50 年代经济奇迹的“发动机”而一度变为 80 年代的衰退地区。从 1957 至 1968 年,原联邦德国全国的国民生产总值增长了 147.8%,而鲁尔区只增长了 80%。20 世纪 80 年代,鲁尔区经济依然没有起色,平均增长水平仅为 0.7 个百分点。工业区的衰落不仅使鲁尔区的区域地位不断下降,同时也带来了严重的失业问题。1964—1991 年,鲁尔区占联邦德国的生产总产值从 10%下降到 7.3%,就业人数比重从 8.8%下降到 7.3%,工业人口比重从 10.8%下降到 7.9%(见表 3—1)。

表 3—1　鲁尔区生产总值和就业人口在联邦德国所占比重

年份	生产总值占联邦德国生产总值比重(%)	就业人口占联邦德国就业人口比重(%)		
		总就业比重	工业就业比重	服务业就业比重
1964	10	8.8	10.8	8.6
1970	8.9	8.4	9.9	8.1
1976	9.3	8.0	9.4	7.5
1980	8.6	7.7	8.3	7.3
1985	8.0	7.2	8.3	6.9
1988	7.5	7.5	8.6	7.1
1991	7.3	7.3	7.9	7.1

资料来源:冯革群、陈芳:《德国鲁尔工业区地域变迁的模式与启示》,载于《世界地理研究》2006年第3期。

三、鲁尔老工业基地改造的主要措施

在鲁尔区出现各种问题开始步入衰落后，德国联邦政府以及北威州政府开始致力于鲁尔区的经济结构调整和转型，联邦政府相继制定了一系列鲁尔工业区整治和改造的规划和政策措施，成立了专门负责改造工作的相应部门和机构，并在资金、税收等方面给予了相应的扶持。

（一）政府积极参与，保障振兴工作有序进行

1. 成立专门机构，统一规划改造

由于鲁尔区不是一个独立的行政区域，而老工业基地的复兴是一个长期的过程，因此需要统一的部署和管理，为此德国成立了专门的机构来主导鲁尔区的改造。1920 年 5 月 5 日，德国政府颁布法律，成立鲁尔管区开发协会（The Siedlung Severband Ruhr Kohienbenzirk，简称 KVR）。鲁尔煤管区开发协会（KVR）是鲁尔区最高规划机构，该协会相继于 1936、1950、1962、1972 年扩大权力范围，成为区域规划的联合机构及州联邦的权力部门。在行政上，该机构受州政府的区域规划、房屋建筑及公共工程部的领导；在财政上，该机构通过州政府当局拨款和协会自身筹款进行融资；在组织结构方面，该机构中 60%是市县代表，40%是企业代表。议会和委员会是该机构日常工作的主要承担者，其中，议会由 88 个成员组成，委员会由 7 个成员构成。协会的总部设在艾森市。协会的主要职责是制定鲁尔区的经济发展规划，并负责监督、协调规划的实行。具体任务有八项：（1）保护森林绿地；（2）处理地区垃圾；（3）改善环境质量；（4）建设职工业余生活所需要的各项文化、娱乐设施；（5）研究全区各县市的发展规划；（6）接受各县市的委托咨询；（7）进行规划示范；（8）开展全区的测绘工作。①

2. 三级政府共同参与，制定长远振兴规划

鲁尔老工业区的改造，是在德国联邦政府、北威州政府以及相关城市市政府联合参与的情况下进行的，三级政府积极参与，适时出台相应规划方案。首先，德国联邦政府经济部下设联邦地区发展规划委员会和执行委员会，州政府设立地区发展委员会，市政府成立劳动局和经济促进会等职能部门。从中央到

①焦华富，韩世君，路建涛. 德国鲁尔区工矿城市经济结构的转变，经济地理. 1997 年，第 2 期

地方，各级政府部门职能分工明确，合作紧密，使得鲁尔老工业基地的改革力度和工作效率较高。其次，政府根据鲁尔区不同时期的发展情况和要求，分期制订振兴规划。德国鲁尔地区的发展规划，在不同时期是根据形势不断调整的，针对市场讨论当地的发展潜力，分析各领域存在的问题，研究制定发展的战略和目标，确定具体振兴措施。第三，政府直接给予大量资金支持。1968 年以来，联邦、州、市等各级政府直接用于鲁尔区的产业投资、技术中心兴建、工业园区建设、劳动培训等方面的资金超过 200 亿欧元①。

3. 颁布特殊法律，为改造提供制度保障

法律、法规在鲁尔区改造过程中发挥了重要作用。一方面，鲁尔区通过立法来保证市场运转，维护市场秩序，为市场的公平竞争创造条件；另一方面，鲁尔区通过制定法律、法规来为各项规划的实施提供制度保障。鲁尔区的经济规划，特别是长期规划，尽管制定过程繁琐，但一旦制定，往往采取立法形式给予确定。如 1966 年鲁尔煤管区开发协会编制的鲁尔工业区第一个总体发展规划就是最终以法律形式予以正式确认的，这也是联邦德国第一个在法律上正式生效的区域整治规划。德国政府在鲁尔工业区改造振兴中，还先后制定了《联邦区域整治法》、《煤矿改造法》、《投资补贴法》、《环保基本法》等，从客观上保证了各项规划长期、稳定的实施，从而使地区改造按预定轨道进行。

（二）因地制宜，优化产业结构

1. 发挥各地优势，推动产业结构多元化

1989 年德国出台了《矿质地区未来动议》，提出鲁尔地区的不同城市要根据自身的优势和特点因地制宜打造优势产业，实现产业结构的多元化，摆脱老工业区单一产业结构的锁定效应。例如，埃森市的“鲁尔文化基金会”，借助收藏的 48 万张图片资料，将鲁尔区的工业发展史充分再现，吸引大量游客参观，带动了旅游业发展；杜伊斯堡市充分发挥港口的优势，大力发展临港产业；各市充分利用废弃的矿井和炼钢厂，将其改造成各种主题博物馆，开发出各具特色的工业和文化遗产旅游。

2. 改造提升传统产业

鲁尔区传统产业的改造提升主要是从两个方面进行的：一是政府直接对相关传统行业给予政策支持，维持其发展；另一方面通过技术改造提升传统产业。

①陈国堂. 德国鲁尔老工业区的改造，中国发展观察. 2005 年，第 3 期

从政策支持上看，德国政府对煤炭等传统产业实施了长期的财政补贴政策和特殊优惠政策。以煤炭行业为例，德国政府制定的优惠政策主要有：(1)价格补贴。这是煤炭政策的核心部分。1996至1998年，联邦政府给予主营煤炭业的鲁尔集团的补贴分别为104亿、97亿和85亿马克。(2)税收优惠。对煤炭公司所得税予以退还、豁免或扣除，还允许煤炭企业加速折旧，促进生产合理化。(3)投资补贴。对煤矿生产合理化、提高劳动生产率和安排转岗人员等提供多种补助。1965年联邦政府为促进鲁尔区煤炭工业尽快摆脱危机，采取了减少烧煤发电厂投资税的政策，1966年又实行对烧煤发电厂的投资补贴，1966—1967年，该项补贴总计达150多亿马克，其中2/3由联邦政府支付，三分之一由州政府支付。(4)政府采购。为保障煤炭供应，政府采购一定数量的煤炭作为储备。此外，政府还提供贷款，建立“国家煤炭储备”，支持煤炭工业的生产和销售。(5)矿工补贴。主要是退休金补贴。(6)限制进口。(7)环保资助。为治理矿区环境提供资助，一般由州政府负担1/3，联邦政府负担2/3。①

从技术改造上看，鲁尔区积极对传统产业的技术实施改造和更新，以期提高企业生产效率，增强传统产业的竞争优势。鲁尔对传统产业技术改造采取了两种措施：第一，采用新设备、新工艺提高现有产业技术设备水平。例如，煤炭产业，在东鲁尔区开发研制并在竖井设备中采用最新的现代矿山开采技术，在烟煤生产方面取得了领先地位。第二台制煤气实验设备的投产，使该地区煤炭转换工艺上了一个新台阶。钢铁产业，多特蒙德引进投资达3500亿马克的德国最先进的连续退火炉，使这一地区的钢铁产业形成了具有竞争力的拳头产品。②第二，利用信息技术改造传统产业技术。德国鲁尔在机械制造、精密加工、精细化工、食品加工及汽车、钢铁、交通、能源、发电等行业的生产与制造，都广泛地应用信息技术来提高生产效率和市场竞争力，延长传统产业的产业链。例如，蒂森克虏伯集团这个主要生产钢铁、电梯、自动化设备、原材料的跨国公司，在工艺流程、过程控制、产品配方、信息采集、运行管理、市场销售、物流配送等多方面深入应用信息技术后，产品性能得到有效提高，生产出世界领先的高性能优质品牌产品。③

---

①戎昌海．德国：鲁尔区转型有道[J]．瞭望新闻周刊，2002年第36卷，第16 ~ 18页

②焦华富，韩世君，路建涛．德国鲁尔区工矿城市经济结构的转变[J]．经济地理，1997年第2卷，第104 ~ 107页

③郭福华．国外怎样用信息技术改造老工业基地？（上）[J]．中国信息界，2005年第11卷，第18 ~ 19页

3.着力培育新兴技术产业

在20世纪70年代中期,德国鲁尔地区发现对传统产业的改造方法难以奏效后,及时改变了战略,将区域产业的发展重点转向了第三次产业革命所产生的新技术领域,在区内积极发展信息、环保、生物、新能源、新材料等产业技术,通过政府扶持、特殊政策诱导等措施,大力培育新兴产业。首先,政府为新兴产业发展提供优惠政策。政府想方设法改善鲁尔区的投资环境,鼓励新兴工业迁入鲁尔区。为优化投资结构,北威州规定,凡是生物技术等新兴产业的企业在当地落户,将给予大型企业投资者28%、小型企业投资者18%的经济补贴。此外,鲁尔特别重视创新企业发展,尤其对于生物技术、信息和环保技术以及科技型企业给予政策上的倾斜。1972—1980年,先后为3.5万个新投资项目提供了890亿马克的经济补贴,创造了66万个工作岗位。①其次,以技术设计园区为载体,大力发展新兴生产型企业。例如,多特蒙德市从1985年起分5个阶段共投资1.3亿马克建设了一个技术园区,其建设费用中有9000万马克是由欧盟、联邦和州政府资助的。目前,园区共有600家企业,雇员总数达到12000人,其中7000人在园区工作。②第三,明确产业发展方向。鲁尔区根据产业发展趋势确定了信息、环保、生物、新能源等新兴产业为发展方向。1979年德国联邦政府与各级地方政府及工业协会、工会等有关方面联合制定了"鲁尔行动计划",有意识地通过提供经济和技术方面的资助,逐步发展新兴产业,重点放在第三次产业革命所形成的新技术上。这一时期,在鲁尔区出现了一批信息、生物、新材料、新能源以及媒体等新兴产业。20世纪90年代以来,鲁尔区在信息技术领域发展速度在德国遥遥领先。

(三)加强"产、学、研"结合,构建区域创新体系

1.建设大学和科研机构

鲁尔区改造开始后,十分重视教育和人才培养。从1961年开始,鲁尔区的波鸿、多特蒙德、埃森等城市陆续建立起了大学,使鲁尔区由一个没有任何大学的地区转为欧洲境内大学最密集的地区。目前,鲁尔区拥有15所高等院校,14.3万名学生,其中对区域经济有重要影响的理工科和经济专业学生占总数的

①戎昌海.德国:鲁尔区转型有道[J].瞭望新闻周刊,2002年第36卷,第16～18页

②Herman Bade著,何晓军,张颖译.新经济和新计划能否抑制老工业区的衰落?——以德国鲁尔区和多特蒙德市为例[J].国外城市规划,2001年第6卷,第21～23页

63.5%，远远超过全德50.2%的平均水平。高校教学和科研人员达1.7万名，每年获得的科研经费超过2亿马克。①

2. 加强"产、学、研"结合

鲁尔区十分注重"产、学、研"相结合。在鲁尔区，各大学不仅做好自己的科研和教学，而且特别注重研究成果转化，各大学和研究所都有自己的"科技成果转化中心"，帮助企业将科技成果转化为生产力。企业也十分注重科研与生产的结合，纷纷成立自己的研究中心。例如，鲁尔煤炭股份公司下属的煤矿研究中心是全国最大的煤炭研究机构，拥有17个研究所、4个实验场以及计算机处理中心，科研人员曾达1100多人，研究成果有力地促进了煤炭工业的机械化和现代化煤炭的综合利用。②而且，鲁尔的每个城市都有研究中心，全区共有69个技术中心，其中55个起技术推广作用，14个是企业孵化器。③政府还在多特蒙德、波鸿、埃森、哈根直到杜伊斯堡之间建立一条横贯全区的"技术之路"，把区内的经济中心和研究中心联系起来，以加快科研成果的应用，并建立"鲁尔区风险资本基金会"和新技术服务公司，为新技术企业提供资金和咨询④。

（四）增加就业岗位，加强社会保障

1. 优化就业环境，增加就业岗位

针对鲁尔区社会失业率的不断上升，德国政府和鲁尔区采取了各种措施增加就业岗位。（1）政府通过补贴企业，促使企业保证就业岗位。德国政府为维持较高的就业水平，曾为企业提供12%～23%的补贴金额，其中妇女的就业补贴更是高达36.5%。（2）适当发展劳动密集型产业，主要是劳动密集型的加工类产业，同时还积极推动服务业的快速发展，从根本上扩大就业。（3）大力发展职业教育，通过职业教育和业务职业培训，提高员工的职业技能和再就业能力。（4）扶持创新能力较强的中小企业，促进中小企业的快速发展，充分利用中小企业的特点吸纳大量劳动力。

---

①黄丽华，张丽兵.德国鲁尔区老工业基地改造过程中的政府作用分析[J].哈尔滨工业大学学报（社会科学版），2005年第6卷，第93～96页

②冯春萍.德国鲁尔工业区持续发展的成功经验[J]。石油化工技术经济，2003年第2卷，第47～51页

③江秀凯，叶敏.德国如何改造老工业基地？[J].科学决策月刊，2006年第2卷，第46～47页

④李晟晖.矿业城市产业转型研究——以德国鲁尔区为例[J].改革与理论，2002年第6卷，第24～27页

2. 完善保险制度，加强社会保障

由于鲁尔工业区的衰退导致大批工人失业，为了保障失业者能够安定的生活，德国政府为他们建起了必要的“社会保障”，其中起核心作用的是完善的保险制度。德国保险业的基本险种分为养老保险、医疗保险、失业保险（补贴），以及公职人员退休金和职工病假工资等。在这个福利网中开销最大的项目是养老金，年支出额达 750 亿欧元左右，占直接支出总额的三分之一；支出占第二位的医疗保险，占支出总额的五分之一。目前德国大约有 88%的国民都处在法定的医疗保险系统之中。占支出份额较大的其他开支项目依次为失业补贴的劳动就业促进措施、公职人员退休金以及职工病假工资等。

（五）注重生态环境保护，走可持续发展道路

1. 注重环境改善，发展环保产业

为解决长期重工业化造成的环境问题，德国政府投入巨资并颁布相关法律，加强鲁尔地区的环境保护和治理工作。20 世纪 50 年代以来，德国政府加大了环境立法的力度，其中具有代表性的是将环保写进《基本法》。鲁尔地区各级政府曾投入 50 亿马克成立专门的环境保护机构，统一规划治理和改善环境。经过政府和企业的共同努力，鲁尔区的环境得到大幅改善，全区的工厂都装有有害气体回收装置，烟囱都装有报警系统，大气污染得到有效控制。同时，通过实施“绿色空间”计划，整个区域的绿化程度大幅上升。据统计，区内共有绿地面积 75000 公顷，人均绿地面积已由 1968 年的 18 平方米，增加到 2002 年的 130 平方米。①不仅环境得到改善，而且鲁尔区的环保产业也初具规模，鲁尔区所在的北威州已拥有 1000 多家环保企业。

2. 充分利用资源，发展工业文化旅游产业

发展工业文化旅游是鲁尔区实现经济转型的特色之一。鲁尔区没有把转型过程中废弃的工厂、车间简单地拆除，而是深入挖掘其中的文化价值，在借鉴英国、瑞典等一些国家的经验基础上，因地制宜将各种工业遗迹改造成旅游景点，发展尢烟工业文化旅游产业。例如，一些戏院的舞台和迪斯科舞厅是建在原来钢铁厂的厂房内；原来的鼓风机车间改建成音乐厅；一些仓库被用来开饭馆；原来的铸钢厂、钢铁厂或煤矿被改造成科学公园或技术公园；许多老厂房现

①冯春萍. 德国鲁尔工业区持续发展的成功经验[J]. 石油化工技术经济，2003 年第 2 卷，第 47 ~ 51 页

在变成了各种工业博物馆或艺术展览馆；老的燃矿炉和贮气罐经重新整修后，成为配有水下呼吸器的潜水池，供人们练习潜水；原先的高炉墙被用作攀岩爱好者的运动场所。经过多年的摸索，鲁尔摸索出一条从零星景点的独立开发到区域性统一开发的模式，工业旅游已成为鲁尔区的新时尚。1998年，区域规划机构制定了一条连接全区旅游景点的区域性旅游路线，这条被称为“工业遗产之路”连接了19个工业旅游景点、6个国家级博物馆和12个典型工业城镇等，并规划了25条旅游线路，几乎覆盖整个鲁尔区。工业旅游的开发在改善区域功能和形象上发挥了独特的效应①。

3.强化资源型城市的生态恢复

由于历史上的原因，鲁尔工业区的资源型城市在采矿开发过程中，对城市的地形、地貌、植被和大气环境的破坏比较严重，地质环境破坏诱发的各类问题日渐突出，因此一些矿区的环境修复已成为该地区资源枯竭型城市经济转型首要任务。鲁尔工业区在处理资源枯竭型城市经济转型时十分重视矿区的环境修复。把煤炭转型同国土整治结合起来，列入整个地区发展规划，并为此专门成立整治部门，负责处理老矿区遗留下来的土地破坏和环境污染问题。当一个企业关闭后，他们迅速组织人力物力对关闭后的企业进行科学的环境评估，制定出周密的整改规划，科学地对环境进行整体改造，以期迅速抹掉老矿区的痕迹，并在企业原址上建设城市居民住宅小区、娱乐中心，栽树种草等。

四、鲁尔老工业基地改造的成效

经过40多年的转型改造，鲁尔区的经济社会发生了显著的变化，改造取得了明显的成绩，但也存在一些问题。

（一）改造的成效

1.经济下滑得到有效遏制

经过30多年的改造，鲁尔地区经济已经得到了一定程度的恢复，经济下滑势头得到一定程度的遏制。据资料显示，20世纪末期与21世纪初，德国鲁尔地区的国民生产总值占全国的8%，工业产值占全国的25%，煤炭产量占全

①冯春萍.德国鲁尔工业区持续发展的成功经验[J].石油化工技术经济，2003年第2卷，第47～51页

国的83%,钢铁产量占65%,氮肥产量占50%,电力占30%,职工人数占全国总数的33%①。

2.产业结构得到优化

经过对产业的调整改造,鲁尔区实现了由传统产业结构向多元化产业结构的转变。第一,鲁尔区利用区位和内河航运优势,以化工产业为基础,大力发展现代物流业,形成了物流的产业化;第二,通过大力发展保健产业,逐步实现带动就业的保健产业规模化,这一产业目前拥有30万名员工,9000万名定居通用和专科医生,1100个疗养设施和移动医护服务,形成了创新的一体化医疗保健体系和别样化的教育培训体系。总体来看,煤钢产业比重大幅下降,现在产值占全区域产值不足20%。就业结构上,煤、钢两大部门职工人数从20世纪50年代初占工业部门总人数的60%降至90年代初的33%,第三产业部门的比重则从29.8%提高到56%。

3.高新技术产业基础形成

经过转型改造后,鲁尔区的许多大企业都拥有自己的科研机构,并根据企业特点和市场行情制定自己的科研计划,把科研中心和生产中心紧密结合。在信息技术领域中鲁尔区的发展速度在德国遥遥领先,仅1994—1997年,北威州的软件企业就从241个增加到2720个,这些企业大多落户在鲁尔区。在原来煤炭能源的基础上,鲁尔区的能源和新能源技术进一步发挥,形成了潜力巨大的新能源技术和产业集群化发展,拥有8万多名员工,800多个企业和15个大型发电厂,近千名科学家,重点发展燃料电池、电网技术、能源供应、太阳能技术、电厂技术等。

4.环境显著改善,文化生活质量大幅提升

通过各种政策支持、经济结构调整、环境整治以及文化创意产业的发展,鲁尔区从一个只适合生产不适合生活和居住的场所变成人们可以安居乐业的"花园"。不仅莱茵河的水质变清,鲁尔地区还充分利用独特的工业文化遗产发展文化创意产业,打造"工业文化"品牌,形成了集休闲、娱乐、购物、疗养于一体的文化旅游胜地。鲁尔区80%的就业岗位来自服务业。鲁尔区的文化产业实现了大繁荣,拥有大批的主题博物馆、画廊、剧院等,文化和旅游产业的发展不仅提高了鲁尔区的生活质量,而且还提高了区域的整体形象和综合功能。

①郁培丽,鄢皓月.发达国家老工业基地调整改造的创新本质与战略意义.东北大学学报(社会科学版),2005年第2卷,第114 ~ 117页

(二)存在的问题

鲁尔区的改造取得了一定的效果,但其转型发展还存在一些问题。首先,虽然经济下滑得到遏制,但经济增长速度较为缓慢,20世纪90年代以来鲁尔区的经济增长几乎处于"停滞"状态。其次,就业问题仍较为严重。虽然产业结构的调整增加了大量就业,但鲁尔区的失业问题没有完全解决,目前失业问题仍是鲁尔区经济转型过程中一个急需解决的问题。第三,可持续发展任重道远。虽然环境有效改善,但是传统的重化工业技术体系不改变,消耗资源、污染环境的祸根依然没有消除,特别是广泛治理被污染的土壤费用昂贵,要把所有被污染的土壤包装起来进行隔离,这一任务尚未全部完成。第四,自我发展能力未根本提升。鲁尔区的经济转型很大程度上是靠政府的财政补贴苦苦维持日益衰落的夕阳产业,政府财政负担较重,如果除去德国高税收和政府政策带来的好处,鲁尔区的自我发展能力未根本形成,其区域竞争力较南部等其他地区而言还处于弱势。①

第二节　美国"锈带"老工业基地的改造

一、"锈带"地区概况

"锈带"地区是美国重要的制造业工业区,主要城市大都位于北美洲五大湖区的南部,密西西比平原北侧,在行政区划上包括伊利诺伊州、印第安纳州、密歇根州、俄亥俄州及宾夕法尼亚州等地区。"锈带"工业区与三大城市带之一的"芝加哥—匹兹堡"城市带范围大致相同,区域内包括芝加哥、"汽车城"—底特律、克利夫兰、"钢都"与"煤炭基地"—匹兹堡等著名的重工业城市。美国的重工业主要集中于这一地区。因其在二十世纪七八十年代前后,随着世界经济的发展和产业格局的变化,这些地区开始逐步走下坡路,经济萧条,工厂大量倒闭,失业严重,遗弃的工厂设备锈迹斑斑,故而得名"锈带"。

"锈带"地区水资源和矿产资源非常丰富,交通网络发达。首先,"锈带"地

①任保平.衰退工业区的产业重建与政策选择:德国鲁尔区的案例.中国经济出版社,2007年版

区水资源非常丰富。该地区享有世界最大的淡水水域——“五大湖”包括苏必利尔湖(Lake Superior)、休伦湖(Lake Huron)、密歇根湖(Lake Michigan)、伊利湖(Lake Erie)和安大略湖(Lake Ontario),密西西比河最大的支流俄亥俄河由东至西穿越本区域(俄亥俄河提供了密西西比河56%的水量),在伊利诺伊州开始注入密西西比河,全长2100千米。其次,“锈带”地区矿产资源也较丰富。伊利诺伊州的煤炭资源约占全美的21%,铁矿资源主要分布在五大湖区附近,占全美的80%以上,同时石油储量也较为丰富,铅、铜等金属矿产均有分布。第三,“锈带”地区交通条件比较优越。该区域水陆空交通都较为发达,从陆路交通看,密布着纵贯美国的铁路网,公路和高速公路发达,陆路交通非常便利。从水路交通看,五大湖、俄亥俄河及各类人工运河密布,水路交通尤为发达。同时该区域航班数量多,航空交通条件优越。

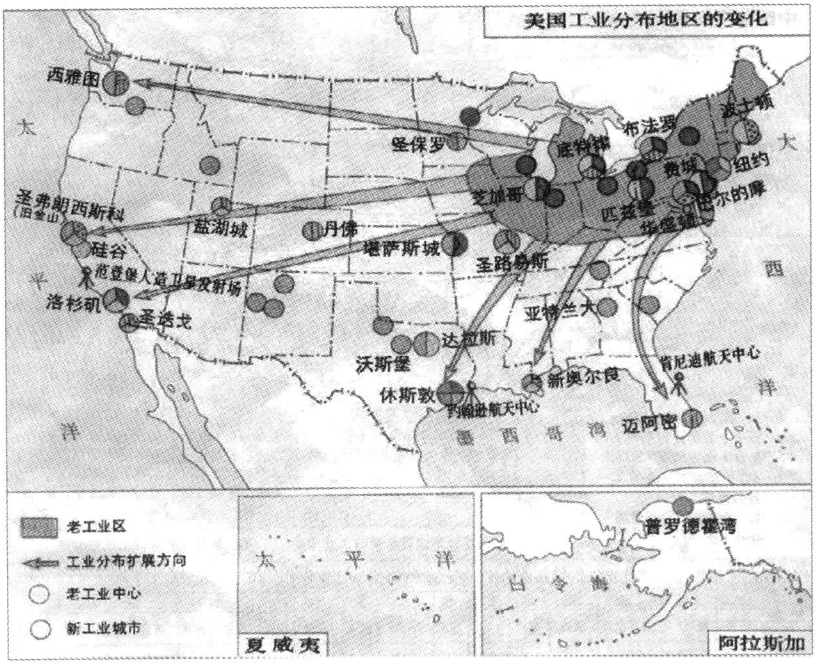

图3—2　美国工业分布地区的变化

二、“锈带”地区的兴衰变化

“锈带”工业区发展于20世纪前期,以钢铁、汽车等制造业为主导产业,在

20世纪中期达到鼎盛，其制造业就业份额曾一度占到全美国的30.2%。然而，从二十世纪七八十年代开始，老工业区迅速衰落，各种问题不断显露。

（一）“锈带”工业区的形成兴起

美国的工业发展晚于欧洲，纺织、炼铁、煤炭等产业的开发主要始于19世纪，当时主要的技术还依靠从英国输入，直到1814年美国才有了第一家纺织厂。19世纪30年代，美国纺织业普遍实现机械化，此后工业与技术革命进一步扩展到重工业。在19世纪的西进运动中，伊利诺伊州、印第安纳州逐渐获得开发。位于伊利诺伊州东北部的芝加哥市在1850年就成为面积达10平方公里的大城市。1851年，克利夫兰铁路贯通，随即克利夫兰成为大湖区和大西洋沿岸间的货物转运中心，工业开始兴起，人口迅速增长，20世纪初已逾50万。钢铁工业为克利夫兰首要工业部门，在它的基础上克利夫兰建立了庞大的机器制造业，主要生产机床、重型运输机械、汽车、冶金和电气设备等。1899年，底特律建立第一座汽车制造厂，到20世纪30年代，底特律已发展成为五大湖区仅次于芝加哥的第二大工业城市，人口逾百万。汽车产业是底特律的主要产业，汽车年产量约占全国的四分之一；从业人员近20万，约占全市职工总数的40%以上。宾夕法尼亚州的匹兹堡市在19世纪中叶也由于运河建成和铁路通达，成为重要的水陆交通枢纽，工商业得到迅速发展。匹兹堡利用附近优质大煤田，通过大湖和内河廉价运入苏必利尔的铁矿石，发展起了钢铁工业。从19世纪中叶到20世纪中叶，匹兹堡在美国国内钢铁业中一直处于领先地位，成为美国的“钢都”。在钢铁工业基础上，匹兹堡还建立起了重型机器制造、化学、原子能、电气器材、金属加工和运输机械等工业。到了20世纪初，美国利用苏必利尔湖区的铁矿资源，以及阿巴拉契亚山地的煤炭及五大湖、密西西比河和俄亥俄河的水运条件及后起的铁路交通优势，形成了以匹兹堡为核心，包括底特律、克利夫兰、布法罗、巴尔的摩、费城在内的美国钢铁工业基地。钢铁工业的发展带动了以汽车机械制造为主的机械工业的发展。到20世纪60年代，美国东北部成为全美国的煤炭、钢铁、汽车、机械、化工、纺织工业的集中生产区域。

（二）“锈带”工业区的鼎盛辉煌

到20世纪中期，“锈带”地区的发展步入到了鼎盛时期，区域发展呈现出一片繁荣景象。到20世纪30年代末，“锈带”五个州的汽车工业就业人数占全美汽车工业就业人数的79%,汽车工业产值占全美汽车工业总产值的81%①。到1947年,美国东北中部制造业的增加值已占到全美制造业总增加值的30.6%,位列全美第一②。该地区制造业的强劲优势一直持续到20世纪中期,即使经过20世纪30年代的大萧条和第二次世界大战,也始终占据美国制造业最重要的地位,之后更是借着战争时期的大量军火订单维持了快速发展。美国城市史专家乔恩·蒂福特指出:"1920—1945年,中西部城市一直是强大的制造业中心,并保持着全国经济中心的地位。"③

(三)"锈带"工业区的衰落

20世纪60年代中期以后,经济全球化潮流开始兴起,面对国内高昂的劳动密集型制造业成本,促使国际制造业开始向亚洲等新兴市场转移;与此同时,美国国内南部等新兴地区的制造业逐步兴起。美国中西部生产成本较高、技术落后和人口、产业、企业高度密集带来的严重的"城市病"等劣势显露,中西部工业基地的经济增长速度明显落后于西南部及南部的"阳光地带",出现严重的衰退。"钢都"匹兹堡地区钢铁工业产品在全国市场占有率由20世纪50年代的25%下降到80年代的12.4%;底特律在日本汽车工业的强势进攻下,不得不大量解雇工人,关闭工厂,出现较高的失业率;马萨诸塞州曾是美国经济的发祥地,70年代人才大量外流,失业率高达11.2%,比全国8.5%的失业率高出许多④;阿巴拉契亚地区的煤炭工业由于美国能源政策向石油、天然气等新能源倾斜而日益衰落,煤矿纷纷关闭。1960年煤炭产量仅2.66亿吨,全区失业率高达8.7%,比当时全美平均失业率高出50%。据统计,在这期间美国中西部地区在全国的制造业比重由1947的30%,下降到了1987年的22.1%⑤。当时美国近80%的贫困县就分布于该区,这一地区也被称为"美国的危机区"之一,因为大量工厂倒闭,失业率不断上升,遗弃的工厂设备锈迹斑斑,所以人们形象地称这一地区为

①Jon C. Teaford. Cities of Heartland:The rise and Fall of the Industrial Midwest,1994,p. 104

②数据来源于《剑桥美国经济史》,第82页

③Jon C. Teaford. Cities of Heartland:The rise and Fall of the Industrial Midwest,1994,p. 176

④国务院研究室课题组.中国老工业基地改造与振兴[M].北京:科学出版社,1992年版,第258页

⑤The Federal Reserve Bank of Chicago. Assessing the Midwst Ecinimy:Looking Back For Future(II. Documenting the Turnaround) http://www.chicagofed.org

“锈带”。

三、“锈带”老工业基地改造的主要措施

20世纪80年代中后期，通过企业、非政府机构、地区政府等多部门的合作，美国开始了对“锈带”工业区的改造，谋求老基地新的发展，以期重新恢复“锈带”地区在美国经济中的重要地位。“锈带”工业区的改造模式，是以生态恢复为基础，以传统产业升级和工业改造为核心，同时将商业和文化旅游业改造融合其中的综合改造模式。

（一）依托技术和市场，全面振兴传统制造业

“锈带”老工业区的改造是在保留传统产业的基础上进行的，这是其一大特点，通过技术改造、开拓市场等一系列措施进行了传统产业的振兴。

1. 加强传统产业的技术改造

“锈带”地区通过大力“注入”高新技术，从生产设备、厂房、生产工艺流程等各方面对传统制造业进行改造。一方面，钢铁、汽车、机械制造等企业纷纷斥资更新老化、陈旧的生产设备，整修破败厂房；另一方面，政府与企业共同努力，对传统制造业进行技术投资和技术改造，将新的生产工艺和高科技研发成果运用到传统产业上，极大提高了生产效率。1985年，通用汽车公司投资90亿美元对设备进行自动化改造，投资额较1984年增加50%。美国研究人员认为，中西部的复兴很大程度上应该归功于制造业内部的技术改良，特别是信息技术在制造业中的应用。联邦储备银行芝加哥分行的Thomas Klier研究表明，中西部制造业所采用的精益生产技术（Lean Manufacturing）对制造业的复兴至关重要。中西部制造业的复兴很大程度是由于使用计算机设计、信息化管理的结果。

2. 调整制造业布局

“锈带”工业区通过政策引导，将产业有效集聚在一起，充分发挥集聚效应，带动了区域经济的发展。以底特律为例，汽车制造是该城市的优势产业，上百年来享有汽车城的美誉，但从20世纪中期到70年代初，美国的汽车工业开始在不少州分散发展，以底特律为核心的中西部地区的汽车生产在全美所占比重逐年下降。随着汽车工业的集中和重组发展策略的实施，美国的汽车工业开始向底特律地区集中。美国三大汽车制造商通用、福特和克莱斯勒也通过收购兼

并集中生产，使全国汽车装配基本集中在底特律地区，汽车零部件开发与生产基本也集中在邻近地区。汽车产业链的集聚还创造了大量的就业岗位，对“锈带”的复兴发挥了重要的作用。

3.大力开拓市场

20世纪六七十年代，美国制造业的国内市场受到日本的威胁，主要冲击地区就是“锈带”地区，美国采取了积极的应对。首先，“锈带”老工业区大力开拓国际市场，企业纷纷在国外设厂，如三大汽车公司纷纷在墨西哥、亚洲及南美国家投资汽车零部件生产，利用当地廉价的劳动力获取丰厚利润。其次，美国政府对汽车产业进行保护。1981年，美国迫使日本政府对出口美国的汽车实行“自愿限制”，从1981年4月开始每年出口不超过176万辆扩大到1983年的194万辆①。同时还对特殊钢材的进口规定限额。第三，从企业内部进行改革，向日本新兴制造业企业学习组织经营模式。如通用汽车公司采取集中决策、分散经营、协调控制的组织体制，将管理权下放各生产部门。同时还大力改善劳资关系，加强对产品的质量管理。

（二）大力发展新兴产业，促进产业结构合理化

在振兴传统产业的同时，“锈带”地区还大力发展新兴产业，寻找新的经济增长点，以“增量”带动经济的发展，不断优化产业结构。

1.依托科研机构发展高技术产业

“锈带”地区充分发挥区域高校和科研机构集聚的优势，强调将科研成果转化为生产力，建设科技产业园，大力发展高新技术产业。如匹兹堡市依托高校力量建立大量科技园区及科研中心，匹兹堡大学还收购了原海湾石油公司占地85英亩、拥有450个实验室和100个实验工厂的大型研究机构，建成匹兹堡大学应用研究中心，并建立了大约300多个技术密集型的新公司②。又如政府针对密歇根州高校的科研优势对其提供大量资金，发展生命科学产业。

2.大力发展第三产业

为顺应产业发展规律及美国国内发展趋势，“锈带”老工业区在改造过程中大力发展了以服务业为主的第三产业。其中大部分城市重点发展了金融、旅游、医疗、娱乐等生产服务型产业。例如，芝加哥、匹兹堡、印第安纳波利斯、

①姜圣复.论美国的汽车工业.世界经济，1993年，第6期

②王旭.美国城市史.中国社会科学出版社，2000年版，第304页

克利夫兰、底特律等城市都大力发展体育产业，同时还发展与体育相关的旅游等产业。在北美四大职业联盟中，以上城市均有球队参加，同时还承办大量的体育赛事。

（三）加强生态环境治理，提升文化生活水平

由于长期的重化工业经济结构发展，导致“锈带”地区的环境较差，各种“城市病”突出，因此老工业区在治理环境、提升城市生活质量方面较为重视。

1. 加强城市生态环境质量和保护

针对严重的城市环境污染问题，“锈带”地区在改造过程中十分强调治理城市污染，净化城市环境，恢复生态。如匹兹堡市关闭了大量的钢铁生产企业，同时对在产的钢铁生产企业做出排污量的限制要求。经过长期努力，1985 年匹兹堡被评为“美国最适合居住的城市”。又如，针对克利夫兰市内的库雅河加河河水严重腐蚀的情况，美国和加拿大联合进行治理，于 1972 年通过了《大湖区水质协议》。

2. 改善城市面貌

在改造的过程中，“锈带”地区的各城市政府除了保障市民的住房需求，还非常重视城市原有建筑风格和历史文化遗迹的保护。如匹兹堡市在改造的过程中，把废弃的工业遗址作为独特的城市特征保存了下来。在匹兹堡历史与纪念基金会的资助下，市政府根据现存建筑物的不同特点采取不同的改造措施，使市政广场周围和蒙农加亥拉河岸边历史悠久的地区与 19 世纪的金融区得到保护与修复。1971 年，匹兹堡市出台首个关于历史文物保护的法令，1979 年成立“匹兹堡历史回顾委员会”，负责新历史遗迹保护工作①。同时还在市中心新建了一些后现代风格的大楼和各种公共设施。

3. 提升城市文化生活质量

“锈带”老工业区也十分重视城市文化生活建设。1991 年在卡内基基金会的资助下，匹兹堡建立了卡内基科学中心，1994 年建立了安迪·沃荷尔博物馆。“明日克利夫兰”组织投资 37 亿元，在克利夫兰市大力开展城市基础设施建设。同时，政府还不断改善公共服务设施和相关服务。

---

①姜立杰. 匹兹堡——成功的转型城市. 前沿，2005 年，第 6 期

4.加强社会保障

政府通过提高税收中用于教育、劳动力培训等支出以及为老工业区的经济发展提供贷款和保险服务,加强对老工业区的社会保障水平,在“锈带”地区先后建立了失业保险、社会保险、健康保险、就业培训等多种社会保障服务制度。

四、“锈带”老工业基地改造的成效

经过多年的改造,美国的中西部地区迅速从20世纪70至80年代的低迷状态中走出,重新回到了经济的强势地位。20世纪90年代,美国中西部地区不仅重现生机,而且许多方面甚至优于衰退前的水平。

(一)改造成效明显,失业率明显下降

衡量经济变化的重要指标是失业率。报告显示,中西部地区的失业率明显下降。在1983年时,中西部地区的失业率比美国平均水平高三个百分点,而1996年则低于美国平均水平一个百分点(见图3—3)。在90年代以后,总就业量的增长明显高于美国其他地区(见图3—4)。这说明,美国的中西部改造是比较有成效的。

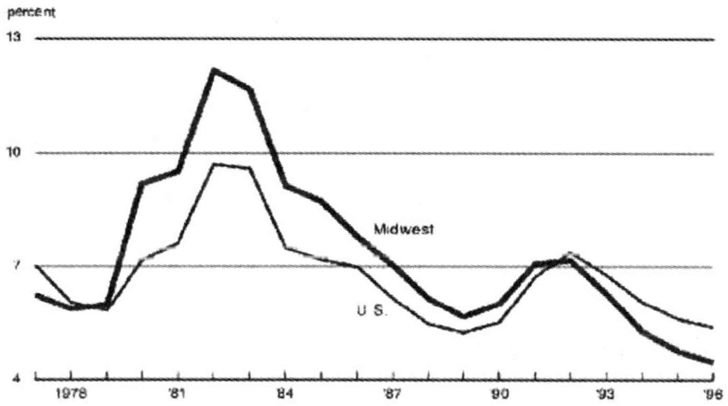

图3—3　1978—1996年中西部地区失业率变化

资料来源:The Federal Reservel Bank of Chicago. Assessing the Midwest Economy: Looking Back For Future(Ⅱ. Documenting the Turnaround)。

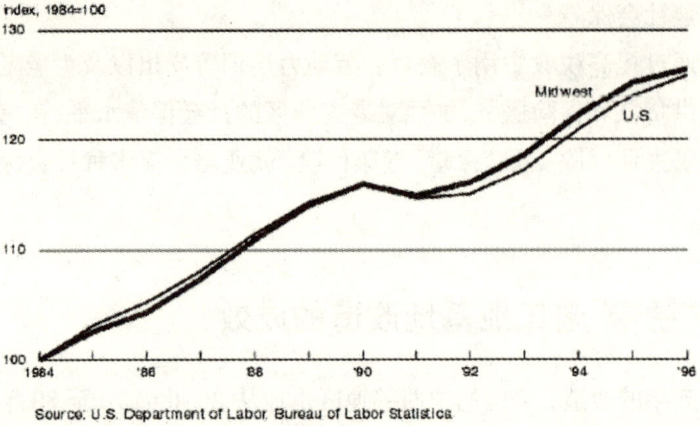

图 3—4　1984—1996 年中西部地区总就业量的变化(1984 年为 100)

资料来源:The Federal Reserve Bank of Chicago. Assessing the Midwest Economy: Looking Back For Future(Ⅱ. Documenting the Turnaround)。

(二)依然面临许多问题和挑战

美国中西部地区在 20 世纪 90 年代迅速得到复兴,这其中既有各级政府不断采取各项措施改造的成果,但更不可忽视的是,美国经济在这一时段的强劲上扬起到了关键作用。宏观经济的向好,为中西部经济迅速复苏提供了良好的条件和契机,却掩盖了中西部地区经济运行内部的深层次矛盾。

1. 产业技术体系的变革尚未完成

尽管中西部地区的复兴不是依赖煤炭、钢铁等传统产业,而主要依赖汽车等高端制造业,但是中西部地区的产业技术并没有发生本质性变化。换句话说,中西部地区未来发展的技术基础没有在改造中建立起来,发展的后劲可能存在不足。

2. 可持续发展任务艰巨

美国中西部复兴是依靠制造业,制造业重回中西部对于中西部的经济繁荣起到了相当决定性作用。但是,制造业重新在大都市集中,形成了像过去一样的工厂密集、车间拥挤的场面,都市的地价开始上升,环境开始恶化,这又重新将可持续发展问题提上了日程。

3. 外向型经济能否得以持续值得怀疑

美国中西部地区的复兴依靠的是出口导向和区域间贸易。我们并不否认输出型经济对于地区发展的作用，但是，大量依靠产品输出，而缺乏本地消费的经济是相当不稳定的，再加上地区的技术并不是处于前沿水平，这种经济很有可能无法长期持续。

第三节　英国中部老工业基地的改造

一、中部地区概况

英国中部地区是指以伦敦为核心，包括伯明翰、利物浦、曼彻斯特和设菲尔德等在内的传统工业集中区。该地区靠近原材料供应地，交通便捷，是英国的煤炭、铁矿资源的集中分布区。从18世纪中叶开始，英国在煤铁资源优势基础上，形成了煤铁采掘及钢铁、机械、化工、纺织等传统工业部门，工业布局集中于煤铁产地及水利资源丰富的地区。英国以伦敦为核心，包括伯明翰、利物浦、曼彻斯特等大工业城市应运而生，成为英国工业革命后的主要生产基地。

英国中部地区矿产资源丰富，交通体系发达。一方面，中部地区矿产资源的区位优势较大。英国煤炭资源丰富，硬煤总储量达1700亿吨，其中已探明储量450亿吨。85%以上的煤炭储量分布在英国的密德兰、兰开夏、约克夏、南威尔士等工业基地，该区域是英国的煤炭、铁矿资源的集中分布区。英国是世界上开发利用矿产资源最早的国家之一，丰富的矿产资源对英国工业基地的形成发挥了重要作用。另一方面，中部地区拥有良好的港口条件，便利的内陆、内河交通体系。英国是四面环海的岛国，外贸的绝大部分依赖海运。英国有较密的内河网，较大的河流有东岸的泰晤士河、亨伯河，西岸的塞文河、默齐河等。其中，泰晤士河长346公里，其中通航部分为280公里，在伦敦附近河宽200～250米，河口处宽达16公里。远离海岸88公里的伦敦和35公里的格拉斯哥以及其他许多距海较远的港口，海轮均可自由出入。伦敦地跨泰晤士河两岸，距河口88公里，是海轮通航的终点，因此一直是英国最大的海港，又是英国内陆交通中心，也是当时世界海运市场的中心。伯明翰、利物浦和曼彻斯特等也是英国的主要港口。伯明翰位于伦敦和利物浦两大海港间和铁路干线上，水陆交通两便，是英国最早的重工业区。在默齐河入海口处坐落有英国第二大港利物浦，以利物浦为中心沿默齐河两岸几十公里的工业城市群，通称默齐河畔，是造船、机械、汽车、石油加工工业区。曼彻斯特运河可以通行万吨海轮。

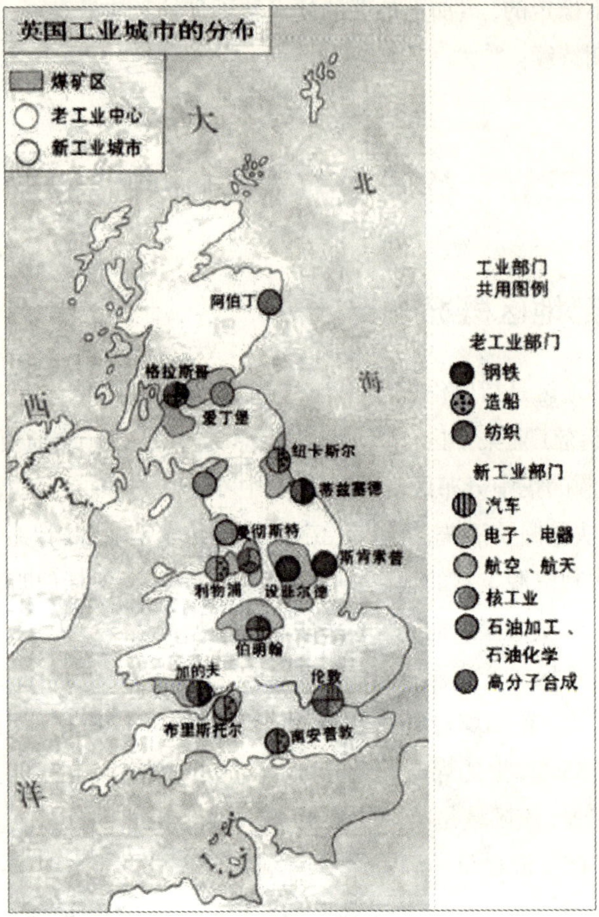

图 3—5　英国工业城市分布图

二、中部地区的兴衰变化

伴随着第一次工业革命，英国中部形成了规模化的工业基地，中部地区高速发展，而从 19 世纪末 20 世纪初的第二次工业革命时代开始，英国增长速度低于世界主要发达国家，开始了长期衰落的进程。

（一）中部工业区的形成兴起

英国老工业区是伴随着第一次工业革命而形成的，在第一次工业革命中，纺织、冶金、煤炭、机器制造和交通运输是主要的产业部门，它们的发展直接带来工业区的形成。产业革命前，冶金业多设在森林地区，自从焦炭代替木炭作燃料以后，冶金业多设在铁矿藏和煤矿相近的地区。在近代冶金业的基础上，冶金业的技术革新和生产的发展，引起了生产组织的变化。棉纺织业主要集中在东南约克夏、曼彻斯特和兰开夏。其中，兰开夏最发达，仅次于兰开夏的第二棉纺织业工业区是东米德兰。煤炭资源丰富的西约克夏工业生产得到了迅速的发展。到 1847 年，南威尔斯生产的生铁已占到英国第一位，苏格兰占第二位，西米德兰占第三位。直到二战时期，中部老工业基地的工业仍在英国国民经济中占绝对地位。19 世纪 70 年代英国的钢铁工业产量约占世界总产量 50%。第一次工业革命以后，英国工业布局集中于煤铁产地及水利资源丰富的地区，形成了伯明翰、利物浦、曼彻斯特、设菲尔德、纽卡斯尔、加的夫、伦敦等老工业基地。

（二）中部工业区的衰落

英国工业的衰退是从 19 世纪末 20 世纪初的第二次工业革命时代开始的。随着第二次工业革命带来的新科技的迅速推进和普及，英国传统工业部门产业技术逐步落后。20 世纪 20 年代，英国最具优势的纺织工业由于新的纺织技术的发展和普及，人造纤维开始进入大众的生活而逐渐走向衰落。由于石油工业的崛起，英国的煤炭工业在国际竞争中处于不利的地位，煤产量从 1913 年的 2.91 亿吨下降到 1929 年的 2.61 亿吨，生铁产量从 0.1 亿吨下降到 0.077 亿吨。由于内燃机技术的提高和普及，传统的机器制造业和交通运输业也逐渐失去了国际竞争的优势。1920—1929 年，整个工业生产只增长了 15.6%，大大低于美、法、德等国。而且，工业生产很不稳定，1925—1926 年和 1928 年曾两度出现下降。英国在资本主义世界工业生产中所占的比重从 1913 年的 14.5% 降为 1929 年的 9%。出口总值在世界出口总值中的比重由 1913 年的 13.93% 降为 1929 年的 10.84%。英国经济开始进入全面、长期衰退阶段。二战后，英国传统工业与第三次工业革命的新技术体系更加不适应，经济发展迟缓，增长乏力甚至停滞。

三、中部老工业基地改造的主要措施

英国政府从宏观上予以政策引导和鼓励，采取具有针对性的引导投资政策，以促进某些传统工业衰落地区（如曼彻斯特等）的工业改造和区域振兴。

（一）成立专门机构，提供组织及法律保证

为保证老工业基地的改造振兴工作顺利进行，英国也成立了专门机构为老工业基地改造提供组织保证。例如，成立了煤炭调整部，对煤炭类企业的改造进行监管。1999 年 4 月还成立了地区发展代理机构（RDAs），该机构属于非政府实体，主要为各个地区制定相应的发展战略，促进地区经济的发展，减少地区间及地区内部的不平衡。2001 年 6 月后，贸易工业部（DTI）开始参与地区经济事务，主要负责与工业有关的地区政策的实施。英国还制定了多项法律。例如，早在 1945 年，英国就制定了《工业分布法》，法律规定："任何新建工厂或车间扩建，只要超过一定规模（起初定为新建超过 10000 平方英尺和扩建超过原规模的 10%，但后来有所变动）就必须从政府商务部取得工业发展执照。"商务部（以及后来的商务和工业部）一直运用该法律来引导工业企业由伦敦及英格兰中部迁往各个老工业基地。此后，英国还颁布了《卫星城镇法》（1946 年），《田园城市法》（1947 年），《开发地区（DDs）的指定》（1958 年），《地方雇佣法》（1960 年），《办公及工厂建设限制法》（1965 年），《选择雇佣法》（1966 年）等等，其目的都是为了促进老工业基地的发展。

（二）改造传统产业，发展新型产业

英国没有放弃中部老工业基地的传统产业，而是对其进行了有效的调整与改造。一方面，削减那些生产效率低下、盈利情况不佳、没有发展前途的企业。由于采用压缩煤炭、纺织、钢铁等夕阳产业的政策，英国的老工业基地钢铁产业从业人员数量从 1967 年的 26.7 万人减少到了 1988 年的 5 万人。另一方面，对一些尚有改造余地的企业进行技术改造，更新设备，采用新工艺，使其脱胎换骨。以钢铁制造业为例，1967 年，政府把该行业的 90%收归国有，之后投资 30 亿英镑进行现代化改造，将新技术应用于冶炼与轧制、设计与生产、管理与营销等方面。通过改造，英国钢铁产业丰富了产品品种，提高了产品质量，增加了产品的

技术含量，提高了劳动生产率。到1980年，该行业的生产效率已跃居欧洲各国钢铁制造业之首。①同时，政府为鼓励知识创新、开发知识和知识转化，首先宣布与卫康基金一起共同出资14亿英镑的科技投入，用于在三年内加强英国的科学和工程基础建设、研究设施的建设，对优势研究领域进行资助，重点是对生物分子、基因研究以及环境技术等进行支持。其次，鼓励大学向商业化研究发展，鼓励大学与企业界联合，将大学的知识向实用技术转化。

（三）调整工业布局，促进劳动力和企业合理布局

为促进老工业基地等经济萧条地区的复兴，英国进行了工业的布局调整，制定了促进劳动力由萧条地区向繁荣地区转移、鼓励企业向萧条地区迁入的区域政策。在劳动力的转移方面，面对老工业基地的高失业问题，英国政府通过经济援助政策及补贴政策，促进劳动力由萧条地区向繁荣地区转移。1928年，英国成立“工业迁移委员会”，颁布实施“工业迁移计划”和“青年迁移计划”，1929—1936年是这一计划实施的高峰期。在“迁移计划”实施的10年期间，共有50万人迁移到经济繁荣地区。在企业的转移方面，二战之后，英国开始实施鼓励企业向萧条地区迁入的区域政策，以解决煤炭、造船、钢铁以及纺织等传统工业集中的中部等老工业地区的经济衰退问题及失业问题。例如，1945年的《工业布局法》规定新建工厂必须从政府获得建设许可证，就是用以引导企业向老工业地区迁移。1947年颁布的《城乡规划法》进一步规定，凡5000平方英尺以上的工业建筑需得到“许可证”，其目的在于控制繁荣地区大型工厂的建立，而鼓励企业选址于萧条地区。通过这两项政策，1945—1947年间，英国约有一半以上的新建企业集中于萧条地区。据估计，通过移入企业直接创造的就业机会，1960—1971年为19.7万个，1971—1981年为5.6万个，加上新建企业，1960—1981年，萧条区所增加的就业岗位超过60万个。②

（四）重视职工安置，改善就业状况

失业是老工业基地改造过程中普遍存在的问题，英国政府从多个方面制定各种政策来解决失业问题。第一，妥善安置矿区职工。1984年，英国专门成立

①林蔚．西欧国家如何改造老工业基地[J]．当代世界，2004年第9卷，第35 ~ 37页

②袁朱．英国、法国老工业区经济转型的主要对策及启示[J]．经济研究参考，2004年第32卷，第11 ~ 19页

了职工安置机构——煤炭企业转产有限责任公司(BCE),负责实施煤矿职工职业变更计划,安置煤矿关闭后下岗人员及其他煤矿富余人员。BCE的资金来源主要是英国煤炭公司从政府获得的贷款。到1996年,英国煤炭公司给BCE注入资金1.3亿英镑。BCE的主要任务:一是为煤矿富余人员找到尽可能理想的新职业;二是提供职业变更的技术培训;三是为矿职工职业变更提供贷款,增加矿区就业渠道。第二,大力发展中小企业。中小企业在吸纳就业方面具有得天独厚的优势,因此,英国政府对中小企业进行了大力扶持。例如,在投资方面,政府制定了《企业扩张计划》,为中小企业提供资本和技术咨询;在金融政策方面,增加对中小企业的开业贷款额,帮助小企业筹借外部资金;在税收政策方面,减少中小企业的所得税、投资特别税、法人税及附加税、资本让渡税、资本所得税等。英国政府的扶植政策增强了中小企业的发展势头。20世纪80年代以来,英国每年新建的中小企业都在16万个左右,中小企业几乎占到全部企业数量的96%。①第三,开展就业培训。英国政府还大量开展了就业培训活动。例如,1988年9月,英国政府提出了“就业培训项目”。该项目实施的对象最初是失业超过6个月的18～35岁左右的青年人,之后,受训对象扩展到失业超过两年的25～60岁成人。该项目将失业者的工作经验与培训活动结合起来,以增加失业者再就业的几率。

(五)明确政府职能,强调市场作用

英国在老工业基地的改造与振兴中,既发挥了政府应有的作用,同时更加注重市场的基础作用。一方面,英国政府在中部等老工业基地的改造过程中十分注重市场的资源配置作用。政府通过一系列财政及货币政策,放松或取消国家控制与干预,鼓励自由竞争,调动企业的生产及投资的积极性。英国政府废除了160多项对经济活动的限制性规定,如取消了最低固定佣金制度,取消了证券经纪人与证券批发商之间的分工;允许外国公司直接参加市场交易;废除私人企业工人最高工资的限额及对产品价格的限制等等。此外,英国还推行国有企业私有化,扶植私营部门的发展,把企业推到市场上去竞争,促使企业提高经济效益。另一方面,英国政府也致力于改善经济发展的软、硬环境。在硬环境方面,政府在老工业地区大力兴建交通运输、通讯等基础设施,治理环境污染,

①袁朱.英国、法国老工业区经济转型的主要对策及启示[J].经济研究参考,2004年第32卷,第11～19页

改善生活环境。以伯明翰为例，1976 年，伯明翰建成了国家展览中心；1984 年修建了国际机场；1991 年伯明翰国际会议中心正式启用；2003 年伯明翰投资 5 亿英镑兴建了一个集购物、娱乐与观光为一体的商务中心。①在软环境方面，政府在老工业地区开展了大量教育及培训活动，还为在老工业地区投资的企业提供现金补助，为高新技术企业提供税收减免等。比如，按照英国 1996 年《工业发展法》，在英国南威尔士和西南部等被划为援助区的地区投资，可得到相当于工厂设备投资 40%的赠款，而对于那些投资高新技术的企业给予特别优惠的政策，可提供高达 50%的资助，并可减免所得税、财产税②。

此外，英国老工基地改造也特别重视环境改善，发展特色工业旅游项目，以推动地方经济发展。例如，1994 年英国直接进入工厂车间参观的游客人数就达 1000 万人③。

四、中部老工业基地改造的成效

(一)改造的成效

英国中部老工业基地的改造成效显著，城市面貌得到根本性的更新，基础设施和居住条件得到明显改善，各种社会问题得到有效解决，经济社会发展水平进一步提升。第一，英国老工业区把老的办公楼改造成饭店，把老拍卖市场或厂址改造成展览馆、博物馆，把老港口改造成机场，在老工业区建立娱乐中心、电影院等，开发旅游景点，增加服务功能，既把改造老工业区与发展第三产业结合起来，推动了服务业的发展，又改造了城市，提高了城市的生活和服务质量。第二，企业经济效益的提高才是老工业基地改造内在动力，英国通过放松政府管制、发挥市场主体作用、鼓励自由竞争，调动了企业生产和投资积极性，促使企业不断改良技术及设备，提高了劳动生产率，从而提高了区域经济活力。在英国中部老工业基地的改造过程中，传统产业的改造及新兴产业的发展是老工业基地重现活力的原因所在。传统产业的振兴主要依靠改良生产设备、应用先

①张险峰，张云峰. 英国伯明翰布林德利地区——城市更新的范例[J]. 国外城市规划，2003 年第 2 卷，第 55 ~ 62 页

②袁朱. 英国、法国老工业区经济转型的主要对策及启示[J]. 经济研究参考，2004 年第 32 卷，第 11 ~ 19 页

③林蔚. 西欧国家如何改造老工业基地[J]. 当代世界，2004 年第 9 卷，第 35 ~ 37 页

进技术、提高研发能力来实现,其实质在于原有产业技术体系基础上的改良;而老工业基地对新兴产业的选择则是计算机、电子、生物工程等当前世界上较为现代化的产业部门,其实质是产业技术体系的更新换代。在老工业基地的就业结构中,熟练工人、妇女、青年非整日工作的就业人员比重上升,就业机会大大增加,社会就业问题得到妥善解决。

(二)存在的问题

英国老工业基地改造过程中的鼓励与限制措施相结合的区域政策效果并不十分理想。英国政府对于老工业基地重振并未一味采取经济鼓励政策,而是采用“胡萝卜”与“大棒”相结合的政策。政府一方面对老工业基地的企业采取积极的经济鼓励措施,如放松限制,给予税收优惠、投资补贴、现金资助等,积极促进企业在老工业基地等萧条区内发展;另一方面采取限制措施,在一定程度上阻止企业向工业密集的繁华区发展。在区域政策实施的 40 年之中,英国政府较频繁地使用了限制性工具,其主要原因在于这种限制性措施不会增加政府的财政负担。实践证明,英国的鼓励与限制政策取得了一定成效,但并不能从根本上解决区域发展问题。也正因此,20 世纪 80 年代之后,英国政府的区域政策由强调外部投资转向培育区域的内生发展,即通过帮助企业采用新技术、提高创新能力、倡导企业家精神等来发展壮大本地区企业。

第四节　法国洛林老工业基地的改造

一、洛林地区概况

法国的洛林地区位于法国东北部,北邻比利时、卢森堡及德国,有“三国之边界”的别称,下辖四个省份:默兹省(Meuse)、摩尔特—摩泽尔省(Meurthe-et-Moselle)、摩泽尔省(Moselle)、孚日省(Vosges)。区域面积 2.35 万平方千米,占全国的 4.3%;人口约 231 万,占全国总人口的 3.9%。

洛林地区地形特殊,矿产资源丰富,交通发达。首先,洛林属于高原地区,马斯河、摩泽尔河、萨尔河自南向北纵贯高原。高原西部为巴黎盆地东部的陡崖与洼地相间的地形,陡崖成弧圈形排列,海拔一般超过 350 米,呈不连续状,

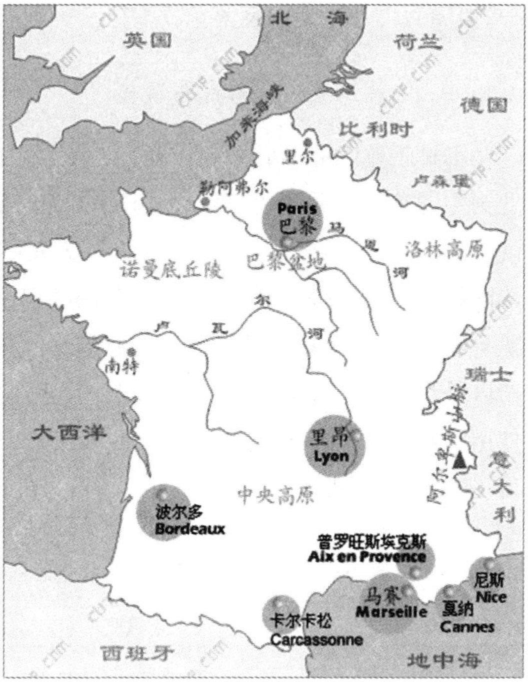

图 3—6　法国洛林地区的区位图

东坡陡峻，西坡和缓，顶部多被森林覆盖。马斯河右岸与摩泽尔河左岸分布有两列较连续的陡崖。洛林高原东部为泥灰岩、砂岩和石灰岩组成的高原主体部分，海拔为 250 ~ 500 米，多天然草场，是乳用畜牧业区。其次，洛林高原是法国矿产资源富集区。铁矿是其最重要的矿产资源，分布在摩泽尔河以西，自南锡至卢森堡，南北长 112 公里，东西宽 19 公里的地带内，储量达 60 亿吨，占法国铁矿资源的 4/5 以上。而且矿床分布集中，埋藏较浅（90 ~ 120 米），开采方便。同时，洛林地区煤炭资源也十分丰富，摩泽尔河以东的煤田是法国最大的煤田，储量占法国 1/2 以上，是德国萨尔煤田的延续，其开采条件比北部煤田有利，煤质较好，可以炼焦。此外，洛林地区还盛产岩盐，位于南锡以东的索尔努瓦地区和南锡东南栋巴尔地区有丰富的岩盐矿，为本地区化学工业的发展提供了丰富的原料。最后，洛林地区交通发达。南北东西，连接欧洲各国的主要公路交通交汇于洛林，形成了洛林地区高度密集的公路网络，将法国与欧洲紧密地连接在一起。同时，铁路、航运也比较发达。铁路网络连接着巴黎、法兰克福、布鲁塞尔、卢森堡等地。流经罗琳的摩泽尔河是欧洲水运网络的主要河流之一。150 吨的驳船不经换装就可直接经过莱茵河、北海到达阿姆斯特丹、鹿特丹、安特卫普等国际港口。东西走向的马恩—莱茵运河横穿洛林全境，300 吨的驳船可以畅行于此。

二、洛林地区的兴衰变化

第二次工业革命前后，洛林地区开始由一个以农业为主的贫穷落后地区逐步发展成为繁荣的工业区，到 20 世纪 60 年代初成为法国最重要的工业基地之一,但随后也开始走向衰落。

（一）洛林工业区的形成与昌盛

洛林工业区的形成兴起较晚,在第二次工业革命以前,洛林还是一个以农业为主的贫穷落后地区。第二次工业革命时期,洛林的铁矿开采和工业化也较晚,钢铁工业发展缓慢。这主要有三个方面原因:第一,煤炭产区的钢铁生产已能满足国内需求;第二,1860年后,英国的钢铁产品开始进入法国;第三,洛林铁矿含磷高,在当时技术条件下利用有困难。洛林真正成为法国钢铁产品的主要产区是在1880—1913年期间。1881年,托马斯冶炼法和吉尔克里斯特冶炼法使用以后,洛林铁矿的开采进入飞跃阶段,这之后,洛林作为钢铁产品的产区获得飞速发展(见表3—2)。

表3—2 1868—1952年间洛林地区钢铁产量出口占法国的份额

年代	铁矿石	生铁	熟铁	粗钢	钢铁产品
1869	47	33	16	—	4
1913	95	81	—	66	52
1952	92	78	—	63	54

资料来源:J. E. Martin. Location Factors in the Lorrainc Iron and Stccl Industry. Transactions and Papcrs (Institute of British Geographers), No. 23. (1957), pp. 191~212

在1881年以前,洛林地区铁最高产量只有300万吨,而1900年达544.8万吨,1929年达5000万吨。由于洛林铁矿品位低,又缺少水上运输,铁路运输费用高,因此多就地发展高炉和钢厂。自从采用托马斯炼钢炉后,洛林成为集中的钢铁工业区,1938年洛林的粗钢产量为420万吨,占当时全国总产量的68%。20世纪50年代前后,洛林的生铁产量大约占全法国的85%,粗钢约占64%。①

第二次世界大战以后,法国调整了发展战略,重点恢复和发展基础工业,这使得洛林地区的钢铁、煤炭生产有了较大程度的发展。1945—1960年间,洛林地区的铁矿石产量增加了3倍,生铁产量增加了2倍,煤炭产量增加了1倍,整个洛林地区提供了全国3/4的铁、2/3的钢和1/3的煤炭。冶金工人数由50年代初的7万多人,增加到60年代初的9.5万人,成为全国工业就业人数比重最高的地区之一。至此,洛林地区成为法国最重要的工业基地之一。

①I. B. 汤普森. 法国区域经济地理[M]. 上海译文出版社,1983年版,第39页

（二）洛林工业区的衰落

进入20世纪50年代至60年代前后，受资源的消耗、科学技术的进步、替代产品的出现等多种因素影响，洛林的煤炭、钢铁工业经历了由高速发展到衰落的过程。洛林地区的衰退主要表现在三个方面：

首先，煤炭和钢铁两大支柱产业衰退。在煤炭方面，由于长期的采掘，洛林地区的煤炭储量日趋枯竭，开采条件日渐恶化，成本不断上升。在20世纪50年代至60年代，洛林的煤炭开采深度已达到地下1000米以上，成本是世界煤炭成本的三倍，根本就无法与世界其他国家的煤炭进行竞争。此外，随着二战后能源结构的不断调整，20世纪60年代以后，法国原煤产量逐年下降。1990年原煤产量仅为1289万吨，自给率不足50%，成为仅次于日本的第二大进口国。到2005年，法国矿井全部关闭，彻底地结束了煤炭生产。在钢铁方面，原本洛林的铁矿石比较丰富，但自20世纪60年代开始，由于铁矿石的品位低导致的开采成本高，钢铁企业产品的技术水平低造成的产品附加值小等原因，洛林地区的钢铁产业不断受到来自世界各地的竞争，产品开始滞销，产业开始衰退。20世纪60年代，洛林的铁矿石就难以与非洲、瑞典的铁矿石竞争，被挤出了比利时、德国鲁尔以及北部市场。由于上述原因，洛林的铁矿石产量在1970年达历史最高水平5000万吨后，到1983年已降至1600万吨。生铁产量也由1960年最高的1500多万吨，降至1982年的720万吨。①

其次，社会失业问题的日益加剧。煤炭、钢铁产业的不断衰退，加之纺织产业的萎缩，造成洛林地区失业人口不断上升和大量人口外流。1954年，煤炭、钢铁以及纺织产业共有职工21.5万人，占该区全部职工人数的68.3%。到20世纪70年代中期，煤炭、钢铁、纺织三大产业的工人不到3.5万人，仅占全区职工人数的19%。其中，煤炭和钢铁6.9万个工作岗位消失了88%，6.9万个纺织岗位消失了81%。②1962年，洛林的铁矿业共有职工26000人，而到了1967年就已下降到了15000人，1982年仅剩3500人。1975—1982年间，洛林共裁减工业职工达5万多人，占全部工业就业人数的1/5，是全国人口外流最严重的地区。冶金工人在1975年已减为8万人，1982年再减为5万人。洛林煤矿在

①袁朱．英国、法国老工业区经济转型的主要对策及启示．经济研究参考，2004年，第32期

②路夕．洛林转型．中国石油石化，2003年，第3期

1985年职工人数为23799人，到1997年已减少到9493人。①大量的失业人口给洛林地区的政府财政和社会治安造成了较大的压力，制约了区域的经济发展。

第三，企业的大面积亏损。这主要表现在两个方面。一方面，受新兴制造业和新技术革命的挑战，洛林地区传统工业的产业结构、产品结构老化，技术落后，难以适应市场的需求；另一方面，在国家占有重要地位的钢铁企业连年亏损，从1977年起，国营钢铁企业的债务超过了营业额，1975—1982年间，亏损累积达140多亿法郎，企业债务压力较大。原本自20世纪60年代以后洛林地区的企业很大程度上依靠国家大量补贴生存，在国家取消了各种补贴和税收优惠以后，洛林地区的钢铁企业大批倒闭。

三、洛林老工业基地改造的主要措施

从20世纪60年代末、70年代初开始，法国对洛林老工业基地进行了一系列改造和重塑。法国洛林老工业基地改造与德国鲁尔区的改造时间相近，采用的方法有很多相似之处，但相对而言，法国洛林老工业基地的改造更为激进和彻底，是典型的产业更新模式。

（一）成立专门机构，统一规划实施

1. 成立专门机构，统一协调改造工作

为防止地方恶性竞争，法国成立了专门机构对改造进行协调。如专门成立了工业转型与国土整治部；在法、比、卢接壤地区成立了欧洲资源转型与调整中心，为老工业基地的调整与改造提供组织上的保证。在洛林地区，还成立有煤矿关闭环境综合治理办公室，负责煤矿关闭后的善后处理工作。还有促进矿区和地方工业化的金融（投资）公司（SOFIREM），对矿区创办企业给予资金支持。此外洛林还成立了“洛林工业促进与发展协会”，主要负责利用洛林地区的土地、经过培训的劳动力、地理位置、基础设施和能源优势，吸引外部投资集团的注意，寻求并接受国家和国际项目。在20世纪80年代，各地区又相继成立“地区计划委员会”，根据各地区的特点，有针对性地制定本地区的经济、社会和文化发展计划。一系列专门机构在法国洛林老工业基地的改造过程中发挥了重大作用，保证了改造工作得以顺利、有序进行。

①周淑景. 法国转型地区增加就业的措施. 外国经济与管理，1999年，第2期

2. 制定有效规划，推进改造工作有序进行

针对老工业基地的不同情况，法国政府制定专门规划，对老工业基地实施有序改造，曾先后制定“钢铁工业改组计划”、“拯救钢铁工业计划”，甚至还将洛林等老工业基地改造工作纳入国家统一计划之中。为了使国家目标与地区目标相协调，法国中央政府还与各地方政府签署“国家—地区经济发展合同”，国家承担合同中“优先项目”的常年义务。根据合同规定的项目，在1984—1988年间高达40亿法郎的投资额中，国家承担四分之三。①

（二）彻底放弃传统产业，高起点发展新兴产业

洛林工业区对传统产业的改造采取的是较为彻底、较为激进的方式，对新兴产业的发展起点也较高。

1. 采取“休克式”措施，彻底放弃传统产业

洛林区对传统产业的改造采取的是较为彻底、较为激进的方式。洛林区在改造的初始阶段也尝试通过为生产效率尚可的传统产业企业追加投资，扶助生产等方式推动企业现代化来复兴传统产业，但效果让政府不满意。因此，法国政府在20世纪70年代后期，修改了传统产业的“振兴”计划，而转向“紧缩”计划。在停建一切传统产业的新企业的同时，通过关、停、并、转，大幅度淘汰经营不善的企业，大批裁员，以提高劳动生产率。同时，将保留的企业实施国有化改造，向少数企业集团集中。通过实施“紧缩”政策，大幅压缩煤炭、钢铁以及纺织产业规模，并最终实现退出不具有竞争优势的传统产业领域。以煤炭和钢铁产业为例，洛林虽具有煤炭资源，但由于井深，开采成本高于世界市场煤炭价格345法郎，于是采取逐步放弃的政策，煤炭产量从转型前的1470万吨，从业人员2.4万，到2005年已全部停止生产，仅留少量留守人员；同样，尽管洛林具有丰富的铁资源，也由于每吨钢销价比进口高457法郎，最后还是全部关闭了采矿、炼铁、炼钢业。②

2. 高起点发展新兴产业，促进产业更新

洛林老工业区的改造是以提高国际竞争力为目的的高起点转型。一方面，应用高新技术改造留下来的关键传统产业。洛林地区主要对钢铁、机械、化工、

①袁朱. 英国、法国老工业区经济转型的主要对策及启示. 经济研究参考，2004年，第32期

②辽宁工业转型研究课题组. 借鉴法国洛林经验加快辽宁工业转型. 中国软科学，1998年，第10期

电厂等进行高新技术改造，生产过程逐步实现自动化，不断提高产品附加值。其中，钢铁公司主要发展市场短缺和附加值较高的汽车板材和镀锌板材；电厂采用硫装置，利用洗煤剩余的煤泥发电，技术达到世界先进水平。另一方面，高起点扶持和引进计算机、电子信息、激光、生物制药等新兴技术产业。在洛林地区兴办了南锡和梅斯两个高标准的高新技术园区，吸引投资者发展高新技术产业。与此同时，在各地地理位置优越、交通便利、基础设施服务齐全的区域兴建新的工业区。洛林地区的新兴技术产业发展势头良好，逐步成为地区经济的主导产业，不仅摆脱了对于资源产业的依赖，而且有效带动了当地经济发展。

（三）提供优惠政策吸引投资，积极发展中小企业

1.提供各种优惠政策，吸引各方投资

为解决洛林老工业基地改造的资金问题，洛林地区面向外来投资者制定了一系列的优惠政策。对于到本地投资办厂的企业，洛林地区不仅给予税收优惠，而且给予设备、土地以及就业补贴。在洛林地区建厂地皮的价格比较便宜，只相当于德国的五分之一到六分之一，而且地方还资助50%；厂房建设可得到20%的资助，对在以前的矿区建厂国家还以更多的资助作为鼓励。在原有矿区办厂，国家给予5年免税待遇①；在设备方面，可得到15%的资助；投资额4000万法郎，新创40个就业岗位为特大项目，可得到25%的资助；政府帮助新建企业按岗位要求进行劳动力培训，规定每雇用一个本地劳动力可得到3万法郎资助②。由于有了这些优惠条件与良好的服务，洛林地区在对外开放、利用外资方面取得了突破性进展，许多外国企业非常愿意到洛林来建厂。目前，到法国投资的外商50%都集中在洛林地区。到1997年，已有18个国家在洛林地区创建了350个公司，创造了47600个就业岗位，占洛林工业就业岗位的20%。③

2.大力扶持中小企业发展

中小企业生产经营灵活，专业化程度较高，能够更好地应对日益多元化的市场需求，快速对经济环境的变化做出反映，是地区经济活力的体现。此外，中

①国家经贸委企业改革司考察团.法英两国煤矿关闭思路及启示[J].煤炭经济研究，2002年第4卷，第75～78页

②辽宁工业转型研究课题组.借鉴法国洛林经验加快辽宁工业转型[J].中国软科学，1998年第10卷，第99～103页

③袁朱.英国、法国老工业区经济转型的主要对策及启示[J].经济研究参考，2004年第32卷，第11～19页

小企业是新技术的首先使用者，也是地区创新的主要力量。因此，洛林地区非常重视对中小企业的扶持。第一，为中小企业提供创业资助。在洛林地区创建雇员不足 15 人的小型企业，可得到 1 ～ 2 万法郎的创业补贴。当企业的新设备投资达到 3 万法郎以上时，若是生产性设备，可享受最高为设备投资额 30%的地区补贴；若是服务性设备，补贴的最大比例可达 20%。①第二，支持中小企业的技术创新。中小企业招聘具有大学以上学历的高级技术人员，可得到由地方政府提供的住宅补贴、高工资补贴及研究与开发经费资助。第三，创办中小企业孵化器。中小企业孵化器（创业园）是中小企业创业的实验场所，主要用于帮助新公司制订创业计划，帮助新公司成立，并在成立初期提供各种服务。法国的创业园内有厂房、车间、机器、办公室等设施，配有专家顾问，可供创业者实习两年。创业者可以在此积累经验，从而降低创办企业的风险。一个中小企业孵化器每年大约扶持创立 20 个新企业，帮助 10 个企业改型。为了给企业服好务，每年他们要分别同 100 个科研单位、企业取得联系，同时他们与整个地区的技术转让网络都有联系，与所有的技术开发区也都有联系，这些条件有力地促进了中小企业的发展。②

（四）多途径解决失业问题

法国洛林区在传统产业的改造过程中大刀阔斧地关闭亏损及生产效率低下的企业，对保留下来的企业进行大幅裁员，造成大量工人下岗，使得洛林地区的失业问题十分严峻。为解决失业问题，政府做出了极大努力。第一，实行提前退休政策。法国规定煤矿职工退休年龄由 55 岁提前到 45 岁，地面工人由 60 岁提前到 50 岁，提前退休职工的退休金为原工资的 85%，比正常退休的 65%还要高。③对一些不愿转行、希望享受提前退休政策又不到提前退休年龄的职工，政府成立留守处，组织这部分职工从事煤矿关闭后的一些善后处理及环境治理工作，直至退休。第二，加强再就业培训。传统产业的工人一般掌握的技能比较单一，无法适应新技术的变化。鉴于这种情况，法国洛林将再就业培训提高

---

①袁朱. 英国、法国老工业区经济转型的主要对策及启示[J]. 经济研究参考，2004 年第 32 卷，第 11 ～ 19 页

②辽宁工业转型研究课题组. 借鉴法国洛林经验加快辽宁工业转型[J]. 中国软科学，1998 年第 10 卷，第 99 ～ 103 页

③国家经贸委企业改革司考察团. 法英两国煤矿关闭思路及启示[J]. 煤炭经济研究，2002 年第 4 卷，第 75 ～ 78 页

职工技能作为解决失业问题的重要途径。洛林地区的再就业培训组织严密，实施分门别类管理，而且培训的时间较长，培训时间一般 2 年，特殊岗位可达到 3 ~ 5 年。按照有关法律的规定，企业职工必须定期离岗参加培训。培训期间，职工可领取 70%的工资，培训费用由国家承担。培训结束后，可返回原单位工作，也可以离开原企业另谋职业。据统计，培训后可供选择的职业岗位多达 100 种以上，90%的人员能重新就业。第三，鼓励自谋职业、自主创业。以洛林区的煤炭行业为例，政府规定，根据煤矿工人职工的年龄情况，开办公司的给予约 65 万法郎的启动资金；对到其他公司工作的给予约 45 万法郎的扶助资金；煤矿职工自谋职业所需的差旅费、邮政费等全部由煤炭公司支付；煤矿职工到新公司工作的 1 ~ 3 个月试用期间，工资仍然由原煤炭公司支付；煤矿工人到新公司工作，煤炭公司负责搬家并给予住房补贴等；煤矿工人在新公司第一年工资如果低于原工资，煤炭公司给予补差。①

（五）注重环境治理和保护，加强基础设施建设

由于长期发展重化工业，洛林地区在 20 世纪 50 年代至 60 年代环境恶化也十分严重，煤炭开采造成大量土地塌陷、煤矸石堆积、水环境污染。面对这种状况，法国政府在洛林地区投入巨资实施环境改造和整治，并改善基础设施条件。一方面，大力整治矿区环境。法国在主要煤矿地区都成立了煤矿关闭环境综合治理办公室，负责环境治理工作。煤矿关闭后及时调查环境污染情况，并组织实施治理。煤矿关闭后，迅速抹掉老矿区的痕迹，对其进行重新包装，或建居民住宅、娱乐中心，或作为新厂厂址，或植树种草等等。另一方面，加强基础设施建设，营造良好的投资环境。在改善环境的同时，洛林不断加强基础设施建设，法国政府拨专款专门建立了煤矿地区工业发展基金，1984 年开始时政府拨款 4.5 亿法郎。基金主要用于基础设施（不动产）投资，不需要偿还。欧盟对此也给予了大力支持，仅在洛林地区就投入了上亿欧元。②

①国家经贸委企业改革司考察团. 法英两国煤矿关闭思路及启示[J]. 煤炭经济研究，2002 年第 4 卷，第 75 ~ 78 页

②国家经贸委企业改革司考察团. 法英两国煤矿关闭思路及启示[J]. 煤炭经济研究，2002 年第 4 卷，第 75 ~ 78 页

四、洛林老工业基地改造的成效

（一）产业结构有效调整，工业成功转型

通过彻底放弃传统产业，高起点大力发展新兴产业的战略，洛林地区迅速摆脱了产业结构单一的窘境，工业也成功实现转型，区域经济重新激活。目前，洛林地区的计算机、激光、电子、生物制药、核电等新技术产业已占国民经济的15%，汽车工业已成为支柱产业，占国民生产总值的30%。①经过有效的产业结构调整，洛林地区已由以煤、钢为主的传统工业区转变成为以汽车、塑料和电子元器件为主的现代工业区。不仅如此，工业的成功转型还带动了第三产业的发展。相比1975年工业占39%和第三产业占46%的就业人数，到1997年，工业就业人数下降为24%，第三产业就业人数上升为67%以上。②

（二）中小企业迅速发展，吸引外资能力大幅提升

法国通过建立企业园区、加强企业孵化、政策优惠支持等措施，成功实现了中小企业的快速发展。目前，经过政府的努力，洛林地区的中小企业蓬勃发展起来，比重占到了全部企业总数的90%以上。这些中小企业为吸纳失业人员起到了积极的作用，也为洛林区改造过程中的社会稳定作出了重要贡献。同时，洛林地区吸引外资的能力大幅提升。截至1997年，有18个国家在洛林地区创建了350个公司，创造了47600个就业岗位，占洛林工业就业岗位的20%，为吸纳洛林地区的失业人员起了很大作用。洛林地区在20世纪90年代的外商直接投资每年都在50亿～60亿法郎以上，1994年达到66亿法郎，一年就创造3937个就业机会。目前，在该地区的外国企业已达500多家，涉及40多个国家和地区。③

---

①辽宁工业转型研究课题组.借鉴法国洛林经验加快辽宁工业转型[J].中国软科学，1998年第10卷，第99～103页

②引自克里斯昂·拉托的《洛林地区经济的重新开发》，载齐建珍、杨中华，张龙治主编的《工业转型研究》，东北大学出版社，2002年版

③袁朱.英国、法国老工业区经济转型的主要对策及启示[J].经济研究参考，2004年第32卷，第11～19页

(三)失业率明显下降,就业问题基本解决

在洛林地区的改造初期,失业人数较多,社会再就业压力较大。而且,转型中的洛林地区的失业率也一直高于法国的平均水平。成功转型后,洛林矿区职工数量仅为原有职工数量的25%,钢铁工业职工数量占原有职工数的11%,75%的煤矿工人和89%的钢铁工人已经成功实现再就业。2006年欧盟关于老工业基地的研究报告中显示,在1996—2002年间,虽然洛林地区的GDP增长率略低于法国平均水平,但就业增长率比法国平均水平高出近30%。同时,法国培训转业工人的做法也作为成功经验在欧盟得到广泛推广。①

(四)环境治理成效显著,生态环境明显改善

在政府支持和专业机构的规划下,洛林老工业区煤炭开采和炼钢遗留下来的大量土地塌陷、水污染以及各种环境污染破坏问题都得到了有效的解决,洛林地区生态环境得到明显改善。经过改造,如今的洛林发生了巨大变化,已由过去的乌烟瘴气变成了一个山青、水秀、环境优美的地方。

第五节　日本九州老工业基地的改造

一、九州地区概况

日本的九州地区位于日本列岛的西南部,包括九州岛及其周围的一些岛屿和琉球列岛。九州地区共有福冈、佐贺、长崎、熊本、大分、宫崎、鹿儿岛、冲绳八个县,总面积是4.2万平方公里,约占全国的11.2%,总人口1345万(2003年),约占全国的10.6%。

九州地区区位交通条件优越,燃料动力资源以及水资源较为丰富。首先,地理位置优越,交通便利。九州北隔朝鲜海峡与朝鲜半岛接近,西隔东海与中国相望。东隔丰予海峡与四国相邻。古代九州负责与大陆沟通的太宰府就设在现今的福冈县,担负着国防、外交、商贸中心的作用。经由九州各地的港口和对马海峡与中国的交往一直很多。江户时代,日本奉行闭关锁国政策后,在长

①陆军.城市老工业区转型与再开发.社会科学文献出版社,2002年,第144页

崎的出岛设立的荷兰商馆，是当时日本唯一的对外窗口。西方的科学技术经由长崎传入日本，与中国的“割符贸易”也经由长崎进行。此外，九州与本州间的关门海峡最狭处不到一公里，特别是海底隧道开通后，铁路、公路可以直达两地。因此，九州与本州岛的联系十分密切。其次，燃料、动力资源较为丰富。九州的煤炭资源在全国占有重要地位。主要煤田有筑丰、三池、崎户・松岛高岛、佐贺、唐津以及天草等，其他还有小仓、宗像、福冈(粕屋)、朝仓等小煤田。九州全境煤田探明储量42.7亿吨，可采储量4.19亿吨。分别占全国的49.7%和42.7%。三池煤田分布于福冈县南部到熊本县有明海东岸地区，煤层甚至延伸于有明海底，是现在经济意义较大的煤田。佐世保煤田从佐世保市与附近岛屿到北松浦郡一带，亦称北松甫煤田，属强黏结性煤，为制铁用焦炭的原料。唐津煤田在佐贺县(两煤田均已封闭)。崎户高岛煤田在长畸县的西彼杵与长崎两岛西方，几乎全为海底煤田。九州地区的水资源也十分丰富。九州蕴藏大量的水力资源，具有丰富的水力发电能力。

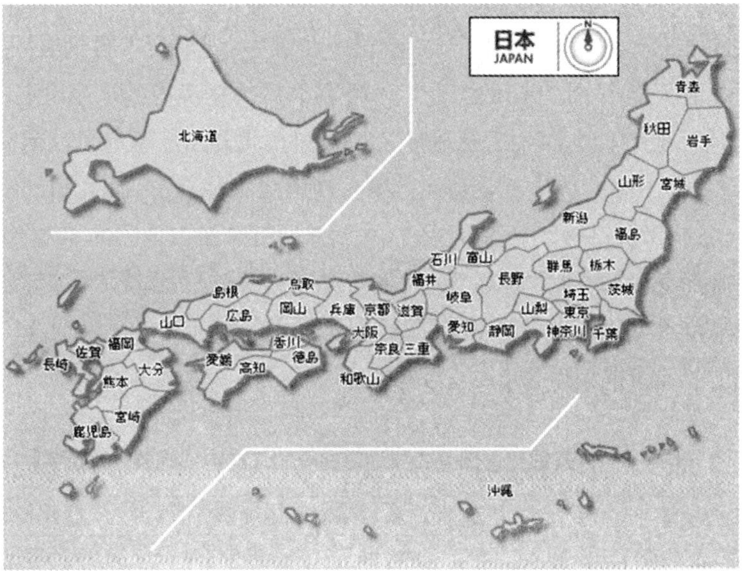

图3—7　九州老工业基地区位图

二、九州地区的兴衰变化

北九州工业区曾是日本四大工业区之一，是日本历史悠久的重工业基地，也是世界著名的老工业基地之一。这里的钢铁、煤炭、化学、造船工业曾闻名于世，在日本资本主义工业化过程中起到过重要作用。

（一）九州老工业基地的形成兴起

北九州重化工业基地的形成始于明治维新时期，明治维新后日本实行"殖产兴业"、"富国强兵"政策，伴随产业革命的进行，日本资本主义工业得到快速发展。由于工业发展需要大量煤炭，明治二十年（1887年），日本在九州开发筑丰煤田。1901年，利用筑丰煤炭以军需生产为目的的八幡制铁的建立是北九州工业区形成的标志。利用中日战争后从中国和朝鲜掠夺的大量矿石与原材料，北九州的工业得到快速发展。在此期间，与钢铁、煤炭工业生产有联系的部门相继兴起，包括焦炭、机械、造船、金属以及化学工业等，北九州工业地带的基础逐步形成。

（二）九州老工业基地的鼎盛

经过第一次世界大战，生产、资本进一步集中，垄断资本得到巩固，工业布局向沿海地区集中，北九州的工业以八幡钢铁厂为据点得到迅速发展，20世纪20年代前后成为日本四大工业地带之一。此时，北九州已奠定了以钢铁、煤炭、化工、造船为中心的重化工业基地。第一次世界大战前夕，北九州的铣铁产量曾占全国的73%，钢材产量占84%，八幡制铁所有产量占全国的60%，筑丰煤炭产量曾占到全国的60%。经过20余年的发展，到第二次世界大战期间，北九州工业地带步入巅峰时期。1940年前后，北九州的工业产值已占到全国的8%，列四大工业地带的第四位。

表3—3　二战前日本四大工业地带在全国工业中的地位（单位：%）

工业地带	1920年	1930年	1940年
京滨工业地带	19.2	18.5	26.6
阪神工业地带	28.7	27.0	22.2
中京工业地带	6.3	7.5	7.3
北九州工业地带	3.7	4.0	8.0
合　计	57.9	57.0	64.1

资料来源：满颖之. 日本经济地理[M]. 北京：科学出版社，1984年版，第81页。

（三）九州老工业基地的衰退

第二次世界大战以后，日本政府以“倾斜生产力方式”为核心的产业复兴政策曾使九州的钢铁、煤炭工业有过一段高速成长期。但到20世纪50年代，日本产业政策的重心开始由“经济恢复”转向“经济振兴”，“加工贸易立国”战略的确立使资本密集型产业成为政府扶持政策的重点，而基础产业、原材料产业让位于新兴的和成长型的以加工工业为主的“支柱”产业和“出口先导”产业。在此背景下，钢铁工业逐渐失去重视，煤炭工业则由早期的促进成长的保护对象转变为衰退调整的对象。同时，由于二战后从中国和朝鲜输入原材料的便利条件消失，北九州钢铁工业的区位优势丧失，钢铁工业成本不断上升，加之“能源革命”导致煤炭业衰退，与煤炭有联系的工业亦受影响，北九州工业从此开始走向下坡。

20世纪60年代，日本经济进入高速成长期，产业结构走向高度化。汽车、电子、飞机、电子计算机等新兴行业成为产业政策扶持的重点。20世纪70年代初期，日本工业发展的国际、国内环境发生了巨大的变化。“石油危机”爆发后，国际市场上原料、燃料价格相继上涨，以重化工业产品为主的传统工业产品竞争力日益下降，加之长期追求重化工工业化，环境公害日趋严重，国民对重化工业的发展反对日趋强烈，发达工业区与内陆不发达地区的差距越来越大，过密地区的用地用水问题日益严重，矛盾不断深化。于是，日本为摆脱资源成本大幅度上涨和资源对经济发展的严重束缚，大力推进节能生产和加工高度化，一些因能源价格上涨而丧失了国际竞争力的产业成为了衰退产业。1978年5月，北九州的支柱型产业，如平炉炼钢、炼铝、造船、化肥业被《特定产业安定临时措施法》（简称“特安法”）指定为“结构性萧条产业”。①此后，北九州的工业一落再落，在全国工业中的比重不断降低。1935年，北九州工业产值占全国的8.3%，1960年占4%，1969年占2.2%，1980年已降到1.2%。②到20世纪70年代，九州工业基地迅速滑落为日本亟待整治的问题区域。

---

①陈淮．日本产业政策研究．北京：人民大学出版社，1991年版，第70页

②满颖之．日本经济地理［M］．北京：科学出版社，1984年版，第414页

三、九州老工业基地改造的主要措施

20世纪60至80年代开始，日本开始着手对九州老工业基地实施改造，并于80年代进入加速阶段。

（一）调整资源型产业，实现改造软着陆

日本政府对九州煤炭等资源产业采用的是"渐进式"调整战略，在资源尚未枯竭期，控制资源产业的发展，逐步摆脱对自然资源的过分依赖。自20世纪50年代煤炭产业开始衰退，到1997年3月日本国内最大、最古老的三井三池煤矿以及2002年1月并入钏路煤矿的池岛煤矿的关闭，九州煤炭产业彻底宣告消亡，日本政府用了近40年的时间调整九州的煤炭产业，使九州的煤炭产业顺利实现软着陆。

1.循序渐进，多次调整煤炭产业政策

为保障政策的连续性，减少对产业的冲击，日本政府先后九次调整煤炭产业政策。二战后，面对九州煤炭工业生产技术落后、效率低下、企业亏损日益严重等问题，日本政府于1955年出台了《煤炭工业合理化临时措置法》，以整治低效率煤矿，扶持高效率煤矿，实行多元化经营。20世纪60年代，由于大量廉价石油的冲击，煤炭企业的经营恶化仍然继续。1962年7月，日本开始制定第一次煤炭政策，截止到1991年7月，日本政府共九次修改煤炭政策。前三次煤炭政策主要力求稳定煤炭产量，保证国内生产需求，而第四次煤炭产业政策中明确提出了"煤炭工业的自立发展已经没有可能，应勇敢地去选择进退"的煤炭工业夕阳化路线，第八次煤炭政策明确提出加大国外煤炭开发。①九次煤炭政策调整反映出日本政府对煤炭产业从保护、扶持到放弃的演变过程，对九州地区煤炭产业的软着陆起到了关键作用。

2.以衰退产业诱导新兴产业发展

20世纪60年代，日本政府意识到煤炭工业的衰退已不可避免，即开始着手煤炭产业劳动力的就业转移和向原煤炭产地诱导新产业。1961年政府制定了《产煤地域振兴临时措置法》，1962年设立了"产煤地域振兴事业团"。由"产煤地域振兴事业团"（1972年后重组为"产业重组/产煤地域振兴事业团）出资、融

①刘宏兵.对日本煤炭工业消亡的思考[J].经济问题，2004年第12卷，第65～67页

资开发工业园小区，然后再将开发好的土地附以长期贷款、减免税等措施转让给投资者，吸引投资者来产煤区建厂。这一措施相当有效，到1993年，全国就建立了136个工业园区小区，其中拥有筑丰、三池、福冈三大煤矿的福冈县内就建有66个，占工业园总数的40%。截止2002年，福冈已有96个工业园小区，占地1538公顷，先后有521家企业在此投资建厂，共创造就业机会5615个。①

（二）发展新兴替代产业，优化产业结构

九州老工业基地在产业结构调整的过程中，并没有简单地在原有资源产业基础上向前或向后延伸发展接续产业，而是对九州地区的区位优势进行重构，结合区位优势重新定位产业结构，植入新兴替代产业，实现产业结构的多元化和高度化。以九州的集成电路（IC）产业发展为例，九州地区拥有大量富余的廉价劳动力、良好的空气质量和水质以及发达的航空运输设施，这是发展IC产业得天独厚的条件。20世纪60年代，日本政府及时在九州发展以生产和组装为主的IC工业。IC产业为九州经济注入了新的活力，这不仅对地区的经济发展起到推动作用，而且形成明显的集聚效应，极大地促进了九州地区高新技术产业的发展。自1965年三菱电机公司确定在九州建造第一座集成电路工厂以来，东芝、日本电气、松下、富士通、索尼等大公司接踵而至，甚至美国得克萨斯仪器公司和仙童公司也将它们的集成电路工厂建在九州岛上。随着半导体产业繁荣发展，IT相关产业的研究机关、开发基地不断聚集到九州，德国国立信息处理研究所（GMD — Japan）、英国克兰菲尔德大学（Cranfield University）日本中心等世界性研究所和大学先后落户九州，而日本国内的日立、索尼、三菱、富士通等大企业也就近成立研究所。九州正成为日本名副其实的高科技产业基地。

（三）注重“产、学、官”结合，构建技术体系

日本十分注重技术产业体系的构建，“技术城”（Technopolis）就是日本人造的词，它是以高技术研究开发为基础，将产（业）、学（术）、住（生活环境）有机结合成三位一体的、以原有地方城市为母城的新型中小城市。技术城在地域上大体是按圈层模式规划的。高技术城本身是核心，为内圈，包括产、学、住基本功能齐全的独立生活圈；将高速公路或铁路行程1 ~ 2.5小时的中心城市地区规

①杨庆敏. 关于资源枯竭型产业地区振兴的研究——日本煤炭产业枯竭地区的产业振兴政策的启示[J]. 长春理工大学学报（社会科学版），2004年第1卷，第25 ~ 27页

划为中间圈；以飞机航程1小时左右为界作为外圈。中间圈和外圈属于日归型行动圈。1983年，日本在全国设立的26个技术城，九州地区就占六个，即久留米·鸟栖（福冈、佐贺两县）、环大村湾（长崎县）、熊本（熊本县）、县北国东（大分县）、宫崎SUN（宫崎县）、国分隼人（鹿儿岛县）技术城。技术城的迅速发展，推动了当地基础设施的建设，促进了新产品、新技术开发和人才培养，对推动九州的工业和经济发展作出了突出贡献。1994年，九州的这六个区的工业生产总值达到42541亿日元，占九州当年工业总值的22.5%，在区内的从业人口约18万人。①九州地区于2002年成立了地区"产学官交流中心"，负责汇总企业需求、掌握技术资源信息、匹配科研院所、提供交流信息、指导科研方向等。"产、学、官"结合活动成果显著，对促进地区科技成果转化、提升地区产业技术能力发挥着重要作用。

（四）发展循环经济，强化生态修复

1.制定严格的环境保护法律

20世纪60年代至70年代，日本政府先后出台了《公害对策基本法》、《大气污染防治法》、《噪音规制法》、《水质污染防治法》、《海洋污染防治法》、《恶臭防治法》和《自然环境保护法》等一系列环保法律。进入90年代，日本又推出《循环型社会形成推进基本法》及两部综合性法律和六部专门法。九州地方制定了比国家法律更为严格的地方法律，如：北九州市《北九州公害防治条例》，关于废弃物减量和妥善处理的条例和规则，大型垃圾、产业废弃物处理的相关规定，防止乱扔废罐等物品的条例和实施规则，生态工业园条例等。

2.动员各方力量全力改善环境

日本在解决环境问题上特别重视社会力量，国家各部门、地方政府、企业、非政府组织和国民等相关主体根据各自的责任和义务，发挥各自应有的作用。政府通过法律、政策引导，企业积极配合，民众积极参与实施监督。如北九州市政府与企业签订《公害防治协议》，对中小企业防污控制提供援助，环境局每年都要将环境情况向市民公开，以求得市民监督等。

3.环境修复与国土整治相结合

九州十分重视矿区的环境修复工作，主要采取的措施是在矿区原址建设城

---

①九州的科技园区建设[EB/OL].中国国际科技合作网（驻日本福冈领馆科技组）：http://fukuoka.cistc.gov.cn，2004-10-13

市居民住宅小区、娱乐中心、旅游景点。例如福冈的饭市利用煤矿原址建立起市民公园、赛车场、游乐场等娱乐设施，不仅环境得到修复，而且还有效地将煤矿的负遗产顺利转变成经济发展的新动力。如今，饭市已由过去的煤区转变成文化城。

4.建立“生态工业园”，发展循环经济

为改善九州的环境，日本以建设循环型社会为目标，在发挥地区产业优势的基础上，在九州大力培育和引进环保产业，强化循环再生利用，并建立多处“生态工业园”示范区。截至2004年10月，日本先后批准建设了23个生态工业园区，九州占有3个，分别在北九州市、福冈县的大牟田市和熊本县水俣市。

经过几十年的努力，九州的环境得到了极大改善。污染最为严重的北九州市现已成为日本以及世界“生态城”、“循环型城市”的代表，多次受到经济合作组织（OECD）和联合国的表彰。

（五）完善社会保障，重视失业人员的培训与安置

日本政府为安置关闭煤矿后的失业人员制定了《煤炭矿业结构调整临时措施法》、《煤矿职工队伍稳定雇佣临时措施法》和《煤炭矿业年金基金法》，对在合理调整中离岗的煤矿职工发放退职金和离职金，通过实施援助职业转换、办理职业训练和再就业援助等措施，使离岗人员实现再就业和保障生活稳定，避免因矿山关闭造成的社会和经济混乱。日本对煤矿离岗人员的培训，从开始讨论煤矿封井问题之日起即开始着手，到最终决定封井一直都在进行，这种做法确保了煤矿工人在下岗前都基本掌握了比较高的技能。

四、九州老工业基地改造的成效

（一）经济实力得到有效恢复

九州原是一个以煤炭、钢铁、造船、化学工业等产业为主体的重化工业集中地，产业技术体系具有典型的传统老工业基地特征。但是，九州没有抱守传统的产业技术体系，在原有产业基础上继续发展接续产业，而是高起点大力发展新兴产业技术，大胆利用新兴产业革命的成果，发展高新技术产业。如今，半导体、汽车、电子、环保、物流等产业已成为九州地区的主干产业。这些高新技术产业的蓬勃发展，不仅使九州摆脱了过去依赖资源发展的不可持续模式，而且

由于新兴产业技术的良好发展前景和巨大的带动作用，迅速带动了九州的投资增长，也使九州的经济实力得以迅速恢复。在二战前，九州巅峰时期的经济实力相当于日本的10%，素有“一成经济”称号。经过几十年改造，九州经济又重获新生，恢复了往日的活力。据统计，2002年，九州地区GDP为4032亿美元，已占到全国的8.7%，基本已恢复到巅峰时期的实力。①

（二）创新体系基本建立

九州高新技术产业的蓬勃发展得益于日本独创的“产、学、官”和“科技城”发展模式。日本的“科技城”是以高技术研究开发为基础，将产（业）、学（术）、住（生活环境）有机结合三位一体的新型发展模式，内部环境优美，对外交流便利，是未来工业发展的方向。城内科学研究、产业发展有机结合，充分体现了“产、学、研”相得益彰。良好的创新环境和优厚的条件，不仅吸引了日本国内大批高科技企业和科研机构到九州落户，甚至德、美、英等国的知名研究所也纷纷入住九州的“科技城”。众多研究机构和高新技术企业的积聚，为九州技术创新和产业技术升级提供了良好的条件。现如今，九州正成为孵化新兴产业和风险投资的摇篮。

（三）可持续发展势头良好

日本九州高瞻远瞩的产业技术体系调整战略，不仅让经济实力得以恢复，而且也为未来的发展打下了良好的基础，呈现出可喜的可持续发展势头。目前，日本九州不仅是日本乃至世界的半导体生产基地和汽车产业基地，同时九州的环保、新能源产业也已成规模，循环经济已成为世界工业发展的典范，垃圾处理产业遥遥领先于其他国家和地区。2000年，九州地区集成电路（IC）产值15638亿日元，约占日本全国的30%，占世界的10%。岛内集中了1000家从事半导体开发、设计、生产和销售的企事业单位，像东芝、NEC、瑞萨科技、索尼、日本IT、冲电器、雅马哈等世界著名厂商均在九州设厂，九州因此而被誉为世界的“硅岛”。2000年，九州汽车产量约达69万辆，产值15190亿日元，已占全国的14.6%（2002年数据）。2002年，九州工业机器人产值796亿日元，占全国的19%，拥有世界上屈指可数的机器人生产厂家——安川电机公司，并拥有100多名机器

①九州经济产业局. 九州的经济概况（2004/1）[EB/OL]. 日本九州经济产业局（中文网）：http://www.kyushu.meti.go.jp/chinese/jiuzhou.htm

人研究人员。①此外，九州的垃圾处理、循环经济等领域具有世界先进水平，因而北九州市被誉为“世界公害治理的模范”。

第六节　世界典型区域老工业基地改造的经验总结

一、各国老工业基地改造的共同点

（一）发挥政府的主导作用

尽管欧、美、日等国家或地区都实行的是市场经济，政府在经济发展中所起的作用不同，但政府在老工业基地改造中都发挥了主导作用。在老工业基地改造过程中，各国政府即是改造的发起者，也是改造的组织者，还是改造的执行者，政府的作用贯穿老工业基地改造的始终。尽管在不同国家，政府制定的政策不同，实现政策目的的手段不同，对市场干预的程度不同，但政府的作用却是不可取代的。政府的作用主要表现在：第一，主导产业结构调整。例如，政府通过税收政策、财政补贴等手段，改造传统产业、扶植新兴产业发展、实施产业合理布局、促进中小企业发展、培育大型企业集团等。第二，主导基础设施建设。利用政府直接投资的方式，构建顺畅的交通运输网络，改善生态环境。第三，改善投资环境，如为创办新企业提供税收优惠、发放财政补贴、放宽贷款条件等。第四，完善社会保障体系，如增加失业补贴、鼓励提前退休及自主就业、提供就业培训、给予职工安家费及搬迁费等。第五，完善法律体系，为老工业基地改造保驾护航。各国政府都十分注重老工业基地改造的法律体系建设，如颁布老工业基地改造法律、环境整治法律等等。

（二）成立专门机构，实施统一规划

老工业基地改造是一项长期的系统工程，不仅涉及众多行业，也涉及各方面的利益。因此，系统规划、统一指导是老工业基地改造成功必不可少的条件。

①九州经济产业局．九州的投资环境（2005）[EB/OL]．日本九州经济产业局（中文网）：http://www.kyushu.meti.go.jp/chinese/jiuzhou.htm

在这方面，世界主要老工业基地在改造过程中都十分注重建立专门机构，并实施统一规划。例如，德国在鲁尔地区建立了鲁尔煤管区开发协会，下设鲁尔区工商管理局负责地区整治规划的实施；法国专门成立了工业转型与国土整治部，在法、比、卢接壤地区成立了欧洲资源转型与调整中心，为老工业基地的调整与改造提供组织上的保证。在洛林地区，还成立有煤矿关闭环境综合治理办公室，负责煤矿关闭后的善后处理工作。英国专门成立了煤炭调整部，对煤炭类企业的改造进行监管。日本通产省和建设省合作于 1962 年设立了产煤地区振兴事业团，并在九州设置了派出机构，这个机构拥有广泛的权限。后来这一组织又改组为地区振兴整备公团，进行更广泛的地区开发工作。美国政府于 1961 年在商务部内设置了地区重新开发管理署（1965 年改为经济开发署），此外，还在一些地区设立了区域委员会，其中比较有名的是阿巴拉契亚委员会，负责所辖地区开发规划和规划的实施。通过成立专门机构协调各方力量，实施统一部署和管理，防止政出多门导致的老工业基地改造的短视行为和行动的不统一。此外，世界主要老工业基地也十分注重区域改造的整体规划工作。例如，德国的鲁尔专门利用法律的形式颁布了多部规划方案；法国洛林也先后制定了《钢铁工业改组计划》、《拯救钢铁工业计划》；日本在 1961 年就制定了《产煤地域振兴临时措置法》。通过颁布统一规划，保证老工业基地各项工作能够沿着长期的规划稳定实施，从而使地区改造能够沿着既有的轨道稳步进行，防止了改造的无序和混乱。

（三）大力调整衰退产业

老工业基地首要的表现是许多传统产业出现大面积亏损和衰退。因此，各国在老工业基地改造中，最典型的是对传统产业进行了大幅调整和改造。对传统产业改造所采取的措施主要有：第一，对传统产业实施救助。一些老工业基地对传统产业实施了补助和扶持政策，利用政府采购、税收优惠、价格补贴、职工补贴等政策，抑制传统产业的滑坡。第二，改组、改造传统产业企业。为提高传统产业的效率，一些老工业基地对传统产业的企业实施了改组、改造战略，关、停、转一些效率低下的企业，并将一些效益尚可的企业进行合并，组合成有利于规模生产的大型企业集团。第三，改造传统产业技术。各国老工业基地大多实施了传统产业技术改造，分别采用先进技术对已有的传统产业技术实施改造。例如，增加了对新设备的投入，利用信息技术等先进技术改造传统产业技术。尽管不同的老工业基地对待传统产业的战略不同,但各国老工业基地都认为处理好传统产业问题是老工业基地实现振兴的关键所在。因此,各国在老工业基地改造过程中,都将改造传统产业的工作放在了首要位置。

(四)着力培育新兴产业

传统产业的大面积改造,势必造成大量的传统产业工人失去工作岗位,形成大量失业人口。为吸纳就业,增强地区的经济活力,各国老工业基地都不遗余力的将扶持新兴产业工作作为继传统产业改造之后的工作重点。各国老工业基地在改造过程中,充分利用各种优惠措施和手段,想方设法诱导新兴技术产业到老工业基地投资。例如,利用优惠的税收政策减免企业税负,采用投资补贴的方式吸引投资者,建立新兴工业园区为投资者提供良好的投资环境,免费提供土地以及其他便利条件,采取这些措施,大力扶持新兴产业发展。新兴产业的不断成长,不仅有利于吸纳传统产业转移的过剩劳动力,而且有利于推动老工业基地的产业转型,有利于老工业基地的结构调整。更为重要的是新兴产业技术的不断发展,对于调整产业技术体系、推动区域产业技术体系变革起到了至关重要的作用。

(五)高度重视职工安置,极力整治区域状况

失业问题是许多老工业基地改造过程中普遍存在的问题,如何妥善安置传统产业分流下来的职工,成为各国老工业基地改造令人头痛的问题。尽管欧、美、日等老工业基地在改造过程中对于解决失业人员所采取的方法、策略不同,并且成效也不一,但是各国在老工业基地改造过程中都十分注重职工的安置工作,极力改善当地的就业状况。在职工的安置方面,各国普遍采取的措施有:第一,大力发展第三产业。第三产业被认为是吸纳劳动力效果较佳的产业,所以各国在老工业基地改造过程中,极力发展第三产业,以期通过第三产业吸纳第二产业分流的下岗职工。第二,大力发展新兴替代产业。各国都期望通过新兴产业发展,带动当地经济增长,提高当地的就业水平。第三,大力发展中小企业。中小企业具有良好的劳动力吸纳能力,并且具有良好的创新意识,因此各国老工业基地十分注重在当地培育中小企业发展。第四,加强职工再就业培训。传统产业工人一般缺少劳动技能,向其他产业转移存在困难。因此,各国老工业基地改造都将传统产业的职工再就业培训作为一项解决失业问题的重要途径,

通过政府补贴、统一培训等措施，提高职工的就业技能。

(六)加强基础设施建设，大力整治区域环境

由于长期发展重化工业、高负荷发展经济，老工业基地的基础设施一般相对落后，环境状况恶化严重。为改善当地的投资环境，改变老工业基地过去在人们心目中的不良印象，世界主要老工业基地在改造过程中，不约而同地将改善老工业基地的基础设施和环境作为一项重要工作来抓，纷纷花大力气改善当地的基础设施，整治区域环境。例如，政府主导基础设施的建设，通过严格的立法实施污染控制，加大资金投入整治污染的环境等等。

二、各国老工业基地改造的差异性

虽然世界主要老工业基地的改造采取了许多相近的战略和措施，但是，各国老工业基地改造所实施的战略或具体措施并不完全相同。即使同样的措施，由于指导思想不同，在成效上也大相径庭。

(一)传统产业的改造战略不同

在对待传统产业改造的战略上，各国所采取的战略差异较大。传统产业衰退是老工业基地普遍存在的问题，各国都对老工业基地的传统产业实施了改造。但是，各国在如何对待传统产业、实施怎样的改造战略上，存在巨大差异。德国的鲁尔过多的注重对传统产业的扶持，期望通过政府实施的扶持政策，重新焕发传统产业的活力，带动老工业基地走出困境。而法国的洛林和日本的九州却与德国鲁尔不同。法国认为，老工业基地改造实际上是一场革命，需要彻底转换产业技术。因此，法国洛林在传统产业改造过程中，采取的是“休克式”方法，坚决放弃了传统产业的发展，转而发展新兴替代产业。日本九州采取了与法国洛林相类似的战略，严格控制衰退产业的发展。但是，与法国不同的是，日本九州对待传统产业采取的是逐步消亡战略，不是采取“休克式”改造方法，严格控制衰退产业的发展，逐步过渡，让其平稳消亡。

事实证明，法国洛林、日本九州所采取的战略取得了很好的效果，使老工业基地在较短的时间内摆脱了对传统产业的依赖，重新建立起新的产业发展基础，实行了老工业基地较为彻底的转型。相反，德国鲁尔所采取的战略效果不佳。

由于长期采取资金扶持战略，德国鲁尔的传统产业形成了资本拖曳，资源长期得不到转移，不仅没能使区域经济重新焕发活力，也大大耽搁了发展新兴技术产业的时机，结果造成老工业基地长期得不到产业转型，失业率一直居高不下。

（二）新兴产业发展战略不同

各国老工业基地改造都十分重视新兴产业发展，并大力给予扶持。但是，各国在发展何种新兴产业问题上看法不一，战略不同。一种战略是延续原有的产业基础，就近发展接续产业，拓展产业链，实施多元化生产；而另一种战略则是抛开原有产业基础，高起点发展新兴产业，着重发展与原有产业不相关或关系不大的新兴产业。德国的鲁尔、英国的中部地区以及美国的中西部地区采取的是第一种战略。在这种战略指导下，新兴产业发展依托原有的产业发展基础，主要发展电子、通信、物流、汽车以及高加工度机械制造产业。与上述老工业基地不同，日本的九州、法国的洛林则采用第二种战略，高起点发展替代产业。例如，日本的九州主要将IC产业、环保产业以及机器人制造产业作为发展重点，给予大力支持。

从效果上来看，日本九州、法国洛林的新兴产业发展战略起到了很好的效果，不仅迅速培育起地区的后续产业发展基础，也在最短的时间内摆脱了传统产业发展对不可再生资源的依赖，克服了产业的发展瓶颈。相反，德国的鲁尔、英国的中部以及美国的中西部地区所采取的战略效果不佳，老工业基地依然存在对传统产业的依赖现象，可持续发展的后劲明显存在不足。

三、对中国老工业基地调整改造的启示

深入研究世界主要老工业基地的改造经验，目的在于通过分析老工业基地改造的成功与不足，对我国老工业基地调整改造提供经验借鉴。

首先，老工业基地改造是一项长期而艰巨的任务。老工业基地改造成功与否的标志一般有四个：一是经济实力是否得到恢复；二是就业率是否回到原来状态；三是环境是否得到改善；四是未来发展的潜力是否得到建立。通过上述研究可以看出，世界典型老工业基地能够完全实现这四个指标的为数不多，说明老工业基地改造的确是一项长期而艰难的工作。

其次，继续延续传统产业发展，老工业基地改造会重新陷入困境。德国鲁

尔的实践表明,对传统产业的过度扶持与维护,不仅无法摆脱困境,反而失去了发展的时机,让老工业基地重新陷入困境。与此相反,法国洛林、日本九州彻底淘汰传统产业,高起点发展新兴技术,则很快走出了困境。

第三,产业技术体系调整成为决定老工业基地改造成功与否的关键。产业技术体系调整是引入新产业革命技术,用新技术带动一系列与之配套的产业技术发展。这种方法,不仅可以引来投资的增长,带动经济增长,提高就业率,也由于适合未来发展的产业技术可以从根本上改变环境状况,从而建立长期的发展基础。通过分析我们看出,日本九州在这方面做得比较好,不仅摆脱了产业发展对于不可再生资源的过度依赖,适合未来的产业技术也为长期发展奠定了基础。

最后,可持续发展是老工业基地改造的方向。经过重化工业时代环境的不断恶化、资源的日益枯竭,人们已经意识到这种生产方式对于人类生活的危害,可持续发展才是未来经济发展的方向。因此,当老工业基地再次面临十字路口的时候,选择正确的发展方向就显得十分关键。通过德、法、美、日、英等发达国家的老工业基地改造的经验可以看出,只有选择可持续发展方向才能摆脱困境,走上良性发展轨道。

第四章　中国区域发展格局演变与老工业基地改造历程

新中国成立以来，区域经济发展重点不断变化，全国区域经济格局演变经历了一个漫长的过程。与此同时，各区域老工业基地也经历着从兴盛到衰退到再振兴的过程，老工业基地的兴衰与区域经济的发展有着密不可分的关系。

第一节　中国区域发展格局和战略的演变

中国是一个地域辽阔、人口众多的发展中国家，地区间的经济基础、地域特征、文化背景和资源禀赋差异较大，因此中国的经济发展始终面临着复杂的区域问题。随着我国区域发展战略从平衡发展到不平衡发展、再到区域协调发展的不断调整，区域政策的重心从以经济发展和效率优先为中心到更加注重社会发展和公平正义，区域发展格局也在不断演变。

一、中国区域发展格局的形成

新中国成立以来，我国的区域经济发展格局经历了从“两大地区”、“三大经济带”、“四大板块”到“主体功能区”的演变。

（一）从“两大地区”到“三大经济带”

新中国建立后，较长时期内我国经济区划一直采用“两分法”，即将全国划分为沿海地区与内陆地区。1956年4月，毛泽东同志曾在《论十大关系》一文中指出，要正确处理沿海工业和内地工业的关系，沿海的工业基地必须充分利用，但是为了平衡工业发展的布局，内地工业必须大力发展。

20世纪50年代，东北、华北、西北、华东、中南、西南六大行政区相继成立。因为这六大行政区同时具备经济区划的功能，也被称为六大经济协作区，其重要职能就是促进行政区内各省、区、市经济上的分工与协作。1958年，河南、湖北、湖南三省曾单独划分为华中区，我国一度出现了七大行政区。为加强对区域性经济体系工作的领导，各协作区都成立了协作区委员会及经济计划办公厅。1961年，华中区与华南区合并为中南区，又恢复成立了华北、东北、华东、中南、西南和西北六个区党的中央局，将1958年成立的七大经济协作区仍调整为华北、东北、华东、中南、西南和西北六大经济协作区。后因“文化大革命”，经济协作区被撤销。1970年，在国家编制的“四五”计划中，以大军区为依托，将全国划分为西南区、西北区、中原区、华南区、华北区、东北区、华东区、闽赣区、山东区、新疆等十个经济协作区。1978年，全国五届人大一次会议通过的《1976年到1985年发展国民经济十年规划纲要(草案)》中，提出在全国建立独立的、比较完整的工业体系和国民经济体系的基础上，基本建成西南、西北、中南、华东、华北和东北六个大区的经济体系，要求每个经济协作区应形成“不同水平、各有特点、各自为战、大力协作，农轻重比较协调发展的经济体系”，同时还提出了要把内地建成强大的战略后方基地。1981年通过的“六五”计划中明确将全国划分为沿海地区和内陆地区，并分别提出了两大地区的主要任务。

1985年8月，在兰州举行的“我国西部地区经济发展讨论会”上，与会学者将内蒙古、新疆、宁夏、陕西、甘肃、青海、西藏、广西、云南、贵州和四川界定为西部地区，至此“西部地区”、“西部经济”的概念和思想开始形成。与此同时，“中部地区”的构想也已在酝酿之中。1985年11月在南昌召开的“全国地区发展战略研究工作交流会”上，学术界开始提出我国经济“三分法”，即东、中、西三部分。1986年通过的《中共中央关于制定国民经济和社会发展第七个五年计划的建议》中提出，“要正确处理我国东部、中部、西部三个经济带的关系”，并对每个经济带的发展方向提出了要求。由此正式开始使用东、中、西部三个经济区划的概念。从1992年开始，原国家计委组织有关部门按照市场经济规律、地区经济内在联系以及地理特点，打破行政区划界限，编制了长江三角洲和长江沿江地区、西南和华南部分省区、西北地区、环渤海地区、东北地区、中部五省及京九铁路沿线地区以及东南沿海地区七大区域发展规划。其中中部经济区包括河南、湖北、湖南、江西、安徽五省。

我国“中、西部地区”概念的形成及提出是相对于“东部地区”的概念而出现的，“东部地区”的概念又是由“沿海地区”的概念演进而来的，而“中、西部地区”则是由“内地”演进而来的。但是，这一时期“东部”和“中部”的概念与界定并不很明确。直到1994年，《中国经济年鉴》才明确地划分了东部、中部和西部，并编制了三个经济区的国民收入及社会发展主要指标。当时东、中、西三大地带主要是根据海陆地理位置和80年代早期人均收入相对一致性、并考虑到工业机能相对一致性来划分的，并没有充分考虑到影响90年代我国区域经济格局发展变化的因素。而对西部问题的研究虽较前有所进步，但其力度尚不够，真正发生质的飞跃是1997年3月“两会”中“西部大开发”概念与战略思想的明确提出。

《中共中央关于制定国民经济和社会发展第十个五年计划的建议》中沿用了东部、中部和西部地区的“三分法”，明确指出要不失时机地实施西部大开发战略，促进东、中、西部地区协调发展，并分别对每个地区制定了发展重点。至此，经济区划“三分法”按照经济发展水平和地理位置相结合的原则，将全国划分为东部、中部和西部三大经济带。东部地区包括沿海的辽宁、北京、天津、河北、山东、江苏、上海、浙江、福建、广东、广西和海南12个省、直辖市、自治区；中部地区包括黑龙江、吉林、内蒙古、山西、河南、湖北、湖南、安徽和江西9个省、自治区；西部地区包括宁夏、陕西、甘肃、青海、新疆、西藏、四川、重庆、云南和贵州10个省、自治区、直辖市。

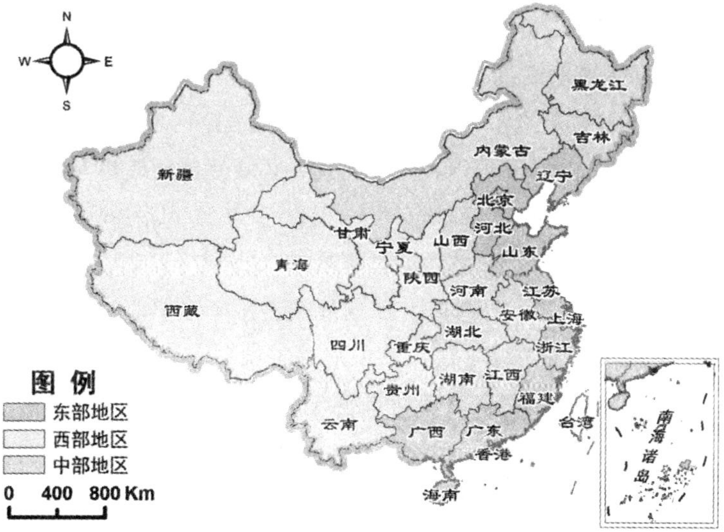

图4—1　我国东、中、西“三大地带”区域发展格局

（二）从“三大经济带”到“四大板块”

进入21世纪，一些学者和政府研究机构认为我国所沿袭的东、中、西区域划分方法已经不合时宜。为加强区域发展的协调和指导，积极推进西部大开发，有效发挥中部地区综合优势，振兴东北地区等老工业基地，鼓励东部有条件地区率先基本实现现代化，使地区协调发展战略的政策目标和机制不断强化，国务院智囊机构发布了《地区协调发展的战略和政策》报告，提出“十一五”期间内地划分为东部、中部、西部、东北四大板块，并可将四个板块划分为八大综合经济区的具体构想。八大综合经济区指东北综合经济区（包括辽宁、吉林、黑龙江）、北部沿海综合经济区（包括北京、天津、河北、山东）、东部沿海综合经济区（上海、江苏、浙江）、南部沿海经济区（福建、广东、海南）、黄河中游综合经济区（陕西、山西、河南、内蒙古）、长江中游综合经济区（湖北、湖南、江西、安徽）、大西南综合经济区（云南、贵州、四川、重庆、广西）、大西北综合经济区（甘肃、青海、宁夏、西藏、新疆）。

党的十六大以来，中央逐步明确了区域协调发展的思路，并在管理与调控区域发展手段上不断创新，促进了区域经济的蓬勃发展。党的十六届五中全会进一步提出了我国区域发展总体战略，强调要继续推进西部大开发，振兴东北地区等老工业基地，促进中部地区崛起，鼓励东部地区率先发展，形成合理的区域发展格局。特别是2006年通过的“十一五”规划，把区域规划与区域政策的作用提到了前所未有的高度，这是我国政府调控经济与社会发展的重要转折点。规划对区域经济发展提出了三个“四大”，即四大战略区域（亦称“四大板块”）、四大机制和四大主体功能区。其中，四大战略区域就是从战略上将发展区域划分为西部地区、东北地区、中部地区与东部地区。至此，我国的区域战略逐渐完成了由“沿海发展战略”向“区域协调发展战略”的转变，未来战略区域的范围已经基本明确。在相当长一段时期内，区域战略将按照东部地区、西部地区、东北地区和中部地区四个大范围一级区域框架来安排。十七大进一步明确，“要继续实施区域发展总体战略，深入推进西部大开发，全面振兴东北地区等老工业基地，大力促进中部地区崛起，积极支持东部地区率先发展”。至此，我国“四大板块”的区域发展格局正式形成。

（三）从“四大板块”到“主体功能区”

“四大板块”战略对促进区域协调发展起到了良好作用，但区域政策过于宏观，且因覆盖面太广而缺乏针对性，存在政策区下移和细化的必要性。对此，国家“十一五”规划提出，“推进形成主体功能区，根据资源环境承载能力、现有开发密度和发展潜力，统筹考虑未来我国人口分布、经济布局、国土利用和城镇化格局，将国土空间划分为优化开发、重点开发、限制开发和禁止开发四类主体功能区，按照主体功能定位调整完善区域政策和绩效评价，规范空间开发秩序，形成合理的空间开发结构”。优化开发区域，是指国土开发面积已经较高、环境资源承载能力开始减弱的区域。主要包括长江三角洲、珠江三角洲地区和京津地区，这些区域的工业、城镇、基础设施和人口较为密集，也是目前和今后一段时期支撑我国经济发展最主要的区域。重点开发区域，是指资源环境承载能力较强、集聚经济和人口条件较好的区域，主要包括中部地区和东、西部少数地区，这些区域经济发展潜力极大，是未来经济发展速度最快的区域。限制开发区域，主要是指资源环境承载能力和生态环境较为脆弱的区域，如实行退耕还林的地区、天然林保护区、蓄滞洪区、草原“三化”地区、重要水源保护区、水资源严重短缺地区、自然灾害多发地区、环境容量有限地区等等。禁止开发区域，主要指经国务院批准设立的各类自然资源、动物和文化的保护区。这类区域将通过法律法规实施强制性保护，严禁各类开发建设活动。规划明确提出了“部分限制开发区域功能定位及发展方向”，并给出了“禁止开发区域”明细。

主体功能区的提出是我国区域管理的一大创新。国家“十一五”规划提出的新思路和新举措，就是要根据资源环境承载能力、发展基础和潜力，发挥区域间比较优势，逐步形成主体功能定位，实现四大板块的良性互动，这实质上包含着缩小区域差距、促进区域经济协调发展的深刻内涵。2008年以来，在“主体功能区”战略的总体框架下，针对“优化开发”和“重点开发”两大类型区域，国家密集出台了一系列区域战略规划和指导性文件，关注跨省区和省域内较小区域单元的发展。“十二五”规划进一步明确了“主体功能区”战略，即针对不同功能区类型，“实施分类管理的区域政策”，“实行各有侧重的绩效评价”，在政策区下移和细化方面作出了有益尝试。主体功能区战略的实施将使我国的区域协调发展得到进一步推动。

二、中国区域发展战略的演变

新中国成立以来，我国的区域经济发展战略也经历了由均衡发展到不均衡发展再到区域协调发展的三大战略演变。

（一）区域均衡发展战略

“均衡发展”战略是指通过调整生产要素在各地区的配置，支持落后地区的经济发展，抑制先进地区的发展，使具有不同经济发展水平地区的经济关系得到调整。

1.战略背景

新中国成立初期，中国区域生产力分布极不平衡，东部沿海大城市是当时中国区域经济的中心。当时旧中国近代工业70%以上厂家分布在占中国国土面积不到12%的东部沿海地区，其中仅天津、辽宁、上海三个省市就集中了沿海地区工业总产值的55%以上；而占国土面积68%的西部地区，特别是边疆少数民族地区的近代工业几乎是一片空白，新中国面对的就是这样一个历史形成并遗留下来的区域经济格局。因此，新中国成立至改革开放前，为改变失衡的经济格局，中央政府本着全国一盘棋的思路，从平衡地区生产力布局和国防安全出发，决定加快内陆地区的工业发展。

2.战略实施阶段（1949—1978年）

1949—1978年间，我国实施的是以“平衡生产力布局、加强内地建设、巩固国防”为目标的区域经济平衡发展战略。在此期间，中央政府通过计划指令来实现地区间的均衡发展，主要的政策手段有两种：一是通过财政收入的划拨，要求沿海发达地区上缴较高比例的财政收入，同时对西部给予适当的补贴；二是通过计划指令，主要是通过五年发展计划，将国家基本建设投资和布局向中西部倾斜。“一五”时期，苏联援建的156项重点工程建设中，项目总数的3/4，投资总额的2/3都安排在内地。而在国内自行设计建设的694项重点工程中（投资额在1000万元以上），内地占到68%。20世纪60年代，由于当时过高估计了战争爆发的可能性和紧迫性，出于备战的需要，从1965年到1972年的“三线”建设时期，国家投资重点放在四川、贵州和“三西”地区（豫西、鄂西、湘西），“三五”时期内地基本建设投资占到全国比例66.8%。

从“一五”计划到“四五”计划，内地地区的投资比重一直大于沿海地区，在“一五”、“二五”、“三五”、“四五”计划时期，国民经济总投资的内陆与沿海地区分配比例分别为1∶0.87、1∶0.79、1∶0.46、1∶0.74，内地与沿海累计投资比大约为1∶0.74。单就工业投资而言，内地所占比重更大，接近60%。这种均衡发展战略拓展了生产力发展的空间，对于加快广大内陆地区经济的发展、缩小地区差距具有重要意义。

表4—1　1949—1978年我国区域经济格局及发展

时　期	区域经济格局及发展	成效
1949年新中国成立初期	东部沿海地区集中了全国工业总产值77%以上。特别是西部地区差距更大，西北省市地区工业总产值仅占全国的6%。	区域经济严重失衡的空间格局，对于我国新生政权的巩固、经济发展及各民族团结极为不利。
国民经济恢复时期（1950—1952）	恢复和改造上海、辽宁等沿海工业基地；内迁部分沿海工业企业至东北部、西北、华北和华东地区；在山西、陕西等地新建机械制造工业和棉纺织工业，在新疆发展石油工业和有色金属采矿业。	中西部地区工业开始起步。在此期间，中西部地区工业总产值增长1.5倍。
“一五”时期（1953—1957）	加强以鞍钢为中心的东北工业基地、以武钢为中心的华中工业基地和以包钢为中心的华北工业基地建设，在西南、西北开始部分工业建设。在此期间动工兴建的限额以上的694个工业建设项目中，有68%分布在内地。包括工业在内的基本建设投资总额中，中西部地区占46.8%，沿海地区占36.9%。在中西部地区建设中，80%以上的资金投放在湖北、内蒙古、甘肃、陕西、山西、河南、黑龙江、吉林和四川九个省区。	集中建设武汉、包头、兰州、西安、太原、郑州、洛阳、哈尔滨、长春、吉林和成都等主要工业基地。在此期间，中西部地区工业总产值平均每年增长20.5%，比沿海地区高3.7个百分点。中西部地区工业总产值占全国的比重由30.6%提高到34.1%。
“二五”时期（1958—1962）	继续推进武钢、包钢等基地建设，推进西南、西北和三门峡周边地区以钢铁、有色金属和大型水电站为中心的新基地建设；继续推进新疆地区的石油、有色金属工业建设等。	中西部地区重工业产业布局逐步形成。
经济调整时期（1963—1965）	继续发展华北、东北重工业和中西部工业建设。钢铁工业投资重点转向中西部地区。大力建设攀枝花钢铁公司，新建和扩建成都无缝钢管厂、西宁钢厂、陕西钢厂和贵州钢铁厂等。在西北、西南和华东地区新建煤炭工业，在武汉、湘潭、开封、洛阳，郑州、重庆、成都、昆明、贵阳、西安，兰州等建立了十多个新的机械工业基地。	中西部地区基本建设占全国的比重提高到58.3%。中西部地区与东部沿海地区的投资之比由“一五”时期的1.27%提高到1.67%。

续表

时　期	区域经济格局及发展	成　效
“三五”时期（1965—1970）和“四五”时期（1971—1975）	“三五”时期，主要以西南为重点展开“三线”建设；“四五”时期，主要以“三西”（即豫西、鄂西、湘西）为重点展开“三线”建设。	国家建设转移到以备战为中心，以“三线”建设为重点的轨道上。
“四五”后到“五五”初期	国家投资布局重点开始逐步向东部沿海地区转移。	

资料来源：李自如、文先明、贺正楚：《从均衡到非均衡》，载于《中国国情国力》，2002年第5期

3.战略评价

总的来说，从建国初到改革开放前30年，面对旧中国生产力严重失衡的格局和紧张的国际环境，国家将比较落后的内地作为经济布局和投资的重点，实施了区域经济平衡发展战略。近30年的中国区域经济均衡发展战略拓展了生产力发展的空间，特别是大规模的投资倾斜有效促进了内陆地区经济社会的发展，基本建成了以重工业为主的产业体系，加速了内地的经济发展，缩小了长期以来存在的区间差距。该战略对于内地的经济发展、我国生产力非均衡布局的改善、民族团结和国家安全的增进曾发挥了积极作用，

但是，当时的均衡发展战略也带来一定的问题，主要体现在两个方面。一方面，这种战略违背了生产力发展的客观规律，通过抑制东部发达地区来强化内陆地区的发展，反过来削弱了东部对内地经济发展的支持能力，所追求的只是一种低水平的平衡。由于中西部地区的自然环境和经济基础较差，投资回报率明显低于经济基础和人力资源都占优势的沿海地区，在公平和效率的选择上，当时的区域经济政策主要侧重于公平，而以效率的牺牲为代价。当时虽然向内地投资倾斜，但内地并没有取得令人满意的经济效益，而东部沿海地区的发展基础优势、区位优势等仍然顽强实现了向现实经济发展优势的转化，特别是其中的上海、北京、天津三大直辖市的比重较大幅度增加，反映了工业化初期大城市作为辐射中心和基地的重要性。另一方面，这种战略过分强调区域均衡发展而忽视了经济发展的效率原则，造成了较大的资源浪费。尤其是“三线”建设，在内地特别是在经济较为落后的区域所进行的生产力布局，实际上是一种“嵌入”的方式，大小企业一律“靠山、分散、进洞”，布点较为分散，违背了生产力布局的规律，企业之间、工业部门之间无法建立起正常的经济联系，难以形成综合生产能力和产生规模经济效益。

从区域均衡发展目标实现程度看，经过近30年的内地倾斜式投资建设，政府所期待的真正意义的区域经济均衡发展的局面始终未能实现。虽然沿海与内地的发展差距在1952—1965年间曾一度出现缩小的趋势，但其后"三线建设"更大规模的内地投资倾斜仍然没能有效阻止沿海与内地区域发展差距扩大的趋势，由此形成了中国特殊的区域发展困境。此外，这种追求沿海与内地平衡发展的过程是一种封闭式的，过分强调国内平衡和循环，没有重视引入国外市场这个因素来平衡国内区域间和产业间的发展差距，不利于对外开放，使国内经济不能顺利地汇入世界经济大潮。

（二）非均衡发展战略

"非均衡发展"战略是以梯度推移理论为理论基础的。梯度推移的核心是，一定区域（国家或地区）内经济技术的发展总是由高向低转移，其转移的顺序，首先要让有条件的高梯度地区先行发展，然后逐步依次向二级、三级梯度推移。随着经济发展推移速度的加快，可以缩小地区间的差距，进而实现国民经济的平衡发展。

1.战略背景

随着国内外形势的变化和十一届三中全会召开后我国经济发展指导方针的大转移，我国开始反思新中国成立以来的区域经济政策，此时国外盛行的梯度推移理论也引起了国内经济界的重视。与此同时，从当时的国际形势来看，20世纪70年代末全球化地缘政治和经济形势发生了重大变化，和平与发展成为国际关系的主导趋势，中国与美国、日本、苏联及周边国家的关系不断得到改善。在总结新中国成立以来我国区域经济发展的经验教训，借鉴各国区域开发理论和经验的基础上，并审视当时的国内外形势，我国的区域经济政策进行了重大的调整：舍弃了牺牲效率的"平均主义"同步发展的战略，采取了效率优先的非均衡发展战略。这种非均衡的区域经济战略开始从地缘优势、资源优势、技术优势等多个方面考虑，改变了过去人为强力布局工业产业的做法，首先在我国东部地区进行改革开放，意图通过东部经济的发展，带动和辐射全国其他地区经济，最终达到共同富裕。

2.战略实施阶段（1979—1999年）

非均衡的区域经济战略持续实施了大约20年时间，根据区域政策的重心不同，又可分为两个时期：

(1)以经济效益为重心的发展阶段(1979—1991年)

从20世纪80年代开始,为促进国民经济的高速发展,提高宏观经济效益,逐步增强国家经济实力,尽快缩小与发达国家的发展差距,中央采取了优先支持区位和经济条件较好的沿海地区经济发展的区域倾斜政策。这一时期,中国区域经济支持沿海地区优先发展的政策主要表现以下两个方面:一是投资倾斜,二是率先实行对外开放。

在投资倾斜方面,在中央新的区域发展思路指导下,沿海地区在全国基本建设投资中所占比重持续提高。与“三五”时期相比,“四五”时期沿海在全国基本建设投资总额中所占的比重上升了近10个百分点,而内地则下降了10.3个百分点;“五五”时期沿海地区所占比重继续提高到42.2%,达到新中国成立以来历史最高水平,内地降至50.0%;而到了“六五”时期,沿海所占比重首次高出内地1.2个百分点。如果说“五五”时期还因一些历史的惯性延续因素导致内地所占投资比重仍然较高的话,那么进入“六五”时期,东部沿海地区正式成为全国基本建设投资的主体,成为中国区域发展的排头兵,跃上改革开放与发展的时代潮头。“六五”计划指出,要“积极利用沿海地区的现有经济基础,充分发挥它们的特长,带动内地经济进一步发展”。根据这一指导思想,国家采取了一系列措施,实施了向沿海地区倾斜的区域发展政策。在“六五”时期,国家在生产力布局上基本是以提高经济效益为中心,向投资回报率高的东部沿海地区倾斜。在沿海地区,重点加强了对上海、北京、天津、大连等20个城市轻纺工业基地建设和大中城市既有纺织、机械、电子等工业企业的技术改造。在内地,重点是加强能源、原材料基地建设和“三线”地区既有机械工业的调整、改组和配套。“六五”期间沿海11个省区市的工业基本建设投资占全国的比重由“五五”期间的44.0%提高到46.0%。“六五”期间沿海地区占全国更新改造总投资的51.5%,内地只占45.8%,其中辽宁、上海、广东、四川、山东、江苏六省市所占比重高达40%。1984年在全国基本建设总投资中,广东省首次居第一位;长期以来居后的上海,其工业基本建设投资占全国9.6%,居第一位。与此同时,内地投资比重下降。如1965—1967年间,第一次三线建设高潮时在四川省的投资占全国的14.5%,到1984年该比值下降到4.4%。投资的倾斜直接使经济特区、沿海开放城市的工业、港口、航空机场与城市建设得到了快速的发展。

在对外开放方面,国家加大了对外开放的步伐,率先在东部沿海地区实行对外开放,并给予开放地区种种优惠政策。为了发挥广东、福建两省作为重要侨乡的作用和毗邻港澳的人文、地理优势，使其在现代化建设中先行一步，1979年中央决定率先在广东、福建两省实行灵活的经济政策，随后又建立了深圳、珠海、厦门、汕头四个经济特区。1984年春，邓小平发表了关于对外开放和特区工作的重要谈话，之后，国务院批准温州与青岛、大连、秦皇岛、天津、烟台、连云港、南通、上海、宁波、福州、广州、湛江、北海14个沿海城市为全国首批对外开放城市，由此而产生了沿海开放经济带。1985年到1988年，中央又决定把珠江三角洲、长江三角洲、闽南三角洲地区以及山东半岛、辽东半岛划为经济开放区。

国家在投资向东部沿海地区倾斜、东部沿海地区率先实行对外开放的同时，还对东部地区在财政、税收、信贷、投资等方面给予了一系列政策优惠，例如：减免税收，扩大地方投资自主权，开放和建立金融市场等等。战略重点已不仅是单纯的国家投资布局重点向东转移，更重要的是中央对东部沿海地区实施率先改革与开放的政策。

图4—2　特区及14个沿海开放城市

（2）注重效率兼顾公平的发展时期（1992—1999年）

随着东、中、西部三大经济地带经济发展差距的不断扩大，我国区域经济发展战略面临新的机遇与挑战。外部环境的变化以及我国与周边国家贸易关系的发展产生了新的机遇，能源与原材料供应的不足对加快中西部地区的资源开发提出了迫切的要求，再加上由于地方政府受经济利益驱使而造成的地区产业结构趋同现象等，使得区域经济政策的宏观背景发生变化，中央政府在考虑经济增长效率的同时,不得不考虑经济发展的公平问题。根据全国统一市场的要求,并从提高国民经济整体效益的角度出发,中央对区域经济政策进行调整,实行地区倾斜与产业倾斜政策相结合的方式,以便发挥各地区的比较优势,在进一步发挥东部沿海地区优势的同时,逐步促进中西部地区和落后地区的经济发展,进而缩小地区发展差距。

为此,国家采取了一系列区域经济发展政策措施。1992 年国家先后开放了黑河、绥芬河、满洲里、珲春、二连浩特、伊宁、塔城、博乐、畹町、瑞丽、河口等 13 个沿边城市以及内陆省会(首府)城市。1994 年 8 月,国家又设立了三峡经济开放区以及宜昌、万县、涪陵等沿江开放城市。这为中西部地区吸引海内外投资、技术和人力资源创造了有利条件。“八五”期间,国家的重点建设项目较多地安排在中西部地区,如京九铁路、三峡工程、兰新复线建设、南昆铁路等,这些项目带动了邻近地区经济发展。

“九五”以来,国家更加重视和致力解决区域发展差距问题。八届人大四次会议通过的《关于国民经济和社会发展“九五”计划和 2010 年远景目标规划纲要》中明确提出,从“九五”开始,国家要更加重视支持中西部地区经济的发展,逐步加大解决地区差距仍在扩大的力度,积极朝着缩小差距的方向努力,并提出了六个方面的具体措施:即优先在中西部地区安排资源开发和基础设施建设项目;理顺资源性产品价格,增强中西部自我发展的能力;实行规范的中央财政转移支付制度,逐步增加对中西部地区的财政支持;加快中西部地区改革开放的步伐,引导外资更多地投向中西部地区;加大对贫困地区的支持力度,扶持民族地区经济发展;加强东部地区与中西部地区的经济联合与技术合作,鼓励向中西部地区投资,引导人才向中西部流动等。这些政策的出台,有力地推动了中西部地区经济的发展,1996 年中西部的投资增长率已快于东部地区,经济增长速度也接近东部。

在此战略背景下,东、中、西三大地带的经济发展进入快车道,但市场经济的极化效应在三大区域发展中也开始日益显著地表现出来。东部与中西部地区相比,发展速度更快,发展质量更好,人民获得实惠更多更显著,中国的区域经济发展日益失衡,全国经济重心日益向东部沿海地带倾斜,深刻地改变了中国区域经济的格局。较为脆弱的发展基础和较低的发展水平、滞后的市场化进程和不佳的区位条件等不仅使广大中西部地区深受计划与市场双重体制的羁绊,受制于体制转型之痛,也使得中西部地带在市场经济体制背景下的区域经济发展竞赛中，从一开始就落后于东部地带，并在这个漫长的竞赛过程中与东部地带的差距越拉越大。

3. 战略评价

20年的非均衡战略发展，使我国的整体经济实力得到了显著增强，中国取得了举世瞩目的成就。但是，经济增长速度和经济总量地带性差距快速扩大的结果，使东中西部地区的差距不但没有缩小，反而有拉大的趋势，东、中、西三大地带人均经济指标的差距明显扩大，西部地区更是处在全国经济发展的"锅底"位置。非均衡发展在带来巨大经济成绩的同时，也产生了一定的负面作用。

一方面，采用非均衡发展战略，强调经济效益和发展东部沿海地区的经济优势，在实践中取得了巨大的成就。一是推动了沿海地区特别是东南沿海地区的发展，为推进改革开放和建立社会主义市场经济新体制积累了宝贵经验；二是东部地区的发展，提高了资金的运用效益，吸纳了大批在西部农村的劳动力，在一定程度上提高了国民经济的整体效率；三是东部地区的发展尤其是特区、开放城市和开发区的发展，通过示范效应、扩散效应和技术经济合作等多种途径，在一定程度上促进了中西部地区的繁荣；四是投资主体多元化、所有制结构多元化、市场体系的建立，使各地区经济发展呈现出活跃的态势和不同的特色。事实证明，非均衡发展战略对于我国经济发展的作用是巨大的，它所产生的经济效益和积累能力，比分散投入、平衡增长要大得多，从而使我国的经济总量在短短的20年里有了大幅度的增长。

另一方面，非均衡发展战略的实施在取得明显成效的同时，也出现了一些问题。一是东部地区与中、西部地区的经济发展差距不断拉大；二是以各地政府为首的投资主体竞相发展价高利大的加工产品，区域分工弱化，稀缺资源浪费巨大；三是企业规模趋向小型化和空间分布上的过度分散化；四是区际摩擦、封锁日趋加剧，各地政府运用种种手段，构筑名目繁多的贸易壁垒，对地区资源、技术、人才和商品的进出实行封锁和垄断经营，分割市场，运用行政权力干预本地原材料、资金和人才的流出与外地商品销入，严重阻碍了经济的发展和市场的发育，使区域经济秩序发生严重混乱。

（三）区域协调发展战略

"区域协调发展"战略是针对我国不断出现的区域经济发展不平衡问题而提出的，从总体来讲要求各区域处于协调发展状态，同时还要选择少数重点地区，根据自身的比较优势和发展条件，形成不同地区的优势特色，并在区域经济联系中实现优势互补，形成合理的区域经济空间格局。

1. 战略背景

21世纪，我国经济总体实力不断增强，面对东部地区与中、西部地区的经济发展差距不断扩大的客观状况，我国开始重点关注中西部地区和东北地区的发展。国家“十一五”规划明确提出，要根据资源环境承载能力、发展基础和潜力，按照发挥比较优势、加强薄弱环节、享受均等化基本公共服务的要求，逐步形成主体功能定位清晰、东中西良性互动、公共服务和人民生活水平差距趋向缩小的区域协调发展格局。具体来讲，就是要坚持实施推进西部大开发、振兴东北地区等老工业基地、促进中部地区崛起、鼓励东部地区率先发展的区域发展总体战略，健全区域协调互动机制，形成合理的区域发展格局。

2. 战略实施阶段（2000年—）

区域协调发展战略从2000年开始实施，战略重点就是要同时顾及各区域的发展，使各区域协调发展。区域协调发展战略具体包括一系列区域战略：从最先提出鼓励东部地区率先发展，到1999年开始实施西部大开发战略，2003年实施东北地区振兴战略，2006年又确定促进中部地区崛起战略。

（1）鼓励东部地区率先发展

东部地区包括北京、天津、河北、山东、江苏、上海、浙江、福建、广东、海南10个省、市。该区域面积91.6万平方公里，占全国国土总面积的9.5%；区域内人口46388万人，占全国总人口的36%。

东部地区作为我国率先实行改革和对外开放的地区，在全国区域经济格局中发展已处于领先地位。国家对东部地区将继续实施以往的各项优惠政策，要求东部地区要发挥优势，努力率先实现现代化。东部地区发展的基本目标是“四个率先”，即率先提高自主创新能力，率先实现经济结构优化升级和增长方式转变，率先完善社会主义市场经济体制，在率先发展和改革中带动帮助中西部地区发展。具体任务包括：加快形成一批自主知识产权、核心技术和知名品牌，提高产业素质和竞争力；优先发展先进制造业、高技术产业和服务业，着力发展精加工和高端产品；促进加工贸易升级，积极承接高技术产业和现代服务业转移，提高外向型经济水平，增强国际竞争力；加强耕地保护，发展现代农业；提高资源特别是土地、能源利用效率，加强生态环境保护，增强可持续发展能力；继续发挥经济特区、上海浦东新区的作用，推进天津滨海新区开发开放，支持海峡西岸和其他台商投资相对集中地区的经济发展，带动区域经济发展。

（2）西部大开发战略

西部经济区域地域最为辽阔，自然地理环境、人文环境最为复杂多样。区域内包括内蒙古、广西、重庆、四川、云南、贵州、西藏、陕西、甘肃、青海、宁夏、新疆12个省、市、自治区。2005年该区域国土面积686.7万平方公里，占全国国土总面积的71.5%；拥有35976万人口，占全国总人口的28.0%。

改革开放以来的非均衡发展战略，一方面促进了东部区域经济的跨越发展，另一方面也扩大了东、西部地区经济发展的差距。出于区域协调发展的战略考虑，以及扩大内需、生态保护等方面的全面考虑，西部大开发战略成为21世纪中央的第一号重大决策，并快速形成了西部大开发的热潮。

西部大开发政策的实施就是要逐步解决东、西部地区经济发展差距扩大的问题。国家通过采取财经、金融、法律、税收等多种政策手段，重点扶持和开发广大西部地区，缩小区域经济发展差距，增强国民经济整体实力和发展后劲。西部地区发展的核心工作是在加快改革开放步伐的同时，通过国家支持、自身努力和区域合作，增强自我发展能力，实现资源优势向产业优势的转化。具体任务包括基础设施建设、能源矿产资源基地开发建设、生态环境保护与建设、部分先进制造业和高新技术产业发展、扶贫开发、均等化公共服务、人才开发与科技创新等。其区域开发的方式主要是坚持以线串点，以点带面，依托中心城市和交通干线，实行重点开发。

（3）东北地区振兴战略

东北地区的地域范围即传统上所谓的“东三省”——黑龙江、吉林和辽宁三个省。土地面积78.79万平方公里，占全国国土面积的8.2%；人口10757万，占全国总人口的8.4%。

从1979—2000年，东北三省工业总产值在全国所占份额一路下跌，由原来的16%以上降至9.3%。经过百年的高强度开发，东北发展重工业的许多资源已经进入枯竭期。近年来，特别是我国加入世贸组织前后，曾是我国重要粮仓的东北三省出现了传统优势农产品大量积压、农民增收缓慢、农业经济效益提高缓慢等较为尖锐的问题，东北农业遭遇了与工业几乎相同的尴尬，经济界和媒体称之为“新东北现象”。东北经济何去何从成了一个亟待解决的难题，针对上述情况，中央提出了振兴东北地区等老工业基地，努力将东北地区等老工业基地调整、改造、发展成为结构合理、功能完善、特色鲜明、竞争力强的新型产业基地，逐步成为国民经济新的重要增长区域的战略任务。

东北地区发展的关键是加快产业结构调整，加快国有企业改革改组改造，在改革开放中实现经济的再度辉煌。具体任务包括：推进农业规模化、标准化、机械化和产业化经营，积极发展现代农业；建设先进装备、精品钢材、石化、汽车、船舶和农副产品深加工基地，发展高技术产业；建立资源开发补偿和衰退产业援助，实现资源型城市与地区经济的成功转型；加强区域内东部铁路通道和跨省区公路通道等基础设施建设；加强统一市场体系建设，促进区域经济一体化进程；加强黑土地水土流失和东北西部荒漠化综合治理等。

（4）促进中部地区崛起战略

中部地区包括山西、河南、湖北、湖南、江西、安徽六个省份，区域土地面积102.8万平方公里，占全国国土面积的10.7%；区域内人口35202万人，占全国总人口的27.4%，与西部地区基本相当。

面对东部地区的快速发展、西部地区的大开发、东北地区的振兴，中部地区的区域发展水平不仅与东部地区存在显著差距，在增长速度上也开始低于西部地区，中部地区面临“塌陷”的危险。党中央国务院从全面建设小康社会的全局和建成富强民主文明和谐的社会主义现代化国家的总体目标出发，对中部地区的发展也作出了一系列部署和安排。2003年10月，党的十六届三中全会提出，“有效发挥中部地区综合优势，支持中西部地区加快发展”；2004年的《政府工作报告》进一步提出：“促进中部崛起，形成中西互动，优势互补、相互促进、共同发展的新格局。”2004年9月，“促进中部崛起”写进了党的十六届四中全会决定；2005年10月，党的十六届五中全会通过《中共中央关于制定国民经济和社会发展第十一个五年规划的建议》，明确作出推进区域协调发展的总体战略布局，对中部崛起发展重点提出了明确要求，根据建议形成的国家“十一五”规划，对促进中部地区崛起的基本思路与主要任务做了具体阐述。这是一个完整的我国新时期区域生产力总体布局协调发展战略指导方针，它标志着中部崛起战略的确立，也标志着我国促进区域协调发展的总体战略已经全面形成；2006年4月，中共中央、国务院出台了《关于促进中部地区崛起的若干意见》，提出36条政策措施，要把中部建成全国重要的粮食生产基地、能源原材料基地、现代装备制造及高技术产业基地以及综合交通运输枢纽。上述意见的出台标志着中部崛起开始由战略酝酿阶段走向战略实施阶段。

中部地区区域发展的主要目标是依托现有基础，提升产业层次，推进工业化和城镇化,在发挥承东启西和产业发展优势中崛起。发挥中部地区承东启西、接南纳北的地理区位优势和相对丰富的资源优势,突出区域经济特色,构建区域经济发展的增长极(增长带),从而形成东、中、西部协调发展的区域经济增长格局。具体任务包括:加强现代农业特别是粮食主产区建设,加大农业基础设施建设投入,增强粮食等大宗农产品生产能力;加强山西、河南、安徽大型煤炭基地建设;加快钢铁、化工、有色、建材等优势产业的结构调整,形成精品原材料基地;发展矿山机械、汽车、农业机械、机车车辆、输变电设备等装备制造业以及软件、光电子、新材料、生物工程等高新技术产业;构建综合交通运输体系,重点建设干线铁路和公路、内河港口、区域性机场;加强物流中心等基础设施建设,完善市场体系。

3.战略评价

区域协调发展战略是区域发展的客观要求,是我国根据各区域实际情况作出的正确选择,是科学发展观的充分体现。经过十多年来的区域协调发展,各区域发展良好,经济发展速度加快,社会发展水平进一步提高,尤其是内陆地区经济社会发展水平提高了一个层次。

从西部大开发战略实施效果看,西部大开发战略实施以来,在中央大规模资金投入和优惠政策的推动下,西部地区发挥地方经济的主动性与积极性,在基础设施、生态环境保护和建设、特色优势产业发展、人民生活水平等各方面取得了显著成就,初步扭转了与东部地区尤其是全国发展差距快速扩大的势头。一是西部地区经济总量和人均水平实现了大跨越。1999—2008年,西部地区国内生产总值由1998年的14647.38亿元增加到了2008年的58256.58亿元,年均增长率11.42%,高于全国9.64%的年均水平。西部地区人均国内生产总值由1998年的4122.6元增加到2008年的15857.18元,年均增长率14.42%,高于全国13.48%的平均水平。西部经济增速不仅高于全国平均水平,而且与东部地区相比发展速度差距也在逐步缩小。2008年西部地区国内生产总值增幅超过东部,占全国GDP的比重达到17.8%。二是经济运行质量和效益稳步提高,地方财政收入持续大幅增加。2008年西部地区地方财政收入达到5096.09亿元,比1998年的946.24亿元净增加了3.33倍。三是投资和创业环境显著改善,社会固定资产投资快速增长。1999—2008 年十年间,西部地区投资总和达到158663.1亿元,年平均增长22%,投资规模之大、增速之快为历史所少有。十年来,西部地区开工重点工程102项,投资总规模1.74万亿元。基础设施建设、生态治理和环境保护取得实质性进展，青藏铁路、西气东输、西电东送等一系列举世瞩目的重大工程相继建成投入运营。四是西部地区贫困人口规模逐年减少，贫困发生率不断降低。通过制定一系列政策与措施，西部地区农村绝对贫困人口由1998年底的2029万人减少到2006年底的1175万人，贫困发生率由2000年的7.3%下降为2004年的5.7%。低收入人口规模逐年稳定下降，2000—2006年，西部农村地区低收入人口从3490万减少到2196万，减少幅度达到了37.08%。五是对外经济贸易快速增长。2008年进出口总额达到1068亿美元，比1998年的132.6亿美元增加935.4亿美元，年均增长23.2%。由于投资环境改善，西部地区对外贸易增长速度有超过东部趋势，2008年西部地区实现进出口总额1068亿美元，同比增长35.8%，增速高于全国平均水平18个百分点，高于东部地区19.5个百分点。六是城乡居民收入快速增长，居民生活质量明显提高。1998—2008年，西部地区城镇居民人均可支配收入提高迅速，各省、市、自治区居民收入年均增长率均在6%以上，有八个省、市、自治区的年均增长率高于全国增速的平均值（9.7%）；农村居民收入出现多年未有的快速增长势头。1998—2008年西部地区农村居民人均纯收入年均增长率超过全国平均收入增速（8.21%）的有五个省、市、自治区；基础教育发展取得显著成绩。西部各省（市、区）加大基础教育投入，采取多种措施实施“普九”攻坚。至2007年底，已完成了全面普及九年义务教育的历史任务。实施了两期“国家贫困地区义务教育工程”，共新建小学5380所，改扩建小学27197所；新建初中2466所，改扩建初中8035所。促进了城乡基础教育的均衡发展，教育公平迈出了新的步伐。①

从东北振兴战略实施效果看，自东北振兴战略实施以来，东北地区经济发展明显加快并步入快车道，在整个国民经济中的地位显著提高，经济社会发展取得了新进展。一是经济增长速度加快，与全国差距逐步缩小，居民收入增长较快。2010年，东北三省实现地区生产总值37090亿元，同比增长13.6%。辽、吉、黑三省城镇居民人均可支配收入分别为17713元、15411元和13857元，同比增长9.3%、10.1%和10.3%。辽、吉、黑三省农民人均纯收入分别为6908元、6237元和6210元，同比增长11.5%、18.5%和19.3%。2010年，东北地区农村居民人均纯收入增幅居四大区域板块第一位。二是工业结构调整步伐加快，一大批重大项目顺利实施，一批重点老企业的技术水平显著提高，自主创新和生产制造能力不断增强。2010年，东北三省规模以上工业增加值同比增长17.6%，

①数据来源：西部蓝皮书2009：中国西部经济发展报告．社会科学文献出版社

与2009年相比加快2.1个百分点。三是对外开放水平明显提高，经济外向度大幅提高，利用外资迅猛增长，外资银行发展迅速。2010年，东北三省实现进出口总额1230亿美元，增长35.3%，占全国比重由2006年的3.9%提高到2010年的4.1%。2010年东北三省实际利用外商直接投资额达到277亿美元，其中辽、吉、黑三省分别达到207亿、42亿、28亿美元，辽宁省由2005年的全国第六上升至全国第二位。四是重点民生问题逐步解决，基本完成了国有企业下岗职工基本生活保障向失业保险并轨，进一步完善了企业职工养老保险制度，社会保障覆盖面扩大，就业再就业工作稳步推进。2010年，辽宁、吉林和黑龙江省分别实现新增就业115万人、54万人和69万人，城镇登记失业率分别为3.7%、3.9%和4.0%，均低于全年控制目标。煤矿、林区、垦区棚户区改造全面推进，棚户区改造、采煤沉陷区治理已使东北地区133万户居民受益。五是以国有企业改革为重点的体制机制创新取得重大突破，企业联合重组步伐加快，多种所有制经济蓬勃发展，非公有制经济快速发展，经济结构进一步优化。六是基础设施条件得到改善，客运专线、城际铁路等铁路开展顺利，大通道建设顺利推动，高速公路、机场、港口、城市交通、水利设施、能源设施建设等如期推动。七是资源型城市可持续发展迈出坚实步伐，部分产能有序转移，以农产品加工业作为接续替代产业的态势已基本形成，采煤沉陷区治理和棚户区改造稳步推进。①

从中部崛起战略实施效果看，自中部崛起战略实施以来，中部地区国民经济实现了持续较快增长，经济实力明显增强，经济结构更加优化，经济效益大幅提高，人民生活水平进一步改善。一是经济总量和人均GDP持续快速发展。中部地区经济总量占全国的比重比战略实施前稳步提高，增幅达129%，年均增幅达15.3%，超过全国平均水平5个百分点。人均GDP取得了较快增长。2005—2010年，中部地区人均GDP年均增幅超过13.5%，高于同期全国平均水平。二是固定资产投资、社会消费和外贸同向拉动经济增长。从固定资产投资增速来看，中部要高于东部和西部地区，占全国比重不断提高。从社会消费品零售额增长率来看，中部地区居全国首位。中部地区的对外贸易也实现了快速发展。2005—2010年，中部地区进出口商品总额年平均增长31.5%，同期各省对外贸易年均增速大大高于同期全省生产总值增速。三是各项社会事业快速发展。城镇就业规模不断扩大，就业服务体系逐步完善。中部六省各县市就业规模不断扩大，2005年中部六省就业人数共19063万人，2009年达到21537万人，新增

①数据来源于振兴东北网：http://www.chinaneast.gov.con/static/e11315/11315.htm

就业人员2474万人。社会保障制度不断完善，社会救助和社会福利作用凸显。社会保障工作方面，新型农村合作医疗、惠民医院、城镇居民基本医疗保险试点、城市社区卫生服务机构等工作按要求顺利推进。城镇基本医疗保险方面，六省城镇居民基本医疗保险试点工作已全面启动，2010年六省60%的参保对象纳入医疗保险。城市社区卫生服务机构建设方面，地级以上城市社区卫生覆盖城市市民比例达到95.32%。社会保险、养老保险、医疗保险等制度改革和工作改进，极大地完善了社会保障体系。①

但是，目前我国的区域经济发展状况仍存在明显不足。中西部地区基础设施建设亟待加强，农业基础设施老化，农业综合生产能力比较薄弱，水利灌溉设施落后，抵御自然灾害能力差。能源基地建设方面存在局部电网薄弱、输电设备老旧、整体运行可靠性低等问题。现代装备制造和高新技术产业基地建设面临优秀经营人才的缺乏和大批专业人才外流的困境。生活工作环境欠佳、福利待遇不高和发达地区竞争等因素，造成中西部高级人才短缺，制约了企业的技术开发能力和经营管理水平。特别是在经济转型的背景下，区域发展不协调、结构失衡的现状更是引发社会各界的关注，突出地表现在东部地区的经济发展水平仍大大领先于全国以及其他三大区域，需要继续实施好区域协调发展战略来解决这一矛盾。

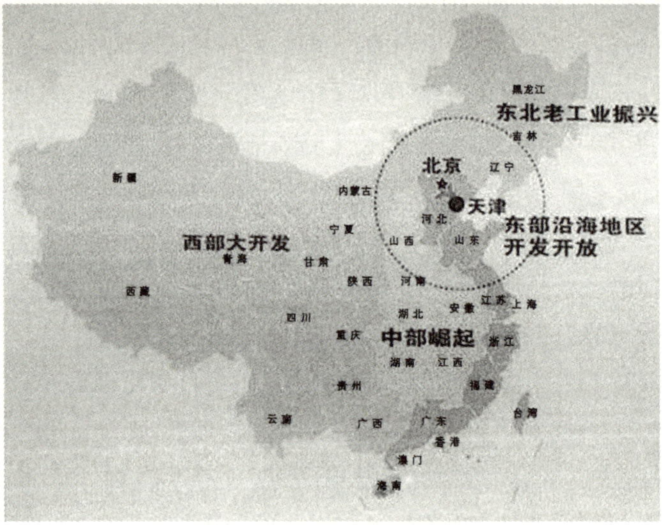

图4—3 中国区域协调发展战略布局图

①来源于光明日报：http://finance.jrj.com.cn/opinion/2011/05/24093310039252.shtml

三、中国区域经济发展的趋势

我国一系列区域经济发展战略的实施,使得区域经济格局基本形成。展望未来,我国区域经济格局还将随国内外环境的变化进一步演变。

(一)东西部地区发展差距继续扩大,但人均收入差距有望缩小

随着进一步对外开放,沿海地带仍将是投资的热点地区。首先,从石油、铁矿、粮食、棉花等重要资源的供给来看,国内的储量不足。我国中西部地区的开发大多是从资源开发起步的,而资源开发一般具有投资大、周期长、投资回收慢等特点,勘察开发和生产的成本高,海外进口的产品在国内市场仍具有较大的竞争力。而且我国的产业结构将偏重于制造业而非采掘业,虽然东部向中西部地区的产业转移不断加快,但在经济全球化背景下,产业布局的重心仍在沿海。其次,沿海地区的产业密集度高,企业之间有利于形成合理的分工协作关系以降低生产成本。第三,沿海地区城市化水平较高,基础设施建设成本相对较低。西部建设所需的配套基础设施建设投资往往高出沿海城市好几倍,自然会影响到对西部投资的经济效果。另外,沿海地区人口密度大,国土面积小,社会管理成本低。西部地区的文化、教育、科技、卫生事业等总体发展水平明显低于东部沿海地区,社会经济管理水平低,管理成本高。因此,中西部地区与东部地区的差距有继续扩大的可能。

与此同时,随着西部大开发战略的实施,为了改善西部地区基础设施落后的状况,国家每年要安排一定数量的资金用于西部地区的基础设施建设,此外财政转移支付和用于改善生态环境、退耕还林还草、天然林保护的资金也会不断增加,政府投资的倾斜有利于提高西部地区发展水平。而且东西合作的加强、城市规模的扩大、第三产业的发展以及企业活力的提高,也能增加就业和提高工资水平。随着西部地区基础教育的改善、人口素质的提高和全国劳动力市场的建立,西部地区的劳动力和人口将向东部地区流动,西部地区的人口可能出现减少的趋势,西部地区人均收入水平会有较大程度的提高,与东部地区的人均收入差距有望缩小。

正是由于中西部地区与东部地区的差距较大并有扩大的可能,更有必要对中西部老工业基地进行全面的调整改造,帮助这些“沉寂”较长时间的“存量资

产”恢复生机与活力，充分发挥其效用，实现老工业基地的产业振兴，通过打造区域经济增长极，带动中西部地区整体发展，缩小与东部地区的差距。

（二）城市（群）发展不断扩大，但三大城市群仍将是发展主导

随着城市化战略的实施和城市建设方针的改变，抑制城市发展的诸多因素将不复存在，大城市的发展速度将大大加快。中等城市最有发展潜力，且多是区域经济的中心，随着户籍制度的变革和市场化的推进，许多中等城市将迅速成长为大城市。到2030年，我国100万人以上的城市数量将超过100座，50万人以上的城市数量将超过200座，绝大多数的地区级城市都将跻身于大城市的行列。省域范围内将形成多个经济中心，规模不等的城市大都是相应不同范围的经济社会发展中心，它们不仅集聚着区域内先进的制造业，也是区域内的信息中心和服务中心，对区域的经济活动起着调节、辐射的作用。在市场经济条件下，各省的经济中心有可能与行政中心出现偏离，比如已经形成的新的省内经济中心有青岛、大连、厦门、深圳、包头等等。此外，随着各省特别是中西部地区各省区经济的发展，会逐步改变省内单一经济中心的格局，逐步发展起一批新的经济增长极。未来我国人口和经济活动的集中化程度还将进一步提高，尤其是向城市群和大都市圈集中化的趋势增强。城市化的发展将由单个城市为主导向以城市群为主导转变，有条件快速发展的城市群主要有：长三角城市群、珠三角城市群、京津冀城市群、辽中南城市群、山东半岛城市群、海峡西岸城市群、武汉城市群、中原城市群、长株潭城市群、皖江城市群、环鄱阳湖城市群、成渝城市群、关中城市群、环北部湾城市群等。

但未来相当长的一段时期，主导我国经济发展的仍将是长江三角洲、珠江三角洲和京津冀三大城市群。20世纪90年代，中国经济的显著特征是长江三角洲、珠江三角洲和京津冀三大城市群不仅发展速度快，而且经济规模占全国的比重越来越高，成为中国经济发展的龙头和引擎。长三角在上海的辐射带动下，外资增长迅猛，已成为我国最大的出口加工基地。未来30年，长三角的腹地将继续扩大，江苏、浙江全部、安徽一部分地区都将进入长三角城市群；珠三角地区将和香港、澳门实现区域经济一体化，其优势更大，辐射力更强；京津冀城市群中的各大城市特色和优势十分明显，互补作用强，北京具有政治、文化和高科技的优势，天津具有港口和制造业的优势，石家庄具有商贸业的优势，一旦突破行政的藩篱，发展潜力就会迅速释放出来。三大城市群在未来20到30年

仍将主导中国经济的发展,其他区域难以取代其地位。

城市化进程的不断加快和城市群的快速发展,对老工业基地的振兴是一个契机。一方面,城市化进程的加快推进会产生大量的基础设施建设及产业发展的需求,而老工业基地的资源原材料和人力等生产要素较为丰富,将会促进老工业基地的发展;另一方面,城市群的加快发展要求各城市之间加强合作、合理分工,老工业基地很多属于城市群范围之内,尤其在中西部地区,很多老工业基地城市就是城市群的中心,因此,城市群的壮大和发展将加快促进老工业基地的调整改造和振兴,而老工业基地的振兴,也将带动城市群和区域的快速发展。

(三)全国经济重心有北移倾向,长江中游地区可望崛起

改革开放以来,中国区域经济发展的重心一直在东南沿海地区,这是由其区域条件决定的。珠江三角洲、长江三角洲两处成为中国经济增长核心区,珠江三角洲和长江三角洲经济的迅速发展,形成了带动30年中国经济增长的主要驱动力量。目前来看,中国经济发展格局的重心向西转移存在着一些客观限制。无论从历史的发展还是从区位条件来分析,北部沿海地区有足够的理由成为潜在经济增长核心区。随着改革开放的深入和水资源条件的改善,制约北部沿海地区发展的因素将逐步化解,滨海新区的加快建设使我国经济重心向北转移的趋势有可能成为现实,广义的环渤海地区的重化工业将成为中国经济的重要支撑。

长江中游地区包括湖北、湖南、河南、江西和安徽的沿江沿湖地区,以前被称为中原五省,是中国交通条件最好、资源比较丰富、经济比较发达的地区。改革开放以来,其经济发展却比较缓慢。近年来,长江中游地区的经济发展开始加速,优势重新显现出来,形成了具有一定影响的经济区,如武汉、襄阳、宜昌三角区,长沙、株洲、湘潭经济区,南昌、九江和景德镇经济区,安徽沿江经济带等。京广铁路沿线的大中城市发展很快,武汉、长沙、郑州三大城市呈遥相呼应之势。这一地区钢铁、汽车、食品、机械制造等产业已具有相当的竞争力,将建设成为我国内陆地区以满足内需为主的消费品、中间产品和投资品并重的制造业中心。长江中游城市群的统一发展规划已在酝酿中,正谋求上升为国家战略,有望实现整体崛起。

长江中游地区的城市区位优势显著,也是很多老工业基地发源的地方,形成了一批规模较大、基础较好的“滨水型”老工业基地。武汉、襄阳、宜昌、长沙、

株州、湘潭、南昌、九江和景德镇等城市均是中部地区具有典型代表性的老工业基地，钢铁、汽车、食品、机械制造等产业已具有相当的竞争力。加快中部地区老工业基地的调整改造进程，实现长江中游地区老工业基地的振兴，形成一批新的经济增长极，可以带动长江中游地区和整个中部地区的发展和崛起。

（四）区域一体化进程加快，次区域经济合作加强

1978年以来，中国把对外开放确立为基本国策，在深化对外开放的过程中，逐步适应世界经济区域化、集团化的发展趋势，不断加强与世界各国的国际经济技术合作和贸易往来。随后，中国对外开放的空间格局由80年代的沿海逐步扩大到90年代的沿江、沿边和广大内陆城市，已经基本形成了一个全方位对外开放、多层次参与国际经济循环的经济发展格局。世界金融危机不会改变经济全球化的趋势，国际区域经济一体化将不断加快。

与此同时，中国与相邻国家的经济技术合作将得到加强，逐步形成若干个经济联系比较密切的次区域经济合作区。东北亚次区域经济合作区，包括中国的华东、华北和东北地区与日本、韩国、朝鲜、俄罗斯东部地区、蒙古；东南亚次区域经济合作区，包括中国的华南、西南地区与东南亚诸国；中亚次区域经济合作区，包括中国的西北地区与中亚诸国；南亚次区域经济合作区，包括中国西南西北地区与巴基斯坦、印度、孟加拉、尼泊尔等国。中国周边次区域经济合作区的形成和发展，必将有利于中国逐步建立起多层次参与国际经济循环的格局，加速中国对外开放的进程。

区域一体化进程的加快，区域之间合作与交流加强，给老工业基地的发展带来了契机。由于老工业基地是在计划经济时期形成与发展起来的，受计划经济体制的束缚较深，需要在大开放、大合作的市场经济环境下接受“磨炼”，更多地参与市场竞争，学习发达地区的先进技术和经营管理经验，促进自身自主创新能力建设。同时，区域一体化也会带来区域之间更加激烈的竞争，使老工业基地产生发展的压力和动力，这就要求老工业基地不断提高自身实力，以确保不被竞争所淘汰。

第二节　中国老工业基地的兴衰变化与改造历程

我国“老工业基地”是指从新中国成立初期到“三线”建设结束的不同历史阶段内，在全国各地形成的以重工业为主导、具有一定总量规模、承担国家重大国民生产建设项目、国有经济相对集中、对于国家经济发展和巩固国防作出过突出历史贡献的工业城市。这些城市在历史上曾是国家经济建设和发展的重点地区，对于地区或全国经济发展产生过巨大影响，目前仍是我国产业基地和经济网络的重要组成部分。但正如世界其他老工业基地一样，我国老工业基地的经济地位也没有得以一直保持，历经了兴衰变化。

一、中国老工业基地的形成与分布

（一）中国老工业基地的形成

从时间上看，我国老工业基地主要形成于“一五”、“二五”和“三线”建设时期，少数大型老工业基地如上海、天津、沈阳、哈尔滨、武汉、重庆等老工业基地在新中国成立前已经颇具规模，工业体系较为完备。

1949 年新中国成立前，我国战乱不断，经济建设举步维艰，工业尚未形成规模和体系，70%以上的工业偏集于国土面积不到 15%的东部沿海地区，包括辽宁、河北、天津、北京、山东、广西等 12 省市，尤其集中在沿海地区的大城市如上海、天津等城市。其中，重工业主要集中在辽宁省，轻纺工业主要集中在上海、天津、青岛、广州和江苏南部的少数城市，内陆地区除武汉、重庆等几个沿江城市有较多的工业外，其他地区很少甚至几乎没有什么近代工业。新中国成立初期，我国国民经济基本处于“一穷二白”的状态，工业基础非常薄弱。“一五”时期，我国开始推行旨在实现社会主义工业化的实践，重点实施了“156”项目的布局和建设。据统计，“一五”时期，内地投资占全国总投资的 46.8%。通过“156”项工程的实施，我国工业技术水平从新中国成立初的落后发达国家近一个世纪，迅速提高到发达国家 20 世纪 40 年代的水平，基本形成了独立自主的工业体系雏形。

1964—1980年，我国开始实施旨在以国防优先的均衡布局工业生产力政策,启动了“三线”建设①,范围主要包括四川、贵州、云南、陕西、甘肃、宁夏、青海及山西、河北、河南、湖南、湖北、广西等靠内地的部分地区,它们全部位于中西部地区。其中,位于大西北和大西南的七省又被称为“大三线”,而中部六省相对被称为“小三线”。三线建设经历了“三五”、“四五”、“五五”时期15年,重点集中在云、贵、川、陕、甘、宁、青等省及三西(湘西、鄂西和豫西)地区。“三线”建设对中西部的工业城市发展起到了积极作用,内地工业产值占全国比重由1952年的32%提高到1978年的40%,一批工业城市在内陆应运而生,对内陆地区工业基地的形成和发展具有决定性的意义。

老工业基地是计划经济时代的产物,以重工业为主,在早期得到了高速发展,成为我国经济发展的引擎和发动机。至改革开放初期,全国已经形成100多个老工业基地。

(二)中国老工业基地的分布

从空间上看,中国从20世纪50年代开始的国家工业化,特别是“156”工程以及“三线”建设构成了我国老工业基地分布的基本格局,我国形成了东北、华东、华北、中部、西南、西北六大老工业基地片区。

1. 东北老工业基地片区

东北地区是我国形成较早的工业基地,其工业基础坚实,已建立以钢铁、机械、石油、化工为核心的完整工业体系。东北老工业基地由南向北逐步推进,除原有的沈阳—抚顺—鞍山—本溪重工业区外,还出现了以机械、化工为主的旅顺—大连老工业区,以煤炭、化工为主的辽西工业走廊老工业区,以机械、化工、造纸等为主的长春—吉林中部老工业区,以机电、石油、机械工业等为主的哈尔滨—大庆—齐齐哈尔老工业区,以煤炭—森林工业为主的黑龙江西部工业区等。东北地区老工业基地的类型主要有四种:(1)原材料型老工业基地,如鞍山、大庆等;(2)单一资源型老工业基地,如阜新、鸡西等;(3)装备制造型老工业基地,

①所谓三线,一般是指由沿海、边疆地区向内地收缩划分三道线。一线指位于沿海和边疆的前线地区;三线指长城以南,广东韶关以北,甘肃乌鞘岭以东,京广铁路以西。主要包括四川、贵州、云南、陕西、甘肃、宁夏、青海等西部省区及山西、河南、湖南、湖北、、广西等省区的后方地区;二线指介于一、三线之间的中间地带。

如齐齐哈尔等;(4)综合型老工业基地,如沈阳、哈尔滨等。

2.华东老工业基地片区

华东地区是我国基础雄厚的重要老工业基地之一,其机电、轻纺、化工工业在全国占有重要地位。早期以上海为中心的长江三角洲工业区是我国基础最好、规模最大的综合型加工工业区,机械、化工、轻纺工业居全国之冠。新中国成立后,又加强和建设了以青岛为中心的轻纺、机械工业区,以济南和淄博为中心的冶金、石油、化工、轻纺、机械工业区,以徐州、枣庄为中心的燃料动力工业区。随着工业区位由沿海向内地不断扩展,浙、闽两省工业也得到了很大发展。

3.华北老工业基地片区

华北地区是以燃料动力、钢铁制造为主体的老工业基地。原有的京、津、唐工业区得到了及时的综合治理,发展较为迅速,已成为综合型的现代化新工业基地。后来,在华北原材料丰富的地区建立了一系列新的工业区和工业中心,主要有太行山麓以石家庄和邯郸为中心的轻纺、燃料动力工业区,以包头和呼和浩特为中心的钢铁、畜产品加工工业区。

4.中南老工业基地片区

中南地区是新中国成立后我国重点建设的地区之一,中南老工业基地的钢铁、化工、有色金属、电力、纺织工业在全国具有重要地位。中南地区以京广铁路线为主干,以“武大”(武汉—大冶钢铁、机械工业区)为基点,沿京广线向南北和西部推进。南部形成以长沙、株洲、湘潭为中心的湘中冶金、机械、化工老工业区;北部形成以郑州、洛阳、平顶山、安阳、开封等为中心的轻纺、机械、煤炭综合老工业区,以太原、榆次为中心的晋中重工业区;西部形成以水电、汽车、有色冶金为主的鄂西、湘西老工业区;东部形成以淮南、淮北、合肥、马鞍山为中心的燃料动力、钢铁、机械老工业区。

5.西南老工业基地片区

西南老工业基地是我国新兴工业区之一,是我国国防战略后方的重要工业基地,其冶金、机械、化工、燃料动力工业已具相当规模,包括重庆、成都、自贡、攀枝花、泸州、德阳、绵阳、内江、贵阳、六盘水、遵义、昆明、柳州、南宁等城市。西南老工业基地在全国的大力支持下,以重庆、成都工业区为基点,逐步向西部和南部发展,建立了以成都为中心的机械工业为主、轻重工业结合的工业区,以自贡、内江、泸州为中心的川中天然气化工、盐业化工、制糖工业区,以渡口为中心的钢铁工业区,以贵阳为中心的机械、化工、有色金属工业区,以及其他许多新的工业城市。

6. 西北老工业基地片区

西北老工业基地片区包括西安、铜川、宝鸡、咸阳、渭南、汉中、兰州、金昌、白银、天水、酒泉、银川、石嘴山、西宁、乌鲁木齐、克拉玛依等城市。西北老工业基地以西安、兰州为基点，重点发展石油化工、机械制造、棉毛纺织等工业，西安、兰州成为西北地区最大的老工业区。作为省域中心的乌鲁木齐、西宁、银川等地的工业也有了很大发展。在石油、煤炭资源丰富的地区，重点发展活力工矿业生产，形成了许多工业中心。

二、中国老工业基地的衰落及原因

（一）老工业基地的衰退

自 80 年代中后期以来，我国老工业基地经济全面滑坡，普遍呈现出老化和相对衰退的现象。从经济整体水平看，老工业基地的经济总量减少、增长速度不断下滑，呈低增长态势；从效益上看，工业经济增长效益持续下降，大部分老工业基地的积累效果、资金利用和劳动生产率等重要效益指标均表现为全面下降。80 年代后，老工业基地经济发展的主要指标很多都低于全国平均水平，在速度、效益、比重上更是落后于新兴经济地区和城市，区域的经济地位不断下降。

我国老工业基地的衰退主要体现在“四化”：一是产业结构的老化和同化；二是产品、设备的老化；三是城市功能的退化；四是社会保障能力的弱化。

1. 产业结构的老化和同化

产业结构是区域经济的基本框架，最能反映某一区域经济的实力和水平，产业结构的老化就意味着经济发展的衰退。伴随着新兴科学技术的迅猛发展和中国其他新兴工业区的快速崛起，我国老工业基地的产业结构老化问题不断凸显。第一，部分老工业基地工业基础薄弱，加工业发展粗放，呈现低水平、低效益的“虚高加工度化”的状态；第二，老工业基地传统工业以往的优势逐渐失去，新兴工业成长缓慢，出现技术断层和产业更替不协调的现象，齐全的工业门类已成为经济发展的“相对劣势”；第三，第三产业发展滞后，不适应市场经济和社会化发展的需要；第四，部分企业规模不经济，专业化协作水平较低，缺乏规模大、协作条件好、竞争力强的大型企业集团。与此同时，老工业基地的产业结构也出现趋同化的现象。部分老工业基地在机械、冶金、化工、纺织、食品等重要工业部门的比重都较接近，这种工业结构趋同和地区趋同给产业结构的调整带来较大阻力。

2.产品、设备的老化

80年代以来，尽管部分老工业基地进行了一些技术改造，老工业基地的技术装备水平有了一定程度的提高，但从整体上看，仍有部分企业没有根本改造或改造技术的起点不高。第一，工业设备老化。据统计，1990年六大老工业基地国有企业主要生产设备中属于国际先进水平的，天津仅为12%，沈阳仅为13.4%，哈尔滨仅为3.6%，重庆仅为1.7%，武汉仅为0.6%。属于国内先进水平的一般在6%～20%之间，而居一般和落后水平的在70%～90%之间。第二，工业技术老化。在20世纪90年代初期，老工业基地的相当一部分仍在沿用五六十年代陈旧落后的工艺，1990年工业企业机械化和自动化程度最高的上海其水平也仅分别为25.3%和4.2%。第三，产品老化，一般老工业基地的老产品多，新型产品少；低档产品多，高附加值产品少；高能耗高污染的产品多，集约型的产品少。如此的产品结构，使得产品市场占有低，企业竞争力下降。①到目前为止，多数老工业基地的很多企业设备陈旧且老化，尤其是原材料产业属于资金密集型产业，受资金投入限制和设备老化的影响，重点企业的技术改造步伐缓慢，设备更新不足，资源消耗高，生产效率低，故障多。

3.城市功能的退化

很多老工业基地的城市功能区和产业布局不合理，老工业区多位于城市核心区，工业用地与城市居住用地、商贸用地混杂，工业布局与城市发展不协调，形成了系列矛盾。多数老工业基地都有一些原来位于城市边缘区域而现在随着城市扩大演变为城区的老工业区，大量的老工业企业迫切需要搬迁改造或退城进园，如山西大同的老工业区达3.28平方公里。工业城市形成过程中建立的各类工业集聚区已与城市发展要求不相适应，生活环境差，城市功能不足，安置人员多，社会问题复杂，急需调整改造但难度较大，巨大的拆迁安置费用使当地政府难以承受。

4.社会保障能力的弱化

由于企业改制、兼并、破产等，造成老工业基地大量工人失业待岗，就业和再就业矛盾突出，老工业基地每年增加的就业人数达100万人以上，但产业和

①中国工业经济研究与开发促进会课题组.老工业基地的新生——中国老工业基地改造与振兴研究.经济管理出版社，1995年版

城市发展动力不足，导致就业面临较大压力，并成为这些老工业基地发展的潜在隐患。近年来，经济转型时产生的各种矛盾问题和产业发展的困难，以及由于老工业基地形成的特定历史时期，目前进入职工规模性退休的时期，养老保险等各类社会问题突出。由于社会保障机制不健全，需要巨额资金解决老工业基地企业改制、兼并、破产以及养老保险、医疗保险、失业保险等各类社会问题。

从各区域来看，“四大板块”的老工业基地衰退的程度和特征均有所不同。东部地区老工业基地的衰退主要体现在产业、城市功能等方面，涉及的老工业基地城市数量不多，在国家实施东部优先发展的非均衡发展战略后恢复较为迅速；西部地区老工业基地的衰退主要体现在“三线”布局和军工企业的发展上，社会问题较为严重，涉及的老工业基地城市较多，部分城市的经济地位下降较为严重；中部地区老工业基地的衰退表现具有比较综合性的特征，既有各老工业基地共有的产业、城市功能等方面的问题，又有较为突出的“三线”布局和社会问题，而且衰退的老工业基地城市数量在各区域板块中最多；东北地区老工业基地是各区域老工业基地中衰退最为严重的，覆盖的范围较广，程度较深。自20世纪80年代以来，东北地区由于改革开放严重滞后，国有企业缺乏活力，非国有经济发展滞后，导致地区经济增长不景气，东北三省的经济地位在全国日趋下降，工业特别是制造业竞争力不断下降，市场份额急剧减少。1980年，东北地区制造业产值占全国的比重为18.7%，1985年为17.8%，1997年下降到9.1%，2001年下降到8.0%；2001年东北地区工业总产值占全国的比重由1980年的16.4%下降为6.7%，下降了9.7个百分点，开始由发达地区沦为中等发达地区。大量企业关闭破产或处于严重亏损状态，很多工人失业、半失业，由于地方财力有限，面对迅速增加的下岗失业问题，社会保障能力严重不足。在一些资源型老工业城市，由于矿产资源枯竭以及长年开采导致地面下沉和环境破坏，出现了经济发展十分困难、大量就业人口亟待转移、生态环境保护压力巨大的状况。在经济和社会转型的背景下，东北经济出现的这种区域性发展困境被人们称为“东北现象”。

（二）老工业基地衰退的主要原因

老工业基地的衰退有其必然性，世界老工业基地都经历过这样一个从鼎盛到衰退的演变过程。深入分析我国老工业基地衰退的原因，可以总结为客观和主观两大方面。

1.客观原因

从大的宏观背景上看，我国老工业基地的衰退有其客观原因。首先，产业发展的规律决定了老工业基地的衰退。根据产业结构演进规律，当老工业基地由重化工业阶段向高加工度阶段转换时，总要有一批新兴产业来替代旧的产业，实现新旧产业的替代和转换。由于新产业的成长需要一个过程，在此期间，旧产业则呈现逐步衰退，对经济增长产生减速的影响，从而导致老工业基地的衰退。其次，经济发展由点向面的推移，经济发展在空间上由不平衡向相对平衡过渡。我国六七十年代的建设重点西移和80年代改革开放的推进，使原来经济不平衡逐步向全国相对平衡的方向发展，新的工业基地不断出现，老工业基地由于原来基数较大，在与新的工业基地竞争的时候，必然出现增速减慢、比重降低的现象，这是经济空间推移的一种必然现象。最后，老工业基地责任和历史"包袱"的客观存在。一方面，在建设新的工业基地的开始阶段，已有原始资本积累的老工业基地有义务承担新工业基地的开发成本，一定程度上制约了老工业基地的经济增长。另一方面，相比新兴地区而言，老工业基地背负着长时期遗留下来的历史负担，如历史债务、社会负担等等，计划经济的束缚较大，对经济发展形成严重阻碍。而新兴地区则可以轻装上阵，快速发展。

2.主观原因

从深层次分析，我国老工业基地的衰退虽然存在一些客观因素，但也存在一系列的主观原因，而且主观原因是导致衰退的根本原因。首先，思想意识落后，观念老化。我国老工业基地是在计划经济时期形成的，这些特定时期形成的老工业基地工业建设的计划经济色彩相当浓厚，缺乏主动发展的思路。80年代的改革开放浪潮对所有老工业基地形成了巨大冲击，而人们基于传统意识的惯性，对改革的认识不足，没有及时地将计划经济机制转换到市场经济运行机制上来，加上"重生产，轻流通"以及重物质资源忽视科技和信息作用的思想倾向，导致老工业基地的改造振兴工作不能适应市场竞争和全国经济发展的步伐。其次，对老工业基地结构性转换规律的认识不足。三次产业发展一般是由"一二三"逐步转为"三二一"的结构，工业结构是遵循"轻工业——重化工业——高加工度化——新兴工业"的轨迹发展，而老工业基地对这一发展规律认识不足。新中国成立初期，为了迅速恢复经济，我国采取了优先发展重化工业的产业发展策略。70年末至80年代初，许多老工业基地不顾实际产业情况，盲目进行轻型化经济调整，不适当地扩张劳动密集型产业，偏离了重化工业发展的规律，延误了工业内涵扩大再生产的过渡。第三，容易受传统体制的束缚，思想依赖较重。在传统计划经济体制下，企业和地方政府缺乏自我更新的发展能力，工业的发展主要靠国家投入，因此当国家投资政策倾斜重点转移时，老工业基地既缺乏国家新的投资支持，原有的工业基础也随着生产的损耗日益衰退。而且，各地方“条块分割”，传统体制使资源配置难以突破行政区划的界限，缺乏对自然经济区和产业群体优势的战略考虑，地方和部门利益又助长了对资源的争夺，重复建设和过度竞争问题严重，从而制约了老工业基地的产业合理化进程。此外，老工业基地对与国际接轨的认识不足，长期固守国内市场，对外开放不足。第四，地方政府发展战略滞后，产业政策实施有偏差。从地方经济发展战略来看，老工业基地都是工业化的“先行者”，应当率先进行产业结构转换，尽快建立与世界先进水平接近的产业结构。但许多老工业基地发展战略的转换迟缓，长期故步自封，失去大量机遇。同时，在产业政策制定和实施上，老工业基地的地方政府在选择主导产业的时候缺乏缜密思考和研究，发展战略制定滞后，而且在战略实施的过程中也难以保证执行。

三、中国老工业基地的改造与振兴历程

在我国工业发展史上，老工业基地曾先后经历了几次大规模的调整改造，对我国老工业基地的发展产生了深刻的影响。

（一）以大型工业基地为主导的调整改造

1.改造背景

上海、天津、重庆、武汉、沈阳、哈尔滨等大型老工业基地是中国工业化的先驱者，经济比重在全国占比较大，背负的社会责任重大，对全国的经济发展和社会稳定起着至关重要的作用。但进入80年代特别是80年中后期，这些老工业基地的经济普遍呈相对衰退状态，“四化”现象严重，经济发展滞缓，各种社会问题凸显，不仅未能有效发挥大城市的辐射带动作用，还严重制约着全国的整体发展。

2.改造措施

“六五”至“七五”期间，国家开展特大型和大型老工业基地的调整改造，经贸委确定上海、天津、武汉、重庆、沈阳、哈尔滨为重点改造城市，加强现有企业

的技术改造；“七五”期间安排重大技术改造工程近600项，改造大中型骨干企业、老企业，1987年批准将四个老工业基地（重庆、武汉、沈阳、大连）列为经济体制改革城市试点，并对八个老工业基地实行计划单列，实行“政策调整型”改革，突出解决进山太深、远离中心城市和没有发展前途的“第三类企业”问题；“八五”期间，国家明确提出布局调整以脱险搬迁为主，着重对厂址有严重问题的企事业单位实施异地搬迁或就地治理改造，对六个重点改造老工业基地城市提供城市专项贷款202亿元和老工业基地专项贷款134亿元。

3.改造成效

经过大量的资金投入和重点扶持，各老工业基地均获得不同程度的发展。直接的成效主要表现在：一是工业经济有一定增长速度；二是工业所有制结构发生明显变化；三是产业结构和企业组织结构进一步调整；四是技术水平不断提高；五是外向型经济有较大发展；六是形成了新的经济增长点。到目前为止，六个大型老工业基地基本走出困境，成为各区域的中心城市乃至全国的中心城市，经济快速发展，社会稳定繁荣，已成为中国经济的“排头兵”和经济增长极。

（二）以“三线”老工业基地为主导的调整改造

1.改造背景

20世纪80年代后，伴随着改革开放与冷战趋于缓和，三线建设由保密名词逐渐见于报端。由于“山、散、洞”的三线建设方针过分强调隐蔽原则，违反了经济发展规律，改革开放后，许多三线企业因为位置偏僻闭塞而发展艰难，各种经济社会问题日益凸显。建设初，各级“三线”建设指挥部都把抢时间、争速度放到了突出地位，结果一些建设项目未经周密勘探就盲目定点，当时还采取“三边”原则，即边勘探、边设计、边施工，没有搞好总体设计就全面施工。由于片面追求速度，忽视施工质量，辅助和配套设施没有建成就凑合投产，不仅造成了许多返工浪费，而且把一些工厂建在断裂层、滑坡带、山洪口或缺水区，遗留了一些以后不好解决的工程建设问题。许多建设项目长期形不成生产力，给国民经济背上了十分沉重的包袱。很多三线企业及其下属的研究所和生产车间分散在山沟里，联系十分不便，造成工序之间重复倒运，花费了大量人力物力。有些现代化程度极高的尖端技术，深山里的条件显然不适合其发展，由于远离经济文化中心的城市，布点过于分散，并在相对封闭的状态下进行开发，所以这些镶嵌在西部大地上的一个个现代工业基地对周边地区的辐射功能受到极大限制。

2. 改造措施

1983 年 12 月，中国政府在成都设立国务院三线办公室（1990 年代改名为国家计委三线办公室，21 世纪后又改名为国防科工委三线协调中心），开始对“三线”老工业基地进行调整改造。

1984 年 11 月，国家在成都召开会议，确定第一批调整 121 个单位，迁并 48 个，全部转产 15 个。其后一些三线企业陆续迁往邻近中小城市，如咸阳、宝鸡、沙市、襄阳、汉中、德阳、绵阳、天水附近。而技术密集型企业和军工科技企业则移往成都、重庆、西安、兰州等大城市。这些企业迁移后，多半进行了改制，由军用企业转为民用企业。如位于十堰的中国第二汽车制造厂改制为东风汽车公司；重庆兵器工业基地改为重庆钢铁股份有限公司、长安集团、嘉陵工业集团股份有限公司和建设工业集团股份有限公司等。而一些未迁移的企业，则逐步走向荒废关闭。也有部分企业在地方政府的帮助下得以继续生存，但生产门类已经发生巨大变化，如重庆著名的 816 工程。

“六五”至“七五”期间，“三线”重点城市开展了以技术改造升级和企业布局调整（以脱险搬迁为主）为重点的调整改造探索。1986 年，计委、财政部等联合下发《关于扶持三线企事业单位调整几个优待政策问题的通知》，1988 年批准绵阳、襄阳等为军转民试点城市。“七五”至“八五”期间，三线调整改造做了大量工作。1995 年底，多数调整项目已完成，以企业布局调整为核心的调整改造完成，“十五”时期是收尾工作阶段。

3. 改造成效

总体看来，中国“三线建设”调整改造工作是在计划经济向社会主义市场经济转轨过程中，由中央政府、地方政府、“三线建设”企事业单位及其百万员工共同努力开展的国家重大建设工程。国家共规划安排“三线建设”调整改造项目 201 项，至 2002 年底，已完成 181 项。“三线”改造取得了一系列显著的成效，大批企业搬出深山，得到了较好的发展。一是基本解决了“三线建设”在布局上的遗留问题和突出矛盾，改善调整了单位的科研生产经营环境和生活条件，提高了其市场竞争能力；二是稳定了“三线建设”单位员工队伍，使人才流失现象得到一定程度的遏制；三是调迁与产品结构调整和技术改造相结合，加快了军民结合及技术进步的步伐；四是推动了“三线建设”单位的改组改制和结构调整，推进了体制、机制转换；五是促进了“三线建设”单位开放，带动了地方经济发展。

表 4—2　“三线”调整改造部分成果

重庆长安汽车股份有限公司	中国第二重型机器厂	贺兰山煤炭基地
重庆建设工业有限责任公司	西昌卫星发射中心	酒泉钢铁公司
重庆川维股份集团	攀枝花钢铁集团	酒泉卫星发射中心
重庆川仪股份有限公司	六盘水煤炭工业基地	丹江口水电站刘家峡水电站
重庆钢铁股份有限公司	洛阳玻璃厂	西北铝加工厂
重庆红岩汽车有限责任公司	中国二汽	襄渝铁路(襄阳—重庆)
重庆大江工业集团	江汉油田	青藏铁路(西宁—南山口)
重庆珠江光电集团	葛洲坝水利工程	湘黔铁路(株洲—贵定)
重庆望江船舶集团	陕西飞机工业有限公司	成昆铁路(成都—昆明)
重庆 816 核工厂	长庆油田	焦枝铁路(焦作—枝城)

资料来源:http://baike.baidu.com/view/798186.htm.

（三）以东北老工业基地为主导的调整改造

1.改造背景

自 1978 年中国实行改革开放以后,与高速增长的南方地区经济相比,东北地区经济发展陷入了停滞状态,阻碍经济发展的各种问题日益暴露出来,以资源类产业为主要依托的重化工业无法适应市场新的需求,传统产业开始衰退,产品开始滞销,企业亏损日趋严重,失业问题十分突出,经济发展步伐远远落后于其他沿海省市,地区生产总值和工业总产值占全国的比重下降,经济总量位次连年后移,在全国的地位也不断下滑,曾一度出现“东北现象”。

(1)经济增长缓慢,经济地位下降

东北老工业基地的问题首要表现在经济增长低于其他地区。首先,改革开放以后,中国东北地区的工业增长低于其他地区。数据显示,“七五”期间,辽宁、吉林、黑龙江三省的工业增长速度平均比全国工业增长速度低 2.3%,而到了“八五”期间,三省的工业平均增长速度与全国的工业平均增长速度差距扩大到了 8.6%。这一现象在“十五”期间仍然没有改观,“十五”期间全国的工业平均增长速度达到了 18.4%,而三省的工业平均增长速度仅有 11.7%。由于这一原因,东北三省工业在全国的位次不断下移,1978 年辽宁省、吉林省和黑龙江省工业分别排在第二位、第五位和第七位,而 2005 年则分别降到了第八位、第二十二位和第十位。1980 年,辽宁省工业总产值占全国的 8.8%,是广东省的两倍,而到了2003年东北三省工业总产值之和只有广东的58%。①其次，东北地区经济总量的增长也慢于其他地区。改革开放以后,东北三省的经济增长速度远远低于沿海省份和其他地区,GDP总量占全国的比重由1980年的14.3%下降到2005年的8.7%,下降了近40%。

(2)失业问题突出,社会保障压力大

伴随着一些大型矿山破产,中国东北地区出现了大批产业工人下岗失业的状况。据统计,由于工业持续萎缩和下滑,近十年中国东北地区全社会就业人口锐减,特别是第二产业吸纳的就业人数减少,失业率不断提高。1992年,东北三省全社会就业人员为4655.7万人,其中,第二产业所吸纳的就业人员为1646.6万人,占全社会的35.4%。2003年,东北三省全社会就业人数为4528.3万人,比1992年净减少了127.4万人,第二产业就业人数为956.2万人,比1992年净减少了690.4万人,占全社会的比重由1992年的35.4%下降到了21.1%,下降了14.3个百分点②。特别是一些矿区,失业问题十分严重。如阜新的海州煤矿,2004年下岗职工就达到4万多人,加上涉及的家属,有10多万人的生活受此影响③。大量的失业人员造成当地社会保障任务繁重,资金严重不足。

(3)资源逐渐枯竭,环境恶化

东北地区长期沿用传统经济发展模式,大规模开发资源,低效率使用资源,造成资源消耗速度过快,目前已经探明的资源出现了严重的削减,很多地区资源已开始枯竭。如辽宁省的资源产业枯竭和衰退主要体现在煤炭和有色金属矿山上。辽宁省现有的煤炭保有量为56.1亿吨,其中70%分布在铁法和沈阳地区。全省七个矿区除铁法外都是萎缩矿区,煤炭产量逐年下降,目前产量已降到全国第七位。全省35座国有重点煤矿十年内将有11座因资源枯竭而报废,煤炭生产能力将由现在的3681万吨逐步减少到2676万吨,辽宁省的煤炭产业正逐步走向衰落。辽宁省的有色金属资源形势也较为严峻，全省有色金属冶炼能力为70万吨左右，居全国首位，而省内可供矿产能力不及生产能力的1/10。八大有色金属矿山已关闭七座,矿产日趋下降。吉林省已有营城、蛟

①2004—2005中国东北地区经济和社会发展总报告[EB/OL]. 中国网：http://www.china.com.cn. 2006. 12. 11

②2004—2005中国东北地区经济和社会发展总报告[EB/OL]. 中国网：http://www.china.com.cn. 2006. 12. 11

③阜新经济转型:农村包围城市[EB/OL]. 振兴东北网:http://www. chinaneast. gov. cn, 2004. 9. 11

河煤矿等 12 个煤炭资源枯竭、扭亏无望的煤炭企业实行矿井关闭和企业的破产。由于长期过度消耗森林资源，重采轻育，吉林省东部长白山地区可供开采利用的森林资源砍伐殆尽，大面积的原始森林如今已变成次生林和人天混交林。森林质量下降，造成吉林省的木材产量大幅下降，采运业及林业经济衰退，大批林业工人下岗。黑龙江省资源产业萎缩的局面也十分严峻。大庆油田是世界特大型油田之一，已连续 24 年稳产在 5000 万吨以上。而今占全国石油年产量 50%的大庆油田，可开采量只剩下 30%，仅为 7.45 亿吨，到 2020 年年产量只能维持在 2000 万吨左右，开采成本也将在目前已经很高的基础上大大提高。鹤岗、鸡西、双鸭山、七台河是四个年产量 1000 万吨级的特大型煤矿，已面临煤炭资源枯竭或大量关井的局面。我国最大的森林工业基地伊春，16 个林业局中已有 12 个无木可采，可采的成熟林只剩下 1.7%，可采木材不足 500 万立方米。①

东北地区以钢铁、石油、化工、冶金、采矿、重型机械加工与制造等产业为主干技术产业的工业，能源消耗高、利用率低，废物排放量大。加之老企业多、设备陈旧、技术水平低下，排放物综合利用能力差、处理率低，东北地区“三废”——废水、废气、废渣排放量惊人，环境恶化日趋严重。

2. 改造措施

“九五”期间，东北地区老工业基地的发展问题开始得到了中央的高度关注和重视。1995 年 8 月，国务院召开会议研究辽宁老工业基地改造调整问题，决定将辽宁作为“九五”时期老工业基地改造调整的试点。1997 年 9 月，江泽民总书记在中共十五大报告中强调“加快老工业基地的改造”，1999 年 9 月，中共中央《关于国有企业改革和发展若干重大问题的决定》对老工业基地国有经济布局的调整问题专门做了规定，提出“统筹规划，采取有效的政策措施，加快老工业基地和中西部地区国有经济布局的调整”。这些文件标志着老工业基地振兴战略成为新世纪我国发展全局的重大问题。2002 年 11 月，十六大报告提出“支持东北地区等老工业基地加快调整和改造”，将老工业基地调整改造提升到国家战略层面。2003 年 10 月，国务院发布《关于实施东北地区等老工业基地振兴战略的若干意见》，老工业基地振兴政策从过去调整改造转变为区域振兴战略。在国务院振兴东北办的积极推动下，先后制定实施了系列振兴政策，涉及基础

①赵儒煜，杨振凯．从破坏到共生——东北产业技术体系变革道路研究[M]．吉林大学出版社，2004 年版，第 133 ~ 144 页

设施、国债投资、财税、金融、国有企业改革、社会保障、科技人才等方面，有关部委也相继出台了配套政策措施，支持东北老工业基地振兴。2006 年 2 月 28 日，国务院振兴东北办、国家发展改革委根据《关于实施东北地区等老工业基地振兴战略的若干意见》提出的精神及国家有关行业、专项规划和产业政策要求，共同开展东北地区振兴规划的编制。2006 年 4 月，国家发布《中共中央、国务院关于促进中部地区崛起的若干意见》，比照东北老工业基地理论和经验，支持中部老工业基地振兴。2007 年 8 月 8 日，国务院批复了《东北地区振兴规划》，提出将东北地区建设成为综合经济发展水平较高的重要经济增长区域。

国家对东北老工业基地的支持政策主要有以下方面内容：

(1)深化国有企业改革，增强企业活力

东北地区国有企业比重较大，支持国企改革也是中央振兴东北老工业基地的政策扶持重点所在。国家的支持政策主要体现在五个方面：

①支持东北国企产权制度改革。《国务院办公厅关于促进东北老工业基地进一步扩大对外开放的实施意见》鼓励外资参与国有企业的改组改造，各省也出台了支持外资、内资、民间资本参与国有企业产权制度改革的政策，并取得了积极的成效。如吉林省列入全省国有工业企业改制计划的 816 户企业中，411 户引进了国内外的战略投资者，国有股本比重下降到 34%。

②支持东北国企劳动制度改革。2004 年和 2005 年中央财政共补贴东北地区国有企业职工解除劳动关系经济补偿金 55 亿元，补助下岗职工基本生活保障向失业保险并轨资金缺口约 240 亿元。目前又在鞍山市等地试点国企厂办大集体的改革。对中央企业办的厂办大集体支付的职工解除劳动关系经济补偿金，中央财政补助 50%，对地方企业的经济补偿金，中央补助 30%。

③积极支持国企分离办社会职能。东北地区分两批剥离了大型国企的社会职能，中央财政补助了中央企业分离办社会职能所需的费用：在 2005 年至 2007 年三年过渡期内，由企业和中央财政共同承担，从 2008 年起，全部由中央财政承担。如吉林省在三年过渡期内，每年得到中央财政补贴的中央企业分离办社会职能费用三亿元。

④减轻国企历史债务负担。东北地区不良贷款比例较高，在东北振兴政策出台前的 2002 年底，三省均处于全国不良贷款比例最高的前四位。为推进国有商业银行和国企改革，国务院批准四家国有商业银行和交通银行可根据具体情况对次级、可疑、损失类贷款的表外欠息自主决定减免条件、标准、时限及企

业偿债方式。为支持东北振兴，对东北地区减免和核销的标准相对较低。如截至2004年底，中国银行、建设银行、交通银行在股份制改革过程中共核销东北地区损失类资产340亿，剥离可疑类资产500亿；2005年吉林省通过核销、剥离等方式，减少不良贷款285亿元。

支持劣势企业退出市场。国家对东北符合破产条件的企业，优先列入全国政策性破产计划；对东北地区资源枯竭型的煤炭、矿山、军工企业优先安排破产计划；中央还加大了对东北地区企业关闭破产的财政支持力度。如吉林省截至2005年已有22户企业列入国家关闭破产计划，核拨了关闭破产国债专项项目补助资金74亿元，居全国第一。

（2）优化产业结构，促进优势产业发展

国家支持东北地区产业发展的政策主要体现在以下方面：

①支持优势产业发展。国家有关部门组织实施了以重大装备国产化为重点的东北老工业基地调整改造国债专项，支持东北地区石化、钢铁、重大装备、造船、汽车及其零部件、农产品深加工、医药等优势产业的发展。2003年至2004年共批准了297个工业结构调整改造项目。其中，2003年推出的振兴东北老工业基地改造国债资金第一批100个项目，总投资610亿元；2004年推出的第二批项目197项，总投资479亿元；2005年，国家又下达了东北等老工业基地调整改造专项资金投资计划，63个项目总投资69亿元，其中东北地区40个项目，总投资44亿元。这些支持措施大大促进了其优势产业的发展。

②支持高新技术产业发展和结构调整。2003年，国家启动了振兴东北老工业基地高新技术产业发展专项60项，总投资56亿元。截至2005年，国家共安排东北高新技术产业发展专项149项，组建了重型装备、燃料电池、船舶导航、大豆等国家工程研究中心，安排东北地区企业技术中心创新能力12项。国务院国资委还制定了国家大型企业集团在东北地区建立研发中心、高新技术产品研制中心的指导性规划，鼓励国有大型企业支持东北的高新技术产业发展和产业结构调整。

③财政税收政策全面支持。首先，东北地区争取到了从生产型增值税向消费型增值税转型的优先试点。2004年7月1日起，东北三省的八大优势行业（装备制造业、石油化工业、冶金业、船舶制造业、汽车制造业、农产品加工业等）的增值税抵扣范围除了原来的能源原材料等购进项外，扩大到新购进的机器设备所含的增值税。2005年，东北地区因此而少交增值税32亿元。其次，东北地

区争取到了企业所得税的优惠。按照财政部《关于落实振兴东北老工业基地企业所得税优惠政策的通知》，东北企业可提高固定资产折旧率，缩短无形资产摊销年限，提高计税工资税前扣除标准，对符合国家规定的高新技术企业，降低所得税征收比例。2005 年东北企业因此少交所得税约 50 亿元。这两项政策降低了东北企业的税收负担。第三，国家加大了对东北三省财政一般性转移支付力度。如 2004 年，国家给予吉林省一般性转移支付补助 34 亿元；2005 年，给予吉林省一般性转移支付 44 亿。

④国家政策性金融机构支持其基础设施、基础产业、农业及农产品加工。国家开发银行对东北三省发放了大量的软贷款。如 2005 年国家开发银行对辽宁省发放软贷款 210 亿元，其中对大连市软贷款 109 亿元。吉林省政府与国家开发银行签订了 650 亿元开发型贷款合作协议，其中软贷款 350 亿元，硬贷款 300 亿元。截至 2005 年底，国家开发银行核准对吉林省贷款 140 亿元，已发放 91 亿元。国家农业发展银行还为吉林省农产品加工授信 500 多亿元。

(3)完善社会保障制度，改善民生

在中央的支持下，2003 年，辽宁成为国家完善城镇社会保障体系的首个试点省，2004 年国家又将试点范围扩大到吉林、黑龙江两省。试点工作主要内容是：

①养老保险个人账户由一步做实调整为分步做实，个人账户规模由 11%调整为 8%，先从 5%起步做实个人账户，中央财政补助 3.75 个百分点，地方财政补助 1.25 个百分点，中央财政每年对东北三省补助 30 亿元。

②对属于“4050”范围且从事灵活就业的并轨人员，可按不超过其上年实际缴纳基本养老保险费数额的 30%给予就业补贴，所需资金由中央财政和地方财政按 5∶5 的比例分担。

③对已实现再就业的国有困难企业下岗职工解除劳动关系所需的经济补偿金，中央和地方财政给予必要和适当补助。

④国有企业下岗职工基本生活保障向失业保险并轨，中央对并轨资金给予补助，中央财政共补助东北三省 240 亿元。

此外，国家在东北老工业基地棚户区搬迁改造、资源型城市转型发展、环境污染治理和生态保护等方面也都出台了相应的支持政策和指导意见。

3. 改造成效

实践证明，中央实施振兴东北地区等老工业基地战略的决策是及时、正确的。八年多来，振兴东北地区等老工业基地取得了重要成就①：

（1）经济发展明显加快并步入快车道，经济增长速度加快，与全国差距逐步缩小，粮食产量连创新高。居民收入增长较快。2010 年，东北三省实现地区生产总值 37090 亿元，同比增长 13.6%。辽、吉、黑三省城镇居民人均可支配收入分别为 17713 元、15411 元和 13857 元，同比增长 9.3%、10.1%和 10.3%。辽、吉、黑三省农民人均纯收入分别为 6908 元、6237 元和 6210 元，同比增长 11.5%、18.5%和 19.3%。2010 年，东北地区农村居民人均纯收入增幅居四大区域板块第一位。

（2）工业结构调整步伐加快，一大批重大项目顺利实施，一批重点老企业的技术水平显著提高，自主创新和生产制造能力不断增强。2010 年，东北三省规模以上工业增加值同比增长 17.6%，与 2009 年相比加快 2.1 个百分点。

（3）对外开放水平明显提高，经济外向度大幅提高，利用外资迅猛增长，外资银行在东北发展迅速，成功并购国外拥有先进技术的企业集团。2010 年，东北三省实现进出口总额 1230 亿美元，增长 35.3%，占全国比重由 2006 年的 3.9%提高到 2010 年的 4.1%。2010 年东北三省实际利用外商直接投资额达到 277 亿美元，其中辽、吉、黑三省分别达到 207 亿、42 亿、28 亿美元，辽宁省由 2005 年的全国第六上升至全国第二位。

（4）重点民生问题逐步解决，基本完成了国有企业下岗职工基本生活保障向失业保险并轨，进一步完善了企业职工养老保险制度，社会保障覆盖面扩大，就业再就业工作稳步推进，重点扶持大龄就业困难群体和零就业家庭。2010 年，辽宁、吉林和黑龙江省分别实现新增就业 115 万人、54 万人和 69 万人，城镇登记失业率分别为 3.7%、3.9%和 4.0%，均低于全年控制目标。煤矿、林区、垦区棚户区改造全面推进，棚户区改造、采煤沉陷区治理已使东北地区 133 万户居民受益。

（5）以国有企业改革为重点的体制机制创新取得重大突破，企业联合重组步伐加快，多种所有制经济蓬勃发展，非公有制经济快速发展，经济结构进一步优化。

（6）基础设施条件得到改善，客运专线、城际铁路等铁路开展顺利，大通道建设顺利推动，高速公路、机场、港口、城市交通、水利设施、能源设施建设等如期推动。

①数据来源于振兴东北网：http://www.chinaneast.gov.cn/2011-03/18/c_13785513.htm

(7)资源型城市可持续发展迈出坚实步伐,部分产能有序转移,以农产品加工业作为接续替代产业的态势已基本形成,成功再就业部分人员;采煤沉陷区治理和棚户区改造稳步推进。

第三节　老工业基地改造与区域发展的关系

老工业基地与区域发展之间的关系是辩证统一的,二者相互依赖,密不可分。国家区域战略重点的变化影响了老工业基地的形成与发展,同时,老工业基地的兴衰变化也会影响区域的兴衰更替。

一、区域发展重点的变迁影响老工业基地的兴衰

从我国区域发展格局的演变和老工业基地的兴衰变化可以看出,区域经济发展重点的变迁会直接影响到老工业基地的形成与发展。

(一)国家早期的均衡发展战略促使大批老工业基地的形成

国家的均衡发展战略形成了一批老工业基地,主要体现在:一是新中国成立后国家偏向东北地区的投资建设形成一大批老工业基地;二是国家考虑战备需要和内陆地区的落后而进行的"三线"建设,在中西部地区形成了一大批老工业基地。

1.东北地区的重点投资促使东北大批老工业基地的形成与发展

新中国成立初期,中国基本还是一个农业社会,国家工业发展落后,经济总体水平低下。因此,国家选取了工业基础相对较好的东北地区大力发展工业,在东北地区形成了高密度的老工业区。

国民经济恢复时期,国家将苏联帮助我国建设的156项重点项目中的58个安排在东北三省,这些重点项目主要集中在能源、机械、石油、冶金和化工等行业。"一五"期间,国家在东北三省的固定资产投资总额高达124.34亿元,占当时全国的20.33%。"二五"期间,东北三省的固定资产投资总额为183.67亿元,比"一五"时期增长了42.5%,工业总产值达到1413.4亿元,比"一五"时期增长了120.5%。之后,国家又围绕"一五"、"二五"的重大项目,相继投入基础建

设资金316.6亿元,建成了各类国有企业5683个,涉及八大部门,30多个行业,使东北地区的工业体系更趋完善。①

通过倾斜式的重点投资和大规模建设,在东北地区形成了一大批老工业基地,使东北地区工业生产能力显著增加,为东北地区在相当长时期保持全国重要工农业生产基地的地位打下了坚实的物质基础,东北老工业基地中的装备制造业特别是重大装备制造业,至今仍具有产业优势、科研优势和产业技术人才优势。

2.中西部地区的"三线"重点建设促使中西部老工业基地的形成

中西部地区的老工业基地大部分是在"三线"建设时期形成的,尤其是西部地区(包括西南、西北地区)的老工业基地,基本上都形成于这一时期。如果没有偏向中西部内陆地区的"三线"建设发展,就没有中西部地区的老工业基地。

1958年后,严峻的战略形势与东南沿海脆弱的防务系统让我国领导层开始考虑在西部建设后方的战略问题。同年8月17日、20日,在中共中央书记处会议上两次指出目前中国的经济命脉都集中在大城市和沿海地区,不利于备战,各省都要建立自己的战略后方。而且,广大的中西部地区(尤其是西部地区)工业化和经济发展水平低下,也需要予以重点发展。因此,在1964—1980年间,我国区域发展重点向中西部地区倾斜,开展了20年的"三线"建设。据统计,1964年至1980年,"三线建设"历时17年,涉及中西部13个省区市,国家累计投资2052亿元人民币,先后安排1100多个大中型建设项目②。经过近20年的"三线"建设,在我国中西部地区形成了一大批"内陆"老工业基地,成为中西部地区的主要工业支撑。

(二)向东部沿海地区的倾斜发展导致内陆地区老工业基地出现不同程度的衰退

改革开放后,我国区域发展重点向东部沿海地区倾斜,通过实施沿海发展战略,珠江三角洲和长江三角洲地区加快对外开放,率先发展、加快发展,东南沿海地带在30年间成为经济的"隆起"地带。目前,广东、上海、浙江三省(市)国内生产总值之和已占全国国内生产总值的近一半。从"六五"计划开始,国家对东部沿海地区从财政、税收、信贷等方面给予了一系列优惠政策,并将国家投

①霍德发.透视东北:对老工业基地振兴主导思路的研究.长白学刊,2004年,第3期

②中新网:"三线建设"调整改造二十周年纪念座谈会上国防科工委主任张云川的讲话

资的重点放到东部，在全国的固定资产投资中，东部地区达60%以上。体制改革也是从东部发起，再向全国推行。

国家区域发展战略的重点转向东部沿海地区，中西部以及东北地区相对受到“冷落”，使得内陆地区的发展游离于国家发展重点之外，内陆各区域老工业基地也出现了不同程度的衰退。由于内陆地区的老工业基地长期依靠国家资金政策支持来发展，在失去了区域战略的支持后，资金、技术、人才等都逐渐流向沿海地区。而且因为缺乏改革创新的动力，内陆地区老工业基地的体制性和结构性矛盾日趋显现，企业设备和技术老化，竞争力下降，就业矛盾突出，资源性城市主导产业衰退，经济发展步伐相对缓慢，与沿海发达地区新兴产业基地的差距不断扩大。以内陆老工业基地武汉和典型新兴产业基地深圳为例，1979年深圳与武汉的GDP之比为0.04：1，1992年为1.24：1，到2010年为1.72：1，差距不断扩大。

（三）区域的全面协调发展促使老工业基地重新恢复生机

在实施区域协调发展战略以后，国家“十五”计划首先提出了“实施西部大开发，促进区域协调发展”的战略；“十五大”提出促进地区经济合理布局和协调发展；“十六大”初步提出了我国区域经济协调发展中的几个主要区域，即实施西部大开发，中部地区要加大结构调整力度，东部地区要走在前列，支持东北地区等老工业基地加快调整和改造；“十一五”规划中进一步明确了实现区域经济协调发展的“四个板块”，即继续推进西部大开发，振兴东北地区等老工业基地，促进中部地区的崛起，鼓励东部地区率先发展。

从中西部地区来看，西部大开发和促进中部地区崛起是国家综合性的区域发展战略，虽没有专门针对老工业基地，但老工业基地作为中西部地区的产业支撑，国家一系列政策和资金项目的支持，极大地提升了中西部老工业基地的整体发展水平，一定程度上缓解了中西部老工业基地的发展滞缓问题，部分老工业基地如兰州、西安、成都、郑州、合肥、长沙、南昌等城市借机得到了较好的发展。

从东北地区来看，东北振兴的区域发展战略主要是针对老工业基地的，因此极大地激发了东北地区老工业基地的活力，促使其重新恢复生机。东北老工业基地以国有企业改革为重点的体制机制创新取得重大突破，多种所有制经济蓬勃发展，经济结构进一步优化，自主创新能力显著提升，对外开放水平明显提高，基础设施条件得到改善，重点民生问题逐步解决，城乡面貌发生很大变化。经过八年多的努力，部分老工业基地和资源型城市实现了较好的转型发展，东北老工业基地实现了全面振兴。

二、老工业基地的调整改造振兴影响区域发展

从我国区域发展和老工业基地的发展历程同样可以看出，老工业基地的衰退会阻碍区域整体发展，而老工业基地的振兴会带动区域的全面发展。

（一）老工业基地的衰退阻碍区域的发展

老工业基地是区域经济的核心支撑，老工业基地的衰退势必会阻碍区域经济的发展，降低区域地位。

1. 老工业基地衰退导致东北地区出现困境

20 世纪 90 年代初，东北老工业基地出现工业经济效益下滑、工业生产步履维艰的情况。1990 年东北工业基地生产总值仅比上年增长 0.6%，远低于全国 7%的平均水平，预算内国有企业实现利税下跌 25%，明显高于全国 18%的平均水平。1992—1993 年度，东北工业增长幅度较小，仍有 35%的大中型企业不景气①。东北老工业基地的产业系统功能降低，结构效益差，工业结构严重老化。由此，导致了整个东北地区的区域经济发展滞缓，区域及各省的地位在全国逐步下降，经济社会及环境问题凸显。改革开放之前的 1978 年，广东省的经济总量只有辽宁省的 80%，而振兴战略实施之前的 2002 年，辽宁、吉林、黑龙江三省的经济总量仅有广东省的 85%。这一段时间，东北老工业基地长期积累的体制性、结构性矛盾日益显现，大批国有企业陷入困境，大量职工下岗失业，经济发展缓慢，出现了“东北现象”。②

2. 老工业基地衰退促使中部地区“塌陷”

中部地区地域面积较广，老工业基地分布密集，老工业基地在中部地区的

①李诚固，李振泉. “东北”现象特征及形成因素，经济地理. 1996 年第 16 卷，第 1 期

②因不适应计划经济向市场经济的转轨，20 世纪 90 年代初，我国老工业基地东北三省出现工业经济效益下滑、工业生产步履维艰的事实，在当时被记者称为“东北现象”；曾是我国重要粮仓的东北三省，近些年来特别是我国加入世贸组织前后，出现了传统优势农产品大量积压、农民增收缓慢、农业经济效益提高不大等较为尖锐的问题，新华社记者将这种现象称为“新东北现象”。

地位举足轻重。但自改革开放以后至中部崛起战略实施以前，除武汉等少数城市外，中部地区大部分老工业基地很少受到国家政策关注，在改革开放的浪潮中，老工业基地的各种体制机制性问题和经济社会问题凸显，严重制约着中部地区的发展。同时，面对东部的繁荣和西部大开发的夹击，出现了“不东不西，不是东西”的中部“塌陷”现象，具体表现为：一是中部地区的经济总量和总体发展水平不仅大大低于东部沿海发达地区，而且明显低于全国平均水平；二是中部地区的发展势头和发展速度明显低于东部地区，也低于西部地区。论发展水平，中部比不上东部；论发展速度，中部比不上西部。统计数据显示，2001 年西部地区投资增长 20%左右，比中部地区高 2.5 个百分点。从 1997 年到 2001 年，各地区 GDP 占全国的比重，东部地区从 56.71%上升到 63.27%；西部地区从 18.33%上升到 19.02%；而中部地区则从 24.96%下降到 17.71%。1980 年中部地区人均 GDP 相当于全国平均水平的 88%，1990 年下降到 83%，而 2003 年进一步下降到 75%。

（二）老工业基地的调整改造振兴带动区域的发展

老工业基地的调整改造振兴，也势必会带动其区域经济社会的整体发展，这一点在东北地区体现得最为明显。

从东北地区老工业基地的调整改造来看，自 2003 年以来，通过对老工业基地出现的各种问题有针对性的进行调整和改造，东北三省经济状况发生了巨大变化。2009 年，东北三省实现地区生产总值 30557 亿元，是 2003 年的 2.4 倍。按可比价计算，年均增长 13%，增长速度与东部沿海地区大体相当。如果考虑到政策实施对经济增速产生实际影响的时间因素，用“十一五”这几年的数据应该更能说明问题。经过对全国各省地区生产总值及增速的核算，“十一五”前四年，东北三省地区生产总值增速年均为 13.4%，在四大区域板块中名列第一，高出东部、中部和西部 0.86、0.63 和 0.03 个百分点（东、中、西分别为 12.54%、12.77%、13.37%）。据初步核算，2010 年东北三省经济增速继续在四大区域板块中领跑。同时，东北地区的各种社会民生问题得到有效解决，生态环境得到明显改善，区域改革创新能力和发展活力不断增强。这些都是老工业基地振兴促进区域整体发展最直接的证明。①

①文中数据来源于振兴东北网：http://www.chinaneast.gov.cn

从中部地区老工业基地的调整改造来看，以“比照”为主的中部老工业基地改造也极大地促进了中部地区的发展。“十一五”以来，中部地区发展速度明显加快，总体实力进一步加强，粮食基地、能源原材料基地、现代装备制造及高新技术产业基地和综合交通运输枢纽建设取得重要进展，城乡人民生活水平稳步提高，社会事业全面发展，体制改革和对外开放不断深化。根据 2001 年至 2010 年《中国统计年鉴》原始数据计算，进入 21 世纪后，中部地区经济总量（用国内生产总值代表）在全国所占比重变化轨迹呈现出明显的先降后升。从 2000 年的 19.19%到 2003 年的 18.58%，下降明显；2003 年到 2006 年间先升后降，但下降幅度不大；从 2006 年的 18.68%到 2009 年的 19.32%，呈明显上升态势，而且 2009 年的比重超过前期高点 2000 年的比重。老工业基地带动了中部地区的整体发展，初步扭转了“中部塌陷”的不利局面。

特别是在我国各次区域的经济社会发展中，老工业基地发挥着重要作用。在《全国主体功能区规划》的优化开发区里，老工业基地城市仅有四个，而在重点开发区里老工业基地城市有 27 个，这说明老工业基地城市对重点开发区域的发展具有重要意义。

表 4—3　主体功能区规划范围内的老工业基地城市

类型区	关注区域	范围	老工业基地城市
优化开发区	环渤海地区	京津冀	
		辽中南	鞍山、锦州、营口、辽阳
		山东半岛	
	长江三角洲		
	珠江三角洲		
小计			4
重点开发区	冀中南		
	太原城市群		阳泉、长治、临汾
	呼包鄂榆		包头
	哈长地区		齐齐哈尔、牡丹江
	长吉图		吉林
	东陇海地区		
	江淮地区		芜湖、安庆
	海峡西岸		
	中原经济区		开封、洛阳、平顶山

续表

类型区	关注区域	范围	老工业基地城市
重点开发区	长江中游地区	武汉都市圈	
		长株潭城市群	株洲、湘潭、娄底、衡阳、邵阳、岳阳
		鄱阳湖生态经济区	九江
	北部湾地区		
	成渝地区	重庆经济区	重庆
		成都经济区	德阳、绵阳、乐山、
	黔中地区		遵义、安顺
	滇中地区		
	藏中南地区		
	关中—天水地区		咸阳、天水、宝鸡
	兰州—西宁地区		
	宁夏沿黄经济区		
	天山北坡地区		
小计			27
合计			31

表 4—4　部分次区域中老工业基地的地位(%)

次区域	范围	老工业基地城市	GDP 比重	工业产值比重
豫西地区	洛阳、三门峡、平顶山	洛阳	52.7	49.2
		平顶山	29.9	31.2
		小计	82.03	80.41
鄂西地区	襄阳、荆州、宜昌、十堰、荆门、随州、恩施、神农架	宜昌	24.28	16.35
		襄阳	23.71	17.03
		荆州	14.76	27.06
		荆门	12.31	8.93
		十堰	11.53	23.90
		小计	86.58	93.27
湘南	永州、郴州、衡阳	衡阳	42.98	45.55
川南	宜宾、自贡、内江、泸州	宜宾	30.33	28.12
		自贡	22.86	25.17
		内江	22.93	27.22
		小计	76.12	80.51
陕南	汉中、安康、商洛	汉中	46.38	59.70
冀南	邢台和邯郸	邢台	33.20	31.49

续表

次区域	范围	老工业基地城市	GDP 比重	工业产值比重
蒙东	呼伦贝尔、兴安盟、通辽、赤峰、锡林郭勒盟	赤峰	28.63	27.96
桂西北	柳州和来宾、河池、桂林	柳州	37.42	57.12

资料来源：根据国家发改委提供资料整理所得。

三、各区域发展定位及老工业基地调整改造侧重点

（一）东部地区老工业基地

1. 国家区域发展总体战略对东部地区的发展要求

国家“十二五”规划对东部地区提出了新发展要求，即发挥东部地区对全国经济发展的重要引领和支撑作用，在更高层次参与国际合作和竞争，在改革开放中先行先试，在转变经济发展方式、调整经济结构和自主创新中走在全国前列。着力提高科技创新能力，加快国家创新型城市和区域创新平台建设。着力培育产业竞争新优势，加快发展战略性新兴产业、现代服务业和先进制造业。着力推进体制机制创新，率先完善社会主义市场经济体制。着力增强可持续发展能力，进一步提高能源、土地、海域等资源利用效率，加大环境污染治理力度，化解资源环境瓶颈制约。推进京津冀、长江三角洲、珠江三角洲地区区域经济一体化发展，打造首都经济圈，重点推进河北沿海地区、江苏沿海地区、浙江舟山群岛新区、海峡西岸经济区、山东半岛蓝色经济区等区域发展，建设海南国际旅游岛。

2. 东部地区老工业基地调整改造的重点

东部地区老工业基地涉及17个城市（王青云，2009），包括上海和天津两个直辖市，河北的邯郸市、承德市、唐山市、邢台市、张家口市和保定市，江苏的南京市、徐州市、镇江市和常州市，山东的济南市、枣庄市、淄博市和东营市，广东的韶关市等。

东部老工业基地自我发展能力较强，整体发展水平较高。东部老工业基地的调整改造应紧跟世界科技发展前沿，推动自主创新，加快培育和打造新一代战略性主导产业，构建具有中国特色和老工业基地地域特征的开放式创新体系，完成产业价值链升级、产业结构升级和产业多元复合式发展三大重任，大力提

升老工业基地产业链整体的运营效率，形成具有独特优势和竞争力的新增长极，引领全国老工业基地实现跨越式发展。

（二）东北地区老工业基地

1. 国家区域发展总体战略对东北地区的发展要求

国家十二五规划对东北地区提出了新发展要求，即发挥产业和科技基础较强的优势，完善现代产业体系，推动装备制造、原材料、汽车、农产品深加工等优势产业升级，大力发展金融、物流、旅游以及软件和服务外包等服务业。深化国有企业改革，加快厂办大集体改革和“债转股”资产处置，大力发展非公有制经济和中小企业。加快转变农业发展方式，建设稳固的国家粮食战略基地。着力保护好黑土地、湿地、森林和草原，推进大小兴安岭和长白山林区生态保护和经济转型。促进资源枯竭地区转型发展，增强资源型城市可持续发展能力。重点推进辽宁沿海经济带和沈阳经济区、长吉图经济区、哈大齐和牡绥地区等区域发展。

2. 东北地区老工业基地调整改造的重点

实施东北地区等老工业基地振兴战略七年多来，振兴东北地区等老工业基地工作取得了重要的阶段性成果，东北老工业基地得到了一定程度的发展与振兴。但也要清醒看到，东北地区老工业基地体制性、结构性等深层次矛盾有待进一步解决，已经取得的成果有待进一步巩固，加快发展的巨大潜力有待进一步发挥。

目前，东北地区老工业基地振兴正处于承前启后的关键时期，在我国加快转变经济发展方式的背景下，东北地区老工业基地结构调整任务繁重、资源能源消耗高、生态环境压力大、改善民生任务艰巨等矛盾依然比较突出，要继续采取有针对性的政策措施，加快老工业基地经济发展方式转变和经济结构的战略性调整，努力推动东北老工业基地实现新的跨越，加快形成具有独特优势和竞争力的新的增长极。同时，还要认真总结东北老工业基地调整改造振兴的一些成功经验，向全国老工业基地推广。

（三）西部地区老工业基地

1. 国家区域发展总体战略对西部地区的发展要求

国家“十二五”规划对西部地区提出了新发展要求，即加强基础设施建设，扩大铁路、公路、民航、水运网络，建设一批骨干水利工程和重点水利枢纽，加快推进油气管道和主要输电通道及联网工程。加强生态环境保护，强化地质灾害防治，推进重点生态功能区建设，继续实施重点生态工程，构筑国家生态安全屏障。发挥资源优势，实施以市场为导向的优势资源转化战略，在资源富集地区布局一批资源开发及深加工项目，建设国家重要能源、战略资源接续地和产业集聚区，发展特色农业、旅游等优势产业。大力发展科技教育，增强自我发展能力。支持汶川等灾区发展。坚持以线串点、以点带面，推进重庆、成都、西安区域战略合作，推动呼包鄂榆、广西北部湾、成渝、黔中、滇中、藏中南、关中—天水、兰州—西宁、宁夏沿黄、天山北坡等经济区加快发展，培育新的经济增长极。

2.西部地区老工业基地调整改造的重点

西部地区老工业基地涵盖西部地区绝大多数省份，其中以四川、重庆、陕西、甘肃、新疆等地区为主。西部地区地理条件较为特殊，以山地、高原、盆地和沙漠为主，地形特征决定了老工业城市和生产力的布局，老工业基地城市的发展受地形阻隔限制，使城市在空间布局、城市集聚、产业发展和城市辐射路径上有其独特性。

西部地区老工业基地应站在世界资源重组和国内生产要素和资源稀缺的角度，进行差别化的调整和改造，实施“有进有退”的改造策略，集中力量做强几个老工业基地，打造西部地区面向世界的经济增长极，在世界和区域分工中找到自己的位置。如可以以成渝城市经济圈等为基础，将信息化和现代交通设施建设催生的“同城化效应”（可压缩区域空间距离）以及山地城市空间布局纳入研究视野，对发展基础较好、辐射能力较强的老工业城市进行重点扶持，打造区域增长极。同时，西部老工业基地还要探索内陆地区和少数民族地区老工业基地新的内生增长模式，对全国内陆型老工业基地调整改造形成示范作用。

（四）中部地区老工业基地

1.国家区域发展总体战略对中部地区的发展要求

国家“十二五”规划对中部地区提出了新发展要求，即发挥承东启西的区位优势，壮大优势产业，发展现代产业体系，巩固提升全国重要粮食生产基地、能源原材料基地、现代装备制造及高技术产业基地和综合交通运输枢纽地位。改善投资环境，有序承接东部地区和国际产业转移。提高资源利用效率和循环经济发展水平。加强大江大河大湖综合治理。进一步细化和落实中部地区比照实施振兴东北地区等老工业基地和西部大开发的有关政策。加快构建沿陇海、沿京广、沿京九和沿长江中游经济带，促进人口和产业的集聚，加强与周边城市群的对接和联系。重点推进太原城市群、皖江城市带、鄱阳湖生态经济区、中原经济区、武汉城市圈、长株潭城市群等区域发展。

2. 中部地区老工业基地调整改造的重点

中部地区的老工业基地遍布山西、河南、湖北、湖南、安徽、江西六省，形成了以冶金（包括钢铁和有色金属冶炼）、能源电力、机械加工、装备制造、纺织、医药、电子信息、化工、建材、食品加工为主体的工业体系，工业基础较好，较为明显地侧重于基础工业和国防工业，尤其是钢铁、重大装备制造、石化等原材料型产业在全国占重要地位。除江西少数老工业基地城市外，多数老工业基地的产业结构呈现出明显的重型化特征。豫西、鄂西、湘西等老工业基地是“三线”建设时期形成的，产业嵌入式特征明显，历史遗留问题较多。同时，中部老工业基地沿河流、湖泊布局特征较为显著，沿流域分布的特点使得中部老工业基地既有交通、环境等优势，但同时水资源保护和治理任务也非常重。

中部地区老工业基地应充分发挥交通区位等比较优势和技术等后发优势，依托坚实的工业基础，提升综合竞争力、可持续发展能力和对外开放水平，在调整改造中实现振兴，形成一批区域经济增长极，在中部地区率先崛起，从而带动中部其他地区快速发展，加快促进中部地区全面崛起。应积极融入世界制造业体系，不断提高中部地区制造业的国际竞争力，重点发展关系国家经济安全的能源工业、资源开采及加工业、武装国民经济的装备制造业、高技术产业和国防工业，确保国家经济及国防安全。同时，还要积极探索老工业基地转型发展模式，破除资源环境约束和产业发展的“路径依赖”，加快体制机制创新，在重点领域和关键环节的改革上率先突破，实现经济、社会和生态环境协调可持续发展。

第五章　新时期中国老工业基地调整改造的内涵

我国老工业基地调整改造与工业化进程相伴随，虽然各个历史时期老工业基地的调整改造都取得了一定的成效，但仍有一系列遗留问题有待解决。进入新时期，在新的环境背景下，老工业基地调整改造也被赋予了崭新的时代内涵。

第一节　老工业基地调整改造的新环境

随着国内外发展环境的日新月异、不断变化，我国老工业基地的调整改造也将面临新形势，面对新矛盾。在新的历史背景下，老工业基地如何进一步发挥其在社会主义现代化建设中的重要作用，承担国家新的战略任务，将是我国新时期一个全新的课题。

一、老工业基地调整改造面临的新形势

（一）后金融危机影响持续，经济发展须扩大内需市场

2008 年爆发的世界金融危机造成了国际经济持续低位徘徊，后金融危机时代国际经济发展趋势也难以明朗。部分发达国家继续在国际市场实行贸易保护主义并制造矛盾，国际贸易市场的不确定性增强，针对我国产品的关税和非关税壁垒政策以及反倾销的数量将有增无减，2010 年我国遭遇贸易摩擦 64 起，涉案金额约 70 亿美元，中国仍是贸易保护的重灾区。我国遭遇的贸易摩擦不仅来自美欧等发达经济体，也来自于巴西、阿根廷以及印度等发展中国家，既有针对我国传统优势产业的，也有针对高新技术产业的，使我国的外贸面临更加严峻的挑战。随着全球产业国际分工和产业转移的持续推进，我国已成为世界

制造业大国，但这种制造业是低端的，我国成为"世界低端工厂"。长期依赖于工业产品出口以带动经济增长的中国需要寻找新的经济增长空间，对我国部分出口导向的老工业基地而言，其未来发展受国际市场的左右较大。而随着我国城市化的快速推进和居民消费结构的快速升级，内需市场的潜力巨大，经济增长应逐步转向主要依靠扩大内需来实现，我国老工业基地的产业发展必须关注国内市场的开发，有效扩大内需市场，为国民经济发展提供强大动力。

（二）资源环境约束逐步加大，转变发展方式成"主线"

由于长期"粗放式"的发展，我国资源逐渐变少，部分地区甚至枯竭，而且资源利用效率较低，经济发展的能耗较高，环境污染严重，生态受到威胁。据统计，我国 GDP 占全球 4%，而煤、铁、铝等资源消耗占世界 30%以上。我国的经济结构和能源消费结构决定了 CO_2 的排放，20 世纪前半期我国碳排放量低于主要发达国家；1970 年代开始，我国碳排放显著上升；80 年代开始，我国碳排放量日益增多，开始居全球第二；尤其 21 世纪以来，我国碳排放量迅速提高，超过美国而居全球第一。2008 年全球化石燃料排放的 CO_2，我国比重升为 21%，未来还会上升。经济增长的资源环境约束不断强化，转变产业发展方式，优化产业结构、淘汰落后产能成为必然选择。十五届五中全会明确提出了建设"两型社会"，这是从国情出发作出的重大决策，温家宝在政府工作报告中也提出"努力建设资源节约型和环境友好型社会"。为了保证经济"又好又快"地发展，我国经济结构面临转型，从"高投入、高能耗、高污染、低产出"模式向"低投入、低能耗、低污染、高产出"模式转变。

全球气候变暖已经成为不争的事实，哥本哈根气候会议聚焦了全球的目光，围绕气候谈判、能源、资源、碳排放、碳关税等议题的国际博弈将长期存在，将对我国工业生产以及各种经济活动产生重大影响。国际社会对低碳经济和减排的重视，对以煤炭为主要消费能源的中国压力巨大，为了不在国际上成为众矢之的而处于被动地位，同时也为了推进可持续发展，我国必须牺牲一些经济增长，而进行经济结构和能源结构的调整。我国政府已承诺到 2020 年单位 GDP 的二氧化碳排放量比 2005 年下降 40% ~ 45%，为实现这一目标，除了加快新能源开发外，经济结构调整成为必然趋势。"十二五"规划已明确提出"以加快转变经济发展方式为主线，坚持把经济结构战略性调整作为加快转变经济发展方式的主攻方向"。对于承担我国工业主体的老工业基地来说面临更为严峻的形势，节能减排和资源节约将成为老工业基地发展的巨大压力。

（三）城市化进程不断加快，区域协调发展全面推进

区域发展存在很大差距，东中西部地区差异明显，是长期以来我国经济社会发展存在的突出矛盾。近年来，虽然国家实施了一系列区域协调发展战略，但目前我国区域发展失衡的状况并没有根本转变。国家"十二五"规划提出"优化格局，促进区域协调发展和城镇化健康发展"，重要途径是实施区域发展总体战略和主体功能区战略，推进新一轮西部大开发，全面振兴东北等老工业基地，大力促进中部地区崛起，积极支持东部地区率先发展，加大对革命老区、民族地区、边疆地区和贫困地区扶持力度。城市化的快速推进和国家的区域政策为老工业基地城市在各区域的发展和发挥引领作用提供了空间。老工业基地城市的最初建设和发展曾为协调中西部与东部的发展差异作出过巨大贡献，应进一步发挥地区增长极作用，带动落后地区的发展，全面建设小康社会，促进我国区域协调发展。

（四）民生问题日益突出，社会保障和民生改善是"落脚点"

新中国成立 60 多年来，我国人民的收入水平没有 GDP 增长快，而许多的社会问题都和民众的富裕程度有着直接关系。长期以来，我国社会事业发展相对滞后的问题未能得到根本解决，经济和社会发展不协调的局面未能根本改变，广大人民群众的生活水平普遍低下，与我国的经济发展水平和国际地位不相匹配，"刘易斯拐点"、中等收入陷阱与社会转型加速和利益格局分化相叠加，社会进入矛盾凸显期，已成为影响社会和谐的重要因素。

经过改革开放 30 多年的发展，我国的经济实力已为解决"富民"问题提供了物质基础，中央政府有能力在改善民生方面投入更多的资源。随着各类社会矛盾的突出，改变收入分配政策和调节居民收入水平迫在眉睫，民生建设已成为我国不可回避的重大问题。过去的"十一五"时期追求"国强"，"十二五"时期则追求"民富"，国家将更加注重以人为本，更加注重全面协调可持续发展，更加注重统筹兼顾，更加注重改善和保障民生，推进社会的公平正义。因此，"十二五"规划明确提出"坚持把保障和改善民生作为加快转变经济发展方式的根本出发点和落脚点"，与人们生活密切相关的社会保障、教育、医疗卫生等社会事业和公共服务体系的发展在"十二五"时期将进一步加快。推进公共服务均等

化，解决就业问题，进一步完善社会保障体系等一系列政策的制定与落实，是老工业基地各项社会事业建设的保障，有利于老工业基地历史遗留问题的全面解决和新型保障体系的建立。

（五）科技创新日新月异，产业转型升级步伐加快

新技术革命的浪潮使得世界科技创新日新月异，我国要成为真正的强国，必须改变技术总体相对落后和重要装备依赖别国的状况。同时，随着国内资源要素成本上升和支持创新政策力度的增大，企业自主创新的动力和意愿增强，要加快产业转型升级步伐，必须在研发、设计、标准、品牌和营销等关键环节取得突破，推动"中国制造"向"中国创造"转变。国家"十二五"规划中提出"坚持将技术进步和创新作为转变经济发展方式的重要支撑，通过自主创新带动工业结构调整和升级，积极培育战略性新兴产业，促进产业转型步伐"。《国务院关于加快培育和发展战略性新兴产业的决定》也进一步明确了节能环保、新一代信息技术、生物、高端装备制造、新能源、新材料和新能源汽车 7 个产业为"十二五"时期重点发展的战略性新兴产业。这为我国老工业基地大力推动技术研发创新、加快促进战略性新兴产业的发展提供了历史机遇。

（六）经济全球化进程加快，产业发展的国际依赖性加大

经济全球化是当代世界经济的重要特征之一，也是世界经济发展的主要趋势，世界经济日益成为紧密联系的一个整体，资本、技术、产品等跨国快速流动或扩散，跨国公司垄断势力不断强化。老工业基地产业发展的国际市场依赖性是双重的，既有资源的进口需求，也有产品的出口需求。随着后金融危机时代各国经济的恢复增长，使得世界的有限资源变得更加紧俏，各国将加强对有限资源的控制，并推动资源价格不断上涨，企业发展成本不断上升。资源的争夺将成为某些产业发展的重要影响因素，近年的典型案例就是国际上对铁矿石、铝土矿、原油、稀土矿、铜矿等资源定价权的争夺。受金融危机影响，许多大宗原材料价格波动幅度都在一倍以上，对我国老工业基地的许多企业产生了巨大的影响。我国是资源比较匮乏的国家，特别是石油、铁矿石等对经济发展起重要作用的资源需要大量进口，为此，我国近年来不但逐年增加进口规模，而且在"走出去"战略的指引下，加大了国外投资开采和并购的力度。部分国家已开始采取多种政治或经济手段，对我国到境外获得资源产品进行干预或制造障碍，

我国获得境外资源遇到越来越大的阻力。我国老工业基地多数是以重化工为主的资源密集型产业和环境高污染型产业，在资源环境的约束下不仅面临极大的发展压力，而且产业资源的国际依赖性也面临巨大挑战。

二、老工业基地调整改造面对的新矛盾

改革开放以来，我国经历了计划经济向市场经济的重大转变。老工业基地由于受传统计划经济的影响，适应不了经济体制转轨，曾一度陷入困境，工业经济出现相对衰退，各种矛盾凸显。进入新的历史时期，随着国内外发展环境的复杂变化，我国老工业基地还将面对体制和结构转换等一系列的新矛盾与新挑战。

一是效率与公平的矛盾。老工业基地的调整改造应以产业振兴为主题，强调工业的技术改造和产业升级对城市经济的拉动作用，通过经济的优先发展提高老工业基地城市调整改造的效率，进而培育老工业基地城市发展的能力，因此追求“效率”将是老工业基地调整改造的首要目标。老工业基地短期内如果过于强调公平，将会影响资金分配的方向和经济发展的速度，也就会影响对其他问题解决能力的培育。但对国家而言，追求“公平”是发展的终极目标，特别是在各种社会矛盾凸显的新时期，社会和谐更为重要。随着国家综合国力的增强，我国已有能力进一步提高社会保障水平，社会事业发展和民生建设将受到更多的关注，国家“十二五”规划已明确将解决民生问题作为发展的首要目标。因此，效率与公平的矛盾是新时期老工业基地调整改造面对的矛盾之一。

二是产业发展与经济转型的矛盾。经过解放初期的大规模建设和后来几十年的发展积累，我国老工业基地已经奠定了雄厚的产业基础。但老工业基地大多数为资源型城市和重化工业城市，其产业主要是资源密集型产业和高耗能产业，资源和能源的消耗较大，长期粗放式的工业发展方式已使我国老工业基地形成了一定的产业“路径依赖”，产业结构调整的难度较大，成为我国转变经济发展方式的重点和难点地区。而国家“十二五”的重要方向是推动节能减排，调整经济结构，加快经济发展方式转变。老工业基地的工业发展方式无疑与国家的转型发展要求存在一定的差距，二者之间的矛盾成为老工业基地调整改造的突出矛盾，为老工业基地调整改造带来了巨大的挑战。

三是企业改造与城市发展的矛盾。由于许多历史原因，老工业基地的很多工业企业当初选址建设并未科学论证和长远考虑，随着城市规模的拓展和快速

扩张，现在这些老工业企业已位于城市中心，企业的生产运行严重干扰了城市生活和发展。工业用地和城市其他用地混杂成为老工业基地城市典型的空间特征，为城市规划和建设带来了较多困难。而且，老工业基地的多数大中型工业企业是国有企业，甚至是中央企业，这些企业在地方往往有着很多特权，地方政府对这些企业的管理和协调能力相对较弱，国有企业的各类历史遗留问题和社会问题也较为突出。因此在涉及企业与城市改造的众多问题时，地方政府可能面临许多难以协调和解决的难题，影响了老工业基地的城市建设和发展，也形成了企业改造与城市发展之间的矛盾。

四是体制束缚与创新突破的矛盾。我国老工业基地主要形成于国家"一五"、"二五"和"三线"建设时期，在计划经济年代曾经为我国的工业化和现代化建设作出了巨大贡献。但作为计划经济的产物，老工业基地也是受计划经济体制影响时间最长、程度最深的地区，现仍存有大量的国有企业和中央企业。这种高度集中的计划经济体制，一方面对老工业基地的建设和高速增长起了决定性作用，但另一方面也给老工业基地造成了僵化的经济机制和不合理的经济结构。由于传统计划经济的惯性影响和沉重的历史包袱，在向市场经济体制转轨的过程中，老工业基地不能像新兴工业基地那样较快地适应经济体制转轨变化，体制束缚始终是制约这些城市发展的重要因素。因此，老工业基地调整改造必须大力推进改革创新，通过体制机制的创新来打破各类约束条件，充分解放生产力，以激发老工业基地的发展生机与活力，加快经济社会发展。体制束缚与改革创新的矛盾也就成为老工业基地调整改造必须解决的最为突出的矛盾。

从深层次上看，新时期老工业基地面对的这些矛盾与挑战，其实也深刻折射出我国进入经济社会转型期，在推进改革与加快发展过程中，各利益主体之间不同的利益诉求和存在的利益冲突。因此，新时期推进老工业基地调整改造，必须处理好以下几大关系：

一是城市发展与国家需求的关系。老工业基地的发展既是城市本身发展的需要，也是国家发展的需要。作为我国工业体系形成和发展的摇篮，老工业基地已成为我国工业体系的核心部分和重要支撑，历史赋予的使命决定了老工业基地的调整改造不但要承担自身城市发展的任务，而且还要承担国家的战略任务，包括转变经济发展方式、节能减排、推进新型工业化等。因此，老工业基地调整改造需要妥善处理自身需求和国家需求的关系，要基于自身问题导向和国家任务导向，深入研究并科学制定调整振兴规划。

二是城市增长与区域发展的关系。我国老工业基地在形成和发展过程中，曾为区域发展作出了巨大贡献。但随着我国东中西部地区发展差距的日益扩大，区域发展不协调的问题更加突出，中西部欠发达地区要求这些已具备工业发展基础的老工业基地，能够成为次区域发展的增长极，带动欠发达地区加快发展，从而促进全国区域协调发展。这就要求老工业基地城市在发展战略定位上不但要考虑自身城市的发展，而且还要考虑对周边地区的辐射带动作用，明确在区域中的功能定位，承担区域中心城市的职能。

三是经济发展与社会生态的关系。老工业基地作为我国工业产业集聚区，工业生产是主要的经济活动。长期以来，老工业基地粗放的工业生产方式形成了较为严重的环境污染和生态系统损害，城市人居环境相对较差。而且老工业基地的产业衰退、传统产业的转型升级以及国企改革等也造成大量下岗失业，社会矛盾十分突出。未来，老工业基地城市的调整改造必须注意处理好经济发展、社会发展与生态环境三者之间的关系，在加快经济建设与发展的同时，应更加关注经济与社会的协调、人与自然环境的协调，努力实现经济增长、社会发展与生态环境建设三者的有机统一。

四是共性问题与特殊问题的关系。虽然我国老工业基地的形成和发展有着类似的历史背景，但由于区位条件、产业类型、技术水平以及改革开放后市场适应能力的不同，目前这些老工业基地形成了不同的发展状态，并存在不同类型及程度的发展问题，其自身解决问题的能力和需要国家扶持的需求也不尽相同。因此，老工业基地调整改造需要科学分析这些城市所面临的共性问题和个性问题，既要从整体上考虑解决我国老工业基地发展中面对的共同性矛盾，同时还要针对各种不同类型老工业基地的政策诉求，制定相应的调整改造对策。

三、新时期老工业基地的国家战略担当

过去的 40 多年里，老工业基地城市为我国的工业化作出了巨大贡献，在当前乃至未来的社会主义现代化建设中，老工业基地仍具有不可替代的重要战略地位，将在提升国家产业竞争力、建设新型产业基地、转变经济发展模式、促进区域协调发展、解决突出民生问题等方面承担重要的国家战略任务。

(一)促进自主创新,提升国家产业竞争力

老工业基地是我国工业成长的摇篮,奠定了我国工业经济的坚实基础,为建成独立、完整的工业体系和国民经济体系,为国家的改革开放和现代化建设作出了历史性的重大贡献。目前,老工业基地仍是我国工业体系的重要组成部分,是国民经济重要支柱产业的集中地,也是我国重要的原材料和能源的供应地。老工业基地的经济总量和工业产值占全国总量的比重较高,承载的人口和就业比重也较大。尤其是部分老工业基地或重点企业掌握着我国工业技术的核心部分或战略性市场,产业实力雄厚,拥有强大的技术和人才优势,如电子信息技术、通讯技术以及各类军工技术,在过去为国家提供了一大批重要科技成果,向新兴工业地区和乡镇企业扩散了大批技术。

近年来,作为我国技术自主创新的排头兵,老工业基地的高新技术产业正在崛起,日益成为我国高新技术产业的主导力量和生长点。国家"十二五"规划明确提出要"加强研发自主创新,推进新型工业化"。老工业基地应通过加强技术自主研发和大中型老工业企业的技术改造,努力提高工业制成品的科技含量和附加值,培育我国具有国际竞争力的大型企业或企业集团;围绕自主创新技术,积极发展战略性新兴产业,同时依托本地特色资源,加快发展特色产业,培育新兴支柱产业;积极发展现代服务业,特别要结合工业体系加快发展生产性服务业。以此大力提升国家产业竞争力,加快建设我国现代化的新型产业基地。

(二)推动节能减排,促进经济发展方式转变

我国老工业基地大多是第一次工业化浪潮时期的产物,特别是中西部地区的老工业基地很多具有原材料、资源依赖等特点,产业发展普遍存在技术落后、设备陈旧、效率低下、能耗较高、环境污染严重等痼疾,导致资源环境矛盾突出。老工业基地的多数产业是高耗能、高耗水且重污染的行业,老工业基地年消耗的水资源量占全国消耗总量的18.2%,用电量占全国耗电量的20%,其中工业用电量所占比重略高为22.3%;而工业废水排放量占全国总量的21.2%,二氧化硫排放量占全国的29.7%,工业烟尘排放量占全国总量的21.7%。由此可见,老工业基地的资源消耗和污染排放占据了我国资源总消耗和污染总排放的重要份额。

党的十七大报告提出了加快经济发展方式的"三个转变",即:在需求结构

上，促进经济增长由主要依靠投资、出口拉动向依靠消费、投资、出口协调拉动转变；在产业结构上，促进经济增长由主要依靠第二产业带动向依靠第一、第二、第三产业协同带动转变；在要素投入上，促进经济增长由主要依靠增加物质资源消耗向主要依靠科技进步、劳动者素质提高、管理创新转变。“十二五”时期是我国转变经济发展方式的重要时期，而老工业基地是我国转变经济发展方式的重点和难点之一，亟须破解发展难题，提高发展质量和效益。老工业基地应通过优化产业结构，加快企业技术改造，发展循环经济，推进节能减排，提高能源资源利用效率，减少资源、能源的消耗，降低工业废水、废气和烟尘的排放量等，逐步解决面临的生态环境问题，形成有利于资源节约和环境保护的产业结构，在国家经济结构的战略性调整中发挥巨大作用，推动我国节能减排目标的实现，促进经济发展方式转变。

（三）培育落后地区增长极，促进区域均衡协调发展

内陆地区的老工业基地在历史上曾改变了我国工业生产力过度布局在沿海地区的局面，客观上对于中西部地区的产业体系构建和城市建设起到了积极的作用，对缩短东中西部地区的差距具有积极意义。随着改革开放的不断深化，东部沿海地区在经济上实现了巨大飞跃，全国的经济增长极大多集中在东部和东南沿海地区，使我国东、中、西三大经济带差异愈发明显，区域发展不协调问题更为突出。

进入新的发展时期，随着国家区域协调发展战略的不断推进，协调区域发展和缩小区域差距成为我国经济社会发展的重要战略任务。我国有大量的老工业基地分布于中西部的较落后地区，加快这些老工业基地的调整改造，借助其较为良好的基础和潜力，国家有的放矢地给予政策支持，可以使这些老工业基地重新焕发活力，在较落后地区培育出区域增长极，带动周边地区的发展，从根本上改变中西部地区的落后面貌。同时有利于缩小我国中西部地区与东部地区的差距，促进区域经济协调发展。

（四）积极扩大内需，拉动全国经济发展

长期以来，我国经济增长依赖于国内投资和外贸出口，投资率偏高、消费率偏低。据测算，我国资本形成率已由 80 年代初的 30%陡升到 2009 年的近 47%，最终消费率由近 70%下降到约 48%，国内消费水平明显下降。目前我国制造业

仍处于国际产业链的低端，服务业增加值占GDP的比重低于世界平均水平，社会民生事业建设滞后，城市基础设施缺乏且落后。内需不足和城镇化进程、要素市场改革、收入分配改革的滞后等紧密联系，内需市场的疲软影响了我国经济的可持续增长。

在当前国内外宏观环境发生显著变化的背景下，资源环境约束的强化和经济结构转型的客观需要要求改变靠投资和出口拉动的粗放型经济增长模式，转向扩大消费需求的内生型经济增长模式。2008年11月，国务院部署进一步扩大内需促进经济平稳较快增长的措施，要求加快建设保障性安居工程，加快铁路、公路等基础设施建设，加快医疗卫生、文化教育事业发展，提高城乡居民收入等。国家"十二五"规划中也明确将"坚持扩大内需战略，保持经济平稳较快发展"作为重点，提出了加强和改善宏观调控、调整优化投资结构、建立扩大消费需求的长效机制等详尽措施，为老工业基地的发展提供了极好的契机。通过老工业基地的产业调整、城市建设和居民收入提高，可以有效释放这些地区的消费需求，增强经济增长的内生动力，拉动全国尤其是中西部地区的经济快速发展。

（五）进一步解决历史遗留问题，构建和谐社会

在长期的计划经济体制下，我国老工业基地形成了各类历史遗留问题，在经济体制改革的推进中也一直未能得到有效或彻底解决。这些历史遗留问题主要包括"企业办社会"、"厂办大集体"、历史欠税和银行贷款本息欠债等。虽然21世纪以来，国家开始关注这些问题，着手在全国范围逐步解决一些历史遗留问题，先后出台了《关于国有大中型企业主辅分离辅业改制分流安置富余人员的实施办法》和《关于同意东北地区厂办大集体改革试点工作指导意见的批复》等文件，2011年国务院又下发了《关于在全国范围内开展厂办大集体改革工作的指导意见》，但国家这些政策仍仅是侧重解决某些历史遗留问题。对于许多老工业基地城市，历史遗留问题仍然非常突出，并成为影响社会经济和谐发展的重要矛盾。

国家"十二五"规划已明确提出"坚持把保障和改善民生作为加快转变经济发展方式的根本出发点和落脚点。完善保障和改善民生的制度安排，把促进就业放在经济社会发展优先位置，加快发展各项社会事业，推进基本公共服务均等化"。在国家落实"十二五"规划战略目标、加快实现经济社会发展转型的过

程中，老工业基地城市应通过国家政策扶持和加强自力更生，积极从根本上解决面临的各种困难和各类历史遗留问题，解除包袱，轻装上阵，重新焕发经济发展活力，加快完善社会保障体系，努力维护社会稳定与和谐，构建和谐社会。

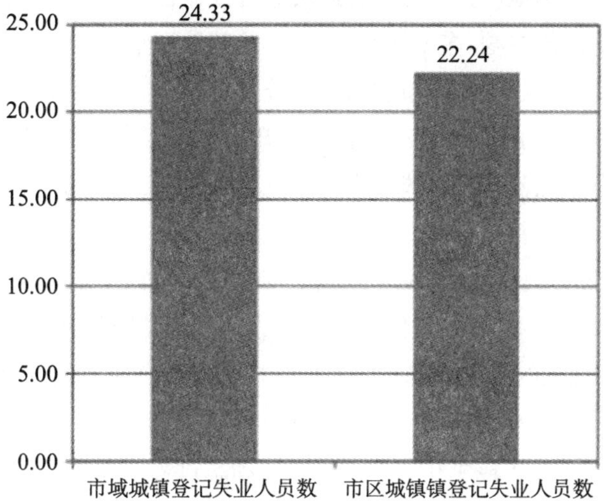

图 5—1　老工业基地市域与市区失业人员占全国总量的比重

第二节　老工业基地调整改造的新内涵

老工业基地调整改造及振兴是世界各国一直在研究的课题，我国的老工业基地调整改造从 20 世纪 80 年代开始就从未间断过，具有明显的时代特色，不同时期老工业基地调整改造的主题及内涵也不一样。过去我国老工业基地的调整改造大多是以国家为主导进行的“输血”式的改造，改造的主体是国家，改造的内容主要是企业的技术改造和解决历史遗留问题，改造的目的主要是制止衰退，重现城市昔日辉煌。然而，新时期老工业基地所处的国内外发展环境已经发生深刻变化，国家发展战略对老工业基地的要求和期望也不同，因此，老工业基地调整改造也应有新的内涵。

一、老工业基地调整改造的新诠释

我国老工业基地调整改造具有鲜明的时代特色，不同时期老工业基地的调整改造有着不同的主题。进入新时期，老工业基地调整改造应贯彻科学发展观，适应形势新变化，以产业、城市、社会、环境及人的全面协调可持续发展为目标，重点在产业、城市、民生、生态环境、改革开放等领域实施调整改造。实现由前期东北地区老工业基地调整改造为主向统筹全国老工业基地调整改造的转变；由整体区域同等对待向区别对待、分类指导的转变；由重点解决历史遗留问题向打造区域经济增长极和解决产业城市衰退并重的转变；由侧重企业和产业的调整改造向推动产业、城市、社会、环境及人的全面协调可持续发展的转变。

因此，新时期的老工业基地调整改造应该是指通过创新体制机制、优化生产力布局、升级产业产品结构、提升城市功能、改善生态环境等途径，推动老工业基地城市发展方式转变和竞争力再造的动态过程。“调整”，主要指的是调整产业结构，强化优势支柱产业，压缩并淘汰落后产能；发展战略性新兴产业，培育新支柱产业，建设特色产业集聚区；加快服务业发展，构建多元化产业结构，打造新型产业基地。“改造”，主要指的是改造城市，强化城市功能分区，加快老工业区改造，引导老工业企业退城进园；加强城市基础设施建设，增强城市各类职能的培育；推进城市棚户区改造，改善居民住房条件。①

二、老工业基地调整改造的新思路

认真总结国内外老工业基地调整改造的历史经验，深刻理解我国老工业基地调整改造概念的时代内涵，结合老工业基地发展面临的新环境和未来区域发展趋势，新时期推进我国老工业基地调整改造必须有全新的视野和思路。

（一）充分发挥市场机制的积极作用

我国的老工业基地，尤其是内陆地区老工业基地，基本上都是在传统计划经济体制的条件下建设和发展起来的，长期以来，传统计划经济形成的体制弊端根深蒂固。目前老工业基地仍有大量的国有企业和中央企业，体制障碍和历

①全国老工业基地调整改造规划专题研究交流会讨论材料

史包袱始终是束缚这些城市发展的重要因素。而且，过去我国老工业基地的调整改造是以“输血”为主，国家是调整改造的主体，以国家直接的资金、项目、税收、政策支持为主要手段。“由谁改造”无论从理论上还是实践上一直是老工业基地改造的难点问题。由于市场经济体制不健全，计划经济的印迹较深，企业和地方政府严重依赖国家投资，国家不给钱就无法进行改造。而改革开放以后，因为战略重点的转移，国家的资金和优惠政策更多地倾向于新兴工业城市和沿海地区，对老工业基地国家也有甩“包袱”的倾向，将改造的重任较多地推给了地方，紧缩改造资金和拟拨资金严重不到位，老工业基地不可避免地成为发展“问题区域”。

当前，我国正处在全面建设社会主义市场经济体制的关键时期，社会主义市场经济体制，究其实质就是要使市场机制在国家宏观调控下对资源配置发生基础性的作用，使社会主义经济焕发出新的生机与活力，促进社会生产力的进一步解放和发展。因此，新时期的老工业基地调整改造要充分利用市场机制对老工业基地的社会资源实行优化配置和有效利用，加快国有企业的全面彻底改革和社会重点领域的改革。以企业为改造的主体，国家给予适当的政策支持，促使企业依靠自身的力量完成技术装备、产业和生产组织等方面的现代化改造，着力提高企业创新能力，促进科技成果向现实生产力转化，推动经济发展更多依靠科技创新驱动。努力增强老工业基地的“造血”能力，逐步形成以自我为主的良性循环改造。

（二）统筹推进全国老工业基地调整改造

历史上我国老工业基地的调整改造都是局域性的，前期主要以东北地区老工业基地的调整改造为主，国家对其他老工业基地尤其是广大的中西部地区老工业基地缺少关注，主要是由于我国经济实力不够强，国家公共资源配置能力有限，市场经济体制不够完善，对老工业基地的调整改造缺乏经验，因此国家只能以问题较为突出的局部地区的调整改造作为老工业基地调整改造的试点区域。而其他地区尤其是中西部地区也分布着大量老工业基地，同样面临诸多转型困难和发展困境，急迫需要国家政策的特殊关注和扶持。

现在我国已成为世界第二大经济体，经济实力不断增强，市场经济体制不断完善，对东北老工业基地的八年改造振兴也积累了相当丰富的经验。同时，随着我国区域全面协调发展战略不断推进，我国政策资源的配置正在由偏重阶段性区域向区域全面覆盖转变，“十二五”规划首次提出“统筹推进全国老工业基地调整改造”，老工业基地振兴战略有望成为我国针对典型问题类型区域的全覆盖发展战略。因此，新时期老工业基地的调整改造要由前期以东北地区老工业基地为主向统筹全国老工业基地转变。

（三）解决产业和城市衰退并重打造区域经济增长极

过去我国老工业基地的调整改造更多的是重点解决老工业基地的各种历史遗留问题，遏止产业和企业的衰退。由于我国老工业基地大多是在计划经济体制下形成和发展起来的，因为特殊时期的时代要求，企业承担了过多的社会责任，如“企业办社会”问题等，给企业造成了严重的负担。同时，由于战备需要，在中西部地区进行“三线”建设，形成大批“三线”老工业基地，违背了经济发展规律，牺牲了经济效益，给这些老工业基地将来的发展埋下隐患。

新时期，老工业基地调整改造除了要继续彻底解决历史遗留问题，遏制老工业基地产业和城市的衰退，更重要的是打造区域经济增长极，带动周边地区整体发展。老工业基地是我国支柱产业的集中区，具有雄厚的物质技术基础和强大的生产能力。老工业基地的国有大中型企业比重较高，一般都具有规模经济的优势，这些优势是一般城市和许多新兴工业城市不具备的，或者是在短期内难以赶上的。同时，很多老工业基地也是各区域的中心城市，是区域经济发展的主导力量，它们能够通过其自身的发展能力、基础设施、科学技术、管理经验等，辐射和吸引周围的中小城市和与其相联系的经济区域，建立横向的经济网络，带动它们的发展。因此，要将老工业基地打造成为我国各区域的经济增长极，带动区域整体发展。

（四）注重产业、城市、社会、环境及人的全面协调可持续发展

过去我国老工业基地的调整改造重点关注的是企业的技术改造和产业的转型发展问题，以工业改造为中心，目标是构建技术先进的工业结构，实现工业高度化。这也是基于当时的时代背景而言的，因为老工业基地的衰退最开始突出的表现就是企业的衰落，尤其是关系到国家经济命脉的大型国有企业，出现技术老化、产业滞销、机制不活等问题，企业严重衰退甚至出现破产。一些依靠能源和资源发展起来的城市由于资源逐渐枯竭，主导产业单一，产业发展出现问题。同时，大多老工业基地工业重型化问题严重，过重的产业结构制约着城

市的发展。事实上老工业基地的衰退绝不是简单的企业问题或者产业问题，而是一个涉及产业、城市、社会、环境及人的综合性问题。

“十二五”提出以科学发展为主题，以加快转变经济发展方式为主线，这是我国经济社会领域的一场深刻变革，必须贯穿经济社会发展全过程和各领域。要在发展中促转变，在转变中谋发展，以经济结构战略性调整作为加快转变经济发展方式的主攻方向，以科技进步和创新作为加快转变经济发展方式的重要支撑，以保障和改善民生作为加快转变经济发展方式的根本出发点和落脚点，以建设资源节约型、环境友好型社会作为加快转变经济发展方式的重要着力点。完善保障和改善民生的制度安排，把促进就业放在经济社会发展优先位置，加快发展各项社会事业，推进基本公共服务均等化，加大收入分配调节力度，坚定不移走共同富裕道路，使发展成果惠及全体人民。深入贯彻节约资源和保护环境的基本国策，节约能源资源，发展循环经济，推广低碳技术，积极应对全球气候变化，促进经济社会发展与人口资源环境相协调，走可持续发展之路。因此，新时期老工业基地的调整改造也要由侧重企业和产业的调整改造，向推动产业、城市、社会、环境及人的全面协调可持续发展转变。

（五）构建“经济—社会—环境”复合型的政策体系

过去老工业基地由于片面追求经济总量的扩张，经济增长方式粗放，国家调整改造政策关注的重点也是产业和经济的发展，对社会、环境等关注得较少，因此政策手段较为单一，主要使用财税政策、产业政策等。而且，各种政策之间缺乏有机联系，没有形成系统的政策体系。

“十二五”是我国加快转变经济发展方式的关键时期，经济社会各领域将经历一场深刻变革，是“综合性、系统性、战略性的转变”。从发展模式看，片面追求经济总量扩张的粗放型增长模式将得到根本转变，统筹考虑资源节约、环境减排、经济发展、社会进步的集约型可持续发展模式将成为主流；从政策导向看，社会公平和地区公平将得到重视，“缩小区域发展差距、实现基本公共服务均等化”将成为区域政策核心；从绩效评价看，过度强调 GDP 的政府绩效评价体系将得到转变，根据不同类型区实行各有侧重的差别化绩效评价考核体系将成为主流，考核体系将“弱化对经济增长速度的评价考核，强化对结构优化、民生改善、资源节约、环境保护、基本公共服务和社会管理等目标任务完成情况的综合评价考核”，相对应地，政府施政目标和重点也将发生变化。“十二五”规划提出

“要把扩大投资和增加就业、改善民生有机结合起来，创造最终需求。把保障和改善民生作为加快转变经济发展方式的根本出发点和落脚点，把建设资源节约型、环境友好型社会作为加快转变经济发展方式的重要着力点”。因此，老工业基地调整改造的政策也应由单一类型的政策逐渐向“经济—社会—环境”大系统复合政策体系转变。

（六）强调区别对待、分类指导

过去我国老工业基地的调整改造政策较为笼统、过于“泛化”，没有注重根据不同类型和问题的老工业基地进行有区别的调整改造和政策支持。尤其是东北老工业基地的改造，关注的是整体区域的调整改造，无论在问题剖析、发展思路研究还是调整改造成效的分析上，都是以东北三省为对象进行的，国家出台的支持政策也是对东北三省都适用的，部分政策甚至成为全国性的普惠政策。

老工业基地是典型的“问题区域”，理应受到国家特殊的关注，有针对性地给予政策支持。当前我国的公共政策资源配置正在由大片区域向典型区域转变，老工业基地也将成为未来一段时期内国家区域政策的重点关注区域和资源配置的重要指向区域。我国老工业基地数量较多，分布的区域较广，各区域的实际情况不一样，发展水平也不同，普适性的政策对于老工业基地的振兴无法发挥根本性的作用。因此，新时期有必要对老工业基地进行明确的分类，对不同类型的老工业基地实行区别对待，分类指导，分别给予差别化的政策支持，以切实加强老工业基地调整改造政策实施的针对性和有效性。

三、老工业基地调整改造的新任务

老工业基地的调整改造，是世界上发达国家都经历过、现在仍在经历着的重要难题，我国也不例外。在新的国内外形势条件下，要加快实现我国老工业基地的振兴，既要从根本上解决过去历史遗留下来的一系列问题，同时，还要大力破除新时期阻碍老工业基地振兴的矛盾制约，通过调整改造积极探寻振兴老工业基地的实现路径。

(一)减轻企业历史负担与激发老工业企业活力

我国老工业基地大多是在计划经济时期形成的,发展受计划经济体制的影响较深,因此遗留下来的各种历史包袱也较重,如国企改制、厂办大集体、企业办社会等一系列问题。我国老工业基地的调整改造要以解决国有企业历史遗留问题为首要任务,切实处理好老工业基地发展过程中形成的历史债务、社保欠账、职工安置、企业承担社会职能等各种遗留问题,对部分企业历史形成的、确实难以归还的企业债务、表外欠息等,有条件地豁免历史欠税,使企业甩掉包袱轻装上阵。同时,还要进一步深化国有企业改革,加快推进国有企业的资产重组、兼并破产、股份制改造、债转股、企业上市等,建立和完善以法人治理结构为核心的现代企业制度,增强老工业基地国有企业的市场竞争力,充分激发老工业企业的生机与活力。

(二)产业结构调整优化升级与城市经济转型

我国老工业基地城市的产业结构不合理,且大多是以重化工业为主,加工制造业基地结构老化,资源型老工业基地结构单一化,综合性老工业基地结构低度化。加快我国老工业基地的振兴,除改革体制、转换机制之外,根本的出路还在于实行以技术和产业升级为内容的结构调整。由于资源环境条件的约束,从长远发展来看,我国老工业基地必须进行战略性的结构调整,在经济转型过程中使经济结构与产业结构向新型化、合理化、多样化和高级化的方向转型,要处理好重化工业与轻工业、优势产业与其他产业、传统产业与新兴产业之间的关系。首先,在重化工业继续发展的同时,应重视轻工业及食品工业等直接满足人们消费需求的产业部门的发展,从根本上扭转当前重工业过重、轻工业过轻的不协调状况,防止重化工业脱离市场需求和资源环境的限制盲目扩张;其次,立足各地区的现实条件和优势产业,把改造提升传统产业作为转变经济发展方式、调整经济结构的重要内容,加快信息化与工业化的融合,用高新技术和先进适用技术改造提升传统产业,推动老工业基地传统产业向高端、高质、高效方向发展;第三,大力发展现代服务业,同时,根据各老工业基地的实际情况,有选择有重点地发展战略性新兴产业,形成新的经济增长点。

(三)城市空间布局优化与综合功能提升

长期以来,我国老工业基地城市由于资源的过度开发和单一、偏重的产业发展模式,产业发展不均衡,导致地方财力虚弱,城市建设滞后,城市功能单一。城市空间布局优化对产业结构调整也具有积极的促进作用,老工业基地城市应从“工业型城市”向“综合型城市”发展,由工业生产中心向区域经济中心转变。因此,老工业基地调整改造的主要任务是要通过对一些问题突出的老工业区的改造,加快工业布局调整和企业搬迁,优化整合土地资源,促进工业企业集中进入园区,实现集聚发展和规模经济,为新兴产业提供发展空间。同时,大力发展第三产业,尤其是商贸、金融、物流和科技教育等现代服务业,增强老工业基地的综合经济功能,使城市功能逐步由物质产品生产为主向非物质产品生产和服务为主转变,由生产功能为主向生产与生活功能并重转变,由注重自我发展为主向自我发展与辐射带动区域共同发展并举转变,建成一批具有较强竞争力的区域性中心城市,发挥老工业基地城市辐射带动周边地区的区域经济中心功能。

(四)改善民生与加强社会保障

由于历史原因,老工业基地的社会事业发展和民生建设问题较为突出,人民收入水平普遍偏低,教育、卫生、文化等公共设施供给不足,社会保障水平和公共服务水平不高,就业压力巨大。老工业基地调整改造要充分体现“以人为本”,更加关注社会事业发展和民生改善,着力实施富民就业、教育提升、医疗健康、社保扩面、安居保障等重大民生工程,建立新型社会保障体系。健全养老、医疗、失业等各项社会保险制度,完善教育、培训等就业服务体系建设,着力解决破产关闭企业退休人员和困难企业职工的社会保障问题,把促进就业放在老工业基地经济社会发展的优先位置,扩大就业和再就业规模,加大收入分配调节力度,提高居民收入水平。提高政府保障能力,加快发展各项社会事业,推进基本公共服务均等化,完善社会保障体系。

(五)生态环境保护与可持续发展

我国老工业基地由于自身资源禀赋的特征,从计划经济时期开始形成了以重工业为主体的产业格局。改革开放以来,老工业基地虽然取得了较快的经济增长,但仍普遍存在资源高消耗、环境污染与生态破坏严重等资源环境问题。老工业基地调整改造要把建设资源节约型和环境友好型社会放在更加突出的位置，树立绿色、低碳发展理念，大力发展循环经济和低碳经济，加大技术投入和产业发展转型，坚持资源的集约高效利用，推进节能减排，保护生态环境，健全激励和约束机制，解决生态环境脆弱区域的工业污染问题，加快形成节约能源资源、保护生态环境的产业结构、增长方式和消费模式，改变老工业基地经济粗放发展模式，增强可持续发展能力，努力实现经济效益、社会效益和生态效益相统一。

（六）体制机制创新与市场体系建设

经过30年的改革开放，我国老工业基地的改革任务仍未完成，存在着国企改革不彻底，企业改制政策未能有效落实，市场经济体制不完善，市场化进程较为缓慢，非公有制经济发展不足，对外经济联系能力较弱，经济外向度较低等问题。未来，老工业基地调整改造必须继续深化改革，加大改革力度，以改革促发展，努力破除制约经济发展的体制束缚。通过体制机制创新，积极转变政府职能，改善老工业基地的政策环境和服务环境。加快国有经济战略性调整，深化国有企业改革，大力发展非公有制经济，加快市场机制建设，完善现代市场体系。积极扩大对外开放，加强区域经济合作，进一步增强老工业基地城市的发展活力和动力。

第三节　老工业基地的范围界定

老工业基地的调整改造，首先必须明确对象，这是调整改造的前提。因为中国老工业基地的数量多，分布范围广，发展水平和城市功能类型等有所不同，应将老工业基地区别分类，有针对性地进行调整改造和政策支持。

一、老工业基地的范围界定

老工业基地城市范围的界定，可分为两个步骤：第一，老工业基地城市的识别。根据老工业基地的概念和老工业基地的特征，采用定性分析和定量分析相结合的方法，先鉴别出哪些城市属于老工业基地；第二，需要国家支持的老工业基地城市界定。按照科学设定的一系列指标，对老工业基地城市进行综合评估，筛选出“处于衰退中的老工业基地”，纳入国家支持的范围。因为，并不是所有的老工业基地都需要国家政策的支持，应注意区别“老工业基地”和“需要国家政策支持的老工业基地”两个概念。

（一）老工业基地识别的常规标准

过去我国对老工业基地城市识别的主观性较强，主要是根据老工业基地的概念进行界定的，认为工业基地就是那些在长期的工业发展过程中形成的，对区域经济或全国经济产生巨大影响的工业集群区域或城市。按工业基地形成的时间先后分为早期工业基地和近期工业基地，早期工业基地就称为老工业基地。根据这一主观判断，当时确定了哈尔滨、齐齐哈尔、吉林、大连、沈阳、鞍山、抚顺、本溪、包头、天津、太原、大同、洛阳、西安、成都、重庆、武汉、上海等20个老工业基地城市。①实际上，按照常规标准识别和考虑区域因素，我国的老工业基地城市远不止这些。

目前，我国老工业基地城市的识别主要依照四大标准。第一，地域单元标准。即将地级以上城市作为基本的地域单元。第二，形成时间标准。主要是指“一五”、“二五”和“三线”时期建设形成的工业基地。第三，投资主体标准。是指计划经济时期，主要依靠国家投资形成的老工业城市。第四，历史贡献标准。是指上缴利税、原材料及设备供应、技术创新和人才培养、国防保障等贡献较大的城市。需要特别强调的是，老工业基地调整改造对象的确定，宜以地级以上城市包括计划单列市、省会城市和地级市为地域单元，而不应以省级行政区、城市群或都市圈、工业走廊等为地域单元，这样才便于国家各项政策的操作和有效实施。

（二）老工业基地界定的指标评价体系

我国老工业基地城市除了依照四大标准进行识别外，还可进一步设定相对衰退、结构老化、经济转型难度、社会负担、资源环境压力、战略潜力、地方财力等指标，建立相应的指标评价体系进行综合评价，在此基础上确定今后一定时期内需要国家支持或重点支持的老工业基地城市，以此作为国家给予政策支持

①中国工业经济研究与开发促进会课题组．老工业基地的新生——中国老工业基地改造与振兴研究．经济管理出版社，1995年版

的依据。

1. 相对衰退标准

重点考察老工业基地城市多年平均增长速度是否低于全国各地区同期平均增长速度。如果增长速度较低，说明老工业基地城市增长处于相对衰退之中，其经济总量如工业增加值等在全国的地位和人均或人均工业增加值相对水平将趋于下降。如果老工业基地城市呈持续快速增长态势，则说明其发展势头良好，国家没有必要给予重点支持。

2. 结构老化标准

重点考察老工业基地城市的“老化”问题，以此作为国家是否给予政策支持的标准之一。这是因为，在不少老工业基地城市，由于体制改革滞后，经营机制不活，技术改造投入不足，导致技术装备落后，产品老化严重，企业创新乏力，核心竞争力不强。其主要判别指标有传统产业所占的产值比重、工业企业技术装备水平、新产品销售收入所占比重等。

3. 社会负担标准

老工业基地城市所承担的各种社会负担大小，应是国家确定是否给予政策支持的优先标准。这些社会负担大都是历史遗留下来的，如不尽快加以解决，很容易引起和激发各种社会矛盾。当前，可着重考察以下三个方面：一是国有企业下岗工人的数量，以及城市登记失业率的高低；二是国有企业的历史包袱，包括企业离退休人员的比重、企业办社会负担和企业债务负担等；三是社会保障能力是否充足，社会保险资金缺口有多大。

4. 经济转型难度标准

老工业基地振兴的核心任务就是经济转型，即将老工业基地建设成为现代化的新型产业基地。因此，应把老工业基地城市经济转型的难度大小作为国家给予政策支持的重要标准。当前可重点考察以下三个方面：一是传统的衰退产业所占产值比重的大小；二是国有及国有控股企业所占比重的高低；三是采掘和原材料工业所占产值比重的大小，主要考察其产业结构的单一性和增值程度。

5. 资源约束和环境压力标准

从现有情况看，老工业基地城市大都面临着资源和环境的双重压力，区域可持续发展问题突出。例如，因资源枯竭导致矿井关闭，因长期开采造成大面积的地表沉陷和生态破坏，因重化工业相对集中造成环境污染问题突出，等等。因此，老工业基地城市资源和环境压力的大小，应该成为国家给予政策支持的重要标准。

6.战略潜力标准

国家战略功能有很大一部分是依靠老工业基地城市实现的，它们为国家作出了重大贡献，也作出了较大牺牲。因此，应把老工业基地城市承担国家战略功能的潜力大小，作为今后国家是否给予政策支持的重要标准之一。以中部地区为例，长期以来，中部地区在国家战略中一直承担着重要的功能，如全国能源原材料基地和粮食主产区建设、重大装备制造业和高新技术产业发展等。此外，在当前国家实施中部崛起战略的背景下，老工业基地城市对区域经济的带动辐射作用大小也应成为一个重要标准。

7.地方财力标准

老工业基地城市当前所面临的许多问题，单纯依靠地方政府包括省和市级政府是难以根本解决的，确实需要中央政府在资金和政策上给予大力支持。因此，应考虑将地方财力大小作为国家给予政策支持的重要标准之一。地方人均财力越小，中央政府越应优先给予支持，或者给予支持的力度要更大，同时还要考虑结合各区域的实际情况进行界定。

二、老工业基地的类型划分

(一)常见的几种老工业基地分类

1.按城市职能分类

根据老工业基地各城市的工业发展情况和行业结构特点，以及在全国和区域经济中的战略定位和所承担的主要功能，大体可以分为资源型、原材料型、装备制造型、综合型、其他五种类型。(1)资源型老工业基地。如大庆、阜新、乌海、六盘水、铜川、赤峰、克拉玛依、萍乡、大同、阳泉、淮南、淮北、焦作、平顶山等城市，这些城市大都是在矿业的基础上发展起来的，煤炭、电力等资源型产业占有较大比重。(2)原材料型老工业基地。如抚顺、黄石、鞍山、攀枝花、泸州、、包头、秦皇岛、太原、长治、九江、铜陵、马鞍山、安庆、安阳等城市，这些城市的钢铁、有色金属、石化以及基本化工材料等原材料工业所占比重较大。(3)装备制造型老工业基地。如齐齐哈尔、德阳、汉中、洛阳、芜湖、景德镇、襄阳、十堰、株洲、湘潭、沈阳、哈尔滨、天水、西安等城市，这些老工业基地城市装备制造业特别是交通运输设备制造和机械工业具有较好的基础，在全国和区域经济中占有重要的地位。其中，十堰、襄阳、芜湖为重要的汽车生产基地，株洲为我国的机车生产基地，景德镇为汽车和直升机生产基地，洛阳则为我国的大中型拖拉机生产基地。(4)综合型老工业基地。如武汉、重庆、郑州、长沙、合肥、南昌、贵阳、昆明、开封、营口等城市，这些老工业基地城市大都为省会城市或者区域中心城市，产业结构相对多元化。尤其是武汉、郑州、长沙、合肥和南昌等省会城市，经济综合实力较强，发展水平较高，大学和科研机构集聚，要素集聚和辐射带动作用较强，在发展高新技术产业、新兴产业、先进制造业和现代服务业方面具有优势。(5)其他老工业基地。如遵义、宜宾、新乡、宜昌、荆州、邵阳、牡丹江、佳木斯、内江等城市，这些老工业基地城市产业结构相对均衡，呈现出多样化的态势，但其中心城市的功能不如综合型老工业基地。

2.按形成时间分类

以时间段划分，老工业基地可分为新中国成立前已经形成或已有基础的老工业基地和新中国成立后形成的老工业基地。如上海、天津、沈阳、武汉、重庆、哈尔滨、鞍山、本溪、抚顺等城市，都是在新中国成立前就已经具有规模的工业基地；其他大部分城市均是在新中国成立后建立和发展起来的。

3.按工业轻重分类

依据主导工业产业的类型划分，可将老工业基地按照工业的轻重程度分为重化工业型老工业基地和轻工业型老工业基地。重化工业是重工业和化学工业的合称，重化工业型老工业基地主要以生产资料产品的生产为主，如钢铁、机械设备及化工产品等。我国老工业基地大部分属于重化工业型老工业基地，轻工业型老工业基地主要生产生活消费品和制作简单的手工艺品。按劳动对象的不同，分为以农产品为原料的轻工业如食品、纺织、造纸和印刷等，以工业品为原料的轻工业如文体用品、日用金属及玻璃制品等。我国只有少数城市如荆州市等属于轻工业型老工业基地。

4.按地理区位分类

基于地理特征，老工业基地可分为滨水开放型和内陆封闭型①。如大连、天津、上海等沿海老工业城市和武汉、宜昌、重庆、芜湖、安庆、岳阳、九江等沿长江岸线老工业城市，属于滨水型老工业基地，其他大多数则属于内陆型老工业基地。内陆型老工业城市位于内陆地区，远离海岸线和水路交通线路。由于陆地

①陆军.城市老工业区转型与再开发：理论、经验与实践.社会科学文献出版社，2011年版

交通成本较大，导致内陆型老工业城市一般接近原料产地或燃料产地，对外交流较少，经济活动较为封闭；滨水开放型老工业基地指位于河、海岸线、水路交通发达的老工业城市。滨水开放型老工业基地的兴盛一般得益于发达的水路交通，运输成本较低，相对缩短了与原料产地和消费地的距离，促进了对外的合作与交流，产品拥有广阔的市场。

5. 按作用范围分类

按作用范围，老工业基地可以分为全国性的老工业基地和区域性的老工业基地。全国性的老工业基地在整个国民经济中具有举足轻重的作用，其影响辐射全国，是全国的经济中心，如上海、天津等城市。有的城市甚至可能成为国际性的、世界地区性的经济中心。区域性的老工业基地，是指其作用范围主要限于某一地区，如重庆、成都等是西南地区的经济中心，西安、兰州等是西北的经济中心，武汉、郑州等是中部的经济中心，沈阳、大连等是东北的经济中心。

（二）新时期老工业基地的分类

以上几种常见的老工业基地分类方法各有优点：按职能分类方法准确地反映了老工业基地城市的行业特点和主要功能，对促进老工业基地产业转型发展及主导产业的选择有较大的指导作用；按形成时间分类方法可以体现老工业基地的形成历史过程，展示老工业基地的历史作用和贡献；按轻重工业分类方法主要可从工业的轻重程度对老工业基地城市进行分类；按地理区位分类方法可以充分展现老工业基地交通区位的优劣势，对于制定外向型发展战略有积极意义；按作用范围分类方法体现了老工业基地的区域地位和作用，可以帮助明确老工业基地的战略定位。但是，这些分类方法都不能真正体现老工业基地的发展现状水平和发展潜力，而且这些分类方法大多主观性比较强，较难做到客观量化，在政策支持上无法体现针对性，难以实现“区别对待、分类指导”的目标。

因此，新时期需要按发展阶段对老工业基地进行分类，即根据老工业基地城市的发展现状水平和发展态势，从经济、社会等方面对老工业基地进行评估，将老工业基地划分为三种类型：（1）繁荣型：如上海、天津、武汉、重庆等城市，该类型老工业城市基本实现了产业现代化，经济社会发展水平较高，城市功能较为完善，已经成为区域中心城市。因为国家对该类型老工业城市调整改造较早，调整振兴可谓“先行一步”，城市“退二进三”较为成功，调整改造的成效显著，调整改造的经验可对其他老工业基地城市起到参考借鉴作用。（2）发展型：如沈阳、哈尔滨、成都、西安、郑州、长沙、合肥、太原、南昌等省会城市和一些次区域中心城市。这类老工业基地城市的经济发展保持比较高的发展速度,工业体系比较完备,具备较强的城市竞争力,发展潜力巨大。但在产业结构调整和节能减排方面仍有较大压力,一旦调整改造成功将充分释放其潜能,实现突破发展,城市整体实力得到大幅提升,形成区域新的增长极,对周边城市起到强大的辐射带动作用。(3)衰退型:这类老工业基地城市规模不是很大,产业结构比较单一,工业体系不够完备,甚至有些城市产业衰退严重,技术装备严重老化,城市生态环境破坏严重,新的产业体系没有建立,面临产业结构调整、城市改造、可持续发展等一系列问题,不能适应经济快速发展的要求。但这些老工业基地城市具备一定产业基础和较明显的后发优势,经过调整改造,在政策上给予相应的扶持,其经济社会发展水平会有较大提高,将促进地区的整体发展。

第六章　中部老工业基地调整改造的现实基础

中部地区依靠独特的区位优势和丰富的矿产资源，经过国家“一五”、“二五”和“三线”重点建设，形成了一大批工业基地。这些工业基地曾经发展辉煌，为国家作出过巨大贡献，虽然由于历史原因，它们在发展过程中遇到各种问题和困难，但中部老工业基地发展基础坚实，在区域中的地位突出，对中部地区经济社会发展发挥着重要的支撑作用。

第一节　中部老工业基地的发展历程及特征

一、中部老工业基地的发展历程

从发展历程上看，中部老工业基地的发展大致可分为四个时期：

（一）形成时期（1890—1980）

中部老工业基地始于新中国成立初期接收的官僚资本的工矿企业、对私人资本主义工业改造、从沿海地区内迁的部分企业、恢复扩建的工矿企业，并在国家实施优先发展重工业战略的强力推动下，依靠独特的区位优势和丰富的矿产资源，经过“一五”、“二五”和“三线”建设逐步形成。其中，“一五”和“三线”时期的建设，对中部老工业基地的形成具有决定性的意义。

一是清末“洋务运动”时期开始，抗日战争时期沿海工业企业部分内迁，形成工业基地雏形。1863 年，曾国藩在安庆建立安庆内军械所，生产出全国第一台蒸汽机和第一艘机动船，在安庆内军械所发展的基础上，安庆的工业经济得到长足的发展。随后，张之洞在武汉建成了汉阳铁厂、汉阳兵工厂等近代制造业，其产品“汉阳造”享誉全国，武汉成为中国仅次于上海的经济中心。1876年，芜湖被辟为全国五大通商口岸之一，一批民族工业相继兴起。抗日战争时期，东部地区的军工企业及部分民族工业大量内迁于中西部地区，促进了中部地区工业基地的形成。

二是“一五”时期国家集中大量财力在中部建立了一大批工业基地。新中国成立初期，国家为了迅速恢复经济生产，启动了以“156”项工程为核心、以900多个大中型项目为重点的工业建设（见表6—1），形成了中部地区的工业体系雏形。国家一方面投入巨额资金，加快生产结构调整，在充分利用和发挥原有工业优势的基础上，加强重工业建设，着力改建和扩建了大批的新型项目；另一方面进行了工业改组和改造，提高工艺装备和产品技术水平。在这一时期，根据国家优先发展重工业的战略，将基础工业和国防工业作为中部经济建设的中心任务，重点建设了一批钢铁、机械制造、煤炭电力、有色金属、化工、纺织企业，基本形成了以武汉、洛阳、郑州、太原、合肥、长沙、株洲、南昌、九江等城市为中心的工业基地。重点企业有：湖北的武汉钢铁公司、武汉重型机床厂、武汉锅炉厂、武昌造船厂、武汉肉类联合加工厂等；河南的第一拖拉机厂、洛阳轴承厂、洛阳矿山机械厂、河南柴油机厂、洛阳热电站、洛阳有色金属加工厂等；湖南的株洲热点站、株洲硬质合金厂、湘潭船用电机厂等；山西的太原重型机械厂、太原第一和第二热电厂、太原化工厂等；江西的洪都机械厂、江西电机厂、南昌柴油机厂、江西第四机床厂、九江永生织布厂等；安徽的安徽纺织总厂、铜陵有色金属公司、淮南煤矿、安徽造纸厂等。

表6—1　“156”项工程在中部地区的分布与建设情况

省区及占比	项目数量（个）	实际完成投资（万元）
河南	10	159704
湖北	3	154805
山西	15	131880
江西	4	25132
湖南	4	14255
安徽	1	1486
合计	37	487262
占全国比重	24.70%	24.80%

资料来源：根据董志凯的《新中国工业的奠基石——156项建设》整理所得。

三是“二五”时期国家为了进一步促进经济发展，在中部新建、改建形成比较完善的工业体系。国家一方面通过裁并、改建和扩建，组成大型骨干企业，形成大批量和成套生产能力；另一方面在“大跃进”的推动下，以钢铁为主大上项目，强化了重工业的格局。但是，由于工业结构失衡，造成了经济畸形发展，老工业基地经济开始出现大起大落甚至下滑的态势。之后，国家重新确定了“调整、巩固、充实、提高”的方针，对经济进行调整并采取强硬措施进行整顿，中部老工业基地相继关停并转了一部分工厂，改建扩建和新建了一批不同类型的重点骨干企业，使工业结构得到一定的调整和优化，开始形成以重化工业为主、兼顾轻纺工业发展的工业体系。

四是20世纪60年代开始的“三线”建设时期，国家在中部地区建立一批包括从常规兵器到尖端科学在内的军事科技工业，并内迁了一批配套工业、大专院校及科研院所，为建设比较完整的现代工业体系和国防科技产业体系奠定了基础。1965—1978年期间，受国内外政治形势的影响，国家根据“备战、备荒、为人民”的方针，开始了大规模的“三线”建设，经济建设的战略布局开始由城市向丘陵山区转移，由一般的工业项目向军工项目倾斜。这一时期，国家在河南的豫西山区投资总额达到15.3亿元，主要用于煤炭、石油、电力、铁路和军工等建设，建立了大批“三线”企业，主要分布在南阳、平顶山、洛阳等城市；在湖北先后建成了军工、石化、机械、电子、冶金、纺织等大批企事业单位，在鄂西地区形成了襄阳、十堰、宜昌、荆门等一批新兴工业城市；在江西建设了以九江为中心的大批军工企业，形成了以化工、轮胎、造船、机械等为主的重工业体系；山西“三线”建设累计完成投资14亿多元，重点建设了宁武高炮厂、541坦克基地、晋东南电子工业基地、航天工业企业和10余个地方军工企业；安徽新建、扩建了一批民用企业，包括铜陵市钢铁厂、安徽省东风塑料厂、蚌埠平板玻璃厂、安庆石化总厂炼油厂、安庆地区化肥厂、安庆机床厂、安庆船用柴油机厂等；湖南进行了各类工业行业的重点建设，经济布局的重点由城市转向丘陵山区，由一般工业转向军事工业。在这一期间，中部以其特殊的地理区位优势成为国家“三线”建设的重点区域，由国家投资建设了一批“大三线”和“小三线”军工企业，奠定了中部地区国防科技工业发展的基础，至此形成了以传统重工业为主导，以能源、机械、冶金、纺织、化工、军工为支柱的产业格局，中部老工业基地成为全国性的重工业基地和国防工业基地。

（二）局部调整改造时期（1981—2005）

一是特大型老工业基地城市的调整改造。1984年，原国家经贸委确定了武汉为全国六个老工业基地重点改造城市之一，并设立了老工业基地调整改造转型基金，进一步加强了现有企业的技术改造。"七五"期间，国家在武汉安排一批重大技术改造项目，重点改造一批生产技术、管理水平在行业领先、改造后能在赶超国际先进水平中起示范作用的大中型骨干企业。1987年，国家批准将武汉列为经济体制改革试点城市，实行计划单列，实行利润包干、利改税、承包经营责任制等外部"政策调整型"改革。

二是"三线"建设的调整改造。根据国际国内形势的新变化，中共中央提出了"三线建设要调整改造、发挥作用"的方针，把"三线"建成平战结合的战略后方基地。"六五"至"七五"期间，结合改革开放战略的实施，国家开始对全国"三线"建设重点城市开展调整改造，在政策、资金等方面给予了大量的支持。中部地区以鄂西、豫西等"三线"老工业基地城市为主，进行了以技术改造升级和企业布局调整为重点的调整改造，中部老工业基地的生产能力、技术水平和生产布局得到了一定程度的提升和完善，工业基础得到进一步的巩固和加强，调整改造成效显著。

这一时期，中部老工业基地调整改造的重点主要在国有企业布局和技术改造上，政策的制定还局限于某些部门，是以传统产业技术改造为核心的老工业基地振兴思路。进入20世纪90年代中后期，国家重点开始对东北老工业基地进行调整改造，中部老工业基地得到国家的政策支持较少，调整改造在艰难中探索前行。

（三）"比照"调整改造时期（2006—2010）

2006年，国家颁布了《中共中央国务院关于促进中部地区崛起的若干意见》（中发[2006]10号），"促进中部崛起战略"成为国家战略。2007年，为贯彻落实《意见》精神，国家又发布了《国务院办公厅关于中部六省比照实施振兴东北地区等老工业基地和西部大开发有关政策范围的通知》，确定了中部六省26个城市比照实施振兴东北地区等老工业基地的有关政策，包括太原、大同、阳泉、长治、合肥、马鞍山、蚌埠、芜湖、淮南、南昌、萍乡、景德镇、九江、郑州、洛阳、焦作、平顶山、开封、武汉、黄石、襄阳、十堰、长沙、株洲、湘潭、衡阳26个城市。但《通知》仅确定了中部 26 个老工业基地城市，覆盖面不够，而且没有指明比照政策的范围，也没有出台相配套的实施细则和具体方案，导致仅有少数城市进行了相关政策的“比照”落实，调整改造政策的整体成效不大。总体而言，这一时期中部老工业基地主要是以“比照”东北老工业基地振兴经验为重点而进行的调整改造，虽然取得了一定的成绩，但未能对中部老工业基地振兴起到根本的作用。

（四）振兴时期（2011—今）

随着振兴东北老工业基地各项政策的实施取得初步成效，为尽快解决“东北地区等老工业基地”中的“等”字问题，2010 年 8 月 17 日，温家宝总理主持召开了国务院振兴东北地区等老工业基地领导小组第二次全体会议，强调要统筹推进全国老工业基地调整改造工作，研究编制并组织实施《全国老工业基地调整改造专项规划》，结合新形势和新情况，研究制定符合实际、切实有效的政策措施。由此，老工业基地调整改造将在全国范围内推进，中部地区老工业基地将借此得到飞跃性的发展，有望走上全面的振兴之路。

二、中部老工业基地的历史贡献

经过“一五”、“二五”和“三线”时期的建设，一大批国有大中型工业骨干企业相继投产，奠定了中部地区工业发展的基础。经过 50 多年的发展，中部老工业基地的工业发展取得了巨大成就，在财税价值、物质产品、技术创新和人才培育、社会就业以及国防建设等方面为国家作出了巨大贡献。

（一）财税价值贡献

新中国成立 60 多年来，中部老工业基地很好地发挥着支撑整个经济发展的脊梁作用，上缴了大量的利润和税收，为国家经济建设作出了巨大的价值贡献。据不完全统计，60 多年来，山西省太原、大同、长治、阳泉四市国家累计投资 257.78 亿元，这些工业企业累计上缴利税 990.11 亿元，累计价值贡献达 732.33 亿元。河南的洛阳、郑州、焦作、平顶山、开封等老工业基地城市的主要工业骨干企业，60 多年来累计实现产值达 5380 多亿元，上缴利税 520 多亿元。郑州三棉建厂 50 年来，上缴利税相当于国家投资建厂时的 40 倍；平顶山平煤集团自建矿以来上缴利税是初始投资的30倍；开封空分集团建厂至今累计上缴利税是国家总投资的14倍。江西仅九江市126个老工业企业对国家价值贡献累计达62.12亿元，占江西省老工业基地城市的1/4，占全国老工业基地城市的0.56%。安徽蚌埠市到2005年，累计上缴省和中央财政达222.5亿元。芜湖市到2006年，累计上缴省和中央财政达315亿元；铜陵市到2009年，累计上缴313.8亿元；安庆市到2006年，累计上缴300多亿元，是国家对该市企业投资的25倍。湖北鄂州累计上缴利税150多亿元，其中老工业企业上缴利税130亿元；黄石累计向国家上缴利税约385亿元，相当于国家同期投入的6.6倍；荆门从1970年到2009年累计上缴利税300多亿元，其中三线企业上缴利税220多亿元，仅荆门炼油厂累计上缴利税就达207亿元，是国家投资的三倍多。

（二）物质产品贡献

中部老工业基地为国家经济建设和人民生活改善无偿或平价提供了大量的物质产品。在计划经济时期，中部老工业基地生产的产品是国家重要的计划物质，实行计划调拨，调拨价格远低于市场价格，为社会主义经济建设和人民群众基本生活提供了供应保障。社会主义市场经济体制确立后，老工业企业凭借人才、设备、技术等优势，研发出了许多适销对路的产品，在我国经济建设中继续发挥着重要的作用。首先，中部老工业基地生产的大量工程机械产品，为提高我国的产业装备水平和带动相关产业发展作出了重要贡献。截至2009年底，河南洛阳老工业基地的工业企业累计为国家经济建设生产各类拖拉机200多万台，各种工程机械4万多台，各种系列柴油机94.6万台，各种矿山机械101.2万吨，大马力柴油发电机1139台套，各种轴承13.4亿套，平板玻璃2.1亿重箱，各种电台12万台，各种光电连接器2400万只等。履带拖拉机、大轮拖拉机、振动压路机、大型矿山设备、大型水泥设备、超薄玻璃、主要硅质耐火砖和装载机国内市场占有率分别达到100%、49.2%、25.2%、80%、70%、80%、13%和23.1%。三峡工程、小浪底工程、青藏铁路、宝钢工程、奥运工程、国家大剧院工程、“神舟”载人飞船、“嫦娥登月工程”等当今我国的著名大型工程建设中都使用了洛阳企业生产的工程与机械类产品。其次，中部老工业基地依靠丰富的资源优势，为国家经济建设提供了大量的原材料产品，有力地支持了我国工业化进程。湖北黄石为我国工业经济发展提供重要的原材料，累计提供铁矿石1.9亿多吨、铜精矿75万吨、原煤7000多万吨、石灰石5.6亿吨，累计产钢3000万吨、铜300万吨、水泥1.38亿吨。1990年以前，黄石一直是武汉的工业“粮仓”，武钢70%的铁矿石、70%的生产生活用煤均由黄石提供。安徽铜陵“一五”期间，共生产铜料26702吨、粗铜26412吨，占当时全国粗铜总产量的36.2%。“二五”期间，铜陵共生产铜料67572吨、硫精砂(35%)643500吨、铁精砂727952吨、粗铜74040吨，占当时全国粗铜总产量的33.3%。三年调整时期，铜陵共生产铜料38956吨、粗铜39435吨、硫精砂(35%)546437吨、铁精砂411399吨。截止2010年底，仅铜陵有色控股公司就为国家生产粗铜614万吨，生产电解铜603万吨，生产硫酸1967万吨、黄金75298千克、白银1787856千克。第三，中部老工业基地依托煤炭石油资源，为国家经济快速发展源源不断地输送了大量的“动力血液”，为保障我国能源安全作出了重要贡献。60年来，山西累计产煤119亿吨，净调出82亿吨，外输电力1225亿千瓦小时，外运洗精煤5.5亿吨，焦炭1.6亿吨。产品辐射近30个省、市和自治区，为缓解我国能源供需紧张局面，为全国特别是东部沿海地区的经济发展提供了强大的能源支撑，作出了突出的历史性贡献。2009年河南平顶山工业基地原煤产量5782万吨，洗煤达到2327万吨，发电量183亿千瓦时，焦炭525万吨，烧碱28万吨，形成了在全国有一定影响的煤炭生产和综合加工、坑口火力发电等能源基地。安徽淮北市从1958年到2004年累计产煤6.35亿吨，累计发电1302.5亿千瓦时。淮南市从1949年到2010年累计出煤近10亿吨，累计发电近3000亿千瓦时，为华东各省市和中南地区提供了大量廉价的煤炭资源和电力资源。第四，中部老工业基地在为国家经济建设提供大量机械设备、原材料、能源的同时，也生产了大量的轻工产品，对解决我国日常物质产品短缺和提高人民群众生活水平做出了不懈努力。湖北荆州1949—1985年期间，共生产棉纱558511吨，布226495万米，化学农药141600万吨。1985年，其棉纱产量占全省产量的18.17%，居第二位；布19400万米，占全省产量的17.18%，居第二位；化学农药9700万吨，占全省产量的66.44%，居第一位。河南开封市为生产出许多轻工产品都创造了河南第一：河南第一台电视机、第一台电冰箱、第一根火腿肠、第一辆自行车和第一台缝纫机，生产的化肥、合成氨、碳铵、农药等农用产品覆盖全国众多地区。安阳市安全牌火柴、盾牌内衣、飞鹰牌自行车、解放牌灯泡、金钟牌电池、红霉素、C630机床、电磁电铁等产品曾经名扬全国。

（三）技术创新及人才培育贡献

长期的工业实践，中部老工业基地成为许多工业关键技术和产品生产工艺的发明者和创造者，造就了一大批优秀的专业技术人才和众多行业专家，对提高国家整体工业水平和推进工业化进程作出了突出贡献。一是技术创新贡献。河南洛阳拥有一大批国家级和省部级的科研院所和企业工程技术中心，洛阳有色院是国内唯一以有色金属加工行业规划、工程咨询、工程设计、设备研制、工程承包等为主的综合性科研设计机构，代表着我国有色金属加工设计、设备研发的最高水平，国内70%的有色金属加工工程设计都是由洛阳有色院完成的。洛玻集团是世界三大浮法技术之——“洛阳浮法玻璃工艺”的发明者，目前在全国110多条浮法玻璃生产线中，85%以上采用的是“洛阳浮法玻璃工艺”技术。湖北的武钢、二汽对中国钢铁和汽车工业的技术进步产生了重要推动作用，东风加强国际合作，进行战略重组，用换来的技术嫁接稀缺资源；在自主研发阶段，二汽开创了中国汽车发展的新纪元。荆门炼油厂通过自主创新和科研院所合作，开发运用了润滑油生产组合、润滑油液相脱氮、溶剂油深度脱芳、润滑油加氢改质等一系列新技术，取得国家级科技成果5项，省部级科技成果45项，12项技术和产品获得国家专利。六〇五所建所以来取得科研成果98项（国家级9项），获得国家科技进步一等奖14项、二等奖26项、三等奖24项，在高速水动力学理论研究及试验测试技术等诸多方面在国内处于一流水平，具备亚洲第一长度、国内唯一的高速航空水池试验条件，承担了国家多项重点型号试验任务，主持参加的腐蚀防护与强度控制领域的多项大、中型预研和工程应用研究项目在国内航空系统居于领先地位。安徽铜陵重点采矿理论达到了国际领先水平，地下矿山开采新工艺进入了世界先进行列，成功解决了铜闪速冶金领域节能理论研究和实用技术开发等问题，拥有了多项属于我国自主知识产权的新技术，提高了我国工业技术水平，增强了我国铜工业在世界范围的影响力。铜化集团在高浓度复合肥及硫铁矿制酸技术上独树一帜，其无干燥技术、外环流技术具有国内较高水平。铜峰电子集团电容器薄膜生产技术已达到世界先进水平，自主研发的电力电容器生产技术填补了国内空白。江西南昌飞机制造公司作为新中国第一架飞机、第一枚海防导弹与第一辆摩托车的诞生地，为全国飞机制造与摩托车制造行业源源不断地输送了大量科技人才。二是人才培育贡献。中部老工业基地在人才培育方面的贡献巨大，在全国各地，特别是沿海发达地区，几乎到处可以见到中部老工业企业和科研院所培养出来的人才，尤其在关键科研技术研究和高技能操作岗位上，出自中部老工业基地的人才比例更高。河南洛阳老工业企业共对外支援和输出业务骨干达53058人，其中高级人才461人，中级人才2599人。平顶山的姚电公司累计向电力系统共输送各类人才400余人，被誉为电力人才的摇篮，对我国电力事业的发展起到了积极的促进作用。湖北十堰二汽为中国汽车工业输送了大批优秀人才，荆州的轻纺工业也向东部沿海地区输送了大量人才。山西大同为全国和山西省新建的电力生产、基建企业、军工、地方企业培养也输送了大量的工程技术人员，支援全国各地的新建电厂和电业有关单位3000多人。安徽铜陵培养和锻炼了一大批有色金属采、选、冶方面的专业技术人才和技术工人，仅铜陵有色第一冶炼厂就为国家培养和输送了3500多名有色冶金专业人才和生产骨干，有力地支持了我国有色金属工业的发展。甘肃金昌、白银以及江西等地的有色金属工业，就是在铜陵为他们输送和培养的大批技术和管理人才的基础上创建的。

（四）社会就业贡献

中部老工业基地大中型国有企业居多，在计划经济时期，私营经济发展受到限制，第三产业不发达，国有企业吸收了大量人员就业，成了“高就业”的主要载体。社会主义市场经济体制建立以后，这些老工业企业仍然是带动就业的主体，在改革改制中进行减员的同时，通过拉动周边商业、服务业及其他相关配套产业的发展，间接地创造了更为大量的社会就业岗位，对维护整个社会的稳定和促进农村剩余劳动力转移作出了重要贡献。安徽铜陵2009年资源性产业就业人员占全社会就业人员的45%以上，铜陵工业企业从业人数达14万人，带动相关产业就业人数达22万人；湖北荆州（原沙市）工业企业1985年共吸纳103891人就业，占当年全市人口总数的40.94%；河南郑州18家老工业企业累计安排就业人员26.9万人，带动相关行业就业人员近60万人；平煤集团就业职工最多时超过16万人，占整个平顶山老工业基地职工总数的50%。

（五）国防安全保障贡献

凭借天然的区位、地理优势，中部成为国家“三线”建设的重点地区，大批军工企业相继建成，成为我国国防工业的重要组成部分。50多年来，这些企业生产了大批军工产品，为国防事业和国家安全作出了重大贡献。河南洛阳老工业企业多年来为国家生产出许多先进的坦克、仪器、电台等军用产品，有效改善了我国部队的装备水平。开封老工业企业从1985年开始，参与我国军工装备新型坦克增压发动机多种高效板式散热器的研制，并通过鉴定，大批量定型生产。此外，洛阳、焦作、平顶山的一些军工企业或者担负军工生产任务的企业，虽然按照国家要求一直保有军工生产能力，但是实际上并未生产，付出了较大成本。山西太原市已经成为我国重要的国防科技基地之一，拥有专业大型军工企业11家，已形成生产火药、炮弹、火炮、水下兵器、火箭弹、航空仪表、航天地面装置、防化器材等军品生产体系，为我国国防事业作出了突出贡献。晋西机器厂、兴安化学材料厂、山西机床厂、汾西机器厂等“一五”时期建设的老军工企业，除完成国家急需的军工产品外，大“三线”建设时期，在河南、四川、云南、河北等省包建了六个新建军工企业，对八个军工企业输出技术和技术人才。太原航空仪表公司是以旧中国“两航”起义人员为主体，新中国建设的第一个航空仪表厂，生产出我国第一块航空仪表，被誉为中国航空仪表的发祥地。湖北荆门拥有大量的军工企业，六〇五所和宏图飞机制造厂研制成功了军用大型水上飞机(SH5)。六〇五所研制的系留飞艇信息平台用于亚运、奥运和国庆60周年阅兵等重大活动的安全保障，出色完成了任务；成功承担了水上飞机、地效飞行器、飞机水上迫降、水面船舶及潜艇鱼雷等高速水面水下航行器的试验研究，对提高部队装备水平发挥了重要作用，在高速水动力学理论研究及试验测试技术等诸多方面在国内处于一流水平。

三、中部老工业基地的主要特征

(一)工业结构重型化，产业嵌入式特征明显

经过长时期的发展，中部老工业基地逐步形成了较为完备的工业结构体系。总体来看，中部老工业基地城市大致形成了以冶金(包括钢铁和有色金属冶炼)、能源电力、机械加工、装备制造、纺织、医药、电子信息、化工、建材、食品加工为主体的工业体系，较为明显地侧重于基础工业和国防工业，尤其是钢铁、重大装备制造、石化等原材料型产业在全国占重要地位。除江西少数老工业基地城市外，多数老工业基地的产业结构呈现出明显的重型化特征。同时，“三线”建设时期，由于考虑战备需要，按照“大分散、小集中”的要求，我国采取了政府主导的植入式工业发展模式，老工业基地的布局多遵循“靠山、分散、隐蔽”的方针，

形成“山”、“散”、“洞”为特点的工业布局基础，导致部分“三线”老工业基地城市产业嵌入式特征明显，产业结构形成“孤岛效应”，如湖北十堰市、襄阳的老河口地区等。

(二)城市因“厂”而立，企业布局与城市形成关系紧密

中部老工业基地的布局与建设改善了中部地区的生产力布局，奠定了中部地区的工业化基础，提高了区域产业发展能力。特殊的历史决定了中部老工业基地的企业布局与城市产生、发展的关系十分紧密，中部老工业基地很多城市因某些大型企业布局而设立并发展起来，企业发展壮大形成地方的支柱产业，城市规模也逐步扩大。如湖北十堰、湖南娄底、河南平顶山等城市的建设与企业布局有着直接的关系。以湖北十堰市为例，1969 年东风汽车公司成立设厂，1969 年 12 月经国务院批准成立十堰市，1973 年升格为省辖市，90 年代原十堰市和郧阳地区合并成新的十堰市，深山小镇发展为百里汽车城。又如，湖南娄底市是因涟源钢铁厂、锡矿山铁矿等企业建立；河南平顶山市是因平顶山煤矿而建立等。

(三)城市发展受企业影响较大，核心企业与城市兴衰攸关

中部地区很多老工业基地城市形成了“企业建，城市生；企业兴，城市兴；企业衰，城市衰”的“企业—城市”发展规律。核心企业成为城市发展的根基，城市的繁荣与兴衰决定于核心企业的经营效益，企业与城市的兴衰攸关，企业的兴衰深刻影响城市的发展。这种“企业—城市”关系主要体现在四个方面：一是城市布局方面存在工业生产区域与居民生活区混杂，尤其是老工业区已经成为城市功能区的一部分，部分工业区直接成为城市的一个区，如洛阳、十堰等城市；二是企业建设和经营的各类基础设施与城市市政设施已经形成相互连接的网络系统，如通讯、供暖、供水等基础设施；三是核心企业及所产生的各类附属企业或延伸企业，大量地吸纳了城市劳动力，成为城市居民的主要就业载体；四是企业发展对于城市国民经济实力的增强、税基的增大、财政的增长、居民收入的增收等起着至关重要的作用。以湖北十堰市为例，汽车产业约占十堰市工业总产值的 80%以上，而东风公司占整个汽车产业的 80%。1994—2002 年间，十堰市的工业效益综合指数平稳上升，但 2003—2005 年间，该指数呈下滑趋势，这与东风汽车 2003 年的迁址密不可分。东风汽车注册地、总部迁往武汉后，部分

税收随之转移，十堰市的税收乃至地区生产总值锐减，直接影响了十堰市的经济社会发展。

（四）成为区域经济发展支撑，关乎国家经济安全

中部老工业基地在产生、建设和发展的过程中，奠定了中部地区工业化和城市化的基础。中部老工业基地城市集中了中部地区的主要经济实体和人口，构建了城市的工业经济体系，形成了内陆地区重要的工业基地，部分老工业基地成为区域性的经济中心城市，如湖北襄阳市、宜昌市成为仅次于武汉的省域副中心城市，河南洛阳市、湖南株洲市、安徽芜湖市等也成了区域次中心城市，带动了地方经济快速发展，成为区域经济发展的有力支撑。中部老工业基地的建设历程与重大贡献的历史证明，无论在什么时期，这些城市始终在我国工业体系中发挥基础性作用，尤其是在某些特殊时期（如战争期间等），作为内陆“后方”地区的中部老工业基地始终具有维系我国工业经济体系稳定，确保全国社会经济系统正常运转的作用。

第二节　中部老工业基地的范围界定及空间分布

一、中部老工业基地的识别

（一）中部老工业基地城市识别过程

1. 定性识别

根据目前我国普遍认同的老工业基地界定的四大标准，可对中部老工业基地进行以下界定：

（1）地域单元标准

中部老工业基地的确定，宜以地级以上城市（包括计划单列市、省会城市和地级市）为地域单元，而不应以省级行政区、城市群或都市圈、工业走廊等为地域单元。

（2）形成时间标准

中部老工业基地大都是新中国成立以后形成的。因此，在时间段的选择上，宜把重点放在“一五”、“二五”和“三线”建设时期。考虑到“三线”建设在奠定中部工业化中的重要性，把时间段延伸到“三线”建设时期是十分必要的。少数新中国成立以前形成，并在“一五”、“二五”和“三线”建设时期进行了较大规模投资的工业城市，也应该纳入中部老工业基地的范围。

(3)投资主体标准

中部老工业基地大都是在计划经济时期，主要依靠国家投资形成的。新中国成立以来，国家在这些城市进行了大量投资，集中建设了一大批重点项目和大中型工业企业。包括苏联援建的156个重点项目、“一五”时期动工兴建的694个限额以上工业项目中的部分项目、“三线”搬迁及重点建设项目等。因此，国家投资规模和重点项目数量应该成为界定中部老工业基地的重要标准之一。

表6—2　156个项目在中部地区布局城市

省份	156项目布局城市	
	数量	城市名称
山西	4	大同、太原、临汾、长治
安徽	1	淮南
江西	2	赣州、南昌
河南	5	焦作、平顶山、郑州、洛阳、三门峡
湖北	1	武汉
湖南	2	株洲、湘潭

表6—3　“二五”期间中部地区重点布局城市

省份	重点布局城市	
	数量	城市
山西	3	太原、朔州、运城
江西	1	赣州
河南	1	洛阳
湖北	2	武汉、黄石
湖南	5	株洲、衡阳、娄底、岳阳、郴州
合计	12	

表 6—4　三线项目中部地区重点布局城市

省份	三线项目布局 10 项以上城市		搬迁 10 项以上城市	
	数量	名称	数量	名称
河南	2	平顶山、南阳		
湖北	3	襄樊、宜昌、十堰	1	孝感(17)
山西	2	太原、临汾		
湖南			1	长沙(13)
合计	7		2	

(4)历史贡献标准

新中国成立以来,中部老工业城市曾经对推动全国工业化和经济发展起到了较大作用,并在上缴税收、原材料及设备供应、技术创新和人才培养等方面对国家作出了较大贡献。对城市和企业来说,这种贡献实际上也是一种牺牲。因为在传统的计划经济体制下,企业创造的利润和税收大都上缴了国家,而自身留下的很少,无偿或低价调拨也造成这些城市创造价值的流失。因此,对国家的历史贡献应该成为界定中部老工业基地的重要标准之一。

根据以上标准,初步确定中部老工业基地城市大约有 40 个。具体包括山西的太原、长治、临汾、大同、阳泉;安徽的合肥、淮南、蚌埠、铜陵、安庆、马鞍山、芜湖、淮北;江西的南昌、九江、景德镇、萍乡、新余;河南的洛阳、郑州、焦作、平顶山、安阳、新乡、开封、南阳;湖北的武汉、黄石、鄂州、襄阳、宜昌、十堰、荆州、荆门;湖南的长沙、株洲、湘潭、衡阳、娄底、邵阳。

2. 定量识别

在前期的研究中,对于老工业基地的界定主要是定性的,而定量的研究则较少,具有代表性的是魏后凯(2006)对于中部六省老工业基地的界定和王青云(2007)对于全国老工业基地的界定①。根据数据和资料的可获得性,本书采用六个指标来界定中部的老工业基地城市。这六个指标分别为:

(1)固定资产原值。固定资产原值反映的是一定时期内城市多年形成工业投产累积的结果,本研究将重点参考城市市区全部工业企业固定资产原值在 5 亿元以上的城市。

①魏后凯(2006)主要采用了产业、环境和财力三个方面的七个指标,而王青云(2007)则选用了人口和产业两个方面的六个指标。

（2）工业总产值。工业总产值主要反映当年的工业产出能力，本研究将重点参考城市市区全部工业总产值5亿元以上的城市。

（3）重工业比重。城市市区重工业比重在40%以上。

（4）国有企业职工数量。城市市区全民所有制工业企业职工人数5万人以上。

（5）国有企业职工比重。城市市区全民所有制工业企业职工占全部全民所有制职工人数比重在40%以上。

（6）城市人口。城市市区非农业人口在20万以上。

取1986年中国大陆地级以上城市，采用以上六个指标，同时参照王青云（2007）的研究①，本研究对于六大指标的临界值设置的总量控制在城市总数的1/2 ~ 1/3之间，并考虑到各指标位序排列的断裂点位置进行评价，得出以下研究结果（如表6—5所示）。

表6—5　六项指标评价结果

省份	数量	城市名称
山西	4	太原、长治、大同、阳泉
安徽	5	合肥、安庆、淮北、淮南、马鞍山
江西	3	南昌、萍乡、景德镇
河南	7	郑州、洛阳、平顶山、焦作、新乡、安阳、开封
湖北	3	武汉、十堰、黄石
湖南	5	湘潭、株洲、衡阳、岳阳、邵阳
合计	27	

3."比照"识别

根据国务院办公厅《关于中部六省比照实施振兴东北地区等老工业基地和西部大开发有关政策范围的通知》（国办函［2007］2号），提出中部地区比照实施振兴东北地区等老工业基地的城市有26个（见表3—5），因此，本研究将其考虑纳入老工业基地范围。

①王青云对于其选取的六个指标临界值设定的原则主要是考虑到城市规模等级的划分，老工业基地的显著特征和总量的适度控制（1/3、1/4、1/5）。

表 6—6　中部六省比照实施振兴东北地区等老工业基地有关政策的城市

省份	数量	城市名称
山西	4	太原、大同、阳泉、长治
安徽	5	合肥、马鞍山、蚌埠、芜湖、淮南
江西	4	南昌、九江、萍乡、景德镇
河南	5	郑州、洛阳、开封、平顶山、焦作
湖北	4	武汉、黄石、襄阳、十堰
湖南	4	长沙、株洲、湘潭、衡阳
合计	26	

(二)中部老工业基地城市范围界定

综合集成定性识别、定量识别和“比照”识别等三种识别方法,加之考虑某些特殊因素,可确定以下44个中部地区老工业基地城市。

表 6—7　中部老工业基地城市汇总

省份	数量	城市名称
安徽	8	合肥、芜湖、安庆、蚌埠、淮北、淮南、马鞍山、铜陵
河南	10	郑州、安阳、鹤壁、焦作、开封、洛阳、南阳、平顶山、濮阳、新乡
湖北	8	武汉、黄石、荆门、荆州、十堰、襄阳、宜昌、鄂州
湖南	7	长沙、衡阳、娄底、邵阳、湘潭、岳阳、株洲
江西	5	南昌、九江、景德镇、萍乡、新余
山西	6	太原、长治、大同、临汾、阳泉、晋中
合计	44	

二、中部老工业基地类型划分

(一)按职能类型划分

根据各城市的工业发展情况和行业结构特点,以及其在全国和区域经济中的战略定位及所承担的主要功能,中部老工业基地城市大体可分为以下五种类型:

1.资源型老工业基地:如大同、阳泉、淮南、淮北、焦作、平顶山、黄石、娄底等。这些城市大都是在矿业的基础上发展起来的,煤炭、电力等资源型产业占有较大比重。

2. 原材料型老工业基地：如太原、长治、九江、铜陵、马鞍山、安庆、安阳等。在这些老工业基地城市中，钢铁、有色金属、石化以及基本化工材料等原材料工业所占比重较大。其中，太原和马鞍山的钢铁、铜陵的铜冶炼以及九江和安庆的石化工业等，都在城市经济中占有举足轻重的地位。

3. 装备制造型老工业基地：如洛阳、芜湖、景德镇、襄阳、十堰、株洲、湘潭等。这些老工业基地城市装备制造业，特别是交通运输设备制造和机械工业具有较好的基础，在全国和区域经济中占有重要的地位。其中，十堰、襄阳、芜湖为重要的汽车生产基地，株洲为我国的机车生产基地，景德镇为汽车和直升机生产基地，而洛阳则为我国的大中型拖拉机生产基地。此外，洛阳和株洲的有色冶金工业也具有较好的基础。

4. 综合型老工业基地：如武汉、郑州、长沙、合肥、南昌、开封、蚌埠、南阳、衡阳等。这些老工业基地城市大都为省会城市或者区域中心城市，产业结构相对多元化。尤其是武汉、郑州、长沙、合肥和南昌等省会城市，经济综合实力较强，发展水平较高，大学和科研机构集聚，要素集聚和辐射带动作用较强，在发展高新技术产业、新兴产业、先进制造业和现代服务业方面具有较好发展优势。

5. 其他老工业基地：如新乡、宜昌、荆州、邵阳等。这些老工业基地城市产业结构相对均衡，呈现出多样化的态势，但其中心城市的功能不如综合型老工业基地。

表 6—8　中部老工业基地按功能分类

省份	城市数	老工业基地城市				
		资源型	原材料型	装备制造型	综合型	其他
山西	6	大同、阳泉	长治		太原	临汾、晋中
安徽	8	淮南、淮北	铜陵、马鞍山、安庆	芜湖	合肥、蚌埠	
江西	5		九江	景德镇	南昌	
河南	10	焦作、平顶山、鹤壁、濮阳	安阳	洛阳	郑州、开封、南阳	新乡
湖北	8	黄石、鄂州	荆门	襄阳、十堰	武汉	宜昌、荆州
湖南	7	娄底		株洲、湘潭	长沙、衡阳	邵阳、岳阳

(二)按发展阶段分类

按发展阶段对中部老工业基地进行分类,是为了更为清晰地反映出中部老工业基地的发展水平,用不同的数据指标反映处于不同阶段的中部老工业基地的发展情况。

1.分类依据

同类别老工业基地的经济发展程度及发展中存在的问题都具有相似性,科学划分老工业基地类型可为制定中部老工业基地调整改造及振兴政策提供可靠的依据,使政策更加具有针对性。在以往的研究中,对于老工业基地分类大多是根据老工业基地的定义来进行的,很少采用定量分析方法。本研究拟利用经济指标,采用统计学的聚类分析方法,定量地对老工业基地进行分类。由于本研究样本容量较大,涵盖 44 个城市的 6 项指标,故采用K均值聚类分析法进行分类。

2.分类标准

参考以往研究中对于老工业基地的界定标准,我们将老工业基地经济社会的发展指标划分为历史发展状况、当前发展水平和未来发展潜力三大部分。以下 11 项经济指标能够有效地反映各地区经济发展的主要特征。

表 6—9　老工业基地分类采用的指标数据

时期	数据指标	经济意义
历史发展状况	1.地区生产总值	反映地区经济整体状况
	2.工业生产总值	反映地区工业企业生产能力
	3.规模以上工业企业实现的利税额	反映地区经济为国家财政所作的贡献
当前发展水平	1.人均 GDP	反映经济增长情况
	2.规模以上工业企业增加值	反映工业化程度
	3.人均可支配收入	反映人们生活水平指标
	4. 城镇登记失业人口数/国有企业职工人数的比重	反映城镇就业水平指标
未来发展潜力	1.国有企业总产值/地区工业总产值	反映地区经济发展活力
	2.近三年 R&D 经费投入平均值	反映地区科研经费投入水平
	3.R&D 人员数	反映地区人才储备量
	4.单位工业增加值与废水排放量、二氧化硫排放量、烟尘排放量的比值	反映地区环境质量的指标

3.分析方法

在定量分析中，专家学者对于老工业基地的分类大多采用设定临界值（王青云，2009）的方法，但临界值的选取会有一定的人为因素。为避免主观人为因素对分类的影响，本研究中采用统计学的聚类分析法。同一类城市的经济发展水平和发展存在的问题具有相似性，聚类分析法就是分析如何对样品或变量进行量化分类，通过聚类分析方法能够将具有相同或相似经济特征的城市划分到同一类别。

由于数据的不完整性，我们暂且利用6项指标进行简要分析，分类结果大体能将老工业基地区分开来。针对本次研究中所涵盖的44个城市，对这些城市的6个指标值进行统计整理，考虑到数据的完整性和查找数据的可行性以及数据本身的经济意义，本研究采用2006—2008年6项指标值进行分类，结合三年的分析结果，确定老工业基地的最终分类。

（1）利用SPSS软件中的聚类分析法，采用2006年的各项数据指标，得到分类结果（见表6—10）：

表6—10　2006年老工业基地分类

城市类型	城市个数	老工业基地城市
第一类	2个	郑州、武汉
第二类	12个	太原、临汾、合肥、芜湖、南昌、洛阳、平顶山、安阳、新乡、焦作、长沙、岳阳
第三类	30个	大同、阳泉、长治、晋中、蚌埠、淮南、马鞍山、淮北、铜陵、安庆、景德镇、萍乡、九江、新余、南阳、开封、鹤壁、濮阳、黄石、十堰、宜昌、襄阳、鄂州、荆门、荆州、株洲、衡阳、湘潭、邵阳、娄底

（2）采用2007年的各项数据指标，在SPSS中利用K均值法进行聚类分析，得到分类结果（见表6—11）：

表6—11　2007年老工业基地分类

城市类型	城市个数	老工业基地城市
第一类	2个	武汉、郑州
第二类	7个	太原、合肥、南昌、洛阳、焦作、长沙、岳阳
第三类	33个	大同、阳泉、长治、晋中、临汾、芜湖、蚌埠、淮南、马鞍山、淮北、铜陵、安庆、景德镇、萍乡、九江、新余、南阳、开封、平顶山、鹤壁、新乡、濮阳、黄石、十堰、宜昌、襄阳、鄂州、荆门、荆州、株洲、衡阳、湘潭、邵阳、娄底

(3)采用2008年的各项数据指标,在SPSS中利用K均值法进行聚类分析,得到分类结果(见表6—12):

表6—12　2008年老工业基地分类

城市类型	城市个数	老工业基地城市
第一类	2个	郑州、武汉
第二类	10个	太原、合肥、南昌、洛阳、平顶山、安阳、新乡、焦作、长沙、岳阳
第三类	30个	大同、阳泉、长治、晋中、临汾、芜湖、蚌埠、淮南、马鞍山、淮北、铜陵、安庆、景德镇、萍乡、九江、新余、南阳、开封、鹤壁、濮阳、黄石、十堰、宜昌、襄阳、鄂州、荆门、荆州、株洲、衡阳、湘潭、邵阳、娄底

将三次分类结果整理,遵循两年以上属于同一类的老工业基地即归为这类老工业基地,综合得出定量分析的分类结果(见表6—13):

表6—13　老工业基地定量分类结果

城市类型	城市个数	老工业基地城市
第一类(繁荣型老工业基地)	2个	武汉、郑州
第二类(发展型老工业基地)	9个	太原、合肥、南昌、洛阳、平顶山、安阳、新乡、焦作、长沙、岳阳
第三类(衰退型老工业基地)	33个	大同、阳泉、长治、晋中、临汾、芜湖、蚌埠、淮南、马鞍山、淮北、铜陵、安庆、景德镇、萍乡、九江、新余、南阳、开封、鹤壁、濮阳、黄石、十堰、宜昌、襄阳、鄂州、荆门、荆州、株洲、衡阳、湘潭、邵阳、娄底

4.最终分类结果

综合以上定量分析结果,同时结合中部各城市发展的现实情况,按照所处发展阶段,将中部老工业基地划分为三种类型:

(1)繁荣型:该类型仅有武汉。①武汉目前实现了产业结构升级与产业现代化,而且社会经济实力和发展水平以及居民生活质量等方面远远领先于其他城市,城市功能较为完善,已经成为区域中心城市;②国家对其调整改造较早,调整振兴可谓“先行一步”,城市“退二进三”较为成功,调整改造的成效显著,调整改造的经验可对其他老工业基地城市起到参考借鉴作用;③武汉拥有国家自主创新示范区和“两型”社会综改区等“牌子”,在体制机制创新等方面有“先行先试”的优势，具有示范效应。

（2）发展型：该类型包括郑州、长沙、合肥、太原、南昌五个省会城市和宜昌、襄樊、洛阳、阳泉、芜湖、株洲、湘潭、九江八个区域副中心城市。①这些城市经济发展保持比较高的发展速度，居民生活质量得到显著改善，工业体系比较完备，具备较强的城市竞争力，发展潜力巨大；②它们在产业结构调整和节能减排方面仍然具有较大压力，产业升级和城市功能提升迫在眉睫，一旦调整改造成功将释放其潜能，实现突破发展，城市整体实力提高到新的层次水平，形成区域新的增长极，对周边城市起到强大的辐射带动作用。

（3）衰退型：该类型包括其余28个老工业基地城市。这些城市规模不是很大，产业结构比较单一，工业体系不够完备，甚至有些城市产业衰退严重，技术装备严重老化，城市生态环境破坏严重，新的产业体系没有建立，面临产业结构调整、城市改造、可持续发展等一系列问题，不能适应经济快速发展的要求。但这些老工业基地城市具备一定的产业基础和较明显的后发优势，经过调整改造，在政策上给予相应的扶持，其经济社会发展水平会有较大的提高，将促进中部地区的整体发展。

表6—14　中部老工业基地按发展阶段分类结果

老工业基地类型	个数	具体城市
繁荣型	1	武汉
发展型	13	郑州、长沙、合肥、太原、南昌、宜昌、襄樊、洛阳、阳泉、芜湖、株洲、湘潭、九江
衰退型	30	十堰、邵阳、娄底、荆门、新余、鄂州、萍乡、衡阳、蚌埠、阳泉、荆州、长治、淮南、鹤壁、铜陵、平顶山、淮北、濮阳、安庆、新乡、安阳、黄石、景德镇、焦作、南阳、开封、晋中、临汾

三、国家应支持的中部老工业基地界定

国际经验表明，单纯的老工业基地并不能成为国家给予政策支持的理由，国家只应对那些结构和技术严重老化、处于相对衰退之中、面临诸多困难但具发展潜力的老工业基地给予援助和支持。在欧美国家，中央政府对老工业基地给予政策支持都是针对衰退或萧条地区而言的，很少有带“普惠制”性质的面向所有老工业基地的支持政策。从我国的实际情况来看，应该区分老工业基地和

需要国家支持的老工业基地。因此,有必要对需要国家支持的中部老工业基地范围进行界定。

在已识别的中部44个老工业基地城市中，我们主要从两个方面进行了剔除:(1)已经基本实现成功转型的老工业基地城市(包括武汉、郑州、长沙、合肥、太原、南昌),这些城市均是各省省会城市及区域经济中心,经济首位度较高,自我发展能力较强;(2)已经或准备纳入国家资源枯竭型城市试点的老工业基地城市(包括黄石、濮阳、铜陵、淮南、淮北、马鞍山、萍乡等城市),这些城市有国家资源枯竭型城市政策给予支持。经过剔除后，中部地区尚余27个老工业基地城市(见表6—15)。

表6—15　拟纳入国家支持范围的中部老工业基地城市

省份	城市个数	需要国家支持的老工业基地城市
湖北	5	十堰、宜昌、襄阳、荆门、荆州
河南	7	开封、洛阳、平顶山、安阳、鹤壁、新乡、南阳
山西	5	大同、阳泉、长治、晋中、临汾
湖南	6	株洲、湘潭、衡阳、邵阳、岳阳、娄底
安徽	3	芜湖、蚌埠、安庆
江西	1	九江

四、中部老工业基地的空间分布

中部老工业基地的布局具有沿江、沿河、沿交通干线和靠近资源富集区域的特点,部分城市处在我国主体功能区的“三纵两横”布局线和中部地区的“两纵两横”布局线上。

具体来看,沿长江城市:芜湖、安庆、九江、岳阳、荆州、宜昌(沿湘江城市:衡阳、湘潭、株洲);沿陇海线城市:开封、洛阳;沿京广(九)线城市:安阳、鹤壁、新乡、岳阳、株洲、衡阳、九江。

而且,各省老工业基地布局特征也较为明显。

湖北老工业基地布局:襄阳、十堰、宜昌、荆州、荆门五市组成了鄂西老工业基地城市群,属于湖北“鄂西圈”核心区域;十堰、襄阳属于“襄—十—随”城市群,以汽车及零部件、建材为主导产业;宜昌、荆州、荆门属于“宜—荆—荆”城市群,具有共同三国文化底蕴,以水电、化工、食品等为优势产业。其中,宜昌、襄阳为副中心城市。

湖南老工业基地布局：株洲、湘潭、娄底、邵阳、衡阳组成了湘中南老工业基地城市群，以“长株潭”城市群的核心城市株洲、湘潭为中心，岳阳、娄底、邵阳、衡阳均属湖南“3+5”城市群范围内，形成了工程机械、轨道交通、汽车及零部件、特高压输变电等为代表的现代装备制造业基地和以石油炼化、精细化工、煤化工为主导的能源原材料基地。其中，株洲、岳阳为副中心城市。

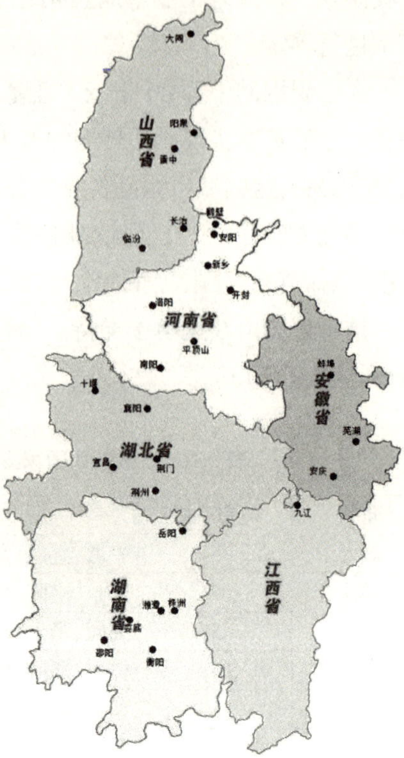

图 6—1　中部老工业基地布局图

河南老工业基地布局：河南老工业基地全部属于中原经济区的核心区域，以洛阳为中心，开封、新乡、平顶山为节点的中原城市群，和豫北地区的鹤壁、安阳，豫西地区的南阳共同构成了河南老工业基地城市群，形成了全国重要的制造业基地、能源基地、现代物流中心。其中洛阳、南阳为副中心城市。

山西老工业基地布局：以晋中、阳泉为核心的太原城市群，结合北部的大同、南部的长治、临汾组成了山西老工业基地城市群，形成了以煤矿开采、煤化工为代表的我国重要的能源、原材料基地。其中晋中为副中心城市。

安徽老工业基地布局：以芜湖、安庆为核心的皖江城市带，及皖北地区的蚌埠，构成安徽老工业基地城市群，正在加快形成全国重要的先进制造业基地和现代服务业基地。其中芜湖为副中心城市。

江西老工业基地布局：九江位于江西北部地区，与安徽的安庆市毗邻，属于环鄱阳湖经济区的核心城市，形成了冶金建材、石油化工、交通运输装备制造等主导产业。九江为副中心城市。

第三节　中部老工业基地的发展现状

一、中部老工业基地的发展现状

自改革开放特别是“十一五”以来，中部地区经济社会得到了较快发展，老工业基地在一定程度上奠定了中部地区工业经济发展的基础，但整体上中部地区与东部地区差距仍然较大。

(一)经济总体发展水平

从中部地区整体情况来看，2009 年，中部地区生产总值占全国比重为 19.3%，比东部地区低 34.5 个百分点，人均地区生产总值比东部地区低 20938 元；固定资产投资占全国比重为 22.8%，比东部地区低 20.9 个百分点；社会消费品零售总额占全国比重为 19.9%，比东部地区低 33.7 个百分点。中部地区经济发展水平与东部地区差距甚大。从三次产业发展上看，东部地区第一、二、三产业占全国比重均为第一，近 20 多年来，各产业占全国比重一直是东部地区遥遥领先，中部地区与东部地区差距有不断扩大的趋势。

表 6—16　中部地区与其他区域部分经济指标对比(2009)

指标＼区域	中部地区		东部地区		西部地区		东北地区	
	绝对数	占全国比重	绝对数	占全国比重	绝对数	占全国比重	绝对数	占全国比重
地区生产总值(亿元)	70577.6	19.30%	196674.4	53.80%	66973.5	18.30%	31078.2	8.50%
第一产业	9606.3	27.30%	12875.1	36.50%	9198.3	26.10%	3549.8	10.10%
第二产业	35554.2	19.80%	97050.1	53.90%	31782.9	17.70%	15509	8.60%
工业	30683.5	19.50%	86695.7	55%	26588.3	16.90%	13530	8.60%
第三产业	25417	16.90%	86749.2	57.80%	25992.3	17.30%	12019.5	8%
人均地区生产总值(元)	19862		40800		18286		28566	
全社会固定资产投资总额(亿元)	49851.8	22.80%	95548	43.70%	49686.3	22.70%	23732.9	10.80%

续表

区域 指标	中部地区		东部地区		西部地区		东北地区	
	绝对数	占全国比重	绝对数	占全国比重	绝对数	占全国比重	绝对数	占全国比重
社会消费品零售总额(亿元)	26409.7	19.90%	71058.5	53.60%	23038.7	17.40%	12171.7	9.20%

数据来源:根据《中国区域统计年鉴2010》整理所得。

从中部老工业基地来看,中部老工业基地经济规模总量不断扩大,经济保持高速增长。2002—2009年,中部老工业基地GDP增速连续八年保持两位数增长,其中2004、2007、2008年增速达20%以上。2009年,中部27个老工业基地城市GDP总量为23970.5亿元,是2001年的近三倍(见图6—2)。其中,GDP总量超过千亿元的老工业基地城市有九个,仅洛阳一个城市过2000亿元;市辖区GDP总量均介于100 ~ 800万元之间,过400万元的城市有仅八个,有七个城市市辖区GDP低于200万元;GDP增长率除大同、阳泉、晋中三市外,均在10%以上。其中,宜昌、襄阳、阳泉三市2009年GDP增速超过15%(见图6—2)。

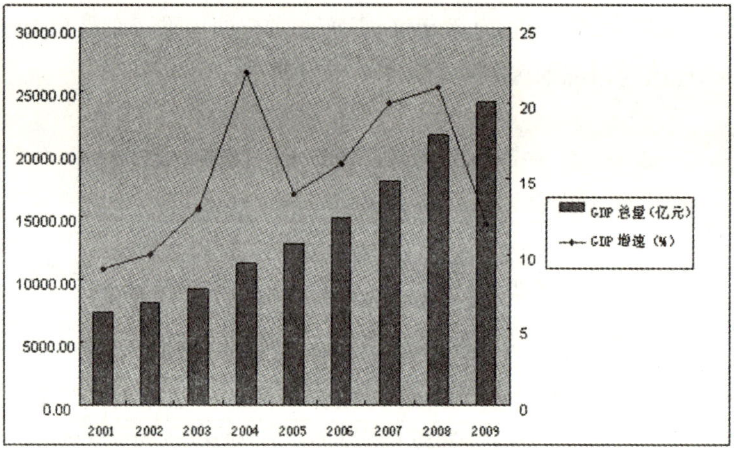

图6—2　中部27个老工业基地GDP增长示意图

从中部老工业基地人均GDP水平来看,2009年中部27个老工业基地人均GDP为18524元。各城市人均GDP普遍介于10000 ~ 40000元之间,只有邵阳市人均GDP低于10000元,芜湖、洛阳、宜昌三个城市人均GDP超过30000

元;市辖区人均GDP水平普遍介于20000 ~ 70000元之间,也只有邵阳一个城市低于20000元,但超过50000元的城市仅有五个(见表6—17)。

表6—17　中部老工业基地城市地区生产总值情况(2009年)

省份	城市	地区生产总值(万元)		人均地区生产总值(元)		地区生产总值增长率(%)	
		全市	市辖区	全市	市辖区	全市	市辖区
河南	开封	7787245	1894876	16571	20434	12.10	14.10
	洛阳	20014846	6663681	31170	38594	13.30	14.30
	平顶山	11278100	4078726	23018	44523	10.01	8.60
	安阳	11248807	3118570	21578	25612	11.40	4.80
	鹤壁	3636276	1809870	25370	31438	12.80	9.00
	新乡	9919801	2694083	17992	26569	12.40	8.10
	南阳	17144914	3833601	16997	21820	10.00	9.80
湖北	十堰	5509600	3270401	17015	63616	14.10	25.20
	宜昌	12723300	6499300	31476	48593	15.10	11.40
	襄阳	12010100	7123200	22071	32284	15.00	14.30
	荆门	6000969	2110031	21074	37190	14.80	14.20
	荆州	7095800	2490642	10962	20265	13.20	11.47
湖南	株洲	10248939	5210416	27536	53743	14.47	13.76
	湘潭	7393818	4301607	26608	51683	13.67	13.50
	衡阳	11680146	3179738	17299	32357	14.56	14.63
	邵阳	6006947	1234707	8857	17653	12.90	15.60
	岳阳	12721499	5504648	24252	47880	14.02	13.34
	娄底	5683129	1666391	14454	34558	12.76	11.82
山西	大同	5962587	2136306	18710	36760	2.30	3.10
	阳泉	3487100	2354969	26383	34434	7.10	7.80
	长治	7752901	2206691	23558	29234	10.00	11.50
	晋中	6368106	1223122	20335	22030	6.70	9.10
	临汾	7668659	1733438	18215	22591	10.42	10.18
安徽	芜湖	9019997	6523380	39142	62139	15.36	13.99
	蚌埠	5320870	2670865	14803	28871	12.17	10.59
	安庆	7706600	1923460	13811	25941	12.30	11.10
江西	九江	8313636	3903166	17420	62431	13.80	15.50

数据来源:根据《中国城市统计年鉴2010》整理计算所得。

2006—2009年，中部老工业基地人均 GDP 水平逐步提高，年均增速为

11.25%，低于中部地区平均水平。2009年，中部老工业基地人均GDP为18524元，低于中部地区平均水平，远低于全国和东部地区平均水平（见表6—18）。

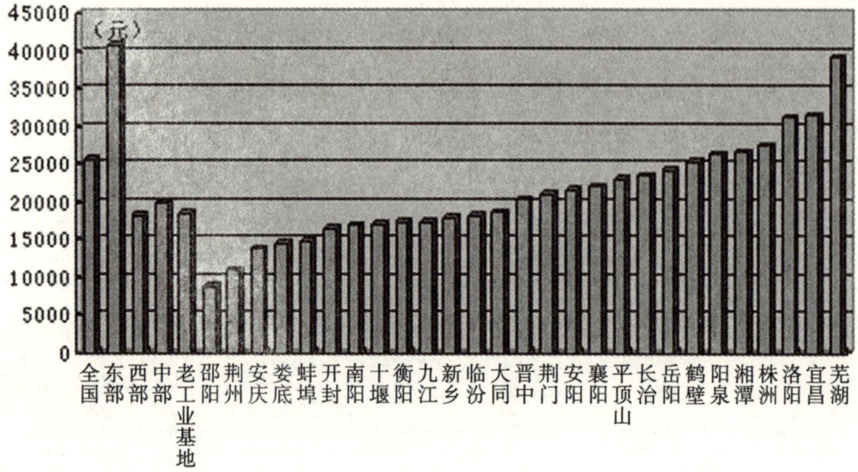

图6—3　2009年中部老工业基地人均GDP对比

表6—18　2006—2009年中部老工业基地人均GDP与全国比较

地区＼年份	2006	2007	2008	2009
中部老工业城市	11085	13536	16443	18524
中部地区	12269	14754	17860	19862
东部地区	27567	32283	37213	40800
西部地区	10959	13212	16000	18286
全国水平	16084	18934	22698	25575

数据来源：根据中国区域统计年鉴和中国城市统计年鉴计算所得（各年）。

（二）产业发展与结构水平

"十一五"以来，中部老工业基地产业结构逐步优化，一产比重逐步下降，二产比重稳步上升，三产比重略微上升。2009年，中部老工业基地第一产业增加值为2660.7亿元，第二产业增加值为12704.4亿元，第三产业增加值为8605.4亿元，三次产业结构比为11.1∶53.0∶35.9（见图6—4）。

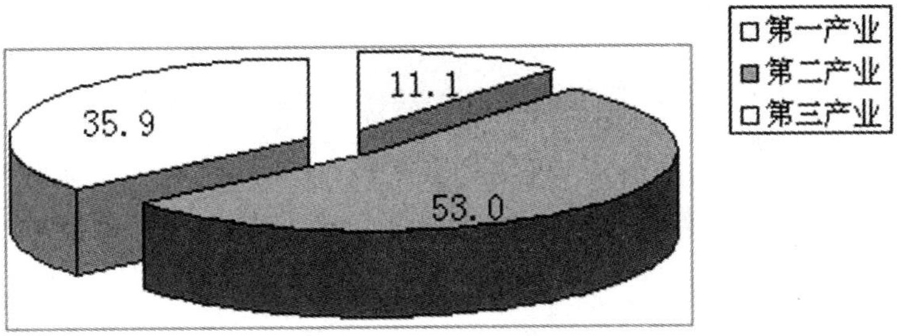

图 6—4　2009 年中部老工业基地三次产业构成（%）

数据来源：根据2010年中部六省统计年鉴计算所得。

与中部及全国平均水平相比较，中部老工业基地一产比重低于中部地区平均水平但高于全国水平，二产比重高于中部地区和全国水平，三产比重低于中部地区和全国水平，且与全国平均水平差距较大（见图 6—5）。

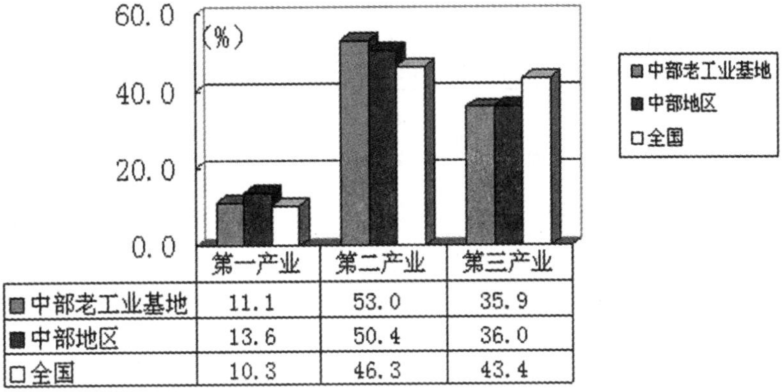

图 6—5　2009 年中部老工业基地三次产业构成中部及全国对比

数据来源：根据《中国统计年鉴2010》及各省2010统计年鉴计算所得。

从三次产业结构来看，有 70%的城市（19 个）一产比重超过 10%，开封、南阳、荆门、荆州、衡阳、邵阳六市一产比重高达 20%以上；有 17 个城市二产比重在 50%以上，其中平顶山、安阳、鹤壁、长治、芜湖二产比重超过 60%；27 个城市三产比重均在 50%以下，仅阳泉、大同、十堰三市比重超过 40%，平顶山、安阳、鹤壁、南阳四市三产比重低于 30%（见表 6—19）。

从工业内部结构看，所有城市重工业比重均在 50%以上，有 15 个城市重工业比重超过 70%，十堰、大同、阳泉、长治、晋中、临汾重工业比重超过 90%（见表

6—19）。

表 6—19　中部老工业基地三次产业结构及轻重工业结构比(2009)

省份	城市	三次产业结构			工业结构	
		一产占比(%)	二产占比(%)	三产占比(%)	轻工业(%)	重工业(%)
河南省	开封	21.65	44.41	33.95	42.4	57.6
	洛阳	8.68	58.31	33.01	12.6	87.4
	平顶山	9.34	65.18	25.48	12.3	87.7
	安阳	12.65	60.14	27.21	21.8	78.2
	鹤壁	12.19	68.67	19.14	31.2	68.8
	新乡	13.29	56.35	30.37	45.2	54.8
	南阳	21.4	51.06	27.54	41.8	58.2
湖北省	十堰	12.07	46.24	41.69	5.8	94.2
	宜昌	11.84	55.41	32.75	22.7	77.3
	襄阳	16.67	47.9	35.43	33.1	66.9
	荆门	22.42	44.2	33.38	17.6	82.4
	荆州	29.2	35.81	34.99	32.7	67.3
湖南省	株洲	10.52	54.67	34.81	16.3	83.7
	湘潭	12.08	52.44	35.47	21.7	78.3
	衡阳	20.59	42.84	36.57	28.1	71.9
	邵阳	24.95	36	39.05	38.7	61.3
	岳阳	14.95	51	34.05	40.8	59.2
	娄底	16.2	50.84	32.96	6.8	93.2
山西省	大同	5.22	47.69	47.09	8.3	91.7
	阳泉	1.68	57.15	41.18	1.2	98.8
	长治	4.54	62.78	32.68	3.2	96.8
	晋中	8.85	52.22	38.93	6.4	93.6
	临汾	7.24	57.38	35.38	1.4	98.6
安徽省	芜湖	4.64	62.64	32.72	18.1	81.9
	蚌埠	19.62	44.44	35.94	33.7	66.3
	安庆	18.52	46.89	34.59	37.9	62.1
江西省	九江	11.07	53.06	35.88	30.2	69.8

资料来源：根据中国城市年鉴和各省统计年鉴(2010)计算所得。

从产业结构演进的趋势来看，中部老工业基地产业结构演进的总体趋势与全国一致，即一产比重下降，二、三产比重上升；在第二产业中，又表现为重工业比重的持续上升和轻工业比重的下降，重工业成为中部老工业基地经济发展的核心，服务业发展缓慢滞后。

从产业发展来看，经过60多年的发展，中部老工业基地形成了较完备的工业体系，新型工业化和农业产业化稳步推进，主导产业的带动作用明显增强，形成了汽车、装备制造、能源化工、冶金等支柱工业，同时新能源、新材料、生物医药等新兴产业和高新技术产业发展趋势向好，对中部地区的经济发展起着重要的支撑作用。2009年，中部27个老工业基地规模以上工业总产值为31238.6亿元，其中市辖区为14212.3亿元，占全市的45.5%（见表6—20）。

表6—20　中部老工业基地工业发展情况（2009）

省份	城市	工业企业数（个）		工业总产值（万元）		规模以上工业总产值（万元）	
		全市	市辖区	全市	市辖区	全市	市辖区
河南	开封	1177	202	7677208	2107662	7677208	2107662
	洛阳	1677	471	28116746	12401203	28116746	12401203
	平顶山	864	257	16041713	8126772	16041713	8126772
	安阳	980	164	18512168	5259364	18512168	5259364
	鹤壁	456	256	6732216	3163704	6732216	3163704
	新乡	1122	219	15505788	4227884	15505788	4227884
	南阳	1358	266	16375831	3712204	16375831	3712204
湖北	十堰	829	365	8324000	6397700	8324000	6397700
	宜昌	1095	338	15311150	7470769	15311150	7470769
	襄阳	1300	545	15236100	10019100	15236100	10019100
	荆门	1007	337	8832340	4390546	8832340	4390546
	荆州	1139	473	6699200	3285900	6699200	3285900
湖南	株洲	1486	403	12316926	8014293	12316926	8014293
	湘潭	841	422	10862656	7674901	10862656	7674901
	衡阳	1057	295	12764494	4355692	12764494	4355692
	邵阳	866	189	5084029	1529056	5084029	1529056
	岳阳	1309	387	19974148	9596599	19974148	9596599
	娄底	661	135	7527301	3258988	7527301	3258988
山西	大同	219	63	5359700	4329000	5359700	4329000
	阳泉	171	90	4421816	3309050	4421816	3309050
	长治	417	84	11589996	3410031	11589996	3410031

续表

省份	城市	工业企业数(个)		工业总产值(万元)		规模以上工业总产值(万元)	
		全市	市辖区	全市	市辖区	全市	市辖区
山西	晋中	584	149	7700620	990234	7700620	990234
	临汾	455	80	9933000	1410291	9933000	1410291
安徽	芜湖	1587	711	16059417	12461868	16059407	12461868
	蚌埠	600	292	5301139	3596511	5301139	3596511
	安庆	1414	238	9587587	3789019	9587587	3789019
江西	九江	757	164	10538420	3834179	10538420	3834179
总计		25428	7595	312385709	142122520	312385699	142122520

数据来源:根据《中国城市统计年鉴2010》和各省统计年鉴整理所得。

从产业布局来看,中部老工业基地围绕中部地区“三基地、一枢纽”的区域总体战略布局,各地区依托比较优势和资源优势,引导产业合理有序转移,产业加快向开发区和园区集聚,构建了中部地区产业聚集发展的有效平台和重要载体。当前,产业集聚区(园区、开发区等)已经成为中部老工业基地工业发展的主要载体。中部27个老工业基地城市共有17个国家级开发区,总规划面积约为996.3平方公里。通过产业集聚区的发展,传统优势产业的优化升级步伐逐步加快,一些新兴产业得到了较快发展,老工业基地逐渐形成了新的主导产业。

表6—21　中部老工业基地国家级产业园区概况

省份	城市	园区名称	面积(平方公里)	主导产业
河南省	开封	开封经济技术开发区	82	农副产品深加工、机械、医药、化工、电器等
	洛阳	洛阳高新技术产业开发区	24	新材料、新能源等
	安阳	安阳高新技术产业开发区	23.5	装备制造、新能源、电子信息
	鹤壁	鹤壁经济技术开发区	26.7	先进制造业等
	南阳	南阳高新技术产业开发区	18	光机电一体化、新材料、生物医药和信息技术产业
湖北省	宜昌	宜昌高新技术产业开发区	140	生物医药、新材料、光机电一体化、轻工食品等
	襄阳	襄阳经济技术开发区、襄阳高新技术产业开发区	22.1	汽车产业、装备制造业、高新技术产业等

续表

省份	城市	园区名称	面积（平方公里）	主导产业
湖南省	株洲	株洲高新技术产业开发区	35	有色金属深加工、先进制造技术、生物医药和健康食品、传感技术等
	湘潭	湘潭高新技术产业开发区	25	新能源、机电、环保、先进电源材料、精细化工材料等
	岳阳	岳阳经济技术开发区	252	先进制造、生物医药、新型材料、健康食品
山西省	大同	大同经济技术开发区	8.2	医药、机械装备、食品加工等
	阳泉	扩区申报中		
安徽省	芜湖	芜湖经济技术开发区（含国家出口加工区）、芜湖高新技术产业开发区	128.18	汽车及零部件、电子电器、新材料等
	蚌埠	蚌埠高新技术产业开发区	36.7	汽车零部件、电子信息、新材料及医药化工等
	安庆	安庆经济技术开发区	54.9	机械制造、汽车零部件、石油化工、纺织、食品等
江西省	九江	九江经济技术开发区	120	汽车、新材料、新能源和电子信息、临港产业

资料来源：结合中国开发区网公布资料和各省提供数据库整理所得。

同时，中部地区还形成了一批国家新型工业化产业示范基地。以汽车产业为主的芜湖经济技术开发区、以节能环保装备制造为主的洛阳高新区、以轨道交通装备制造为主的株洲高新区、以精品薄板钢材为主的娄底经济开发区、以化工新材料为主的岳阳云溪工业园、以无缝钢管制造为主的衡阳高新区、以汽车产业为主的襄阳高新区等为代表的我国新型工业化产业示范基地，成为中部老工业基地推进新型工业化的先驱。

表 6—22　中部六省新型工业化产业示范基地

省份	新型工业化产业示范基地		
安徽	汽车产业・安徽芜湖经济技术开发区	家电产业・安徽合肥经济技术开发区	铜及铜材加工・安徽铜陵经济开发区

续表

省份	新型工业化产业示范基地					
江西	有色金属(铜及铜材加工)·江西鹰潭市	有色金属(稀土新材料)·江西赣州经济开发区	电子信息(太阳能光伏)·江西新余高新技术产业园区			
山西	装备制造(能源装备)·山西太原经济技术开发区	钢铁(特殊钢)·山西太原市	煤焦化深加工·山西洪洞			
河南	装备制造(节能环保装备)·河南洛阳高新技术产业开发区	食品产业·河南汤阴县	食品·河南漯河经济开发区	装备制造·郑州经济技术开发区、装备制造(起重机械)·河南长垣		
湖南	装备制造(工程机械)·湖南长沙经济技术开发区	装备制造(轨道交通装备)·湖南株洲高新技术产业开发区	钢铁(精品薄板)·湖南娄底经济开发区	化工新材料·湖南岳阳云溪工业园区	钢铁(无缝钢管)·湖南衡阳高新技术产业园区	军民结合·湖南株洲
湖北	汽车产业·湖北武汉经济技术开发区	电子信息(光电子)·湖北武汉东湖新技术开发区	汽车产业·湖北襄阳高新技术产业开发区	铜及铜材加工·湖北黄石经济开发区	军民结合·湖北襄阳樊城区	军民结合·湖北孝感

资料来源:根据国家发改委网站公布信息整理所得。

(三)城市发展水平

“十一五”以来,中部老工业基地城镇化快速推进,城市总体规模不断扩大,城镇体系日益完善。2006—2009年城镇化率年均增长1.1%。2009年,中部老工业基地城镇化率达到42.1%,低于中部地区平均水平(43.2%)1.1个百分点,低于全国平均水平(46.6%)4.5个百分点(见表6—23)。

表6—23 2006—2009年中部老工业基地城镇化水平与全国比较(%)

区域 \ 年份	2006	2007	2008	2009
老工业基地	36.9	38.3	39.8	42.1
东部地区	54.1	55.0	55.9	58.0

续表

区域＼年份	2006	2007	2008	2009
中部地区	38.0	39.4	40.9	43.2
西部地区	35.7	37.0	38.3	38.2
全国水平	43.9	44.9	45.7	46.6

数据来源：根据中国区域统计年鉴和中国城市统计年鉴计算所得(各年)。

具体从各城市来看，27 个老工业基地城镇化率介于 30% ~ 70%之间，仅 8 个城市的城镇化率超过全国平均水平（46.6%），还有 7 个城市城镇化率低于 40%；市辖区人口比重普遍介于 10% ~ 60%之间，只有邵阳市低于 10%，有 12 个城市市辖区人口比重超过 20%，6 个城市超过 30%(见表 6—24)。

从人口规模上看，2009 年，中部 27 个老工业城市全市总人口 12940.1 万人，占中部地区总人口(35603.5 万人)的 36.3%。其中市辖区人口 2649.2 万人，占中部老工业基地全市人口比重的 20.47%。总体看来，大部分城市属于中等城市或大城市，全市人口规模大部分处于 300 万 ~ 800 万之间，有 4 个城市人口低于 300 万人，仅南阳人口规模超过 1000 万；市辖区人口规模处于 40 万 ~ 300 万人之间，有 12 个城市市辖区人口超过 100 万人(见表 6—24)。

表 6—24　中部老工业基地城市人口情况及城镇化率(2009)

省份	城市	年末总人口(万人)		市辖区人口占全市人口比重(%)	城镇化率(%)
		全市	市辖区		
河南省	开封	527.1	85.4	16.2	39.6
	洛阳	694.9	160.1	23.0	44.2
	平顶山	532.4	101.9	19.1	41.8
	安阳	573.2	107.5	18.8	38.9
	鹤壁	159.8	61.0	38.2	49.6
	新乡	597.3	101.4	17.0	41.0
	南阳	1167.5	185.3	15.9	36.6
湖北省	十堰	353.2	52.8	14.9	40.0
	宜昌	401.4	124.8	31.1	46.8
	襄阳	588.9	221.8	37.7	44.5
	荆门	301.1	67.9	22.6	42.9
	荆州	662.1	116.9	17.7	36.6

续表

省份	城市	年末总人口(万人)		市辖区人口占全市人口比重(%)	城镇化率(%)
		全市	市辖区		
湖南省	株洲	382.8	100.2	26.2	50.3
	湘潭	295.3	87.8	29.7	49.9
	衡阳	739.8	104.3	14.1	43.2
	邵阳	764.1	67.3	8.8	30.4
	岳阳	558.7	87.5	15.7	45.8
	娄底	420.5	44.9	10.7	43.1
山西省	大同	315.6	154.7	49.0	52.6
	阳泉	130.3	68.8	52.8	60.1
	长治	329.6	69.8	21.2	40.4
	晋中	320.0	58.9	18.4	42.7
	临汾	427.0	83.3	19.5	37.8
安徽省	芜湖	230.1	104.9	45.6	66.0
	蚌埠	360.6	92.5	25.7	46.6
	安庆	615.9	74.0	12.0	36.6
江西省	九江	491.0	63.8	13.0	44.8
合计		12940.1	2649.2	20.5	42.1

数据来源:根据《中国城市统计年鉴2010》和各省发改委提供数据库及各市统计年鉴计算所得。

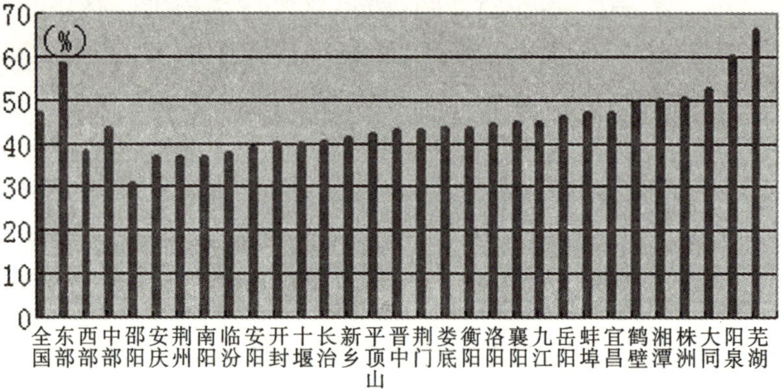

图 6—6　2009 年中部老工业基地城镇化率与其他地区对比

从人口密度上看,中部 27 个老工业基地城市的人口密度普遍较大,2009 年人口密度超过 1000 人/平方公里的城市有 14 个,最高的达 3145.2 人/平方公里;从城市土地利用来看,城市建设用地面积较为紧张,有 12 个城市的城市建设用地面积占市区面积比低于 10%,部分城市建设建设用地面积严重不足,如荆门、宜昌、襄阳、荆州、南阳、晋中、临汾等城市建设用地面积占比低于5%；从道路建设上看，有13个城市的人均城市道路面积低于10平方米，最高的也不到20平方米；从交通情况来看，公共交通发展不足，仅有4个城市每万人拥有公共汽车汽车数量超过10辆，最高的还不到14辆（见表6—25）。

表6—25　中部老工业基地城市基础设施基本情况

省份	城市	人口密度（人/平方公里）	城市建设用地面积占市区面积比重（%）	人均城市道路面积（平方米）	每万人拥有公共汽车（辆）
河南省	开封	2358.6	26.0	10.3	7.1
	洛阳	2942.5	30.5	9.3	7.3
	平顶山	2219.2	13.7	8.3	6.7
	安阳	197.7	13.8	8.0	6.1
	鹤壁	897.9	7.1	9.5	5.6
	新乡	2930.6	27.8	9.6	9.0
	南阳	935.5	4.2	5.6	2.4
湖北省	十堰	442.4	5.8	13.9	13.4
	宜昌	293.8	2.8	10.4	7.7
	襄阳	603.9	2.6	5.9	5.8
	荆门	312.9	2.3	9.0	5.4
	荆州	741.4	4.0	6.5	6.3
湖南省	株洲	1866.1	18.7	11.2	9.6
	湘潭	3145.2	32.6	12.6	10.8
	衡阳	1509.0	14.8	12.9	9.0
	邵阳	1543.6	13.3	11.1	5.0
	岳阳	702.3	12.4	11.1	10.5
	娄底	1053.3	11.0	11.1	5.4
山西省	大同	743.7	5.2	9.6	6.3
	阳泉	1054.6	6.1	7.9	8.6
	长治	2089.8	15.9	6.7	8.0
	晋中	449.1	3.9	10.1	8.5
	临汾	633.0	3.2	5.7	4.0
安徽省	芜湖	1373.3	17.0	19.9	13.3
	蚌埠	1539.4	17.3	12.2	7.6
	安庆	900.9	8.8	12.0	4.3
江西省	九江	1066.9	14.9	14.8	5.8

数据来源：根据《中部城市统计年鉴2010》整理所得。

以老工业基地城市为中心，中部地区形成了六大城市群（见表6—26），对区域经济社会发展的辐射效应和带动作用明显。2008年，中部六大城市群实现国民生产总值39647.9亿元，占整个中部地区的62.3%。其中，中原城市群以占河南省35.2%的土地，积聚了全省40.2%的人口和57.4%的经济总量；长株潭城市群以占湖南省13.3%的土地，集聚了全省19.3%的人口和40.9%的经济总量。

表6—26　中部六大城市群及国家区域发展战略

省份	城市群	国家区域发展战略
湖北	武汉城市圈	武汉城市圈“两型”社会综合配套改革试验区
河南	中原城市群	中原经济区
湖南	长株潭城市群	长株潭“两型”社会综合配套改革试验区
安徽	皖江城市带	皖江城市带承接产业转移示范区
江西	环鄱阳湖城市群	鄱阳湖生态经济区
山西	太原城市圈	资源型经济转型综合配套改革试验区

资料来源：根据国家发改委公布信息整理所得。

（四）对外开放水平

近年来，随着经济全球化的加快推进，外商投资和出口已经成为拉动我国沿海地区经济增长的重要力量。相比较而言，中部地区对外开放程度较低，外商投资和出口对经济的拉动作用较小。“十一五”以来，中部老工业基地经济的外向度和对外依存度逐步提高，但整体对外开放水平仍很低。

从利用外资水平来看，2009年中部27个老工业基地实际利用外资328265万美元，各老工业基地城市之间水平差距较大，最高的达51912万美元，最低的仅1118万美元，低于10000美元的有15个城市（占56%）。

表6—27　中部老工业基地外资利用及外贸情况（2009年）

省份	城市	实际使用外资（万美元）	进出口总额（万美元）	外贸依存度（%）
河南省	开封	3871	21161	1.86
	洛阳	27020	112367	3.84
	平顶山	4780	71890	4.35
	安阳	9953	93810	5.70
	鹤壁	11292	8719	1.64

续表

省份	城市	实际使用外资（万美元）	进出口总额（万美元）	外贸依存度（%）
河南省	新乡	11954	104386	7.19
	南阳	6488	63719	2.54
湖北省	十堰	3812	20932	2.60
	宜昌	11631	103479	5.56
	襄阳	15356	30461	1.73
	荆门	5684	22864	2.60
	荆州	4420	57450	5.53
湖南省	株洲	26567	114739	7.65
	湘潭	27843	143000	13.21
	衡阳	7729	78500	4.59
	邵阳	3125	22336	2.54
	岳阳	6251	93000	4.99
	娄底	16759	85100	10.23
山西省	大同	9090	19500	2.23
	阳泉	8991	9355	1.83
	长治	1442	27919	2.46
	晋中	1124	16010	1.72
	临汾	1118	35519	3.16
安徽省	芜湖	51912	142800	0.11
	蚌埠	20403	38470	0.05
	安庆	13579	49840	4.42
江西省	九江	16071	70960	5.83
合计		328265	1658286	

数据来源:根据中国城市统计年鉴和各市统计公报计算所得。

从对外贸易来看,中部地区整体对外贸易水平低下,进出口总额占全国比重远低于东部地区,低于西部地区和东部地区,处于垫底地位(见表6—28)。2009年,中部27个老工业基地城市进出口贸易共计1658286万美元,占中部地区总额的21.3%。大部分老工业基地城市处于1亿至10亿美元之间,其中,进出口总额超过10亿美元的城市仅6个,鹤壁、阳泉两市低于1亿美元。外贸依存度整体偏低,仅两个城市高于10%,且有两个城市低于1%(见表6—27)。

表 6—28　全国四大区域板块对外贸易对比(2009 年)

区域板块	进出口总额(亿美元)	占全国比重(%)
中部地区	779	3.5
东部地区	19471	88.2
西部地区	916	4.2
东北地区	909	4.1
全国	22075	100

数据来源:根据《中国区域统计年鉴2010》计算所得。

从贸易结构来看,“十一五”时期,机电产品和高新技术产品出口得到快速发展,出口商品结构逐步改善。2010 年中部六省机电产品出口 237.7 亿美元,是 2005 年的 4.1 倍,年均增长 32.5%,高于全部出口年均增幅 11.4 个百分点,所占比重为 37.7%,比 2005 年提高 13.6 个百分点。高新技术产品出口额 58.2 亿美元,是 2005 年的 4.6 倍,年均增长 35.9%,高于全部出口年均增幅 13.8 个百分点,所占比重为 18.8%,比 2005 年提高 8.3 个百分点。

(五)人民生活水平

“十一五”以来,中部老工业基地人民生活水平得到极大改善。2009 年,中部地区城镇居民人均可支配收入 14367 元,农民人均纯收入 4793 元,但均低于全国平均水平,与东部地区平均水平相差甚大(表 6—29)。

表 6—29　中部地区水平收入水平与其他区域比较(2009 年)

项目＼区域	全国	中部	东部	西部	东北
城镇居民可支配收入(元)	17175	14367	20953	14213	14324
农村居民人均纯收入(元)	5153	4793	7156	3816	5457

数据来源:根据中国区域统计年鉴2010整理所得。

中部老工业基地职工工资水平普遍集中在 20000 ~ 30000 元之间,个别城市略高于 30000 元或低于 20000 元。城镇人均居民收入全部处于 10000 ~ 18000 元之间,有 56%的老工业基地城市(15 个)低于中部地区平均水平,最高的 17433 元,仅略高于全国平均水平;农村居民人均纯收入全部处于 3000 ~ 7000 元之间,有 1/3 的城市(9 个)低于中部地区平均水平,有 4/9 的城市(12 个)

低于全国平均水平,最高的6782元,也低于东部地区平均水平(见表6—30)。

表6—30　中部老工业基地工资及收入水平(2009年)

省份	城市	职工平均工资(元)		城镇人均居民收入(元)	农村人均纯收入(元)
		全市	市辖区		
河南省	开封	21232	22310	12318	4695
	洛阳	26151	25845	15949	4961
	平顶山	28435	31611	14721	4778
	安阳	24092	30144	15480	5595
	鹤壁	21130	22666	13628	5940
	新乡	19969	22741	15383	5431
	南阳	20804	24623	13498	4931
湖北省	十堰	20991	22969	14454	3110
	宜昌	19332	22164	12843	5186
	襄阳	20290	23628	13409	5440
	荆门	23426	25575	13857	5956
	荆州	18897	21317	13304	5464
湖南省	株洲	29228	32397	17433	6502
	湘潭	25347	26613	16109	6782
	衡阳	25393	32193	13911	6327
	邵阳	22419	23734	11950	3551
	岳阳	21800	25100	15680	5339
	娄底	18777	23714	13422	3099
山西省	大同	28172	28975	14585	3589
	阳泉	34730	36262	14240	5801
	长治	28775	24072	15494	5337
	晋中	23706	20892	14628	5194
	临汾	24216	27063	12247	4749
安徽省	芜湖	32157	31795	16747	6738
	蚌埠	25512	27995	13483	4727
	安庆	24024	23592	13454	4246
江西省	九江	21053	27537	14203	4819

数据来源:根据各省发改委提供数据库整理所得。

(六)综合评价

按照发展经济学家钱纳里对一个国家和地区发展阶段的划分标准,我们从人均收入水平、产业结构、就业结构和城镇化水平四个方面来考察中部老工业基地当前经济发展所处阶段。

2009年,中部老工业基地经济总量达到23970.5亿元,人均GDP达18524元人民币,约2720美元,刚刚进入到2400 ~ 4800美元范围内的工业化中期阶段;三次产业结构为11.1 : 53.0 : 35.9,呈现出明显的工业化中期"二三一"产业结构特征。从就业结构和城镇化水平来看,中部老工业基地一产就业比重降到43.4%,城镇化率达到42.1%,也符合工业化中期阶段特征。以上四个指标均反映出中部老工业基地目前处于工业化中期阶段(见表6—31)。

表6—31　中部老工业基地工业化阶段判断

主要判断指标	参考标准	发展阶段	中部老工业基地水平(2009年)
人均GDP(美元)	1200 ~ 2400	工业化初期	
	2400 ~ 4800	工业化中期	2720
	4800 ~ 9000	工业化后期	
产业结构(%)	产业向二、三产业集中,呈现"二三一"产业结构	工业化中期	11.1 : 53.0 : 35.9
产业的就业结构(%)	一产就业比重降到50%以下	工业化中期	43.4:24.6:32.0
城镇化率	30% ~ 50%	工业化中期	42.1%

综上分析,自国家实施促进中部崛起战略以来,"十一五"期间,中部老工业基地实现了快速发展,经济规模总量不断扩大,经济保持高速增长,工业化、城市化进程不断加快,经济社会发展开始提速。未来的"十二五"期间,中部老工业基地仍将处于工业化中期提档升级和城市化加快推进的阶段。

二、中部老工业基地的区域地位

中部老工业基地城市在区域经济社会发展中具有重要地位,是支撑中部地区经济社会发展的主导力量之一。中部老工业基地以34%的国土面积承载了34%的经济总量和36%的总人口,对中部地区经济社会发展发挥着重要的支撑作用。

从主要经济指标来看，中部老工业基地一产增加值占中部地区的28%，二产增加值占中部地区的36%，三产增加值占中部地区的34%，城镇人口占中部地区的38%，社会消费品零售总额占中部地区的30%，全社会固定资产投资占中部地区的41%，地方财政一般预算内收入占中部地区的28%，进出口总额占中部地区的21%。

表6—32　中部老工业基地与中部地区主要经济指标对比(2009)

经济指标	中部老工业基地(27个)	中部地区(六省)	老工业基地占中部地区比重
土地面积(万平方公里)	35.4	102.8	34%
总人口(万人)	12940.1	35603.5	36%
地区生产总值(亿元)	23970.5	70577.6	34%
一产增加值(亿元)	2660.7	9606.3	28%
二产增加值(亿元)	12704.4	35554.2	36%
三产增加值(亿元)	8605.4	25417	34%
社会消费品零售总额(亿元)	7943.7	26409.7	30%
全社会固定资产投资(亿元)	20576.3	49851.8	41%
地方财政一般预算内收入(亿元)	1394.4	5039.6	28%
城镇人口(万人)	5824.2	15380.7	38%
进出口总额(亿美元)	165.8	779	21%

数据来源：根据中国区域统计年鉴和中国城市统计年鉴及各省统计年鉴计算整理所得。

从城市发展来看，中部老工业基地基本包括了中部地区的各省省域副中心城市，构成了中部城镇体系的主骨架。中部老工业基地城市发挥着不可替代的区域性中心和职能中心的重要作用。襄阳、宜昌是湖北省的副中心城市，是鄂西地区的龙头城市，是我国西部地区重要的交通枢纽和经济中心；洛阳是河南省副中心城市之一，河南省的经济中心之一，是中部地区乃至我国重要的装备制造基地之一，也是重要的交通枢纽；株洲是湖南省的副中心城市，综合实力仅次于长沙，是中部地区乃至我国重要的装备制造基地之一，华南地区最大的交通枢纽；芜湖是安徽省的副中心城市，皖南地区的中心城市，我国主要的出口加工基地之一。

但2000年以来，中部老工业基地的经济总量占中部地区的比重逐渐下降(其中2005年下降幅度较大)，经济增长滞后于中部地区平均经济增长水平。

2009年,中部老工业基地经济总量占中部地区的比重才开始回升(见图6—7)。

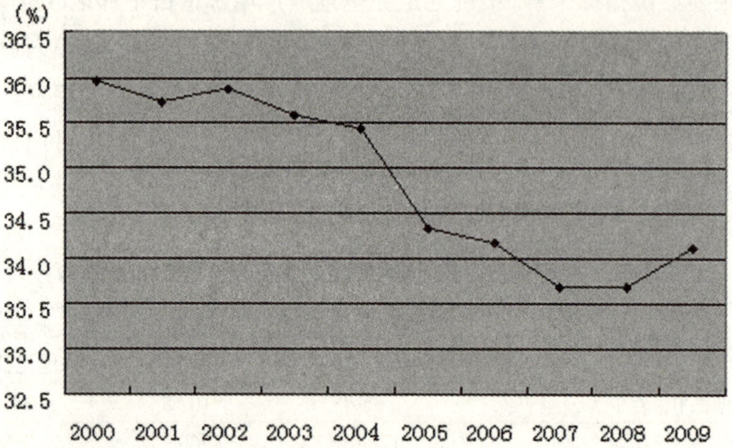

图6—7　中部老工业基地GDP占中部地区比重趋势图

三、中部老工业基地的发展潜力

(一)工业基础雄厚,竞争优势易于重塑

中部老工业基地工业基础雄厚,是我国现代工业的发祥地和传统重工业生产基地。拥有全国最大的中、厚、薄板和特殊钢生产基地,全国重要的铝、钨、铅、锌等生产基地,最大的重型机床、矿山机械和包装机械生产基地,最大的中型客车、货车生产基地和我国第二大汽车生产基地,形成了以煤炭、电力、冶金、汽车、机械、化工、卷烟、原材料和农副产品加工、纺织等为主的门类齐全的工业体系。其中煤炭采选、金属矿采、金属冶炼、非金属矿物制品、交通运输设备制造、电力蒸汽水生产及供应、石油加工及冶炼等12个行业占全国比重较大,能源工业、原材料工业、装备制造业以及近年发展起来的高新技术产业和战略性新兴产业在全国具有较大的比较优势,并已经形成了一些初具规模、实力比较雄厚的产业基地和龙头企业。中部地区作为我国老工业基地和经济几何中心,有望成为世界制造业中心第四次转移的着陆点之一。武汉、洛阳、郑州、长株潭、合肥、昌九等地是我国重要的制造业基地,湖南株洲市的电力机车、硬质合金、铅、锌和二氧化硫等10多种工业品产量位居全国第一。电锌、电铅的出口量居全国首位。市内有亚洲最大的有色金属冶炼基地、硬质合金研发和制造基地和全国最大的电力机车研发和制造基地、全国最大的电动汽车研发和制造基地、全国风电领域最大的发电机专业研制基地以及江南地区最大的、中小航空发动机和汽车零部(配)件研发和生产基地。江西是我国重要的歼击机、教练机、直升机生产基地之一,南昌、合肥都有完备的飞机制造业、汽车制造业、机电等工业体系。湖北省的高新技术产业规模在中西部地区位居前列,尤其是作为战略性新兴产业龙头的武汉东湖高新区,已经成为产业创新能力最强的国家高新区之一,形成了以光电子信息产业为主导,生物、新能源、环保、消费类电子等产业为支柱的高新技术产业集群。2010 年, 东湖高新区光电子信息产业的规模超过千亿元,生物技术、高端装备制造、新能源环保等产业的规模均已达百亿、数百亿。随着东湖国家自主创新示范区建设工作的推进,东湖高新区将进一步激发潜在发展活力,并带动中部其他老工业基地的高新技术产业发展。

同时,中部老工业基地已经形成了良好的产业基础和产业配套,聚集了一大批高素质科研技术人员和产业工人,拥有一批优秀科研院所和企业技术中心,储备了大量的科研成果。如河南洛阳市科技实力雄厚, 有国家级科研院所 14 家,国家级企业技术中心 10 个,国家工程实验室 1 个,国家重点实验室 4 个,省级工程技术(企业)研究中心 61 个,省级重点实验室 6 个,省级工程实验室 1 个。现有“两院”院士 5 名,科技人员占职工总数的 20%,科研机构数量在同类城市中居于前列,研发实力超过不少东部省份的同类城市,是中部地区的“科技产业创新基地”。还有一些老工业企业拥有几十年的老品牌,已经得到全国消费者的认可。这些企业的无形资产,对企业的发展有着不可估量的影响。加快中部老工业基地调整改造,能够通过较少的投入,盘活大量的存量资产,激发潜在的人力资源优势,重塑中部地区的工业竞争优势。

(二)比较优势突出,发展条件相对优越

中部地区拥有一系列突出的比较优势,将为中部老工业基地城市创造良好的发展条件。一是交通、区位优势独特。中部地区位于我国经济地理的中心腹地,承东启西、接南纳北,作为连接东南西北各经济带的桥梁和纽带,在全国区域经济板块中的作用不可替代。同时,中部地区拥有铁路、公路、水运、航空等多种现代化运输方式交织于一体的综合交通运输网络,为中部地区提供了产业振兴的基础设施条件。二是资源禀赋优势得天独厚。中部地区矿产资源储量丰富,种类齐全,重要和稀有矿产资源的丰度远优于东部地区,密度也高于西部,

开发前景广阔。山西的煤及煤层气、耐火黏土、铝土等，安徽的明矾等，江西的铜、金等，湖北的泥灰石等，湖南的钨、重晶石等储量居全国第一。以山西、河南、安徽为三角形成煤炭基地，以江西、湖南、湖北为三角形成有色金属基地，以湖北、湖南为中心形成磷化矿基地。同时，中部地区水资源、各种动植物资源、旅游资源等均较为丰富。三是人文科教资源丰富。中部地区历史文化底蕴深厚，科教实力雄厚，大专院校、科研院所集中，各类专业技术人才荟萃，是我国重要的教育科研基地。拥有普通高等院校 400 多所，在校大学生占全国总数的近 1/3。科教和人才资源的聚集将对中部老工业基地调整改造起到极其重要的推动作用。四是"双低成本"优势明显。与东部和西部地区相比，中部地区还具有独特的比较成本优势。与西部地区相比，中部地区自然条件较好，产业基础较为完备，已经建成若干具有一定实力和规模的产业基地，对农业、能源、矿产资源的开发成本明显低于西部地区。与东部沿海地区相比，中部地区的劳动力、土地资源成本较低。这种"双低成本"优势将使中部老工业基地形成无可比拟的比较成本优势。

（三）生态环境容量大，集聚和承载产业及人口能力强

环境容量是指在人类生存和自然生态不致受害的前提下，某一环境所能接纳的污染物的最大负荷量，即环境所能接受的污染物限量或忍耐力的极限，即城市自然环境对污染物的净化能力或为保持某种生态环境质量标准所允许的污染物排放总量。城市生态环境容量除考虑上述自然环境对污染物的净化能力之外，还要考虑环境资源对社会经济活动强度的承受能力。如城市的土地资源、水资源、能源等对人口和经济发展的承受能力。所以城市生态环境容量是指在保证城市土地利用适宜、资源开发利用合理、生物受到保护、环境污染得到有效控制的前提下，城市所能容纳适度人口和一定的经济发展速度。中部地区老工业基地城市的环境容量相对较大，人口、资源、环境承载能力较强，可重点进行工业化和城镇化开发，有力支撑中部老工业基地的快速发展。

（四）多重战略机遇叠加，后发优势明显

自国家实施促进中部崛起战略以来，中部老工业基地迎来了一系列发展机遇：促进科学发展、扩大国内需求的政策，使得中部老工业基地可以更好地发挥人口众多、市场广阔的优势，开拓发展空间，培育新的经济增长点；国际国内产

业调整和跨区域重组不断深化，中部招商引资能动性不断增强，使得中部老工业基地可以乘势加快承接沿海地区和国际产业转移，促进产业结构优化升级；我国经济保持平稳较快发展，工业化和城镇化进程加速推进，对资源、能源和劳动力的需求不断增长，使得中部老工业基地可以进一步发挥资源、劳动力等比较优势，保持快速发展；国家区域发展总体战略深入实施，对中部地区的政策支持力度持续加大，使得中部老工业基地的发展基础、体制机制、政策环境更加完善，经济社会自我发展能力进一步增强；全国主体功能区战略的逐步实施（中部老工业基地大部分属于重点开发区域），在对其他区域限制开发的同时，中部老工业基地的发展空间相对较大，使得中部老工业基地可以进一步发挥空间的承载优势。

表 6—33　全国主体功能区重点开发区域（中部范围）

类型区	主要关注区域	范围	老工业基地
重点开发区域	太原城市群		太原、阳泉、长治、临汾
	江淮地区		铜陵、芜湖、马鞍山、合肥、安庆
	中原经济区		郑州、开封、洛阳、焦作、平顶山
	长江中游地区	武汉都市圈	武汉、黄石、鄂州
		长株潭城市群	长沙、株洲、湘潭、娄底、衡阳、邵阳、岳阳
		鄱阳湖生态经济区	南昌、景德镇、新余、九江
合计（城市个数）			28

资料来源：根据《全国主体功能区规划》整理所得。

第四节　中部老工业基地存在的问题分析

一、中部老工业基地存在的主要问题

（一）三大历史遗留问题

1. 企业办社会问题尚未根本解决

在原计划经济体制下，国有企业均承担了大量本应由社会承担的职能，如医院、学校、住房及水电供给、社会治安等。现行体制下由于社区化管理没有及时到位，企业转型步履缓慢。企业所办的这些社会职能部门，职工队伍庞大，为了保证其正常运转，企业每年支付的经费及补贴数额巨大，给企业造成了沉重的包袱。虽然部分国有企业进行了社会职能的剥离，但中部老工业基地仍有大量的国有企业承担着社会职能，“大而全，小而全”的国有企业仍然存在。如湖北宜昌市葛洲坝集团的企业办社会问题比较典型，该集团管辖区域面积9.4平方公里，涉及人口20万，企业专门成立了葛洲坝城区管理建设局，承担所有社会管理职能和城区管理，每年需投入大量资金（约2.8亿元），目前仅“公检法”部门移交政府，其他社会职能仍由集团承担，企业承担了沉重的社会压力。

在已经分离企业办社会职能的地方，国家给予的配套不足，一些社会职能移交给地方政府后，缺乏相关的资金或政策支持，给地方政府财政造成了沉重负担。如湖南娄底市，改制企业所办34所中小学校、6所医院以及社区移交地方后，给地方政府带来严重压力，其中移交的学校所需建设经费达3.86亿元，地方政府每年承担各种在职人员工资福利社保支出、退休人员待遇支出、义务教育经费保障支出共计8922万元；移交的医院所需建设经费为0.87亿元，地方政府每年承担医院各种费用支出2120万元。

2. 企业改制遗留问题较多

在全国国企改革的进程中，中部老工业基地按照国家要求积极推进国企改革，取得了较大的成绩，但同时也留下了一系列的突出问题。

一是原铺开改制企业终结难。由于多方原因，部分老工业基地原铺改制企业工作正处于“启动程序快，扫尾验收慢”的尴尬中，一些企业久拖不能扫尾终结。如湖南邵阳市市本级启动企业改制137户，目前只有96户全面完成扫尾终结，仍有41户未扫尾终结。其中最为典型的是湖南邵阳纺织厂，该厂于2002年10月正式启动改制程序，但因职工房屋搬迁等遗留问题没有处置到位，现已“抗战八年”都未扫尾终结。

二是改制形成大量“空壳”企业。中部老工业基地许多企业在改制时，通过优质资产剥离成立新公司，将不良资产、债务、历史包袱等遗留在原企业，造成大量“壳公司”，其特点是企业“有人员、有债务、无资产、无场地、无经营活动”。多数企业长期处于停产、停业、停顿状态，由于账面资产远远小于负债，导致无法按照国家政策进行破产。河南安阳市现有74家“壳公司”，账面资产约6.6亿元，总负债约13亿元，涉及职工人数8480人，欠缴五项社会保险费约1.2亿元，拖欠职工工资、集资款等约1.8亿元；开封市拥有“壳企业”12家，共涉及在职职工和离退休职工 2 万多人。

三是不良资产处置难度大。中部老工业基地国有企业存在大量的“问题”资产，处置难度较大，有的企业成立了不良资产集中清理处置专项小组，但由于不良资产处置的政策性非常强，进展较慢。不良资产主要表现在银行贷款不能按期偿还、应收账款长期挂账、存货毁损严重、长期股权投资回收无望、应付账款长期挂账形成呆坏账、银行未达账项长期挂账六个方面。特别是个别老企业历史上遗留的账实不符，虚有资产量大，无法核销或处置，难以引入重组投资者，企业改制推进困难。安徽芜湖市不良资产处置问题比较典型：2007 年，根据安徽省政府关于妥善处置金融不良资产统一部署，该市国有资产管理有限公司受让债权类资产本金合计 165050.99 万元，涉及单位 728 户；商务系统受让债权类资产本金合计 32037.7 万元，涉及企业 61 户；工业系统改制企业不良资产合计 6769.61 万元，涉及企业 5 户。湖南衡阳市企业不良资产达到 1097556 万元，表外欠息 328679 万元，其中：中央企业不良资产 493900 万元，欠息 131472 万元；地方企业 603656 万元，表外欠息 197207 万元。此外，“债转股”资产的处置也存在体制机制上的较大障碍。湖北荆门市 20 世纪 90 年代企业进行股份制改革时，发行了大量的职工内部股或集资，有的企业通过增资扩股后公开向社会发行股票，据不完全统计，市区有 33 家工业企业共发行职工内部股近 5.1 亿股，涉及金额近 11 亿元。到 2010 年底，还有 3.7 亿股没有清退，需要的 8.75 亿元资金没有来源。

四是历史欠债欠税多。长期以来，中部老工业基地国有企业自我积累能力较低，经济效益不佳，资产负债率较高，历史欠账较多，债务负担重，需支付较多的财务费用，企业利润大量被吞噬。2008 年，中部六省规模以上工业企业平均资产负债率为 65.3%，高于全国平均水平。山西长治市账面负债率均高达 129%。湖北荆州市市区国有企业历欠各银行贷款本息约 12.5 亿元，因各种原因已无法偿还。有历史欠税的老国有企业 315 家，总金额达 2 亿元，有的企业已经破产关闭，有的改制为民营，有的还在正常生产，但大都经营困难，无法缴纳欠税。荆门市“三线”企业共欠税 72036 万元，其中荆门炼油厂欠税 59718 万元，宏图欠税 2033 万元，东光集团欠税 285 万元。襄阳市国税征管企业累计欠税 68848 万元，其中改制前企业欠税 60387 万元，占全部欠税总额的 87%；工业企业欠 58895 万元，占 97.5%；空壳企业 1399 万元，占 2%；破产企业欠税 1928 万元，占 3%。江西省九江市 168 家国有独立核算企业有 68 家亏损，国有控股企业 191

家，其中亏损75家，中央、省属、市属企业亏损均在50%左右，企业资产负债率80%以上，其中重工业高达90%。正是由于国有企业债务缠身，老工业基地的国有资产长期得不到有效盘活和利用。

五是职工安置困难。中部老工业基地企业冗员多，离退休人员比重大，目前这些人员与企业"脱而不离"，企业背负着沉重的人员负担。河南安阳市进入集中破产程序的45户企业，目前仍有5亿元职工安置费资金缺口。湖北荆门市荆门石化公司曾经是湖北省国有企业改制涉及职工最多的企业，有协议解除劳动合同人员4489人，协解人员、家属工、内退人员总计近万人，占石化社区总人口的1/3。目前部分协解人员虽然进行了安置性就业，但多属临时性岗位，月收入只有750元，处在贫困线上挣扎，还有近1000人一直未能就业，协解人员多次围堵厂区道路，要求解决就业，严重影响社会安定团结的局面。同时，部分老工业基地企业改制后职工安置资金缺口较大且难以兑现。目前，湖北荆州市仍有15亿元安置费尚未支付，涉及职工7.5万人，如湖北天发集团、荆州活力28集团公司共有职工近万人，改制时需资金4亿元，由于企业经营困难无法落实到位，由市政府担保向国家开发银行贷款1.2亿元用于安置职工，至今贷款到期还款资金仍无法落实，还有2.8亿尚未支付。此外，企业协议职工社保问题较为突出，河南中原油田存在1万多协议结束职工，这部分职工为油田贡献了一生，但由于不属于油田在编正式工，享受不到国家离退休职工待遇，无工资，无社保，甚至连失业补助也难以申请。

3."三线"企业发展困难重重

在"三线"建设期间，出于战争局势的考虑，国家按照靠山、进洞、隐蔽的原则，在豫西、鄂西、湘西山区开展了大规模的工业、交通、国防基础设施建设，形成了大批"三线"企业，部分企业当前发展十分困难。

一是未迁"三线"企业搬迁成本巨大。20世纪80年代，国家进行了"三线"布局调整，娄底、南阳等老工业基地已搬迁的军工企业有的发展态势较好，已成为当地经济发展的重要支撑。但是，中部老工业基地尚余一些"三线"企业没有搬迁，搬迁的费用高、任务重。河南南阳市的红阳、红宇、向东等老军工企业的民品生产由于没有搬迁，所处地理位置偏僻，主要零部件配套半径和主要产品的消费市场远，对人才、技术、信息等生产要素的吸引力弱，在很大程度上制约了企业发展。由于距离周边市镇较远，工矿区域内水、电、路的建设、维护等费用仍由企业负担，急需调整布局，迁出深山。湖北襄阳市自20世纪八十年代初以来共拿出2亿多元支持军工企业搬迁，并提供市区最好地段供其使用，但随着建设“两型”社会和城市规模的扩大，大量处于城市中心地段的企业需要再次搬进工业园区。襄阳轴承搬迁到高新区，需要费用20亿元。清河口一带的13家化工污染企业搬迁到余家湖工业园区共需费用125亿元。集中在樊西老工业区15家纺织企业规划搬迁到太平店纺织园区需要费用140亿元。据初步测算，“十二五”期间中心城区需“改、并、迁”的企业约93户，共需投资近1000亿元。

二是已迁“三线”企业负担沉重。“三线”调迁企业历史包袱沉重，自身发展资金短缺，加上军转民缓冲期短、中央辅助资金匮乏等，造成企业债务负担沉重。同时，“三线”调迁企业绝大部分属于军工企业，军转民部分基本上向外调迁，军品生产仍由原厂负担，但原厂企业办社会问题严重。以河南老工业基地为例，2006年以来，红宇、红阳、中光学等企业将民品生产迁到南阳市高新区、郑州中牟等，由于调迁期间政府财政拨款不足，企业从银行、职工手中筹借了大量资金。目前，红阳、中光学集团等有市场前景的新产品也不少，但大部分企业由于调迁、改扩建等贷款负担过重，没有资金用于企业扩大再生产，导致历史债务无法按期偿还。初步估计，河南“三线”企业债务负担、企业办社会职能剥离和困难职工生活援助，加上破产企业工伤职工的安置，共需资金约为5亿元/年，尚不包括棚户区改造、水电路暖等基础设施改造费用。

三是企业“军转民”难度大。军工企业及其科研院所在技术、资金支持等方面有着其他企业无可比拟的优势，而中部老工业基地的“三线”军工企业优势未能充分发挥，同当地企业缺乏横向联营和纵向合作，难以融入地区产业体系，军工技术与民用技术辐射、嫁接和转化效应不强。以河南老工业基地为例，军品是河南省“三线”调迁企业稳定收入的来源，红宇、向东等企业生产的军品技术含量较低，产品需求较生产规模来说相对较小，依靠军品领域的技术支持，新产品及产品附加值的增加和提高将使民品毛利率维持在较高水平，但其民品生产规模不足，企业经济效益整体低下。

四是“三线”企业职工生活困难。中部老工业基地国有企业尤其是部分军工企业的职工收入水平低下，甚至满足不了基本生活需要。以河南南阳市为例，南阳红阳、红宇、向东等企业，军品不能满负荷生产，部分职工每月只有400多元的收入，除去“五险一金”外，可支配收入每月仅有100多元，加上军品厂区交通不便，生活费用较高，该部分职工生活极为困难。同时，大部分生活基础设施老化，供水、供电等较为紧张，甚至存在饮水安全问题。

表 6—34 部分老工业基地历史遗留问题情况(2010 年)

指标	荆州	荆门	宜昌	襄阳	安阳	开封	洛阳	南阳	平顶山	娄底	邵阳	岳阳
国有企业办医院数量(个)	2	2	9	68	5	5	30	0	51	16	0	0
国有企业办学校数量(个)	0	0	0	89		3	1	0	0	9	0	0
国有企业办托儿所数量(个)	4	0	7	54	4	5	19	13	16	12	0	0
国有企业办公安数量(个)	0	2	0	44	1		0	0	0	6	0	0
国有企业职工已转变身份人数(万人)	13	3.8	9.18	15	4590	1.193	1.2	4.1		10.11	8.79	0
国有企业职工今后需要转变身份人数(万人)	2	0.39	0.58	5.2	8083	0.37	2.5	0.2	1.8	3.66	3.52	0
国有企业退休人员人数(万人)	21	2.08	8.22	11.91	1.41	1.628	22.43	2.7	5.3	8.31	8.84	0
国有企业的债务额(亿元)	61	95	414.8	223	278210.6	7		968	6.1	311.4	31.4	113
国有企业的历史欠税数额(亿元)	14	8.2	2.3	6.12	18627.92	0.5	5.119	753	0.15	3.109	2.9	0.3
剥离企业办社会已支付的资金额(亿元)	22	1.988	5.7	0.52	677		3.15	0.57	2.3	4.89	1.21	10
彻底剥离企业办社会所需要的资金缺口(亿元)	15	0.578	12.3	1.88	646.06		15	1.36	10	11.56	2.26	1
解决冗员问题已支付的资金额(亿元)	27	5.63	3.4	4.61	7019	0.109	13	1.21	5	5.2	47.1	32
彻底解决冗员问题需要的资金缺口(亿元)	41	3.69	5.2	7.19	22614.9	1.183	10	5.63	8	19.12	10.43	1
已支付的离退休人员社会保障金额(亿元)	25	22.15	13.6	56.7	4489.9		25.88	1.7	5.8	4.56	5.86	25
彻底解决离退休人员社会保障的资金缺口	25	7.04	8.9	3.8	20772.72		15.09	5.8	10	6.45	2.25	2
需要解决的历史欠税和欠债总额(亿元)	75	103.2	143.7	229.1	455368.9	7.5	5.119	1721	6.3	314.5	34.3	3

数据来源:根据各省发改委提供数据整理(部分数据缺失)。

表 6—35　部分老工业基地厂办大集体问题情况(2010 年)

指标	荆门	十堰	襄阳	安阳	开封	洛阳	平顶山	娄底	邵阳
厂办大集体企业数量(个)	19	11	43	2	7	18	20	64	51
在册人数(万人)	0.30	0.07	4.50	11.00	0.03	0.19	0.12	0.87	0.40
退休人员(万人)	0.09	0.02	4.30	1.00	0.01	0.12	0.32	1.29	1.50
资产总额(亿元)	0.78	1.11	13.50	50.00	0.01	0.48	0.96	17.32	0.20
负债总额(亿元)	0.02		17.30	174.00	0.01	0.37	0.45	19.11	1.00
净资产(亿元)	0.75	0.39	-3.80	-124.00	0.00	0.11	0.51	-1.79	-0.80
已解决的经济补偿金额(亿元)	0.81		6.30			0.56	0.57	2.37	0.10
已解决的养老保险金额(亿元)	0.23		1.80				2.40	1.25	0.11
已解决的医疗保险金额(亿元)	0.17		1.30				2.20	1.68	0.03
待解决的经济补偿金额缺口(亿元)	0.89		7.20	134.00	0.09	0.46	1.06	6.02	1.00
待解决的养老保险金额缺口(亿元)	1.20		2.30	37.00	0.07		2.80	3.15	0.70
待解决的医疗保险金额缺口(亿元)	0.89		0.25	3.00	0.10		0.01	1.32	0.30

数据来源:根据各省发改委提供数据整理(部分数据缺失)。

(二)六大经济社会发展主要问题

1.结构性矛盾突出,经济转型难度大

由于中部老工业基地处于工业化的中期阶段,经济社会发展中的一些长期性、结构性矛盾十分突出,随着土地、资源、环境等约束趋紧,面临加快发展速度和转变发展方式的双重压力。

一是三次产业结构不协调。根据产业结构演进规律,地区三次产业由第一产业占优势逐渐向第二产业、第三产业占优势演进,在部门结构中由劳动密集型产业占优势逐渐向资本密集型、技术(知识)密集型产业占优势演进,在产品结构中由制造初级产品的产业占优势逐渐向制造中间产品、最终产品的产业占优势演进。中部 27 个老工业基地城市全部是“二、三、一”的产业构成,还没有

形成“三、二、一”的产业格局。2009年,一产比重超过20%的城市有6个,超过10%的有19个,农业比重较大,工业化发展仍不足。在一产比重低于10%的老工业基地城市中,有一部分城市是煤炭、矿产等资源和原材料型城市,由此才使得其农业比重较低,并非是经过产业的常规变迁形成的;二产比重超过50%的有17个城市,占中部老工业基地总数的63%,二产比重超过60%的有5个城市。其中河南鹤壁市二产比重在2009年达到68.67%。从我们对二产比重较高的城市研究发现,这些城市大部分是资源和原材料依赖型的城市。从产业结构的历史演变看,这些城市的产业结构变迁是“超常规”的,二产比重一直较高。同时,还有产业结构正常变迁的一些城市二产发展不足,均低于50%。其中湖南湘潭市2010年二产比重仅35.9%,工业化程度水平较低。三产比重普遍偏低,目前没有一个城市的三产比重超过50%,大部分城市三产比重均处在20%~40%之间,服务业尤其是生产性服务业发展严重滞后。

二是工业结构过于重型化。中部老工业基地能源、原材料和装备制造工业等重化工业比重畸高,结构刚性较大,导致应对外界环境变化的能力差,经济增长具有较大不稳定性。从轻、重结构比来看,中部27个老工业基地的重工业比重几乎都在50%以上,大部分城市超过全国平均水平,其中,超过90%的有9个城市,最高的山西阳泉达96.7%(见图6—8)。从加工程度来看,粗加工比重较大,产业深加工度低,产业大多是粗加工制造业、矿产的初级开采等,产品技术含量和附加值较低。与轻工业和服务业相比,重化工业投资大,机器设备等固定资产占用多,退出壁垒高。以湖北荆门市为例,2000年,其重工业产值在工业总产值中所占比重超过80%,近年来比例虽有所降低,但2009年仍占近70%。荆门市的石油化工行业主要以石油炼制业为主,深度开发、延伸加工不够,特别是高附加值的下游精细化工不多;基础化学工业以化肥生产为主,技术含量高、能耗低、污染少、效益好的精细化工产品较少;建材工业以水泥生产为主,新型建材刚刚起步;机械工业以配件生产为主,缺少先进装备制造;纺织工业基本上是以中低档棉纺为主,高档服装、面料、化纤和家纺很少;农副产品资源加工深度和综合利用率都较低,产品附加值也低。

三是所有制结构不合理。中部老工业基地国有经济仍占主导地位,乡镇经济、个体经济、三资企业等非公有制经济不发达,国有企业数量较多、规模较大,国有经济比重大,民营经济发展不足。2009年,中部六省国有及国有控股工业总产值占全部工业总产值比重分别为山西56.1%、安徽40.5%、河南24.6%、湖

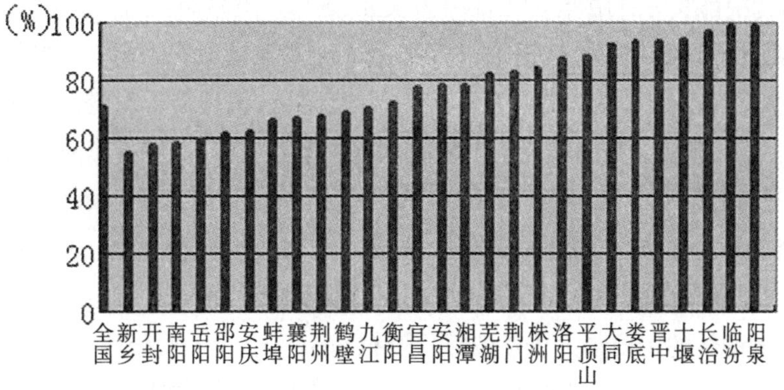

图 6—8　2009 年中部老工业基地重工业比重对比

北 42.0%、湖南 29.6%、江西 25.8%，除河南、江西略低于全国 26.7%的平均水平外，其他省份均高出全国平均水平。同时，中部老工业基地政府主导型特征显著，市场化程度低。种种现象表明，中部老工业基地产业的组织、管理和运作还未能彻底摆脱计划经济体制遗留下来的痼疾，官本位意识和抑商思想根深蒂固，市场经济体系不完备，缺乏以资本权力方式运作的市场化企业、以公共权力方式运作的民主化政府和以社会权力方式运作的中间组织。政府主导型的经济，政府越俎代庖，捆绑住了企业和“民间组织”的手脚，难以激发和整合企业、民营经济、市场中介民间组织等的积极性。特别是中小企业发展尤为困难，融资问题已经成为制约中部老工业基地中小企业发展壮大的关键因素。据调查，目前在中部老工业基地全部工业企业中，80%以上的企业反映资金不足，90%的中小企业难以获得银行贷款，这严重影响了中小企业的健康成长，更制约了地方经济的快速发展。

四是经济结构严重失衡。从拉动经济增长的“三驾马车”来看，中部老工业基地城市的经济增长主要还是依靠投资，尤其是政府在重大基础设施建设方面的投资拉动，消费及对外贸易对经济增长的贡献相对不足，“内陆型”经济特征明显。一方面，中部地区不靠海、不沿边，部分城市与发达地区和中心城市通达性较差，属于典型的“内陆”地区，对外开放程度低，在引进外资和对外贸易方面比较落后(见表 6—36)。大多数城市的进出口贸易额较小，总体经济外向度较低，出口大宗商品主要是初级加工产品，出口产品的附加值低，缺乏较强的核心竞争力，且主要面向东南亚等地区市场，在欧美等发达国家的市场份额严重不足。对外投资和对外经济合作发展十分缓慢，实际利用外资的规模也偏小。2009

年，山西晋中市实际利用外资仅1124万美元，进出口贸易额仅为16010万美元，外贸依存度不到2%。另一方面，中部各老工业基地城市的固定资产投资高速增长，绝对值较高，对经济的贡献率较高，相比之下，消费需求对经济的贡献率较低。老工业基地经济的增长与人均收入水平没有同步，消费需求对经济增长和结构变动的影响有限，经济发展的内需驱动乏力。以湖北荆门市为例，2009年，消费需求对生产总值的贡献率为39.5%，比2000年下降了25.3个百分点；投资需求贡献率则由2000年的56.8%上升至2009年的60%，增加了3.2个百分点，经济增长的主要动力仍然依靠投资拉动。

五是要素投入结构粗放式。中部老工业基地经济的高速增长得益于低劳动力成本、高储蓄、高投资、高资本的形成。然而随着全球经济危机和供给冲击的影响，依靠人口红利、土地成本、能源成本和环境成本形成的所谓“投资成本洼地”效应逐步减弱，“低要素成本”时代一去不返，这意味着中部老工业基地过分依赖增加劳动、资本等生产要素投入的增长方式已经难以持续，需要通过产业结构升级、加速人力资本形成、技术进步以及制度化改革对经济增长的溢出作用，由粗放型的“斯密增长”向“熊彼特式”的内涵增长转变。

2. 产业综合竞争力不强，集群发展不足

中部老工业基地产业整体实力相对较弱，缺乏大型的龙头企业和规模化的产业园区，产业链和产业集群发展欠缺，传统产业升级任务重，新兴产业发展慢，落后产业淘汰难，产业综合竞争力和抗市场风险能力不强。

一是传统产业优化升级任务艰巨。传统产业存量能否盘活，对地区经济发展至关重要。中部老工业基地的传统优势产业，以重工业和军事工业为主体，主要有汽车、钢铁、冶金建材、能源化工、装备制造、常规兵器制造、尖端武器制造等，传统产业的比重较高，工业产业链条不完善，多以原材料等上游产品为主，而以整机装备、最终产品为主的先进制造业下游产品和以零部件配套为主的中游产品并不多，导致高科技含量、高附加值的产品不多；创新能力不够强，缺乏核心技术和自主品牌，竞争能力和抗风险能力较弱。如平顶山的能源工业比重较大，以原材料输送为主，产品附加值较低；湘潭的冶金、化工、建材等高耗能行业占规模工业增加值的比重达到60%左右；娄底的主导产业基本上以钢铁、有色、煤炭、电力、化工、建材等传统能源原材料产业为主，生产的初级产品多、深加工产品少，上游产品多、下游产品少，企业自主创新能力弱。有些城市的传统支柱产业已经形成规模，但往往是支柱产业内部个别企业的孤立发展，“一支独大”，大企业没有对同行业的中小企业或者产业链条上的上下游企业产生应有的联动效应，从而导致支柱产业与相关辅助配套产业的发展脱节，二者的不协调直接制约了支柱产业的产业优化升级及相关产业的更新替换。

二是新兴产业培育发展缓慢。从产业发展规律来看，高技术和战略性新兴产业将是主导全球产业发展的必然趋势。中部老工业基地高技术产业总体规模小、水平低，高技术产业结构和产品结构仍然处于较低水平，技术创新能力较弱，高技术边缘化趋势较明显，影响带动作用未充分发挥。以湖北荆门市为例，其高新技术产业规模小，高新技术企业仅16家，占规模以上工业企业的1.5%；高新技术产业增加值占规模以上工业增加值的比重不到18%，低于全国和湖北平均水平。中部老工业基地具有发展战略性新兴产业的良好基础，当前新能源汽车、风电、生物医药、高端装备制造等新兴产业初具雏形，发展趋势较好。但是，中部老工业基地新兴产业发展也存在亟待解决的问题：其一，缺乏核心技术支撑；其二，制度环境尚不健全；其三，缺乏资金支持；其四，创新动力不足；其五，人才培养和利用不充分。中部老工业基地缺乏核心基础技术的积累，技术路线界定模糊，城市之间产业协作不够，导致众多老工业基地城市投资一哄而上，盲目发展战略性新兴产业。

三是生产性服务业发展严重滞后。全球产业链和价值链中，服务化已成为提升制造业竞争力和制造业发展的重要方向，企业利润来源越来越多地依赖于加工制造环节之外的其他环节，服务在企业活动中的地位不断提升。相比而言，中部老工业基地服务业比重偏低，发展相对滞后，服务业中传统服务业仍占主体地位，尤其以生产性服务业为代表的现代服务业发展严重不足。中部老工业基地第三产业发展不仅远远落后于东部沿海地区水平，而且在内陆地区也不占优势，有些老工业基地城市甚至三产停滞不前。有些城市三产发展较快，但第三产业仍主要集中在批发、零售、交通运输、仓储、邮电、餐饮等传统产业，而现代服务业尤其是与现代制造业紧密相关的生产性服务业，如研发设计、信息服务、商务服务等发展则相对滞后，对制造业的支持不足。

四是衰退产业退出障碍大。根据产业演进的基本规律，一些失去资源条件和比较优势的产业应积极退出，以促进结构优化。但是，中部老工业基地衰退产业退出的障碍较大，仅靠地方政府难以解决。第一，解雇费用比较高。中部老工业基地工业劳动力集中于传统产业，上百万的工人要实现转产转业需要支付巨大的转移成本。第二，资产专用性强。传统产业多是资产专用性强的产业，产业退出越要支付巨大的费用。第三,关联生产障碍大。中部老工业基地工业多年来自成体系,重化工业封闭式地自我循环,产业和企业环环相扣,若局部退出会影响全局。第四,产业管理体制障碍大。中部老工业基地有些衰退产业是国家重要资源产业,受中央政府管制,地方或企业无权做退出选择。第五,市场障碍大。由于资本市场不完善和企业制度不完善,一些产业也往往欲退不退。以河南省为例,老工业基地衰退产业退出共需费用 287 亿元。若经济补偿金按照 4∶3∶3 的办法实施,即中央负担 40%,地方财政负担 30%,企业负担 30%,其他按照企业原有的隶属关系,中央和地方政府各负担 50%计算,共计需要中央投资 138.5 亿元。按照老工业基地调整改造时间五年计算,每年需要中央投资 27.7 亿元。

五是产业集群化发展有待加强。根据“项目集中布局、资源集约利用、功能集合构建”的原则和推进新型工业化的要求,要加快产业集聚发展。同时,产业集聚发展也是解决中部老工业基地产业特别是传统产业高度同构发展、生产要素配置效率低下的重要突破口。而中部老工业基地的产业集群整体上还处于培育成长期,且大多属于“资源驱动型”产业集群,如山西、河南老工业基地的煤炭产业集群,江西、安徽的矿产产业集群等,主要依赖于当地的自然资源和市场需求的扩大,突出问题是产业集群数量较少、规模较小、层次较低,产业集群内的分工协作关系不紧密,社会化服务程度低,龙头企业带动能力较弱,产业集群的竞争力不强,与发达地区存在较大差距。以安徽老工业基地为例,安徽省虽然初步形成了一批龙头带动型产业集群,但从总体上看,一些龙头企业自身的实力和创新能力有限,对群体的带动力较弱;产业关联程度较低,配套能力不足,与其他中小企业协作关系不紧密,存在企业“孤军作战”现象;安徽省块状经济群体大多是由“小而全”的企业构成,产业链上下游企业之间缺乏应有的联系与配合,产业上下游发展不平衡。在一些群体内,内部竞争多,相互联系配合少,尚未形成产业集群的有机联系,出现了企业外迁的现象。同时,产业布局也不合理,部分企业具有显著的“嵌入式”特征。湖北十堰市原 1969 年布局在长 32 公里、宽 8.5 公里的 20 多条山沟里,当时没有机场,也不通高速公路,进出的主要交通工具是火车,坐火车由至十堰最长时间需 10 多个小时,造成资源浪费,生产效率低下,严重制约了企业的发展。东风总部外迁后,对车城十堰的间接影响远大于直接影响,不仅造成无形资产的巨大损失,也对合资公司新增项目布局、汽车配件生产和销售、对外招商引资以及社会稳定等带来较大影响。

3. 国企改革进程缓慢，经济效益不高

从全国来看，各地市县两级以置换产权制度为核心的国企改革已基本结束，中部大多老工业基地的国企基本“脱困”，但后续改革任务仍较重，国企改革进程较东部地区缓慢，部分城市在艰难中缓慢推进，导致企业发展缺乏活力，竞争力不强。

一是产权结构不合理。中部老工业基地的国有企业原来基本上都是产权结构一元化，也即是国家独资，无从构筑所有权和经营权分离的股权结构，不能适应市场经济的要求。当前，中部老工业基地的国有企业投资主体仍较为单一，股权结构不合理，公司法人治理不规范，内部劳动、人事、分配制度改革尚未到位，利益分配机制尚不完善，产权需求对接市场欠缺，企业缺乏活力。尤其是垄断行业的大型和特大型企业，还没有进行根本性的股份制改造，企业的经营机制没有得到根本改变，即使是已经经过股份制改造的国有企业，也还普遍存在着国有股“一股独大”、股权结构不合理等问题，真正建立起规范的现代企业制度的公司为数甚少。许多企业有了公司制的组织形式，但其经营机制和运作方式却没有股份制企业之实。在用人、投资、分配等决策方面，目前比较普遍存在着越位错位现象，仍然长期沿用计划经济体制管理国有企业的惯性思维和观念，并未从根本上建立起符合市场经济体制的出资人职责制度，常常超越出资人职能，行使应当属于被投资企业的权利。如对多元产权结构的国有控股有限公司（典型的是国有控股上市公司），也“套用”或“参照执行”仅仅适用于国有独资企业的管理规范，实行事实上的单一的僵化的“血统论”、“参照”等管理模式，严重挫伤了作为公有制企业主要形式之一的国有控股有限公司的发展活力。

二是生产效率低下。中部老工业基地国有企业生产成本普遍过高，而工艺水平却偏低。“质次价高”使得中部大中型企业产品竞争力持续处于低谷，市场占有率低。产品滞销造成库存积压，资本周转困难，形成恶性循环，严重影响着企业的经济效益，束缚了企业的发展。加之国际金融危机以来，世界经济增长缓慢、总体滑坡，国际市场循环对国内市场的影响，对于国有企业更是雪上加霜，有些企业甚至濒临破产境地。大幅度降低生产成本和提高生产工艺水平，巨额资本和技术的投入自然必不可少，而这对于本就负担过重的国有大中型企业来说实在难以负荷。

三是技术装备陈旧老化。长期以来，中部老工业基地城市大量利税上缴，自身积累薄弱，技术装备更新改造投入不足，随着工业化的不断发展，全球产业技术和新型装备不断推陈出新，而中部老工业基地的产业技术和装备没有随着新技术革命而变革，使得技术装备发展不能适应需求的变化，致使许多企业技术装备落后，产品市场竞争力弱。安徽芜湖市国有企业技术装备水平20世纪60年代以前的占60%，70年代的占35%，80年代以后的仅占5%。新产品销售收入所占比重仅为12.7%，市场竞争力严重弱化；河南洛阳市大中型设备新度系数在0.55左右，其中部分大中型企业的设备新度系数在0.40，有些产品仍维持在20世纪60年代以前的水平。

四是企业创新能力较弱。技术创新能力是企业未来发展能力和水平的一个重要标志。企业之间的发展差距，从一定程度上说就是在自主技术创新上的差距。中部老工业基地国有企业的技术创新问题主要体现在五个方面。第一，企业自主创新能力比较弱，相当一部分企业很少甚至没有开展研发活动，不少工业企业还是零专利。第二，科技拔尖人才数量不足，特别是高水平的科技领军人才、科技创新团队和既懂科技又会经营的复合型人才较为缺乏。以湖北荆州为例，截止2009年，荆州市国家、省级技术中心仅17个，全市仅获6个中国名牌和4个驰名商标，81个省名牌产品。第三，科技投入还处在较低水平，不能满足支撑经济社会发展的需要。第四，众多科研院所缺乏合作，横向间联系较少，共享的自主创新平台还很少，现有技术创新资源的利用率相对较低。第五，不注重产品改进、技术改造等技术创新，对自主知识产权的自主创新重视不够，取得成果相对较少。如河南平顶山市的国有企业中，汽车、集成电路、电脑、手机、空调、冰箱等终端高端工业品还都是空白，规模以上工业企业中仅有平高集团、平煤机等几家企业拥有自主品牌，大多数企业还没有自主的产品和技术。中部老工业基地多数国有企业在以产品为中心的企业技术改造上，都面临项目、资金、开发能力等实际困难，需要国家给以指导和扶持。

五是人才老化和流失严重。老工业基地的国有企业要发展，人才至关重要。过去老工业基地是清华、北大等理工院校毕业生报效祖国的第一选择，但目前由于区位、待遇、生活配套设施等因素无法与沿海发达城市相比，大多高素质人才都流向沿海地区的一线城市。同时，中部老工业基地的科研技术人才和科研技术成果大量流失，因为企业薪酬制度远远不能适应形势发展的需要，以及苦于企业制度的制约导致自身“进步”无望，许多高级管理人员、科研技术人员纷纷选择“跳槽”或“下海”，技术工人的大量短缺成为中部国有大型企业的普遍现象，有的国有大型企业出现人才“空洞”的现象。以湖北荆州市为例，自2000年开始大规模的国有企业改制工作以来，大量科技人才流失，从事科技活动人员的绝对数呈逐年下降趋势，特别是2001年，人数比2000年减少1900人，2004年只有2900人，近年来虽有恢复，但仍远低于2000年水平，每万人从事科技活动人员数与全省平均水平相差25.52人，科技人才极缺。

4.城市布局不合理，综合功能有待提升

中部老工业基地城市多是按照“先生产、后生活”的理念设计和建设起来的，城市规划先天不足，城市规模没有科学控制，城市土地资源利用不合理，部分区域工业生产与生活居住混杂，没有遵循城市空间科学布局的规律，导致城市发展空间受限，人口、生态等承载能力不足，城市综合功能不完善。

一是城市职能定位不明。按照城市的发展规律，在城市规模较小的时候，单中心是一种高效率的城市发展模式，人们生活半径小，商业、教育、医疗、居住等功能布局相对集中，整个城市围绕单一的中心来运转，各类公共服务也可以高效率地覆盖整个城市。但随着城市规模扩大，这种高度集中的资源和功能难以辐射到整个城市，中心城区也会因为人口大量聚集而不堪重负，交通拥堵、环境污染等问题随之而来。中部老工业基地较多城市的职能定位不明确，缺乏总体而长远的中心城区发展方向与空间布局规划，老城区承担的生产中心职能、行政中心职能、商业中心职能、文教中心职能、物流中心职能等太多，生产特别是高污染、高耗能的生产性活动还有较多在市中心。由于城市缺少整体规划，建筑布局凌乱，城市形象欠佳，与城市的定位严重不符。

二是城市发展空间受限。中部较多老工业基地城市的老工业企业布局在中心城区，搬迁难度较大，限制了城市商业、生活服务等发展空间。同时，一些老工业基地城市布局在形成过程中缺乏对城市长远发展考虑，一些原来位于城市边缘的工业区随着城市扩大变为城中工业区，限制了城市发展。湖北荆门市是典型围绕“三线”企业和铁路开始发展建设的城市，周边山形限制，居住用地、工业用地用地比例不合理，造成了城市工业、居住、商贸、物流等功能区混杂相处，既影响居民生活质量，又影响产业发展。原来位于城市边缘的工业区随着城市扩大变为城中工业区，特别是一些对环境污染较严重的大型企业如荆门石化、葛洲坝水泥厂等仍滞留在中心城区，既制约了城市发展空间，同时对居住环境和城市交通也影响较大。湖南娄底市中心城区内布局了涟钢、涟邵实业、华达机械总厂、娄底电业局、娄底大理石厂、娄底铁合金厂、娄底纺织厂等大批大中型工业企业，目前中心城区城镇化率高达90.1%，城区发展空间极其受限。

三是基础设施建设滞后。随着城市化进程加快，中部老工业基地城市的基础设施和公共服务设施发展严重不足，城市综合功能提升缓慢。以湖北为例，襄阳市交通制约突出，城市交通拥堵问题严重，各城区间的通达性不好，道路主、次、支路的结构不合理，系统发展不均衡，相互连接的道路错接和断头现象严重。城区人口、建筑密集，基础设施超负荷，城市的公共设施难以满足不同人群的需要，公共交通发展不够，停车难矛盾凸显，公厕、垃圾集中点等环卫设施欠缺，社区服务设施不配套。荆州市主干道连贯性不够，密度不高，东西向交通线路多而南北向联系较弱，交通瓶颈问题日益严重，居民日常出行极为不便。各类基础设施协调建设、市政管网互通等系统性不强。

四是老工业区改造任务重。中部老工业基地城市还存在大规模面积的老工业区，如洛阳市的涧西老工业区、株洲的清水塘工业区、衡阳的七里井老工业区等。这些老工业区建设密度高，区内生产区和生活区用地相互交叉，缺乏有效隔离，各组团间交通联系不足。河南洛阳市涧西老工业区的老工业企业如洛玻集团、洛轴集团、白马集团、洛硅公司、洛钢集团等亟须搬迁改造，五户企业涉及土地面积 7470.5 亩，其中生产区用地 5601.6 亩，生活区用地 1868.9 亩，搬迁改造涉及新征土地、设备购置、基建安装、生活设施配套、生活区改造移交等费用，估算需要资金 78.37 亿元。湖南株洲市的清水塘老工业区毗邻湘江，株冶、株化等重化工业企业密集，对湘江污染及周边居民影响极大，整体搬迁任务重。同时，很多老工业基地城市的中心城区与外围城镇整体发展不协调，老工业区没有统筹纳入都市区统一规划范围，缺乏与中心城区的统筹考虑，基础设施不对接，产业合作不够。

表 6—36　部分城市老工业区名录

老工业基地城市	老工业区
洛阳	涧西老工业区
株洲	清水塘老工业区
襄阳	樊城老工业区
衡阳	七里井
宜昌	伍家岗
大同	平旺地区
阳泉	宝山区

续表

老工业基地城市	老工业区
晋中	榆次区
安庆	桐城老工业区
蚌埠	东市区
荆州	沙市老工业区
邵阳	双清区
开封	开封老工业区
安阳	水冶西部老工业区

资料来源：根据各市研究报告整理所得。

5. 社会事业发展滞后，保障能力不足

中部老工业基地近年来经济虽然保持了快速的增长，但社会事业发展比较滞后，居民收入水平普遍偏低，城市就业压力大，社会保障水平和公共服务水平不高。

一是社会保障能力不足。由于老工业基地的老工业企业众多，企业经济效益普遍低下，致使企业欠缴现象严重，拖欠职工养老保险金的现象比较普遍，个人账户“空账运行”情况严重。同时，中部老工业基地城市退休人员比重较高，当期支付面临着巨大压力，潜在的支付风险巨大。以部分城市为例，湖北荆门市于2006年开始启动做实个人账户工作，做实企业养老保险个人账户，地方财政应配套资金2006年为801.32万元(其中市直369.94万元)，2007年为1141.48万元(其中市直504.2万元)。2008年以后，湖北省有关部门没有明确怎样做实个人帐户。如果2010年个人账户按8%的规模全额做实，即企业职工个人缴费部分全部做实，灵活就业人员缴费按其缴费工资的8%做实，全市做实个人账户需要26864.4万元(其中市直8918万元)。这相当于荆门市2009年社会保障和就业方面财政支出的25%，如果没有国家财政的支持，靠地方财政很难做实个人账户。湖南邵阳市企业养老保险（截止2010年底）市本级参保职工137826人，离退休职工260793人，实际缴费人数93012人，仅占参保职工总数的67.5%，供养比例达1.5∶1，远远高出正常的3∶1；而大部分国有、集体企业也属停产、半停产状态，无力缴纳社会保险费，目前已欠交养老保险费5.3亿元，破产改制企业也通过政府挂账欠交养老保险费6.87亿元，致使企业养老保险收支缺口每年高达5亿元以上。

二是棚户区亟须改造。中部老工业基地各城市困难群体生活的棚户区大量存在，棚户区的老百姓生活环境十分恶劣，住房拥挤，且大部分是危房简屋。城市和国有工矿棚户区安全隐患突出，严重影响群众生命财产安全和城市形象，与城市现代化建设很不协调。据统计，截至2010年底，河南老工业基地急需改造的棚户区面积为1020万平方米，涉及居民16.7万户。其中，开封老工业基地棚户区面积559万平方米，占河南老工业基地54.8%，是河南棚户区改造任务最重的老工业基地。平顶山市北部东西长约100余里内呈带型分布了10多个矿区，多为煤矿区，生态环境很差，帘子布厂、棉纺厂、焦化厂、洗煤厂、树脂厂、鸿翔热电、三和电厂等急需搬迁改造。南阳市"三线"调迁军工企业在职职工12747人，人均住房面积不足17平方米，还有近5000户住在棚户区或筒子楼里，户人均住房面积仅在10平方米以内。湖北荆门市共有城市棚户区面积764708平方米，工矿棚户区421850平方米，大部分厂房、住房建设年代久，建筑密度大，房屋结构陈旧，消防、给排水、道路、电力等基础设施不全，居住环境差，全部棚户区改造完成需新建面积388.4万平方米，投资57.95亿元。湖北省棚户区问题最为突出的荆州市，市区现有棚户区房屋约151万平方米，居住25000余户，房屋无配套，破损情况严重，并已出现部分垮塌，严重威胁住户的生命和财产安全。还有湖南娄底、邵阳等老工业基地的棚户区问题也较为突出。

值得注意的是，中部老工业基地的棚户区分布较散，楼房较多，不像东北地区那样以平房为主集中在某一大片区域易于改造。同时，产权调换房屋差价难以支付的矛盾较为突出，环境恶劣和社会问题等给棚户区内居民的生产、生活及心理产生极大影响，加大对棚户区的改造迫在眉睫。

表6—37 部分老工业基地急需改造棚户区面积

省份	老工业基地城市	棚户区面积（万平方米）	涉及户数(万户)
河南省	洛阳	50	0.9
	开封	559	7.8
	新乡	98	2.0
	平顶山	49	1.2
	南阳	167	2.9
	鹤壁	10	0.2
	安阳	32	0.5
湖北省	荆门	140	
	荆州	151	2.5

续表

省份	老工业基地城市	棚户区面积（万平方米）	涉及户数(万户)
湖北省	襄阳	401	7.93
	宜昌	52	1.02
湖南省	娄底	110	15.35
	邵阳	264	
	湘潭	520	
其他三省	安庆	125	
	九江	900	
	大同	278	

资料来源:根据各省发改委提供数据库整理所得。

三是就业再就业压力大。中部老工业基地多为重工业城市,产业结构不合理,技术和设备老化,市场竞争力不足,随着市场经济和国有企业改革的进一步深入,造成结构性的下岗失业问题比较突出,富裕就业人员大量释放,给老工业基地带来更加严重的就业压力,而且这些人员知识老化、技能单一,社会竞争能力弱,加上城市公益性就业岗位有限,给城市失业保险造成很大的压力。目前,相当部分下岗职工没有与原企业完全脱离关系,部分下岗职工还滞留在再就业中心。河南洛阳市 70 多万城镇职工中,下岗职工占 15.7%,滞留再就业中心的仍有 2.1 万人,洛阳城镇每年需要新增就业岗位近 10 万个,就业压力巨大。安徽蚌埠市 2003 年至 2005 年办理失业登记享受失业保险待遇的失业人员每年有 1 万多人,2006 年,随着天马集团、第二麻纺厂、玻璃厂等职工 1000 人以上企业和一批区属集体企业的改制,失业保险基金收支缺口预计超过 2100 万元。

四是教育卫生事业发展滞后。中部老工业基地城市的基础教育资源供给不足,中小学校超大班额等现象仍然存在。特别是职业教育问题较为突出,职业教育专业师资不足,缺乏骨干教师和学科带头人,职业教育发展水平还远不适应经济社会发展的需要。高技能操作人才匮乏,难以满足企业的劳动力需求。主要问题可以归纳为“四多四少”:初级技工多,高级技工少;单一技能型技工多,复合技能型技工少;传统型技工多,现代型技工少;短训速成的技工多,系统培养的技工少。中部老工业基地职业教育投入与实际需求相比差距大,办学效益低,职业学校结构、质量与社会需求不适应,行业企业参与办学的积极性不高,职业教育的吸引力不强。湖北襄阳市现有中职学校 40 所,在校学生 8.1 万人,专任教师2462人，初中毕业生升入中职学校的比例仅为43%。因为对技术工人培训重视不够，对技工院校扶持力度不足，致使高技能人才数量不够，素质不高，结构不合理，区域、行业分布不均衡，不能适应经济结构调整、产业升级和技术创新的需要，成为制约老工业基地振兴的重要因素。在卫生事业方面，医疗资源过分集中于城市和大医院，农村卫生事业发展较为薄弱。在文体事业方面，文体基础设施的建设较为滞后，已经无法满足群众开展文体活动的需求，大大降低了当地群众的生活幸福感。

五是城市工业遗产保护和利用不够。中部老工业基地城市工业的物质遗产和非物质遗产均较为丰富，尤其是一些老工业区的生产基地、建筑物等，但由于各种原因，对老工业基地城市工业遗产的保护不够，利用不充分。由于工业遗产的特殊性，与文物古迹保护相比，工业遗产的保护面临着更多的困难和挑战。中部老工业基地城市的工业遗产未能按照遗产分类的要求进行保护，甚至有些大量珍贵的工业遗产遭到毁坏。

6.节能减排压力大，生态环境破坏严重

中部老工业基地由于受经济结构和技术水平的影响，大多数工业产品属于低端产品，对能源及资源原材料的消耗大，污染排放多，普遍存在环境污染、生态破坏等问题。

一是节能减排任务重。中部内陆地区作为夹心层目前在绿色发展方面面临的压力最大：一方面大量承接东部的制造业转移，资源环境承载空间会进一步压缩；另一方面经济实力远没有东部雄厚，对资源环境保护的投入力度有限。由于很多老工业基地是重化工业和资源型产业为主的工业产业结构，难以完成国家下达的节能减排目标。河南洛阳市2009年能耗高于河南省平均水平0.13tce/万元和全国平均水平0.16tce/万元。工业废水排放达标率为99.55%，二氧化硫达标排放率为99.02%，全市工业固废物产生量为1869.75万吨，综合利用率为657.98万吨，低于河南省和全国水平。湖北襄阳市节能减排与淘汰落后产能资金难以落实，连续4年共淘汰落后水泥315.5万吨、造纸38万吨、印染4410万米布、酒精1.5万吨，市级财政承担了很大责任，付出了巨大代价。2008年关闭隆中、浦华两家水泥公司，安置企业人员，市财政支付费用3400万元，国家和省仅补助340万元。2010年关闭新三利达水泥公司，支付安置费用5000万元，补偿没有到位。

表 6—38　2009 年中部六省能源消耗指标

地区	单位地区生产总值能耗(等价值)		单位工业增加值能耗(规模以上,当量值)		单位地区生产总值电耗	
	指标值	上升或下降	指标值	上升或下降	指标值	上升或下降
	(吨标准煤/万元)	(±%)	(吨标准煤/万元)	(±%)	(吨标准煤/万元)	(±%)
山西	2.364	-5.73	4.550	-8.81	1921.93	-8.50
安徽	1.017	-5.39	2.100	-11.13	1088.76	-1.83
江西	0.880	-4.54	1.674	-10.13	922.46	-1.52
河南	1.156	-6.16	2.708	-11.56	1218.36	-4.79
湖北	1.230	-5.97	2.350	-12.27	1018.45	-5.52
湖南	1.202	-5.10	1.570	-13.68	911.00	-3.05
注:地区生产总值和工业增加值按 2005 年价格计算。						

数据来源:根据《中国统计年鉴2010》整理所得。

二是企业“三废”排放污染重。中部老工业基地资源型和高耗能的产业结构，导致了严重的环境污染和生态破坏。在 113 个国家环保重点城市空气污染指数排序中，阳泉、大同分列污染前两名，株洲空气环境质量低于国家三级标准，山西因采煤排水而加剧了水资源的短缺和生态的衰退。中部较多老工业基地城市三废排放达标率低于全国平均水平。湖北荆门市老工业企业主要分布在主城区，这些企业一是造成了较大污染。荆门石化、荆门热电厂、葛洲坝水泥厂等企业位于城区范围内，成为城市主要污染源，尤其是葛洲坝水泥厂位于城市上风向，每年排放的粉尘相当于荆门市区每人吃一块砖，企业亟待搬迁。二是严重破坏了山体和植被，形成了大范围采空区和塌陷区。城区及周边小煤矿、碎石厂、石膏矿多年的开采对山体和植被造成了严重破坏，诱发了地面塌陷等地质灾害，造成地下水断流、土地荒废，植被遭到破坏，对国家重要水利设施、铁路、公路安全构成了威胁，同时严重威胁着人民群众生命财产安全，成为城市的“伤口”。湖南娄底市 2009 年万元 GDP 能耗为 2.414 吨标准煤，是湖南省平均能耗的 2 倍，是全国平均能耗的 2.3 倍；工业企业废水排放量达 9502 万吨，废气排放量达 1729 亿立方米，废渣生产量 842.77 万吨，远高于国家平均水平。

表 6—39　2009 年中部老工业基地城市污染排放情况

省份	城市	工业废水排放量（万吨）	工业废水排放达标量（万吨）	工业二氧化硫排放量（吨）	工业固体废物综合利用率（%）	城市生活污水处理率（%）	生活垃圾无害化处理率（%）	人均绿地面积（公顷）	建成区绿化覆盖率（%）
河南省	开封	5503	5107	27421	100	88.05		32.88	33.65
	洛阳	5741	5685	211027	35.19	94.34	67	30.76	34.6
	平顶山	6331	6127	121755	76.46	93.62	85.18	21.1	37.49
	安阳	12595	12153	98336	93.75	82.42	94	22.48	37.15
	鹤壁	5019	4406	54416	90.94	77.6	83	27.18	38.73
	新乡	17389	17074	42598	100	86.71	95	36.08	40.97
	南阳	13743	13547	83057	87.91	46.84	76	12.95	32.38
湖北省	十堰	2772	2713	25073	80.56	53.46	90.9	234.82	69.83
	宜昌	12665	12165	34870	42.01	87.17	91.01	24.39	40.69
	襄阳	11098	10747	64762	98.85	81	100	22.38	60.48
	荆门	6959	5912	85233	85.91	43.42	70.03	29.36	44.34
	荆州	5398	5057	31653	100	41.15	45.7	15.79	36.43
湖南省	株洲	8180	7722	65197	80.97	50.83	100	34.53	34.6
	湘潭	10479	9659	67637	95.61	49.03	100	39.73	39.53
	衡阳	7441	6276	56680	75	22	58	34.08	38.98
	邵阳	6158	5419	16896	87.31	44.1	100	20.8	19.77
	岳阳	11707	10775	62699	90.72	68	100	44.69	35.8
	娄底	9502	9424	74746	99.14	48.45	100	47.09	43.46
山西省	大同	4663	4332	98816	68.36	81.69	79	25.41	36.4
	阳泉	548	539	100147	23	78	51	26.32	39.2
	长治	3677	3641	104331	67	85	100	28.95	48.13
	晋中	2018	1928	75387	84	77	22	22.72	39.15
	临汾	3815	3738	67078	89.12	32.28	32.12	14.35	312.73
安徽省	芜湖	4723	4687	41203	96.31	67.98	98.9	47.46	38.14
	蚌埠	5975	5952	17432	98	79.9	53.9	33.71	33.83
	安庆	5479	4762	20156	96.68	60.51		36.33	39.14
江西省	九江	6457	6129	72570	60.02	49.02	100	62.77	47.3

数据来源：结合《中国城市统计年鉴2010》和各省提供数据库整理所得。

三是生态环境破坏严重。中部老工业基地城市高能耗、资源型的产业结构，产生严重的环境污染和生态破坏，造成了巨大的环境损耗。在资源开发过程中，由于矿产资源开发不当，导致地表塌陷，破坏原有生态景观，同时大量废矿渣的堆放，不仅占压大量土地，也因其风化、雨淋而污染环境空气和水体。资源型产业发展过快，导致林地和植被退化，生态功能衰退，水土流失加剧，生态环境承载能力不断下降。山西、河南、安徽等地老工业基地几十年来的煤炭地下开采形成了大面积的地下采空区，造成了大面积的地表沉陷区，大面积的居民住宅、道路、桥涵、防洪沟渠、饮用水源、供排水管路、煤气管道、供电及通讯缆线以及一些厂房、学校、医院等被损坏，部分环境遭到严重破坏，给矿区经济建设和人民生活带来了巨大的负担和许多不安全因素。大同、平顶山等资源型城市矿区塌陷问题严重。湖南娄底市是立足于境内矿产资源而发展起来的资源型工业城市，高能耗、高污染、低效益的企业多，来自工矿企业的废水、废气、废渣等污染物极大地破坏了该市的生态环境，主要表现在：空气中粉尘含量高、溪河和土壤受到重金属污染、地表开裂和塌陷范围广，致使居民饮水困难，房屋受损，生存环境面临威胁。仅涟邵采煤沉陷区范围就达 354.4 平方公里，涉及受损居民 4.01 万余户，饮水困难人口达 40 余万人。

（三）四大特殊问题

1. 资源优势渐失，但发展“路径依赖”较深

中部地区能源、矿产资源较为丰富，有相当一部分的老工业基地是“因矿建厂”、“因矿建市”，随着资源大量开采和不可再生性，中部部分老工业基地的资源优势在逐渐丧失，但依靠资源发展的“路径依赖”较深，没有形成新的竞争优势。大同、平顶山、娄底等老工业基地是资源型城市，曾经矿产资源相当丰富，但经过长期开采，这些城市的煤炭、矿产等资源濒临枯竭。铜矿富饶的安徽省铜矿的自给率居然在 10%以下，90%以上依赖进口，铁矿石产量仅能满足省内钢铁生产需求量的 20%左右，70%以上依赖进口。在全球铁矿石被“三巨头”垄断、中国缺乏定价权的背景下，这些以外来矿产生存的企业利润将越来越微薄。中部这些依赖能源矿产资源而兴起的老工业基地城市长期以来围绕资源发展产业，难以跳出资源依赖的“定势思维”，且矿产资源的利用率较为低下，高附加值产品较少，一直处在价值链的低端，为发达地区“做嫁衣”。

2. 人口数量多，老工业基地城市承载压力大

中部六省人口规模较大，2009年中部六省人口占全国的27%，而土地面积只占全国的10.7%，GDP只占全国各地区总额的19.3%，人均GDP只有全国平均水平的78%，人口比重与经济实力不成比例。2009年中部六省城镇就业人员占全国19.9%，中部老工业基地城市在吸纳就业方面起着支柱性的作用，但由于经济水平和城市规模的限制，且当前全国就业形势较为严峻，中部老工业基地面临着较大的就业压力。为缓解就业压力，中部地区长期以来采取两种做法：一是实行城乡“二元化”，把大量劳动力挡在农村；二是实行“高就业、低收入”，造成隐形失业人数较多。以河南为例，河南人口比东北三省人口总数少1026万人，但就业人数比东北三省总数多896.9万人。目前，仅洛阳城镇每年需要新增就业岗位近10万个，就业压力巨大。随着全国城镇化进程的加速推进，未来中部地区人口城镇化率将大幅提高，大量农村人口将转化为市民，但“产业的城镇化率”难以跟上人口城镇化率的步伐，给老工业基地城市的人口、生态环境等承载造成极大的挑战。

3. 沿流域布局特征明显，水资源治理和保护任务重

中部地区地处长江中游、黄河中游和淮河中上游，是东部地区的生态屏障，江河湖泊数量较多，分布较广。既有长江、黄河包括汉江、淮河等穿越而过，还有洞庭湖、鄱阳湖包括巢湖、梁子湖、大东湖等一系列湖泊碧波荡漾，水资源颇为丰富，就连山西省在煤矿泛滥开采前也是“一片水乡”。中部老工业基地沿河流、湖泊布局特征较为显著，如安徽的合肥、芜湖、马鞍山、铜陵、安庆属于长江流域，淮北、淮南、蚌埠属于淮河流域；湖北的宜昌、荆州、武汉、鄂州、襄阳属于长江汉水流域；江西的南昌、九江、景德镇环绕鄱阳湖布局；湖南的长沙、湘潭、株洲、衡阳沿湘江布局。沿流域分布的特点使得中部老工业基地既有交通、环境等优势，但同时水资源保护和治理任务也非常重。如十堰、南阳的南水北调中线工程对生态环境提出了更高的要求，严格限制各类经济开发活动和禁止排污行为，增大了选择招商项目的局限性，提高了新上项目的投资成本；株洲市和湘潭市的湘江流域污染治理问题较为突出，其中株洲市清水塘老工业区的株冶、株化等化工企业密集，长期的污染排放对湘江产生了严重的化工及重金属污染，同时还影响到下游的长沙，对人民生活造成极大危害。

4. 历史文物遗迹多，企业搬迁难度大

中部的武汉、太原、大同、南昌、洛阳、郑州、安阳、开封、长沙等老工业基地城市都是中国历史文化名城，其中洛阳、开封、安阳、郑州还在我国八大古都之

列，地下文物较多，不少企业位于历史文化遗址之上，出于文物保护的考虑，地上企业需要异地搬迁，但是搬迁费用极高。河南洛阳市洛玻集团和洛拖集团建筑机械公司地处国家重点文物保护单位——隋唐东都城遗址的中心位置，需要"退城进郊"，进行异地搬迁。据测算，洛波集团公司购置和目前生产厂区面积相同的土地需耗资 1.7 亿元，洛拖建筑机械公司需耗资 3120 万元，而这些企业搬迁又不可能利用"级差地租"获得补偿，搬迁费用远远超出企业和地方的承受能力。

二、问题的深层次原因分析

由于历史和体制等多方面的因素，中部老工业基地存在的问题多而复杂，分析其深层次原因，主要有以下几个方面：

（一）受计划经济体制影响时间长、程度深，转轨问题多

较东北地区以"一五"、"二五"为重点建设时期，西南、西北等地区以"三线"为重点建设时期，中部地区"一五"、"二五"、"三线"时期均为国家重点建设时期，中部老工业基地建设时间长达 30 年之久，既有东北地区老工业基地的一些问题，又存在西部地区"三线"遗留问题，受计划经济体制影响时间长、程度深，市场化进程较为缓慢，在由计划经济向市场经济转轨过程中出现的问题较多。

第一，在计划经济体制下，老工业基地的生产资料实行国家调拨制，生活资料实行配给制，所有企业都是国有和集体经济，不存在不同利益主体之间的商品交换。因为原材料、劳动力、资金等生产要素的供应、产品的销售都是由国家的商业、物资、劳动、银行等政府部门用行政手段来完成，所以老工业基地实际上是一个只有产品没有商品的地方，市场经济意识淡薄。

第二，在计划经济体制下，国营企业创造的利税全部上交，企业没有自身的积累，缺乏自我发展的能力，工业的发展和改造主要靠国家投入。国营企业仅具有生产职能，投资由国家安排，产品销售由国家计划调拨实现。当国家投资政策倾斜重点转移时，一旦企业建成投产，国家就很少有后续投资。而原有的工业技术、设备和配套基础设施随着生产的损耗，特别是科学技术的进步势必日益走向老化，致使企业技术结构、产品结构长年一贯制。改革开放后，国家实行"拨改贷"政策，原有国家建企业时的拨款改成贷款，经过多年运营的国有企

业原有资产实际上已大幅缩水，从而使中部老工业基地城市国有企业负债率过高，背上沉重的债务包袱，发展严重受阻，有的面临生存危机。

第三，在计划经济体制下，提倡职工以厂为家，工厂包揽职工家庭的一切需求，导致国有企业承担了许多不该承担的社会职能，成了一个大而全的小社会，这与市场经济格格不入。在这种背景下，国有大型企业不仅主业不突出，难以专业化发展，还难以带动当地相关产业发展。改革开放后，计划经济逐步向市场经济转轨，而中部老工业基地企业在20世纪60年代及以前所建占很大比重，企业人员较多，在我国社会主义市场经济体制不完善、社会保障制度不健全和退休职工社会化管理缺乏的情况下，计划经济体制下建立起来的劳动用工制度、退休制度及企业办社会等就成了中部老工业基地城市及企业的沉重历史包袱，各地方政府和企业需要额外承担相应的社会保障费用，财政负担加重。

（二）国家区域发展战略重点转移，缺乏全面政策支持

"一五"、"二五"和"三线"建设时期，既是我国追求"一大二公"最为强烈的时期，又是我国实行重化工业优先发展战略的时期。在这一时期，中部地区成为我国投资建设和政策支持的重点区域，形成了一大批工业基地。但"六五"以后，国家区域发展战略做了重大调整，将发展重心从中西部转向东部，这一重大决策对中西部"三线"建设时期的老工业城市最直接的影响就是国家投资的锐减。在尚未形成自我发展能力的情况下，对长期依赖国家投资维持生存和发展的中西部老工业基地而言，迅速陷入到资金短缺、投资拉动乏力的艰难困境，一大批国企由于缺乏设备更新和技术创新资金而逐渐衰败。正是中部老工业基地被"忽视"的这段时期，社会主义计划经济体制退出历史舞台，市场经济体制确立并不断完善，我国产业结构、所有制结构迅速调整，各种非公有制经济迅猛发展。中部老工业基地是受计划经济体制影响时间最长、程度最大的地区，由于受传统计划经济的惯性影响，不适应经济体制转轨变化，在向市场经济体制转轨的过程中，本来最需要国家支持却因国家的"注意力"在沿海地区而缺乏国家政策支持，大量资金、人才等生产要素外流，使得工业经济出现相对衰退的迹象。

虽然"十一五"时期国家开始重新关注中部地区，但总体看来，改革开放至今，中部老工业基地调整改造的直接政策支持较少，且缺乏针对性和连贯性，从未得到过像东北地区那样直接的老工业基地政策支持。在"局部调整时期"，仅

有武汉、太原等少数几个城市受到重点支持，改造较为成功的只有武汉；在“三线”调整改造时期，针对的只是部分“三线”老工业基地城市，且后续遗留问题较多；在“比照调整改造时期”，2007年国办函2号文件提出中部26个城市比照实施振兴东北地区等老工业基地有关政策，虽划定了比照的地域范围，但至今没有出台相配套的实施细则和具体方案，支持力度大打折扣。比较起实际作用的增值税转型政策实施不到一年就在全国铺开，成为普适性的政策，并非专门支持中部老工业基地的政策。中部地区老工业基地一直缺乏全面系统的调整改造，因此导致问题日积月累，不断加深。

（三）国际形势扭转，技术进步和市场需求变化加快

中部老工业基地城市工业基础多是在“一五”、“二五”和“三线”时期奠定，当时无论产业结构和产业布局都是完全体现国家优先发展重化工业战略意图和政府意志。尤其是在三线建设时期，为了应对国际紧张局势和战争需求，使得中部老工业基地产业结构偏重国防工业和重化工业，产业布局要求靠山、隐蔽甚至进洞。显然，在国际局势缓和以及市场经济体制下，这样的产业结构和产业布局就成为中部老工业基地城市发展的突出问题。

从市场需求来看，进入21世纪，全球技术进步突飞猛进，国外和我国东部地区新产品不断涌现，出于竞争的要求，中部老工业基地企业也要加大技术改造力度和加快技术进步，不断提供适应市场竞争的新产品。从国内需求来看，随着东部地区率先发展和全国一部分人先富裕以及我国加入WTO，市场需求变化加快，消费结构升级提速，要求企业提供的产品和服务随之更新换代，以适应加速变化的市场需求。由于中部老工业基地公有制经济比重大，国有企业多，历史包袱沉重，企业难以适应市场经济体制下技术进步和市场需求快速变化的新形势，缺乏竞争力，从而使中部老工业基地产业结构和产业布局的问题越来越突出，解决起来越来越困难。

（四）交通网络节点改变，区位优势丧失

根据区域产业布局相关理论，区位及交通运输条件对于城市和产业的发展起着至关重要的作用，甚至影响城市及其产业发展的兴衰变化。随着我国交通基础设施的不断完善，尤其是近几年铁路、高速公路的快速发展，城市交通网络节点发生转移，导致部分老工业基地城市的区位优势丧失，经济发展受阻。以

湖南邵阳市为例，20世纪70年代以前，邵阳是中南地区和西南地区之间的人流、物流的必经之路，曾有“上控云贵，下制长衡”之称。然而随着湘黔、湘桂铁路的相继修建，彻底改变了邵阳的区位条件。在计划经济时期，区位条件的优劣对地区经济发展并无重要意义，而进入20世纪80年代以后，中国逐步进入市场经济，资本、技术、人才急剧流向区位条件好的地区，因此，在20世纪八九十年代，邵阳几乎没有新办一家像样的骨干企业，而且连“三线”建设时期落户邵阳的一些大中型企业也陆续迁出邵阳，留在邵阳的企业由于缺乏资金、技术、人才，逐步进入衰亡的状态。

第七章　中部老工业基地调整改造的战略构想

中部老工业基地振兴对于促进中部地区崛起具有重大的战略意义。在新的时代背景下，中部老工业基地的调整改造应充分吸取国内外老工业基地调整改造的经验与教训，因地制宜，明确自身战略定位，厘清调整改造思路，选择调整改造路径，加快实现老工业基地改造振兴。

第一节　中部老工业基地振兴的重大意义

一、有利于加快促进中部地区崛起

中西部地区与东部地区的经济差距过大是我国在经济发展过程中遇到的难题之一，在国家计划经济时代，中西部基础工业产品的价格和原材料的价格被人为地压低，限制了其经济发展。改革开放以来，国家又集中力量发展东部沿海地区，在市场与政府双重力量的作用下，中西部地区的原材料、人才、资金、技术等要素不断流向东部地区，支撑了我国东部地区高速发展，东部地区人均GDP远高于内陆地区人均GDP。中部老工业基地为国家原始积累作出了极大贡献，但中部地区一直处于国家区域政策的“洼地”，当注重效率时，条件较好的东部地区受到重视；而当注重公平时，经济落后的西部地区受到重视，处于二者之间的中部地区长期被国家政策边缘化。特别是在当前经济全球化和一体化进程不断加快的背景下，中部地区受到市场和国家政策的双重挤压。

而从全国的空间生产力布局来看，中部地区的经济发展具有承东启西、连接南北、辐射全国和促进区域经济协调发展的整合功能，它既是东部产业梯度转移的承接基地，又是西部大开发的前哨和辐射源。中部地区与西部地区在资源、资金、技术、市场、信息等方面存在“位差”，在与东部地区主动挂靠、搭车前进，承接东部“能量”的同时，可以利用“位差”向西部辐射能量，进行多种形式的联合。因此，2006 年国家出台了《关于促进中部地区崛起的若干意见》，使得“促进中部地区崛起”成为我国协调区域平衡发展的重要战略举措。国家“十二五”规划又进一步提出要围绕促进中部地区崛起战略，“加快构建沿陇海、沿京广、沿京九和沿长江中游经济带，重点推进太原城市群、皖江城市带、鄱阳湖生态经济区、中原经济区、武汉城市圈、环长株潭城市群等区域发展”。中部老工业基地城市工业基础雄厚，经济综合实力较强，发展水平较高，产业结构多元，要素集聚能力较强，是中部地区经济社会发展的重要支撑。加快中部老工业基地调整改造，有利于促进资源要素优化配置和区域经济布局优化调整，增强地区发展动力，在中部地区培育形成新的竞争优势和经济增长板块，进一步强化对中部地区的支撑和辐射带动作用，促进中部地区崛起战略目标顺利实现，加快形成东中西互动、优势互补、相互促进、共同发展的区域发展新格局，缩小地区发展差距，最终实现全国区域均衡协调发展。

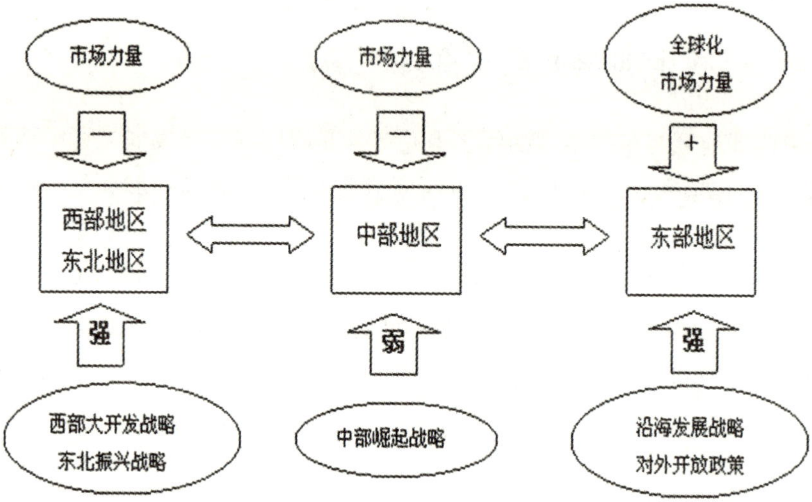

图 7—1　中部地区受到市场和政策的双重“挤压”

二、有利于转变经济发展方式

党的“十七大”提出了加快转变经济发展方式的战略任务，强调要促进经济增长由主要依靠投资、出口拉动向依靠消费、投资、出口协调拉动转变，由主要依靠第二产业带动向依靠第一、第二、第三产业协同带动转变，由主要依靠增加物质资源消耗向主要依靠科技进步、劳动者素质提高、管理创新转变。国际金融危机使我国经济发展方式的深层次问题更加凸显出来，加快经济发展方式转变既是增强我国经济抵御国际市场风险能力的迫切需要，也是提高可持续发展能力的必然要求，更是在后国际金融危机时期国际竞争中抢占制高点、争创新优势的战略选择。综合判断国际国内经济形势，转变经济发展方式已刻不容缓。因此，国家“十二五”规划明确提出以加快转变经济发展方式为主线，同时把经济结构战略调整作为主攻方向，把建设资源节约型、环境友好型社会作为重要着力点。对于承担着我国工业经济主体部分的老工业基地而言，面临着更为严峻的形势，节能减排将成为老工业基地城市发展的巨大挑战，老工业基地是我国今后一个时期转变经济发展方式的重点和难点。

中部老工业基地大多是在“一五”、“二五”、“三线”期间以国家主导投资建立起来的，计划经济色彩浓重，资源型、原材料型企业数量多，初加工和重化工结构特征突出，能耗水平较高，环境污染较重，经济结构固化。同时，由于中部老工业基地在初期设计建设中先天不足，又加上改革开放后在相当长一段时间内发展滞后，发展路径依赖较深，转变经济发展方式任务十分艰巨。加快中部老工业基地调整改造，将有利于推进中部地区经济结构战略性调整，加快自主创新和改革开放进程，加强资源与环境保护，遏制生态环境破坏趋势，加快产业结构转型升级，走出路径依赖，促进经济发展向高能效、低能耗、少排放的模式转型，实现资源、环境和经济社会协调发展，推动中部老工业基地走上生产发展、生态良好的协调可持续发展道路，促进全国经济发展方式的转变。

三、有利于保障国防及经济安全

老工业基地是我国工业基础的摇篮，为我国建成独立、完整的工业体系和国民经济体系，为国家的改革开放和现代化建设作出了历史性的重大贡献。中部老工业基地是我国工业体系的重要组成部分，是国民经济重要支柱产业的集中地，又是重要的原材料和能源供应地。中部老工业基地或部分重点企业掌握着我国工业技术的核心部分或战略性市场，技术雄厚，拥有强大的技术和人才优势，如电子信息技术、通讯技术以及各类军工技术，在过去创造了一大批重要科技成果，向新兴工业地区和乡镇企业扩散了大批技术。而且凭借天然的区位、地理优势，中部地区成为国家"三线"建设的重点地区，大批军工企业相继建成，成为我国国防工业的重要组成部分。50多年来，这些企业生产了大批军工产品，为国防事业和国家安全作出了重大贡献。从国家国防安全考虑，中部地区的三线军工企业按照国家要求一直保有军工生产能力。加快中部老工业基地尤其是"三线"老工业基地的调整改造，确保其军品及战略物资的生产能力，对于保障国防及军队建设、维护国家领土安全意义重大。

而我国要成为真正的强国，必须改变技术总体相对落后和重要装备依赖别国的状况，这是"十二五"时期的重要任务。随着国内资源要素成本上升和支持创新政策力度的增大，企业自主创新的动力和意愿增强，我国将在研发、设计、标准、品牌和营销等关键环节取得突破，通过自主创新带动工业结构调整和升级，加快产业转型升级步伐，推动"中国制造"向"中国创造"转变。加快中部老工业基地调整改造，以中部地区装备制造业的优势，促进我国重大装备制造尽早实现国产化；以中部地区高新技术产业为基础，加快培育节能环保、新一代信息技术、生物、高端装备制造、新能源、新材料和新能源汽车等战略性新兴产业，抢占未来经济发展制高点，对于保障我国经济安全具有极其重要的意义。

四、有利于维护社会稳定与和谐

长期以来，我国社会事业发展相对滞后的问题未能得到根本解决，经济和社会发展不协调的局面未能根本改变，广大人民群众的生活水平普遍低下与我国的经济发展水平和国际地位不相匹配，"刘易斯拐点"、中等收入陷阱与社会转型加速和利益格局分化相叠加，社会进入矛盾凸显期，已成为影响社会和谐的重要因素。随着国家经济实力的增强和各类社会矛盾的突出，改变分配政策和调节居民收入水平迫在眉睫，民生建设已成为我国不可回避的重大问题。对此，国家"十二五"规划已明确提出"坚持把保障和改善民生作为加快经济发展的根本出发点和落脚点"，国家将更加注重以人为本，更加注重统筹兼顾，更加注重全面协调可持续发展，更加注重改善和保障民生，推进社会的公平正义。与人们生活密切相关的社会保障、教育、医疗卫生等社会事业和公共服务体系的发展在“十二五”时期将进一步加快，推进公共服务均等化、解决就业问题、进一步完善社会保障体系等将进一步加强。

经济繁荣是实现社会和谐的有力保障，要建设和谐社会，必须实现中部老工业基地的振兴。中部老工业基地作为全国产业工人的密集区，不仅企业员工众多，而且冗员、离退休人员多，下岗职工数量大，社会居民生活水平较为低下，潜在的社会稳定问题较为突出。加快中部老工业基地调整改造，有利于推动国有企业早日脱困，在解决离退休人员医疗、保险等历史遗留问题的同时，可以创造更多的职工就业岗位，提高居民就业率，提升居民总体收入水平，缩小居民收入差距。同时，加快中部老工业基地调整改造，也将有助于增加地方财力，提高地方政府提供公共服务的能力，增强社会保障能力，提高人民群众生活质量，维护社会公平正义，对于实现社会的安定团结与和谐发展具有重要的意义。

五、有利于加快推进新型工业化

人类社会发展的历史表明，工业化是产业结构演进的必然趋势，是绝大多数国家由贫穷落后走向发达繁荣的必由之路，是绝大多数国家经济社会发展不可逾越的必经阶段。从 18 世纪 60 年代英国工业革命兴起，人类社会就开始了工业化进程，至今已有 250 多年的历史。但是，当前全球只有几十个国家实现工业化，绝大多数国家仍然没有实现工业化，努力成为工业化国家依旧是占世界多数的发展中国家面临的艰巨任务。由于历史原因，我国实行的是一种“追赶型”的经济发展战略，是以重工业超常发展为中心逐步进行的工业化，工业化的“代价”较大，在工业超高速发展的同时，资源消耗过多，环境污染严重，资源和环境的瓶颈制约日益突出。实践证明，这一工业化模式越来越难以适应经济发展和进一步工业化的要求。因此，党的十六大提出了走新型工业化道路，即“坚持以信息化带动工业化，以工业化促进信息化，走出一条科技含量高、经济效益好、资源消耗低、环境污染少、人力资源优势得到充分发挥的新型工业化路子”。这是党中央在我国加快推进社会主义现代化进程中作出的重大战略决策。

中部地区目前仍处于工业化中期阶段，工业化的任务远未完成，重化工结构特征突出，产业结构素质较差，与东部地区工业化水平相差较大，更应按照走新型工业化道路的要求，坚持以信息化带动工业化，以工业化促进信息化，正确处理好新兴产业和传统产业、资金密集型产业和劳动密集型产业的关系，以高新技术改造提升传统产业，在推进新型工业化的进程中实现又好又快发展。加快中部老工业基地调整改造，可充分发挥中部地区资源禀赋优势和城乡劳动力大量富余的优势，大力加强创新能力建设，推动技术改造和科技进步，加快新兴产业培育发展和传统产业改造，促进产业结构调整和产业升级，减少资源能源消耗和环境污染，加快推进中部地区的新型工业化进程。

六、有利于统筹城乡协调发展

新中国成立后，利用工农业的价格“剪刀差”，农业支撑和保障了我国快速的工业化进程，在建立比较完整的工业体系、城市体系和国民经济体系过程中，农业、农村、农民作出了巨大贡献。当前，我国工业化发展到中期，工业在国民经济中居于绝对主导地位，农业处于相对弱势地位，工农两大产业增长速度的差距出现扩大趋势，工业自身积累和发展能力不断增强，具备了反哺农业的能力。同时，我国尤其是内陆地区国民经济的城乡“二元结构”特征显著，发展不平衡，水平严重滞后于水平，制约着经济社会的快速持续健康发展。

中部是我国重要的农业大区和人口大区，是全国的粮食基地之一，但目前中部地区的农业现代化和城镇化水平偏低，传统农业仍占较大比重，城镇化水平低于全国平均水平。加快中部老工业基地调整改造，将有利于进一步增强以工促农、以城带乡能力，推动经济结构升级和发展方式转变，在加快工业化进程中巩固提升农业基础地位，走出一条不以牺牲农业和粮食生产为代价的新型工业化道路。在促进农业现代化方面，有利于发挥中部地区的农业资源优势以及在农机、化肥等方面的产业基础优势，提高中部乃至全国的农业机械化和信息化程度，提升农业的集约化和产业化经营水平。有利于增加农产品附加值，提高农业经济效益，促进农民就业，增加农民收入，改善农村落后面貌。同时，工业化作为城镇化的主要动力，加快中部老工业基地调整改造，有利于完善城市功能，提高城市综合承载能力，发展壮大工业经济规模和效益，以此集聚更多的就业人口，促进农村剩余劳动力向城镇转移，提高中部乃至全国的城镇化水平。

第二节　中部老工业基地调整改造的基本原则

一、市场主导与政府引导相结合

中部老工业基地调整改造的问题多、任务重，既要充分发挥市场在资源配置中的基础性作用和企业的竞争主体作用，由市场机制主导结构调整、要素整合、企业改组等，推动市场经济秩序的规范化，全面激发经济发展活力，多渠道地培育中部老工业基地城市的发展力量；同时又要按照建立和完善社会主义市场经济体制的要求，转变政府职能，强化政策支持，发挥加强规划引导、实施政策聚焦、规范市场秩序等社会管理和公共服务作用，实现向服务型政府转变，营造与区外和国际接轨的区域最佳发展环境，促使资金、技术、人才等生产要素流向中部老工业基地的优势产业和优势企业。

二、扶“弱”与促“强”相结合

中部老工业基地城市各城市社会经济发展状态和基础各不相同。既要关注中部地区产业结构和技术相对老化、经济发展缓慢甚至衰退、社会问题突出，自身难以解决问题的老工业基地城市，对资源枯竭、产业衰退、远离城市网络节点且没有发展前景的老工业基地实施产业退出、人口转移、城市转型等政策，弥补中部地区发展短板，积极探索中部老工业基地转型发展的新模式；同时，更要对中部地区有发展潜力、目前暂时存在困难的老工业基地实施技术改造、产业转型升级、城市改造等扶持政策，发挥其区域辐射带动作用，打造中西部内陆地区增长极。

三、自力更生与国家支持相结合

中部老工业基地调整改造既要充分发挥自身优势，不等不靠，自力更生，激发内在活力，不断增强自我发展能力和造血机能，注重培育和增长长远发展后劲，形成自我发展机制，不断提高中部老工业基地城市的综合竞争力和可持续发展能力，实现中部竞争优势再造；同时，对于依靠自身力量难以甚至无法解决的矛盾和问题，又需要国家给予必要的政策支持和资金支持，为中部老工业基地城市的发展“输血”，减轻中部老工业基地的历史“包袱”，使其轻松上阵。

四、整体推进与重点突破相结合

中部老工业基地调整改造既要着眼于老工业基地城市的根本任务和长远发展，切实解决中部老工业基地城市面临的问题，达到对经济、社会、生态环境和城市功能等的全面综合治理，积极促进经济、社会与生态环境的协调发展，促使中部老工业基地城市走上良性发展的轨道。同时，还应在产业发展上重点突破，选择具有比较优势的行业、企业和产品，积极培育产业链和中小型配套企业，加快产业聚集，发挥规模效应，实现快速增长。通过支持优势企业、优势产业和优势地区的率先发展，带动整个中部老工业基地的全面振兴和崛起。

五、效率优先与以人为本相结合

中部老工业基地调整改造既要强调效率优先，鼓励中部地区基础条件较好的老工业基地率先发展，主动参与国际市场竞争，培育中部老工业基地城市发展的能力。同时，更要积极解决面临的各类社会问题，努力改善民生，从国家长治久安的高度，妥善处理好改革、发展、稳定的关系。坚持把改善民生作为调整改造的落脚点，加大财政对公共服务和社会保障的投入，积极扩大就业，增加居民收入，加快实施保障性安居工程，增加对困难群体、弱势群体的支持，进一步完善社会保障体系，努力改善人们生活，实现中部老工业基地城市的包容性发展。

第三节　中部老工业基地调整改造的总体思路

一、中部老工业基地的战略定位

着眼于世界发展趋势变化，从我国长远发展的战略高度考虑，同时充分结合区域发展需求，对中部老工业基地的战略定位是：中部地区率先崛起区域、全国重要的先进制造业基地、国家安全保障的后方基地、全国转变经济发展方式的示范区、内陆地区改革开放的先行区。

（一）中部地区率先崛起区域

抢抓全国老工业基地调整改造的重大机遇，充分发挥比较优势和后发优势，依托坚实的工业基础，在调整改造中实现中部老工业基地振兴，形成一批区域经济增长极，使中部老工业基地在中部地区率先崛起，从而带动中部其他地区快速发展，加快促进中部地区全面崛起。

（二）全国重要的先进制造业基地

依托中部老工业基地坚实的制造业基础和科教优势，改造提升传统制造业，加快发展现代装备制造业，积极融入世界制造业体系，不断提高中部地区制造业的国际竞争力，将中部老工业基地打造成为我国重要的先进制造业基地。

（三）国家安全保障的后方基地

依托中部老工业基地深厚的产业基础和军工企业优势，重点发展关系国家经济安全的能源工业、资源开采及加工业、武装国民经济的装备制造业、高技术产业和国防工业，将中部老工业基地打造成为保障国家经济和国防安全的重要后方基地。

（四）全国转变发展方式的示范区

积极探索老工业基地转型发展模式，破除资源环境约束和产业发展的“路径依赖”，实现经济、社会和生态环境协调可持续发展，将中部老工业基地打造成为我国转变发展方式的示范区。

（五）内陆地区改革开放先行区

发挥老工业基地调整改造的政策优势，加快体制机制创新，在重点领域和关键环节的改革上实现率先突破，以改革促开放，以创新促发展，将中部老工业基地打造成为我国内陆地区改革开放的先行区。

二、中部老工业基地调整改造的思路

中部老工业基地调整改造的总体思路是：以科学发展为主题，以转变发展方式为主线，以体制、机制创新和技术创新为原动力，以产业结构调整和城市功能提升为重点，以民生保障为根本目标，着力调整经济结构，提升中部老工业基地的综合竞争力、可持续发展能力和对外开放水平。通过调整改造，将发展型老工业基地打造成为中部地区新的经济增长极，辐射带动周边地区发展；将衰退型老工业基地打造成为转型发展示范区，提升中部地区整体实力。振兴中部老工业基地，构建中部崛起的战略支点，努力实现中部地区经济的腾飞，加快促进中部地区崛起。

按照中部老工业基地调整改造的总体思路，中部老工业基地调整改造的具体任务如下：

一是以减轻历史负担为首要任务，增强企业竞争力。以解决国有企业历史遗留问题为首要任务，切实解决中部老工业基地发展过程中的历史债务、社保欠账、职工安置、企业承担社会职能等遗留问题，使企业甩掉包袱轻装上阵，增强其市场竞争力。

二是以优化经济结构为重点，构建现代产业体系。立足中部地区的现实条件和优势产业，把改造提升传统产业作为转变经济发展方式、调整经济结构的重要内容，加快信息化与工业化的融合，用高新技术和先进适用技术改造提升传统产业，推动中部老工业基地传统产业向高端、高质、高效方向发展。同时，根据中部各老工业基地的实际情况，有选择有重点地发展战略性新兴产业，形成新的经济增长点，提高自主创新能力，构建现代产业体系。

三是以解决民生问题为落脚点，完善社会保障体系。健全养老、医疗、失业等各项社会保险制度，完善教育、培训等就业服务体系建设，着力解决破产关闭企业退休人员和困难企业职工的社会保障问题。把促进就业放在中部老工业基地经济社会发展的优先位置，扩大就业和再就业规模，加大收入分配调节力度，提高居民收入水平。提高政府保障能力，加快发展各项社会事业，推进基本公共服务均等化，完善社会保障体系。

四是以改造老工业区为关键，提升城市化水平和综合功能。通过对一些问题突出的老工业区的改造，加快工业布局调整和企业搬迁，优化整合土地资源，促进工业企业集中进入园区，实现集聚发展和规模经济，为新兴产业提供发展空间。大力发展第三产业，尤其是商贸、金融、物流和科技教育等，增强中部老工业基地的综合经济功能，使城市功能逐步由物质产品生产为主向非物质产品生产和服务为主转变，由生产功能为主向生产与生活功能并重转变，由注重自我发展为主向自我发展与辐射带动区域共同发展并举转变，建成一批具有较强竞争力的区域性中心城市。

五是以生态建设和环境保护为抓手，增强可持续发展能力。树立绿色、低碳发展理念，大力发展循环经济和低碳经济，改变老工业基地经济粗放发展模式，解决生态环境脆弱区域的工业污染问题，改善生态环境，推动节能减排，健全激励和约束机制，加快构建资源节约、环境友好的生产方式和消费模式，增强中部老工业基地的可持续发展能力，努力实现生态效益、经济效益和社会效益相统一。

六是以体制机制创新为动力，加快完善市场体系。通过体制机制创新，加快国有经济战略性调整，深化国有企业改革，大力发展非公有制经济，加快市场机制建设，完善现代市场体系。积极转变政府职能，改善老工业基地调整改造的政策环境和服务环境，推动中部地区对外开放，增强中部老工业基地的发展活力和内在动力。

三、中部老工业基地调整改造的目标

（一）总体战略目标

中部老工业基地振兴是一项中长期的艰巨任务，通过5—10年的调整改造，使中部老工业基地经济社会发展的体制性障碍得到基本解决，各种社会矛盾得到明显缓解，产业结构优化升级，城市面貌彻底改观，实现老工业基地的经济发展方式转变，最终将中部老工业基地建设成为结构合理、功能完善、技术先进、机制灵活、竞争力强的区域核心增长极。

经济发展目标——加大经济结构调整力度，将经济结构战略性调整作为加快中部老工业基地转变经济发展方式的主攻方向。以产业结构调整、优化、升级为突破口，增强自主创新能力，强化优势产业，培育新兴产业，形成特色明显的产业集群，实现产业结构的高度化，增强中部老工业基地的经济实力、区域竞争力和抵御风险的能力，建设国家重要的新型工业基地。

社会发展目标——大力发展社会事业，完善基本公共服务体系，形成比较完善的基本养老保险、基本医疗保险、城镇失业保险等社会保障体系，努力改善民生，切实解决历史遗留问题，促进社会和谐发展，全面建设小康社会。

城市功能目标——加快老工业基地城市建设，完善各类基础设施和公共服务设施，合理利用土地和城市空间，完善城市整体功能，提升城市品位，增强辐射和带动能力，使中部一批具有潜力的老工业基地城市发展为区域中心城市。

生态环境目标——推进节能减排，大力发展生态经济和循环经济，强化生态建设和环境保护，有效改善生态环境条件，建立高效、低耗、低污染的生态经济体系，稳定、和谐、高质的生态环境体系，优美、舒适和协调的生态人居体系，实现经济建设、社会发展与生态环境建设的有机统一，促进中部老工业基地的可持续发展。

（二）分阶段目标

近期目标（2011—2015）——重点解决中部老工业基地的历史遗留问题以及产业调整升级与城市老工业区改造问题，完成国有大中型企业的改组改制，打造具有国际竞争力的大型企业和企业集团，推动工业技术的研发和自主创新，形成新兴主导产业。使老工业基地城市的经济增长速度明显加快，产业实力明显增强，产业结构进一步优化，城市综合功能进一步提升，生态环境进一步改善，社会保障体系初步建立，实现老工业基地城市调整改造的突破性进展。

远期目标（2016—2020）——全面解决中部老工业基地经济社会发展的主要问题，形成优势和特色突出的产业集群和支柱产业，打造一批新型产业基地和区域增长极，注重人与经济、社会、环境的全面协调可持续发展，提高中部地区经济增长质量，创建现代化和谐美好新型城市。使老工业基地城市的经济总量快速增长，经济效益显著提高，产业结构明显优化，自主创新和技术研发能力明显增强，城市综合功能大幅提升，生态环境明显改善，社会保障体系基本完善，各项社会事业全面发展，人们生活水平大幅提高，实现中部老工业基地的全面振兴。

第四节　中部老工业基地调整改造的路径选择

一、减轻国有企业“包袱”与解决历史遗留问题

中部老工业基地调整改造应切实解决中部老工业基地发展过程中的历史债务、社保欠账、职工安置、企业承担社会职能等遗留问题，使企业轻装上阵，增强其市场竞争力。

（一）全面分离企业社会职能

加快国有大型企业主辅分离和辅业改制步伐，针对不同情况采取不同形式对企业承担的社会职能进行分离，彻底解决“企业办”社会问题，使企业能够集中精力于生产经营。

第一，对于已经分离办社会职能的国有企业，加快推动彻底剥离企业非主营业务，进一步解决遗留问题。

第二，对于承担国家义务教育的企业学校，按企业产权管理级次，费用分级负担，分层次移交分离。其余学校可采用拍卖、租赁等形式与企业分离，或由企业与所办学校明晰产权，实行管理权分离。鼓励办学企业以教育资产为主体和非公有资本进行合作，发展股份制学校。

第三，按照企业办医院的性质，采取不同的方式进行分离。对于非营利性医院，按照企业产权管理级次，费用分级负担，移交当地政府；对于营利性医院，可以采用拍卖、租赁等形式与企业分离，鼓励非公有制经济入股企业办营利性医院。

第四，对于承担社区管理与服务的国有企业以及部分军工企业，重点解决其承担的社区服务功能问题。

第五，对于企业办大集体和“三产”企业，也应在政府支持下逐步采取多种方式与企业脱离，走向市场，独立经营。第六，对于企业办派出所或公安处等政府职能，应移交当地政府承担。

（二）解决企业改制社会保障问题

对尚未改制企业，其拖欠职工养老保险个人部分，企业已扣的纳入职工安置费用予以解决。对位于中心城区、尚有净资产的企业，通过处置老厂区土地等筹措资金，进一步盘活国有存量资产，实现企业搬迁、改制和职工妥善安置。对目前处于半生产、半经营（半关闭）或者关闭、破产或者濒临破产的“三无两有”（有职工、有债务、无资产、无厂址、无经营活动）企业，实施企业破产，实现债务化解、资产处置和职工安置。对由于在政策性破产前进行先行先试、改制失败造成企业成为“三无两有”的，应积极推动申请实施政策性破产，免除银行债务，并申请国家专项资金或者单独设立专项资金，以解决上述企业职工的基本生活保障问题。

国有企业离退休职工转交社区管理。实行养老保障、失业保险和医疗保险制度的国有企业，新退休职工由企业负责直接进入社区管理，老离退休职工按照政府支持与企业分担的原则进行社区管理。针对三线调迁企业困难职工生活现状，采取特事特办政策，将国有企业尤其困难职工全面纳入社保和房改补助体系，着力解决困难职工的基本生活问题，维护国防安全和区域安定团结。

（三）妥善处理企业长期拖欠的债务

有序配置资金、资本及生产要素，完善金融市场，争取银行和非银行金融机构的广泛支持，以解决国企在优化配置资源方面存在的问题和金融手段缺乏的问题。要从制度上解决国企长期拖欠国有银行的大量债务问题，对于老工业企业形成的历史欠税欠债，以一定时期为界限豁免或者打包处理及核销。在改革中，各级政府通过政策性破产，核销豁免改制企业不良债务；以国有资产经营公司为平台，对改制企业不良债务进行集中打包回购，有效化解企业巨额债务包袱，有效盘活国有资产，防止国有资产流失，最大限度地实现国有资产保值增值。

（四）解决“三线”军工企业发展问题

解决军工企业的发展问题，既要发挥军工高科技的优势，推动企业积极投身国家高科技产业的发展；同时还要解决军工企业面临的困难，特别是一些特殊困难。主要从以下四个方面着手：

第一，加强联合与协作。军工企业和科研机构要和当地加强合作，共同培育和建立城市的支柱产业，带动老工业基地高新技术产业的发展。地方政府也要主动关注军工企业和科研机构发展，要像对待外商那样，给他们创造良好的投资环境和外部条件。

第二，加快军工企业改革。军工企业同样存在改造传统、发展高新、淘汰落后的问题，同样要解决下岗分流和安置职工的问题，同样有离退休人员养老金和下岗职工基本生活费保障的问题。有些生产传统过时武器、转产又很困难的企业必须淘汰。对这类问题，国家各总公司应和地方政府协商，尽快提出解决方案，付诸实施。

第三，实行军民分线管理。过去中央的方针是军民结合、以民养军。在实践中，一些军工企业民品生产很好，有些已创出了品牌，形成了批量，占领了市场，产生了利润。但因为要养活军品线的人员，从整个企业看却是亏损。为了鼓励和支持民品的发展，改变目前存在的不合理状况，建议实行军民分线管理和国养军体制。民品生产部分，完全按现代企业制度和公司法的原则进行经营管理，独立核算、自负盈亏、照章纳税，利润按规定上缴；需保留的军品线，则由国家拨款养起来。

第四，处理搬迁遗留问题。彻底将军工企业的民品生产迁出山沟，进城入园。对于20世纪80年代三线企业搬迁所欠的银行贷款，建议国家用处理呆坏账的办法，免除这些企业搬迁费贷款的包袱，使其有一个开发民品以求生存和发展的机会。

二、产业结构调整与现代产业体系建设

中部老工业基地产业结构调整应坚持在调整中发展，在发展中提高，以“增量”带“存量”，做优存量，做大增量，促进产业由资源密集型向资本和技术密集型转变，经济发展方式由粗放型向集约型转变，加快构建现代产业体系，不断提高中部老工业基地产业核心竞争力。

（一）加大调整改造力度，全面推进传统产业优化升级

中部老工业基地传统产业的存量较大，基础坚实，在相当长的时期内仍将支撑中部地区乃至全国的发展。因此，要利用中部传统产业的规模优势，以市场需求为导向，以自主创新为动力，以技术改造为手段，将传统产业做大做强。

第一，全面提高产业层次水平。要加快技术创新步伐，把先进科技与传统支柱产业结合起来，利用信息技术和先进适用技术改造传统产业，做大做强冶金、建材、装备制造等传统支柱产业，壮大提升轻工、纺织服装、农副产品加工等优势传统产业，加快推进传统产业结构优化升级，最终实现产业的高技术化发展，全面提升中部老工业基地传统产业的层次水平。

第二，推进不同层次的产业升级，首先是产业间升级，大力发展“三高”（高附加值、高加工度、高技术）产业，使高附加值、高加工度、高技术类型的产业在经济发展中的比重不断提高；其次是产业内深化，通过延伸产业链条，加大上游产品的研发设计和下游最终成品的生产，实现产业内部加工程度、加工环节的纵深化发展。

第三，促进产品的全方位升级。既要重视高端产品对低端产品的替代，也要重视质量、品牌、加工度、技术水平等多方面的提升，以提高中部老工业基地制造业的服务化水平，促进产品附加值的提升，增强产品的市场竞争力。

（二）立足比较优势，发展适宜的新兴产业

根据中部老工业基地产业被长期低端“锁定”和“增量”发展不足的现状，一方面要加快培育具有引领作用的战略性新兴产业，抢占未来产业发展的制高点，充分发挥中部老工业基地拥有全国一流的高新技术产业区和若干高新产业的优势，大力推进新能源、电动汽车、节能环保、生物医药、第三代移动通信等战略性新兴产业的产业化，形成高端化、高质化、高新化的新兴产业结构，打造新的经济增长点。另一方面，中部老工业基地各城市要根据自身的产业基础和比较优势，发展合适的新兴产业，形成合理分工的良好格局。从中部老工业基地新兴产业发展总的方向上看，节能环保产业要以高效节能、先进技术与装备、大气污染治理、水污染治理等为重点；新能源产业以光伏、生物质能、风电装备等为重点；生物产业重点发展生物医药和生物农业；高端装备制造产业重点发展激光装备、先进运输装备、新型电力电气设备、特种专用装备等产业；新材料产业重点发展新型金属材料、先进化工材料、纳米材料、新能源材料、信息材料、生物材料等高性能新材料；新能源汽车产业重点开发电动汽车、混合动力汽车、清洁燃料汽车，着力突破汽车动力电池、驱动电机和电子控制领域关键核心技术。

（三）加快发展现代服务业，形成产业互动格局

中部老工业基地第二产业孤军突进，没有得到第三产业的有力支撑。根据中部老工业基地现代服务业发展长期低于全国平均水平的现状，要大力发展生产型和生活型并重的现代服务业，加快服务业的升级，形成与新型工业化、新型城市化和农业现代化协调发展的现代服务业体系。一是要大力发展配套的金融保险、现代物流、中介服务、会展等生产性服务业，以服务业促进制造业的进一步发展，形成第二、三产业融合，互动发展的良好格局；加快发展附加值较高、污染少的文化创意产业，提升发展现代商贸业、生态文化旅游业等生活型服务业。二是要坚持市场化、产业化和社会化的方向，加快开放垄断性行业，放开金融、电信、交通、教育、旅游等行业的进入限制，改变服务业部分领域垄断严重、市场准入门槛过高的局面，允许有实力的民间资本和外资进入。

（四）优化产业布局，促进特色优势产业集聚发展

中部老工业基地应遵循“企业项目集中布局、产业集群发展、资源集约利用、功能集合构建和人口向城镇转移”的发展原则，按照“大项目——产业链——产业群—产业基地”的发展方向，发挥自身产业优势，推进特色产业集聚区建设。引导大企业、大项目及其配套产业向工业园区集中，推动大企业与中小企业的产业配套和产业对接，努力创建分工专业化、技术高新化和生产生态化为特征的产业集群发展新模式，形成产业集聚发展态势。目前，中部地区不仅在农牧业、采掘业、能源和原材料工业及旅游等方面具有明显优势，而且在烟草、食品、纺织、机械、电子等加工工业方面也具有相当的优势，要在现有产业优势的基础上选择和培育地区主导产业，如河南的农业、食品、石化，湖北的汽车制造、冶金、化工，湖南的纺织、有色金属等。

（五）因地制宜发展接替产业，促使产业多元化

中部老工业基地的资源型和原材料型城市较多，产业转型要因地制宜，采取不同策略，逐步促进产业的多元化发展。对于资源型城市一是要限制采量，延缓资源枯竭的时间；二是要加速矿区转型，充分挖掘矿区的第二资源，大力发展静脉产业（建立废旧物资回收和加工利用体系），在废物中寻找次级能源，如矿渣、煤牙石等，并找寻伴生矿资源，如与煤伴生的油母页岩及煤层气等；三是

要跳出工业的思维定势，多角度考虑接续产业的选择与发展，比如可以考虑在第一、三产业中选择发展接续产业，创造性地发展工业旅游，推进老工业基地的文化产业发展。同时，要充分利用市场机制，制定区域衰退产业的退出与优势产业的培育政策，加快衰退产业的尽快、合理退出，促使衰退产业所占有的资源尽快实现向优势产业的有序流动。还要充分发挥政府的积极引导作用，克服产业退出造成的经济、就业、社保、社会安定等广泛的社会政治问题。

三、改善民生与完善社会保障体系

中部老工业基地调整改造要以关注民生、保障民生、改善民生为出发点和着力点，加快建立和健全基本公共服务体系，完善社会管理，推动各项社会事业快速发展，为老工业基地和谐社会的架构提供强力支撑。

（一）完善社会保障体系

第一，多渠道筹集社会保障资金。

通过扩大社会保险覆盖面、增加财政投入、强化基金征缴等多种渠道，积极筹措社会保障资金，确保离退休人员养老金、下岗职工基本生活费、城市居民最低生活保障金按时足额发放。可考虑利用股市变现部分国有资产和发行社会保险彩票等方式，筹集和补充社会保障资金。

第二，扩大社会保障范围。

由于财力所限，中部老工业基地社会保障的覆盖范围很小，未能充分发挥社会保障的稳定器作用。因此，要在国家的大力支持下，进一步扩大社会保障范围，本着应保尽保的原则，让每一个应该参加社会保障的人员都能享受到最基本的生活保障，完善社会保障体系。一是扩大统筹范围，将所有用人单位纳入社会统筹，努力实现城镇养老保险全覆盖；二是加强基金征缴，采用多种形式、多种渠道筹集养老保险基金，逐步建立国家、用人单位、职工个人合理负担的依法缴费机制；三是要加大监督检查力度，制定破产兼并企业资产变现缴费办法，减少基金流失；四是要完善省、市级统筹，扩大结存基金的规模，增强养老基金抵御风险的能力；五是要确保发放，对所有参保用人单位做到按时足额拨付。

(二)加快棚户区改造

棚户区改造建设涉及政治、社会、环境三方面的效益，应将其同城市规划建设等联系起来进行统一规划，科学制定棚户区改造工作计划，明确工作重点和目标，形成相互配合、相互协调的工作机制，统筹兼顾，分步实施，有序推进改造工作。一是实施棚户区阳光拆迁。坚持将以人为本、和谐拆迁、阳光拆迁作为棚户区改造的基本方针，以棚户区居民的参与权为依托，严格执行拆迁保证金、拆迁听证以及公示等一系列制度，先安置后拆迁，争取把拆迁改造的影响程度降到最低，使棚改得到棚户区居民的充分理解和肯定。二是促进棚户区居民安居和乐业。在安置棚户区居民回迁、解决住房问题的同时，给困难矿工家庭提供就业机会，确保安居和乐业问题一并解决。结合棚户区改造，以土地置换为依托，重点发展社区服务业、家庭手工业，建设农贸市场和工业园，大力开发就业岗位，消除零就业家庭。三是创新回迁安置方式。先建安置房，后建商品房，积极采取货币安置、同步安置、跨村联合安置、期房安置等多种方法加快推进安置工作。四是多渠道筹集改造资金。建立财政补助、银行贷款、企业支持、群众自筹、市场开发等多样化的融资模式，同时，加大税费政策支持力度，减免各种行政事业性收费，让利于民，以补充改造资金不足所带来的问题。

(三)努力扩大就业

把促进就业放在中部老工业基地经济社会发展的优先位置，健全劳动者自主择业、市场调节就业、政府促进就业相结合的机制，创造平等就业机会，提高就业质量，努力实现充分就业。

第一，扩大就业渠道。扩大市场准入，降低进入门槛，注重发挥非公有制经济和中小企业在增加就业方面的作用。一是要发展经济，增加就业岗位。二是要实行积极的就业政策和灵活的就业方式。三是要发展职业教育，拓宽就业门路。

第二，加强促进就业服务。通过设立转岗培训基金，加大再就业培训力度；对吸纳下岗失业人员的企业实行税费减免、优惠贷款和投资补贴等措施；通过设立担保基金、实施全额贴息、制定合理的贷款条件、强化社区服务和风险管理职责等措施，进一步完善再就业小额贷款制度。对工人进行免费转岗培训，把培训职工、提高技能作为提高中部老工业基地就业率的重要途径。目前，国家对中部老工业基地就业方面的支持，主要集中在职工身份转换方面，如下岗职工与企业解除劳动关系的，可以获得经济补偿金等，但在促进下岗职工再就业方面措施较少，为社会稳定留下了隐患。因此，要把提高职工再就业率作为解决就业问题的重要措施，政府要根据产业发展的需要，举办不同专业、不同层次的培训中心，对工人进行转岗或再就业培训。

第三，积极鼓励劳动者自主创业。大力发展就业容量大的劳动密集型产业、服务业，支持中小企业和非公有制经济以及新兴行业发展，完善就业扶持措施，落实城乡小额担保贷款政策，创造更多就业岗位，鼓励和支持劳动者自主创业和自谋职业。

（四）加快发展教育文化事业

优化高、中等专业院校和职业学校学科专业结构，大力发展多种形式和多层次的职业培训，培养适应中部老工业基地产业结构优化升级需要的复合型人才和实用型人才，重视培养高级技术工人和技师队伍，全面提高劳动者素质与技能。加大文化遗产和工业遗产保护力度，传承地方工业发展历史，针对工业遗产建筑所特有的历史底蕴、想象空间和文化内涵，充分发掘其背后的历史文化内涵，发挥教育展示的功能，进行诸如博物馆、展览馆、主体公园、文化创意产业园等多种多样的文化设施建设。加强对工业建筑或遗址的保护，将重要的工业遗产及时公布为各级文物保护单位，积极编制工业遗产保护专项规划，并纳入各城市的总体规划。鼓励公众参与，发挥社会媒体及公共舆论的监督作用，加大宣传教育力度，形成工业遗产保护的社会响应机制。提升工业遗产价值，积极开发建设工业景观旅游区，大力发展工业旅游，促进带动第三产业的发展。

四、城市功能完善与推进城市化

根据资源环境承载能力，调整优化城镇空间布局，不断提高城市基础设施的承载能力和运行效率，提升城市综合服务功能。加快传统老工业区改造，同时推进以产业集聚区和专业园区为主体的城市新区建设，实现城市有序扩张，加快推进城市化进程。

（一）准确定位城市职能，优化城市布局

中部老工业基地各城市应明确区域职能定位，合理利用城市土地资源，科

学控制城市规模,总体而长远地规划中心城区发展方向与空间布局。

第一,科学扩展城市范围,完善城市职能。适度拓展城市空间,城市范围整体向外围延伸,从单中心城市向多中心城市发展,形成多中心的城市公共服务体系。原来老城区承担的生产中心、行政中心、商业中心、文教中心、物流中心等职能,应逐步分散到多个中心,老城区根据需要只保留部分中心职能。中心城区应逐步放弃生产中心这一职能,将生产特别是高污染、高耗能的生产性活动逐渐转移到新的生产中心或城市外围,加强商业与文化中心等职能,增加中央商务区的布局,以满足未来商业发展的需要。有步骤地建设新城区,同时保持中心城区的适度规模,适度紧凑发展,集约、高效地利用土地资源。

第二,加快城市空间整合,形成合理有序的功能布局。以城市性质和职能定位为基础进行城市布局,按照内层商业、中层生活、外层生产的城市布局原则,加快布置在内层和中层的生产性企业的搬迁和改造,推动老工业企业向特色产业园区转移。企业搬迁后的原有用地按照城市总体规划改变用地性质,转换为居住、商业或公共设施用地,实现城市功能布局的合理优化。对一些造成环境污染较大的重工业,要坚决予以取缔、改造并搬迁至中心城区以外,使城市生活区、生产区相分离。适当提高城市商业用地、绿地、休闲场所等用地比例,控制工业占地面积,尤其是在城市滨江、滨湖地带开发休闲旅游区,应增加城市休闲旅游用地,同时注意缓解城市用地紧张与历史遗产保护的矛盾。对于内层和中层空间,应加快完善社会服务设施,优化人居环境。对于外层工业区,一方面应保持适度的密集度,另一方面应逐步完善各项基础设施,保证生产活动的顺利进行。

第三,加快解决城中村问题。坚持政府主导、统筹规划、市场运作、以人为本、稳妥推进的原则,既要考虑长远,又要节约资金,避免短期行为和重复投资建设,加快开发和整理地块拆迁工作,扎实推进城中村和旧城改造,拓展发展空间、提升城市品位。

(二)加强基础设施建设,完善城市功能

基础设施是实现区域发展和对外经济活动的基础,在中部老工业基地调整改造规划中,应实施基础设施先行的策略,加快基础设施建设,进一步完善城市功能。

第一,加快交通基础设施建设。统筹规划、合理布局,以构建综合交通运输体系为核心,加强主要老工业基地城市和周边地区的铁路、公路、干流航道、开

放港口、重要口岸、枢纽机场等主骨架交通基础设施建设，以及中部老工业基地区域中心城市与周边的次级城市间的连接通道建设。结合中部特殊的地理区位和在区域发展战略格局中的位置，加强铁路、高速公路、干线公路、港口、民航等基础设施建设，构建连接东西、贯通南北的综合交通运输体系。

第二，加强市政基础设施改造。构造中部老工业基地城市完善的城市道路网络，加快新城区道路系统建设和老城区道路改造，形成完善的道路体系。大力发展公共交通。在城市改造和扩张的同时，提前升级改造各种市政设施，满足未来生产扩张和人口扩张的需要。完善市政功能，加强市政基础设施的维修和养护，提高道路、桥梁等设施综合完好率，提高运行效率，延长设施使用寿命。对于落后的设施，应及时淘汰更新，排除安全隐患。加强中部老工业基地城市尤其是“三线”老工业区的供水、供电、供气、供热、道路、信息设施建设，优化路网、管网建设。完善城市污水处理和中水回用设施，加强城市生活垃圾、危险废弃物的处理设施建设，改善居民生活环境。

（三）加快老工业区改造，重塑老工业城市形态

由于历史原因，中部老工业基地城市仍存在大量的老工业区，它们对城市的发展起着重要的支撑作用，但其规划不合理，功能形态老化，因此应集中力量加快老工业区的改造，提升城市功能和形象。

第一，加快旧城区老工业企业搬迁改造，通过土地置换调整城区功能。政府要统筹考虑，将分散在主城区、旧城区内的所有重工业企业、高污染企业全部向外搬迁。通过对城市老工业区功能调整规划，策划重点项目，出台招商引资倾斜政策，吸引多方资金进入到老厂区、老厂房置换搬迁项目中来。一方面，对可以保留的建筑进行保留改造，置换为工业设计、研发以及文化创意等第三产业所用空间；另一方面，对搬迁企业及产业集群整体规划，设计配套协作区域，进行搬迁后整合，以提高生产效率，实现企业增量升级。此外，应改善老城区基础设施和公共服务配套设施，优化商业服务功能和环境，为老城区发展为未来的商务中心奠定基础。在搬迁调整改造时，应优先为老企业搬迁提供空间，结合产业发展规划，制定企业搬迁规划。在规划中应兼顾长远生态效益，将土地利用开发与生态环境建设同步进行，将宜居城市环境美化绿化建设同步进行。

第二，推进搬迁改造示范区建设。为了使调迁不影响老工业区工业发展，

避免职工下岗过于集中可能产生的压力，应积极推进搬迁改造示范区建设，在运作中摸索经验，为老工业区成片开发、由点到面逐步推开奠定基础。可选择部分开发商投资开发或由政府先期注入部分启动资金，用于企业搬迁和土地开发，待完成开发后再将资金收回滚动使用。同时要加强企业搬迁的政策引导，遵循“企业为主、政府引导”的原则，以市场手段和优惠政策调动搬迁企业的积极性。通过政策引导，确保企业在搬迁的同时实现转机建制、产业升级，而不是简单的异地克隆。

第三，实施空间重塑战略，改变老工业基地城市形态。在老工业区调整改造过程中，应将带状的、分散的城市布局改变为星状的、相对集中的城市布局，形成中心城区道路网络化，外围城区之间环状相连。将厂区交通与市区交通分割，生产性道路与生活性道路分开，中心城区内部生活性、商务性、政务性为主，新型产业聚集地区以外环线相连，产业聚集区内部和产业聚集区之间关联配套，集中布局，提高运输效率，降低物流成本。

第四，推动连片工矿棚户区改造。一是促进偏远工矿区向工矿城镇转型。在地理位置偏僻，生态环境脆弱，或者处于生态敏感区位，水资源短缺，城市发展条件不良，不具备大规模发展其他产业条件的独立矿区，以资源开发为主导，实施集约化经营，适度发展配套产业和矿业服务产业，搞好城市生活服务设施建设。二是促进矿业工矿区向综合性城镇转型。在一些除资源型产业外，已经具有发展加工工业、服务产业条件和基础的地区，应充分发挥区域比较优势，一方面搞好矿业的集约化开发；另一方面依托工矿产业发展其他相关产业，实行产业发展的多元化策略，改变产业过于单一化的状况，有效增强城市的综合实力和后续活力。三是促进城区工矿区向区域中心城镇转型。在具有厚实历史基础，处于区域中心或门户，区域开发综合条件较好，其他产业发展也有一定基础的工矿城镇，应在矿业集约化和产业多元化发展基础上，大力发展高加工度、高附加值的产业，增强城镇的辐射能力和辐射效应，推动腹地区域的城市化和工业化进程。

（四）推动城市新区建设，拓展城市发展空间

老城区由于始建之时的规划布局，交通拥挤，污染严重，可开发利用的土地面积狭小，拆迁开发成本高，城市发展受到很大束缚，明显滞后于时代发展的迫切需要，城市新区建设已经成为时代发展的必然要求。建设城市新区是壮大城

市母体，提高城市品位，合理配置城市资源，促进城市功能科学化的有效手段，可疏导缓解老城区发展中存在的矛盾，疏散和降低旧区人口密度，调整和缓解旧区压力，完善和改善旧区环境等。新区的开发建设通过引进城市建设发展的先进理念，致力于营造优质人居环境，实现居住区、商业区、休闲娱乐区、工业园区相互匹配，和谐发展，有效弥补了老城区人居发展环境之不足。通过城市新区建设，可促使老城区的剩余劳动力向新城区转移，增加就业渠道，促进就业。同时还可以借此调整优化老城区的产业结构，促进城市的产业布局合理化。

中部老工业基地新区建设应坚持“功能复合、产业复合、生态复合、空间复合、体制复合”的发展原则，壮大产业集群，加快龙头企业培育，强化重点项目支撑，推动基础设施完善，促进产城互动发展，把城市新区打造成为带动老工业基地经济发展的核心增长极。一是加快产业集聚区建设。结合产业集聚区和专业园区的主导产业定位，积极推动老工业基地企业搬迁改造，大力推进专业招商、定向招商和区域招商，主动承接沿海地区集群式链式产业转移，重点引进龙头型、基地型企业和项目，吸引一批上下游产品和配套企业入住，鼓励同类或关联企业、项目集中布局、集聚发展，支持配套产业、服务业及下游产业发展。二是完善基础设施。新区基础设施应高起点规划，高标准建设，科学设计新区内部交通网络，充分融入精益物流理念，满足现代物流的发展要求。推动城区基础设施向产业集聚区延伸，加快完善区内道路、水、电、气、通信以及供热、污水处理、垃圾处理等基础设施配套建设，探索工业地产开发运作模式，鼓励各类资本参与基础设施和标准厂房建设。三是推动产城互动发展。积极发展直接为生产服务的配套设施及相关服务业，大力完善商贸、医疗、教育、休闲等公共服务功能，以城市功能完善促进产业集聚，以产业集聚区带动城市新区发展，加快新型工业化与城市化发展的相互促进。

五、生态建设与环境保护

中部老工业基地由于自身资源禀赋的特征，从计划经济时期开始形成了以重化工业为主体的产业格局，导致产业发展高投入、高能耗。中部老工业基地要通过节能减排的政策杠杆让市场来选择技术水平高、能耗低、排放少的产业，鼓励对传统重化工业的技术改造，加强生态建设和环境保护，建设资源节约型、环境友好型社会，实现可持续发展。

(一)加快推进节能减排

加快中部老工业基地节能环保、低碳能源、再制造等绿色产业发展,大力推进能源节约,运用高新技术改造传统产业,抓好传统产业节能。提升冶金、火电、化工、建材等高碳产业技术工艺水平,推进重点耗能大户的节能降耗工作,加快淘汰落后产能。鼓励企业开展余热余压综合利用。推进建筑节能,开展太阳能光伏建筑一体化示范工程建设,降低建筑使用能耗。优先发展城市公共交通系统,推进公交车"油改气"工程,鼓励使用新能源交通工具。鼓励采用节能家电产品和节能照明产品。开展"节能产品惠民工程",积极推广高效照明产品,促进节能空调下乡,实施城市路灯LED改造工程。加快低碳技术和低碳产品开发,重点研发节能降耗技术、余热利用技术、洁净煤技术、智能电网技术以及建筑节能、交通运输、农业、环保领域的低碳技术。大力发展太阳能、生物质能源技术、煤层气抽采利用技术、核聚变技术以及风电关键技术的研究和关键设备研发。开发二氧化碳捕获及封存关键技术,建成碳汇计量、检测技术体系。开展植树造林,加大森林培育力度,大幅度提高碳汇能力。建立一批低碳民居示范区、低碳产业实践区、低碳商业区等综合实践区。

(二)大力发展循环经济和低碳经济

以资源的高效利用和循环利用为目标,按照减量化、再利用、资源化的原则,以开展循环经济试点工作为重点,大力推进清洁生产,积极发展循环经济,提高资源和能源的综合利用效率。

第一,大力发展循环经济。积极开展循环经济试点工作,构建循环型企业。以资源综合与高效利用、能源梯次利用、物质良性循环、经济持续增长和环境最佳保护为目标,在企业层面,将火力发电、钢铁、化工、冶金建材、轻工、装备制造、农业、资源再生等行业确定为发展循环经济的重点行业。通过产品生态设计、清洁生产等措施进行单个企业的试点,在企业内部实现资源循环与高效利用。开发和引入关键连接技术,构筑企业废弃物和副产品循环与多级利用的生态链,在大型联合企业中推行循环经济。构建循环经济产业园区,培育和建设规模布局合理、功能互补、废弃物循环利用的循环经济产业园区,重点抓好一批国家级循环经济产业园区的申报工作,充分发挥其示范带动作用,推动工业园区逐步按照生态化园区标准进行改造,力争实现园区资源消耗最小化和零排放。积极开展再生资源循环经济产业园区建设，建立以再生资源回收市场、报废汽车拆解场、电子废弃物拆解中心为重点的再生资源循环经济体系。

第二，加强节能减排力度。大力发展新能源、新材料、电子商务、生物医药和环保产业等高新技术产业和高附加值、高增长、低能耗的先进制造业，对企业搬迁改造实行严格的能耗准入管理，严格限制高耗能外资项目，严格控制新开工高耗能项目。注重工业节能减排的技术改造和淘汰落后产能，加强高效节能技术应用，鼓励企业使用节能减排设备，提升技术装备和生产工艺水平，提高能源利用效率。继续加强限制或禁止“两高一低”传统制造业发展的工作力度，促进其利用减碳技术改造落后设备与工艺，降低碳排放量。

第三，大力实施清洁生产。对重点企业开展强制性清洁生产审核，逐步加大清洁生产审核工作力度，加强对企业开展清洁生产审核的监督管理，将清洁生产审核结果与排污许可、限期治理等环境管理工作相结合，加大社会公众监督力度，对未按时完成清洁生产审核工作的企业进行整改。规范清洁生产审核中介机构管理，严格清洁生产审核资质的发放，完善清洁生产审核中介机构退出机制。

第四，加强低碳技术的引进、开发和推广。整合中部地区重点高校、科研院所、骨干企业科技资源，强化产学研合作，建立清洁生产技术创新开发平台和转让推广网络体系，加速技术创新本地化进程。建立循环经济服务网络，为企业产品开发设计、生产过程控制、经营管理等方面提供信息服务及生态适用性技术支持。在电力、交通、建筑、冶金、化工、石化等部门，积极引进有效控制温室气体排放的新技术，鼓励清洁能源和可再生能源技术开发、推广与应用，逐渐扩大清洁能源、可再生能源使用规模和市场占有率。鼓励低碳技术的规模化应用、改进、集成和创新，积极推进技术成果转化。充分开发水利能源和光伏发电技术，初步形成可再生能源技术体系。通过低碳技术的研发和推广，带动低碳产业发展。

（三）加强城市生态保护和环境污染治理

继续加强长江、黄河、淮河、鄱阳湖、洞庭湖、湘江等重点流域水污染治理，加快中央预算内投资项目建设。推进重点行业、重点污染源的污染综合治理，确保污染源达标排放。健全城市污水处理体系，加快各市城市新区、开发园区、中心镇污水处理厂建设，加强市、县、镇的污水配套管网建设，提高污水处理厂运行效率。积极实施污水截流工程，实现雨污分流。发展节肥、节药的农产品种植，加强水产养殖的污染防治，减少农业面源污染。大力实施烧结脱硫、燃煤电厂脱硝工程，有效控制和削减二氧化硫、氮氧化物排放总量。推广煤改气，实施煤改电等清洁能源替代项目。继续实施工艺除尘项目，控制可吸入颗粒物排放，强化粉尘治理。完善环境空气质量监测网络系统，切实改善城市空气质量。加大工业固体废物处置力度，加快固体废物处理工程和危险废弃物处置中心等的建设。积极发展“静脉产业”，建设高炉渣微粉、钢渣微粉生产线，推进选矿、冶炼废弃物的综合利用项目建设。

（四）加强沉陷区综合治理

加快生态环境保护重大项目的立项、审批和资金筹措，重点支持地表沉陷治理、矿区矸石治理、水资源保护、土地复垦、水土保持、矿区造林绿化、植被恢复、生物多样性保护、矿场和集运站除尘、污水处理和中水回用、矿区居民环境条件改善、生态环境监管能力建设等重大项目。通过矿山环境治理恢复保证金、煤炭可持续发展基金等渠道筹措改造资金，鼓励引导民间资本参与煤矿生态环境恢复治理工程。推行多元化生态修复，积极开展矿山地质环境保护与治理工作，探索采用新技术、新手段对沉陷区采取动态监测，适时掌握沉陷区基本情况，整合沉陷区旧村庄土地复垦、林业、水利等项目规划资源，增加项目规划的科学性和可操作性。积极推广先进的生态修复治理模式，将生态修复与城乡一体化建设、农业结构调整结合起来，通过探索实行“土地大流转”，加强沉陷区土地管理，优化沉陷区土地资源结构，以项目建设为依托，调整产业结构，提高生态修复效率。

六、深化改革与扩大开放

中部老工业基地振兴的关键是体制机制的创新，要深入分析体制机制方面存在的突出问题，进一步扩大对内对外开放，以改革开放促发展，切实破除影响中部老工业基地快速转型发展的“软件”制约。

（一）促进体制机制创新，构建现代市场体系

现代市场体系是振兴中部老工业基地的重要条件，中部地区市场化程度特

别是要素市场发育比较滞后，制约了经济结构的战略性调整和企业的改组改制。应加快商品市场建设，构筑对接东部地区和国外市场的流通体系，积极发展资本市场，解决中部老工业基地调整改造过程中的资金瓶颈问题，充分发挥市场机制的作用，逐步规范市场行为，完善竞争法规，创造平等的市场环境，大力推进现代市场体系建设，健全市场经济，为中部老工业基地的快速发展创造良好的市场环境。

1.建立服务型政府

按照转变职能、理顺关系、优化结构、提高效能的要求，加快建立法治政府和服务型政府。健全政府职责体系，提高经济调节和市场监管水平，强化社会管理和公共服务职能。逐步减少政府资源配置权，使政府将主要工作职能转向公共管理和服务中。从调整改造的全局出发，通过经济、政策、法律等手段和工具，对企业行为进行引导，规范市场行为，将中部老工业基地的经济发展方式从片面依靠资本、资源等投入转向主要依靠科技进步和提高劳动者素质上来。加快推进政企分开、政资分开、政事分开、政府与市场中介组织分开，调整和规范政府管理的事项，深化行政审批制度改革，减少政府对微观经济活动的干预。继续优化政府结构、行政层级、职能责任，坚定推进大部门制改革，着力解决机构重叠、职责交叉、政出多门问题。深化各级政府机关事务管理体制改革，降低行政成本。将政府承担的部分社会服务职能逐渐从政府行政职能中剥离出来，移交给各类行业协会和社会中介机构，加快培育、规范各类行业协会和社会中介机构。

2.推进国有经济战略性调整

以解决中部老工业基地国有企业的体制性、结构性等深层次矛盾为重点，协调推进各项配套改革，加快建立现代企业制度，优化国有经济布局和结构，大力发展民营经济，着力提升企业的市场竞争力。

第一，全面推进企业改组改制。根据“有进有退”、“有所为有所不为”的原则，对国有经济进行战略性转型。国有资本向重要行业、关键领域和优势产业集中。采用多种方式，进行国有资本减持，促使国有经济逐步退出竞争性领域。大力支持非公有制经济参与国有企业改制、改组和改造，鼓励国有企业、集体企业和非公有制企业相互持股，发展混合所有制经济。支持大中型国有企业产权制度改革，建立归属清晰、权责明确、保护严格、流转顺畅的现代产权制度，健全产权交易规则和监管制度，推动产权有序流转，进一步规范发展产权交易市场，推进国有资本战略性重组，实现企业产权多元化。建立权责明确、运转协调的国有资产监督和运营体系。对符合破产条件的国有企业,实行政策性破产。进一步推进企业内部劳动、人事和分配三项制度改革。加快国有大型企业主辅分离和辅业改制步伐。理顺政府与国企的关系,在制度、体制上保证政企分开,不产生政府与企业的不正当利益关系。建立科学合理的宏观管理体制和管理制度,政府这只“看得见的手”要在尊重市场“看不见的手”的基础上,更多地用间接调控手段调节引导,弥补市场的缺陷。

第二,大力发展民营经济。拓宽民营企业经营领域,最大限度地放开市场准入,支持和鼓励民间资本进入法律法规没有禁止的一切领域。在投融资、土地使用、对外贸易等方面加大支持力度,创造更加宽松的政策环境,提供更多的创业机会,让民间资本的活力得以充分释放。进一步加大支持力度,鼓励非公有制经济投入到老工业基地调整改造和国企改革中去,引导民营经济在改造、提升老工业基地传统产业方面扩大投资,引进外埠民企在中部老工业基地投资兴业,主动为外埠民企提供工作指导、政策咨询、信息服务、金融支持和法律帮助。

3. 建立资源补偿及预警机制

一是加快形成资源价格补偿机制。加快资源价格改革,科学制定资源性产品成本的财务核算办法,把矿业权取得、资源开采、环境治理、生态修复、安全设施投入、基础设施建设、企业退出和转产等费用列入资源性产品的成本构成,逐步形成能够反映资源稀缺程度、市场供求关系、环境治理与生态修复成本的资源性产品价格形成机制。在资源开采过程中,按照“谁开发、谁保护,谁受益、谁补偿,谁污染、谁治理,谁破坏、谁修复”的原则,对资源已经或濒临枯竭的城市(如鹤壁等)和原中央所属矿业,给予必要的资金和政策支持,帮助解决历史遗留问题,补偿社会保障、生态、人居环境和基础设施建设等方面的欠账。

第二,建立资源预警机制。为预防资源型城市出现矿竭城废的局面,一批资源中度枯竭城市(如平顶山等)可以按照资源开采初期,资源储备丰富,资源开采能力不断提升;成熟期资源开采量达到稳定,资源可开采量逐年减少;衰退期资源开采面临困难,资源储量枯竭等不同的资源开发生命周期,建立城市可持续发展预警机制。全面分析资源型城市发展趋势,确定资源型城市可持续发展等级变化,并为资源型城市衰退产业实施援助提供基础和方向。

4. 创新投融资机制

振兴中部老工业基地离不开金融的大力支持。一要创新投融资方式。整合国有资源、资本、资产、资金等生产要素,促使资源变资产、资产变资本、资本变资金，积极支持政府将各项固定资产、国债资金或财政拨付资金以及政府的土地储备、税费优惠减免和各类规费收入形成的资产注入投融资平台。进一步推动国家设立中部老工业基地振兴基金。吸引社会资本投资建设和经营社会事业项目。积极争取世界银行、国家政策银行、商业银行以及各种机构贷款，壮大融资规模。加大对中部地区银行的扶持力度，在核销不良贷款方面实行政策上的适当倾斜。采取产权转让、打折处理、招标和拍卖、政府介入等多种灵活有效的形式，积极化解不良资产。二要建立区域性金融机构。支持中部区域性银行逐步实现跨区经营，建设全国区域性金融中心城市。鼓励全国性的政策性银行在中部地区设立分支机构，推动政策性金融机构对中部老工业基地的支持力度。三要完善非银行金融机构体系。中部老工业基地的经济发展要改变过分依赖商业银行信贷资金的状况，提高自身的直接融资能力。通过地区证券、保险、担保等非银行类金融机构的发展，拓宽资金来源渠道，不断提高企业在资本市场的融资能力，争取中部地区更多的国企、民企在证券市场上市融资。加快中部地区证券业的发展，推动其他全国性券商在中部设立分支机构，合并、组建一批区域性、综合性的证券公司，发挥它们在上市融资、促进资产重组、企业收购兼并中的作用。加快保险业的发展，提高自我防范风险的能力。积极引进内外资保险机构在中部设立分支机构。

（二）加强人才引进与培养，提高企业创新能力

推进老工业基地的调整改造，人才是关键。要加快引进和培育科技、经营管理等各类人才，有力支撑中部老工业基地振兴。

1.加快人才体系建设

要形成完善的用人制度和政策，通过多种形式吸引优秀科技人才、关键技术人才，积极引进国内外大企业的高级管理人才，进而形成激励、考核、淘汰、补充合理流动的人才管理链条。建立行之有效的激励制度以调动管理层的积极性，通过绩效考核对企业最核心的管理人才给予最稳定、最合理、最丰厚的薪酬。加强企业科技人员队伍建设和对科技人员的继续再教育，有条件的企业可以与大专院校联合培训，不断更新科技人员的知识，还可借助大专院校的“外脑”，使其成为企业的智囊和研发机构。通过对科技人员实行项目成果奖、新产品新增利润提成、技术折价入股或实行股票期权等办法，在企业内部形成人才群体不断创新的浓厚氛围。围绕人才强企，进一步推进省属企业人才队伍建设。大力

实施企业家、各类专业技术人员和高技能一线操作人才队伍培养计划。充分利用中部地区高校和科研院所聚集的优势，按照产业发展和企业发展的要求，有针对性地培养各类专业人才和综合管理类人才。同时，积极引进人才，留住人才，在东部地区人才渐趋饱和的背景下，通过政策引导、经济利益驱动，实现高级技术人才向中部回流，通过人才的流动，带动资金、技术、信息等要素向中部地区流动并聚集。

2.加强自主创新

按照政府引导、市场化运作的原则，加快企业创新平台建设，着力推进企业信息化、产学研联合、新技术推广应用。建立健全企业技术创新的投入机制和科研成果转化机制，建立企业技术中心，把技术创新的投入、产出和科研成果转化有机地统一起来，形成投入有保障、产出有动力、转化有激励的新型技术创新机制，加速科技成果转化和产业化。鼓励大中型企业建立技术研发中心，大力扶持民营科技企业，支持科技型企业转型，鼓励应用类的技术研发机构进入相关企业发展，推动企业成为技术创新的主体。对有关国家安全和打破发达国家技术垄断的重大技术改造项目建设，应利用国债资金、国家开发银行低息贷款予以支持。特别要推进重点行业技术创新体系建设，发展高技术和新型技术产业，在一些重要产业领域尽快掌握核心技术，提高系统集成能力，形成一批拥有自主知识产权的技术、产品和标准，增强中部地区老工业基地的产业核心竞争力。要加强同国内国际顶级企业的合作，积极引进战略投资者，注重学习借鉴战略合作伙伴的先进技术、观念，加快引进、消化与吸收，通过资本、技术、人才、管理的合作，形成中部老工业基地产业的国际竞争优势。

(三)加强区域合作，扩大对外开放

1.推动区域经济一体化发展

鼓励中部地区实行跨省(区)经济合作，促进生产要素合理流动，提高一体化发展水平。中部六省要加强协作互动，促进优势互补，通过高层互访机制、部门联络机制、企业互动机制，加快统一市场、共同法治、信息共享平台的建设，在基础设施、产业配套等方面加强对接，推动大交通、大流通、大市场建设。加强区域整合，做到同步规划、同步建设、同步投放，增强整体功效。同时，中部地区还应加强与其他地区的合作，通过长江经济带的建设，将长三角经济区、长江下游的皖江经济带、中游的武汉城市圈、长株潭城市群和上游的成渝城市圈对接，以点成线，以线代面，实现区域要素的空间流动、优化组合以及产业的合理分工。积极接收东部沿海地区的辐射，吸收其资本、人才的流入，吸引东部投资者在中部投资设厂，组建跨地区的企业集团。

2. 积极承接产业转移

产业转移是全球工业化进程中的必然趋势，也是推进产业结构优化升级的重要途径。目前中部地区与东部沿海地区仍存在资源禀赋的结构性差异，相比沿海地区而言，中部地区的低成本劳动力仍是一大优势。因此，中部老工业基地要紧抓国际、国内产业分工调整的重大机遇，依托中部老工业基地的产业基础和劳动力、资源等优势，加快产业结构调整，推动劳动密集型产业、能源矿产开发和加工业、农产品加工业、装备制造业、现代服务业、高技术产业、加工贸易等重点产业的发展，培育若干国际加工制造基地、服务外包基地，进一步壮大产业规模，培育老工业基地的产业发展新优势。

3. 加快发展外向型经济

坚持“引进来”与“走出去”相结合，全面提高中部老工业基地招商引资、国际经济技术合作和出口创汇的规模与水平，把对内对外开放工作的重点放在加快转变政府职能、着力改善城市的投资环境上来，在继续吸引国外中小投资者来中部投资的同时，加大吸引跨国公司的力度，借鉴国际先进管理理念、制度、经验，积极融入全球创新体系。大力调整产业结构，加快发展外向型经济，深化国际能源资源开发和加工互利合作，以此带动中部老工业基地的经济发展和出口增长，培育中部地区出口竞争优势。跟踪研究跨国公司的全球战略、投资动向、发展重点，寻找其与中部经济发展的结合点，通过开放型经济发展，提高中部地区经济的整体竞争力。

第八章　中部老工业基地调整改造的政策研究

老工业基地的调整改造，政策支持至为关键，中部老工业基地的调整改造同样也离不开国家政策的大力支持。因此，有必要明晰中部老工业基地的具体政策诉求，有选择地继续实施已有老工业基地振兴政策，研究出台新形势下促进老工业基地调整改造的新政策，构建中部老工业基地调整改造的政策支持体系和振兴的长效机制。

第一节　老工业基地的政策支持

老工业基地的调整改造是一项庞大的系统工程，需要国家各方面政策的支持。应从政策的科学性、系统性角度出发，进行老工业基地调整改造政策的总体框架设计，形成系统完整的老工业基地政策支持体系。

一、政策设计原则

(一)差异性原则

强调具体问题具体分析，以明确、科学的识别与分类标准为基础，衡量老工业基地城市不同区域、不同阶段的发展基础和水平，建立健全分类指导的经济政策、实施机制和管理体制，强化政策的针对性和差异性。

(二)配套性原则

把握老工业基地调整改造实际，紧紧围绕不同的政策对象、政策主体、政策工具等内容进行设计，形成各尽其能的合理化政策组合和最优政策激励组合，实现政策的完整配套，以发挥政策最大的杠杆效应或乘数效应，促进老工业基地实现全面振兴。

（三）整体规划原则

规划先行，整体推进，分步实施，有计划、有步骤地出台和实施一系列政策。注重事前预测、中期评估和事后评价，立足定性与定量相结合的综合评价指标体系，在目标、政策工具等方面进行动态调整，以适应不同类型老工业基地经济社会发展的不断变化。

（四）统筹推进原则

平衡中央与地方、整体与部分、区域与区域、长远发展与当前利益之间的关系，统筹兼顾经济效益、社会效益、生态效益和人才效益，避免重复建设和低水平建设，合理规划产业布局和城市改造等发展重点，促进老工业基地"四位一体"全面发展。

（五）可操作性原则

从老工业基地普遍存在的问题和矛盾入手，以解决实际问题为重点，开展更为具体的对策研究，保证与现有规划、政策相互衔接，完善相应的政策内容和细化执行程序，明确落实责任部门和时限，将老工业基地调整改造政策落到实处。

二、主要政策工具

老工业基地调整改造的政策工具主要包括财政政策、税收政策、金融政策、土地政策、产业政策以及社会保障政策、科技人才政策、改革开放政策、资源环境政策和其他区域特殊政策等。实施老工业基地调整改造，必须建立和完善国家支持政策体系，并综合运用多种政策工具。

（一）财政政策

财政政策是支持老工业基地调整改造最为直接有效的政策手段。近年来，尽管我国对落后地区和老工业基地的财政转移支付规模有所扩大，但地区间财政能力差距仍很明显，与实现老工业基地全面振兴和区域协调发展的要求相差较远，老工业基地财政政策还需要继续采取积极的财政支出政策。所谓积极的财政支出政策，并非全面扩张的财政政策，而是以有利于调整和优化经济结构、促进体制机制创新、改善投资环境、增强经济增长后劲和产业带动效应为目的的财政政策。在各级财政支持方面，直接投入、财政补贴、贷款援助、优惠贷款、贷款担保、政府采购等都是较为常用的政策手段。

（二）税收政策

税收政策的职能是筹集财政收入和调节经济发展，对社会生产、分配、交换和消费直接产生着影响，其政策手段主要包括减税、免税、加速折旧、增加费用扣除、允许亏损抵补、延期纳税、再投资退税、税收抵免等形式。老工业基地税收政策框架体系主要包括限制类税收政策和鼓励类税收政策，前者主要采取限制类税收政策，抑制资源过度开发利用和破坏生态环境等经济行为，辅助经济结构调整，实现社会福利最大化；后者主要通过经济利益诱导生产要素的配置，实现经济结构向预定目标调整。

（三）投融资政策

投融资政策是增强老工业基地发展活力的政策手段。中小型企业和高新技术企业是老工业基地增强发展活力的重要支撑，对于中小型企业和风险较大、短期收益率较低的高新技术企业，融资难已成为发展的瓶颈。因此，推进老工业基地调整改造，既要综合运用规划、投资、产业、价格、财税、金融等政策措施，建立一个良性驱动、面向市场、有利于经济发展的投融资政策支持体系和环境；还要形成有效的激励机制，引导社会资金投向，积极解决老工业基地发展投入不足和中小型企业融资困难等问题。

（四）土地政策

土地政策作为国家宏观调控的重要手段之一，有利于抑制固定资产投资过热，并在一定程度上助推产业结构调整。国家可运用土地政策，在用地审批、土地利用、土地整理复垦等方面加强对老工业基地的政策支持与规范，将提高单位面积的土地产出率作为招商引资和产业发展的要求，搞好老工业基地土地利用总体规划的修编工作。同时要对各项规划指标进行科学论证，切实加强土地供应控制和矿产资源管理，运用财税、信贷等政策手段和必要的行政手段，调控土地、矿产等资源的供求。

（五）产业政策

解决产业城市衰退，打造区域经济增长极是老工业基地调整改造的重点内容和关键环节，因此产业政策是加快老工业基地调整改造的重要政策手段。要进一步明确老工业基地产业发展目标，整合发展思路，运用产业政策引导区域产业布局发展和企业能力构建，推进老工业基地建设结构优化、技术先进、创新能力强的现代产业体系。产业政策主要包括产业结构政策、产业组织政策和产业技术政策。产业结构政策是政府制定的通过影响与推动产业结构的调整和优化促进经济增长的产业政策。一般包含：幼小产业保护政策、主导产业选择政策、战略产业扶植政策和衰退产业调整政策等。其中战略产业扶植政策和衰退产业调整政策是最基本的产业结构政策内容。产业组织政策是为了获得理想的市场效果，由政府制定的干预市场结构和市场行为，调节企业间关系的公共政策。其实质是协调竞争与规模经济之间的矛盾，以维持正常的市场秩序，促进有效竞争态势的形成。产业技术政策是国家对产业技术发展实施指导、选择、促进与控制政策的总和。它以产业技术为直接的政策对象，是保障产业技术适度和有效发展的重要手段。老工业基地调整改造的产业政策初期主要以产业结构政策为主，中远期应向后两者发展，一般都需要财政政策和货币政策作为其政策支撑手段。

三、政策分类支持

老工业基地的种类不同，问题差异性较大，应按照问题的性质和严重性划分问题区域，包括经济发展落后的贫困地区、相对衰退的老工业基地、结构单一的资源型地区、财政包袱沉重的粮食主产区、各种矛盾交融的边境地区、过度膨胀地区和自然灾害突发区等，并明确提出国家区域援助政策的总体共性目标和不同类型问题区域的援助目标。就总体目标而言，国内外区域组织和政府机构实施区域援助主要是为了缩小受援地区与非受援地区经济社会发展的差距，追求社会公平最大化。而具体到不同类型的问题区域，援助目标因其面临的区域问题性质不同而有所差异。这样，一方面可以明确区域援助的对象，便于政策的操作和实施；另一方面有利于根据不同类型问题区域的病症，实施差别化的区域援助政策。

我国老工业基地城市数量众多，发展水平参差不齐，以往历史上的老工业基地调整改造，因为政策范围界限模糊，缺乏区别对待、分类指导的实施政策，为政策的贯彻落实带来了一定困难。而且，由于政策过于“泛化”，国家带有“普惠制”性质的政策在实践中也难以取得较好的实施效果。因此，新时期的老工业基地调整改造，应充分体现区别对待、分类指导、分阶段实施的原则，国家要针对不同类型的老工业基地城市分别给予不同侧重的政策支持，以加强老工业基地调整改造政策的有效性、针对性和实用性。

繁荣型老工业基地：因其已实现了产业结构升级与产业现代化，城市功能较为完善，经济社会发展水平较高，已成为国家或区域的经济中心，对于这类老工业基地的调整改造，国家不需要再予以特别扶持，而应充分发挥市场机制的调节作用，通过强化自我“造血”功能使其实现更快发展，并引领带动区域的发展。

发展型老工业基地：其发展没有停滞，并保持着较高的发展速度，但产业结构调整和节能减排压力较大，产业结构和城市功能升级迫在眉睫，对于这类老工业基地的调整改造，国家可针对某些方面的突出问题，实施政策适当倾斜予以扶持，主要应发挥政策的“杠杆”作用，通过适度“补血”激发其内在自我发展能力，支持其加快发展。

衰退型老工业基地：因其发展长期停滞，经济社会发展水平比较滞后，存在经济地位下降、城市建设落后、社会负担过重、环境破坏严重等一系列问题，亟须国家予以支持，以恢复经济活力。对于这类老工业基地的调整改造，国家可在多方面给予全面系统的政策扶持，通过直接“输血”帮助其恢复经济活力和自我发展能力。

第二节 中部老工业基地的政策诉求

中部老工业基地的调整改造是一项涉及经济体制转轨、国有企业改革、政府职能转变、投资环境优化、产业结构转型、城市功能完善、资源环境改善等多方面内容的系统工程。因此，必须明确具体政策诉求，由国家与地方政府共同对老工业基地进行政策支持。总体来说，可分为四类支撑政策、三类保障政策、两类发展政策、一类特殊政策。

一、四类支撑政策

（一）财政政策

1.中央财政转移支付

国家应充分考虑对老工业基地实施税收优惠政策造成地方财政减收的因素，加大对中部老工业基地的转移支付力度，提高中央财政对中部老工业基地城市的转移支付水平，在节能环保、新能源、教育、社会保障、农业综合开发、扶贫开发、生态补偿等方面给予更多支持。加大对财政收入较低地区的乡村基础设施建设和改善民生的财政转移力度。对中部老工业基地接收原中央企业分离"企业办社会"所需费用缺口，由中央财政比照中央企业分离"企业办社会"的相关政策，以专项转移支付的形式给予补贴。围绕老工业企业形成的老工业区分离独立工矿区社会管理职能，对由于特殊原因仍需要企业继续管理而发生的费用，中央财政予以相应补贴。

2.设立专项改造基金

设立"中部老工业基地城市改造专项基金"，资金由中央和各省共同筹集，其中中央投入占60%，中部六省占40%，时间持续10年以上。基金的管理由国家发改委和中部六省发改委共同设立，运行管理以省为主，中央监管。该基金主要用于支持老工业基地城市传统产业改造升级、新兴产业培育及落后产能的淘汰，用于城市基础设施改造和产业园区建设。具体支持手段以补贴、贷款贴息、担保等为主，最大限度地发挥基金的作用。凡列入老工业基地城市改造范围的城市，也要建立本级财政的"老工业基地城市改造基金"。

3.发行城市改造债券

为解决调整改造、完善城市整体功能中巨大的资金需求缺口问题，由国家或委托省级人民政府发行老工业城市调整、改造、升级的中长期国债并转借给进入试点的中部老工业基地城市；或由中央政府批准列入试点的中部老工业基地城市发行地方债券，由此形成的地方政府债务，由地方从减持国有资产、财政收入以及其他政府性收入中逐步偿还；率先在中部老工业基地城市试点发行中小城镇建设债券。

4.重大项目投资扶持

加大中央财政性投资、预算内投资、国债投资对中部老工业基地城市的投资力度，提高中央部门专项建设资金对老工业基地城市的基础设施建设项目的投资补助标准和资本金注入比例。组织一批老工业基地城市调整改造重大项目，争取中央预算内资金支持。在中央支持战略性新兴产业发展、高新技术产业化示范、生态环境建设、技术改造等专项资金中，对中部老工业基地城市给予更多支持。对商业银行在中部老工业基地城市发放的低息贷款和政策性贷款由中央财政给予贴息。对三线企业开展资源综合利用、循环经济等重点项目的审批和布局建设给予优先考虑。

此外，考虑到"三线"企业所作出的历史贡献，由中央财政解决地方财政历年为三线内迁企业承担的相关费用，由社保基金统筹解决三线内迁企业欠缴的社保费。对三线企业重组和关闭破产、呆坏账核销以及企业离退休人员的养老保险、医疗保险等方面支出，由中央和各省视其情况给予全额或部分支付。

（二）税收政策

1.豁免历史欠税

按照规定条件，经国务院批准，结合中部老工业基地实际情况，妥善解决国有大中型企业截至 2010 年底的历史欠税问题。对 2001 年以前企业历史形成的、确实难以归还的欠税全部予以豁免；2001 年到 2010 年所形成的欠税分类处理，对关停、倒闭企业欠税全部豁免，对优势企业兼并劣势企业的，将劣势企业欠税全部豁免，将改制国有企业欠税转为国家资本金。执行财政部、国家税务总局关于豁免东北老工业基地历史欠税的有关政策，豁免中部老工业基地企业尤其是"三线"企业的历史欠税。或者借鉴国家解决东北老工业基地历史欠税问题的方法，豁免企业难以归还的 2001 年前的历史欠税，对 2001—2009 年的欠税追缴税款，豁免滞纳金。

2.增值税政策

推动中部老工业基地生产型增值税转为消费型增值税。从 2012 年 1 月 1 日起，允许中部老工业基地从事装备制造业、石油化工业、冶金业、船舶制造业、汽车制造业、农产品加工业、军品工业、高新技术业和特殊行业如资源类行业等行业工业企业的增值税一般纳税人，抵扣购进或自制生产性固定资产增值税进项税额。对中部老工业基地纳入国家重点发展产业范围的增值税一般纳税人，实际发生的购进固定资产、用于自制固定资产发生的购进货物或应税劳务、通过融资租赁方式取得的固定资产以及为固定资产所支付的运输费用，其进项税额未超过当年新增增值税部分允许进项先抵欠税，再计算应退税额，并在年末前分两次退还纳税人应抵扣的固定资产进项税额。对钢铁、农产品加工等没有抵扣的“隐形进项税”行业，率先实行增值税转型试点。对中部老工业企业为开发制造国家重点发展的重大技术装备和产品而进口的部分关键配套部件和原材料，免征进口关税，或实行先征后返，进口环节增值税先征后返。

3.所得税政策

对工业企业固定资产受让或投资的无形资产，可在现行规定摊销年限的基础上，按不高于40%的比例缩短摊销年限；对将在2011年底到期的转制科研院所减免企业所得税的优惠政策再延长5年；对设在中部的国家鼓励类的内资企业和外商投资企业，减按15%的税率征收企业所得税；对中部老工业基地新办交通、广播电视企业，给予减免企业所得税的优惠政策。其中：内资新办企业自生产经营之日起，第一年至第二年免征企业所得税，第三年至第五年减半征收企业所得税。生产型外商投资企业经营期在10年以上的，自获利年度起，第一年至第二年免征企业所得税，第三年至第五年减半征收企业所得税。对改制后的企业利用原企业的非主业资产、闲置资产和关闭破产企业的有效资产进行独立核算，并吸纳原企业富余人员达到30%以上的，免征3年企业所得税。扩大增值税、企业所得税等主体税种的地方分成比例，调高税收返还补助基数、系数。对老工业基地城市的企业实行以上一年度实际缴纳税收为基数，新增税收地方留成部分由政府返还企业。企业所得税按15%税率征收；企业当年高新技术产品产值加技术性收入达到年总产值60%以上的，企业所得税实际税负不超过10%。

4.资源环境税收政策

下放给中部六省省级人民政府根据情况决定，按不超过30%的幅度降低衰竭期矿产资源资源税税额标准的权力。对中部老工业基地发展循环经济，推行降低节能降耗、物耗，开展资源综合利用、清洁生产和推广节电和节水的工业企业、使用循环再生资源所生产的产品实行减免税收的优惠政策。

5.搬迁改造税收政策

企业根据搬迁规划，经过批准，异地重建，恢复原有或转换新的生产经营业务，用企业搬迁或处置收入购置或建造与搬迁前相同或类似性质、用途或者新的固定资产和土地使用权(以下简称重置固定资产),或对其他固定资产进行改良,或进行技术改造,或安置职工的,准予其搬迁或处置收入扣除固定资产重置或改良支出、技术改造支出和职工安置支出后的余额,计入企业应纳税所得额。企业利用政策性搬迁或处置收入购置或改良的固定资产,可以按照现行税收规定计算折旧或摊销,并在企业所得税税前扣除。企业从规划搬迁次年起的五年内,其取得的搬迁收入或处置收入暂不计入企业当年应纳税所得额,在五年期内完成搬迁的,企业搬迁收入按上述规定处理。

6.进出口关税政策

对中部老工业基地进口设备或关键部件给予税收支持。凡经过国家发展改革委或省级发展改革部门审批同意的老工业基地城市改造项目,所需的进口设备及仪器,不受原有国家产业政策和鼓励外商投资产业指导目录的限制,一律享受免征设备进口关税和进口环节增值税的政策优惠;改造项目的设备投资部分,可以从项目开工建设之日起计算,根据设备投资的实际发生数额,在5年内从企业的应纳增值税和所得税中按照4∶6的比例分别予以抵扣。对符合《当前国家重点鼓励发展的产业、产品和技术目录》的国内投资项目,在投资总额内进口的自用设备,除《国内投资项目不予免税的进口商品目录》所列商品外,免征关税和进口环节增值税。

(三)金融政策

1.豁免历史欠债

争取核销历史上国有商业银行对中部老工业基地城市企业贷款的呆坏账,扩大老工业基地城市中国有商业银行对不良资产进行处理、剥离的处置权力,提高老工业基地城市中国有商业银行的呆账核销比例。在政策规定范围内允许老工业基地城市的国有商业银行具有更多的处置不良资产权力,容许其通过债务打折、债务延期、债务减免息、资产置换等多种途径,加大国有企业债务重组和不良资产处置力度。对中部老工业基地国有大中型企业截至2005年底所欠金融机构的不良贷款和呆坏账,按不高于10%的比例打包处理或核销处理。对资不抵债、扭亏无望、到期不能清偿债务的央企、军工企业等企业,列入全国企业兼并破产工作计划。对破产企业和特困企业涉及抵押和担保的,给予适度的政策调整。

2.重点信贷支持政策

对中部老工业基地调整改造的城市，降低人民银行收取的存款准备金率。各国有专业银行和政策性银行在中部老工业基地城市的贷款规模，应当明显高于其他城市的贷款规模，并且在规划改造期间，新增贷款的增长速度应高于中部地区和全国平均增速。可以考虑专门对中部的“三线”企业调整改造下达贷款指标，用于“三线”军工企业的技术改造、新兴产业发展等。鼓励银行增加对当地优势特色产业的贷款投放，出台支持重大装备制造、高新技术、优势资源开发企业贷款的政策，准许对这类产业的企业运用封闭贷款、合同抵押贷款、开发权或经营权质押贷款等方式。银行对达到信用等级的企业，应当提供比其他地区更多的商业票据贴现服务。扩大对老工业基地城市的国家政策性贷款规模，国家农业发展银行、国家开发银行、国际性金融组织在中部老工业基地城市的投资规模，要在现有基础上以高于其他城市的速度增加。国际金融组织和外国政府优惠贷款优先安排老工业基地城市项目。

3.金融机构发展政策

放宽中部老工业基地城市地方商业银行的资本扩张限制，容许其组建有地方特色的专业性商业银行，放宽地方商业银行跨区域设立分支机构的政策限制。支持中部老工业基地城市培育新型农村金融机构，发展地方法人金融机构、保险机构、金融租赁公司。积极争取扩大村镇银行、贷款公司、农村资金互助社等新型金融机构和小额贷款公司的试点范围。鼓励国内外金融机构在老工业基地城市设立分支机构，支持大型企业集团设立非银行金融机构或分支机构。同时，探索和创新融资渠道与手段。通过扩大信贷担保基金的规模，建立区域性信用担保的再担保机构等。设立中小企业创新基金，扩大老工业基地城市在企业债券、IPO、中期票据、短期融资券等方面的直接融资规模。优先考虑有条件的企业上市融资，支持国家高新区、国家经济技术开发区和部分条件成熟的省级开发区进入代办股份转让系统。

（四）土地政策

1.土地政策差别化

放宽中部老工业基地城市的非耕地建设用地指标，适当降低老工业基地城市开发园（区）建设用地的基准地价。允许中部老工业基地城市开展城乡建设用地增减挂钩试点，开展农用地转用、土地征收审批和实施分离试验，下放项目审批权限，允许跨区域设置项目区和用市场方式配置挂钩指标。

2.增加用地指标

在安排土地利用年度计划指标时重点向中部老工业基地城市的各类国、省级产业示范基地、产业园区倾斜。适当增加中部老工业基地城市重点建设项目的土地指标，允许占补平衡指标与拟整理的土地项目对应挂账。对中部老工业基地搬迁用地指标单列，不占用每年国家下达省的指标，并逐年适度增加老工业基地用地指标。对产业集聚区内的重点项目用地，允许依据土地利用总体规划和城市总体规划，调整用地类型，并适当增加用地指标。

3.因企制宜处置国有划拨土地

中部老工业基地国有企业依法使用的原划拨土地，在不改变用途的情况下，企业改革前可继续以划拨方式使用，改革后的企业用地符合《划拨用地目录》的，可仍保留划拨方式使用；不符合《划拨用地目录》的，根据产业性质、企业类型和改革的需要，经批准可采用出让、租赁、作价出资（入股）等方式，合理处置企业使用的划拨土地资产。企业需要改变所使用的原划拨土地用途的，应当依法办理批准手续。改变后的用途符合《划拨用地目录》的，可继续以划拨方式使用，不符合《划拨用地目录》的，应当依法办理有偿用地手续。因城市建设需要搬迁的企业，原使用土地可自主开发或联合开发，土地出让金90%返还企业，在工业园区内选址的可优先安排。允许老工业基地城市“退二进三”企业用地置换，且新增工业用地年度计划指标由国土资源部单列并按等额置换原则戴帽下达。对部分新增工业用地所需的补充耕地，实行国家补助，使用市级立项的土地开发整理出来的耕地占补平衡指标履行耕地补充。

4.特殊土地政策

对工业遗产和原“三线”企业所在地区土地再利用给予支持，推动保护性开放。对于河南、湖北、山西等老工业基地由于文物保护、环境保护等需要搬迁的工业企业，给予特殊的土地及资金支持政策。

5.简化土地使用的审批程序

对经国家批准的基础设施项目的控制性工程，经省级国土资源主管部门报国土资源部审核同意后，可以先行用地；对于土地利用总体规划确定的城市建设用地范围内的转型改造项目，优先办理用地；对于重要的基础设施和重点工程项目，可以作为单独批次报批用地；属单独选址的重点建设项目用地，涉及补充耕地的可以依据经审查批准的补充耕地方案边占边补。

二、三类保障政策

(一)社会保障政策

1.就业保障政策

对进中心下岗职工与企业解除劳动关系的，经济补偿金由中央负担50%，地方财政负担30%，企业负担20%。没有进中心的下岗职工与企业解除劳动关系的，经济补偿按照4∶3∶3的办法实施，即中央负担40%，地方财政负担30%，企业负担30%。补贴标准为当地最低工资标准的130%。对持有《再就业优惠证》的下岗失业人员自领证之日起，享受的再就业优惠政策向后延续3年。下岗失业人员自谋职业、自主创业、灵活就业的应予以一次性就业补助，"4050"人员补贴标准为上年度在岗职工平均工资的100%，非"4050"人员补贴标准为上年度在岗职工平均工资的15%，补贴时间3年。同时，把现行的再就业优惠政策再延长3～5年，包括税费减免、社保补贴、小额担保贷款、再就业援助等，把再就业优惠政策扩展到集体企业所有下岗人员。

2.养老保险政策

在城乡一体化建设过程中，对没有纳入社会保障人员，包括农民和城镇居民，建立统一的社保政策标准。可实行养老保险个人缴费、政府补贴、社会资助相结合的办法，筹集社保基金，缴纳一定年限后，到达退休年龄，可领取养老金。养老金分基础养老金和个人账户养老金。在基础养老金不变情况下，鼓励多缴多得，可由劳动保障、财政等部门进行测算，制定具体办法。做实个人养老金账户，初期个人账户先按5%做实，以后三年逐步提高到8%。对做实个人账户所需资金，由中央补助80%，地方承担20%。对特别困难企业，实行缴费按照低于上年社平工资60%的基数计算，养老金的发放也相应低于职工基本养老保险。老工业基地内未享受国家举办的其他社会保险的超过法定退休年龄城镇户籍人员，经本人自愿申请，可实行一次性趸缴养老保险费的形式参加城镇企业职工基本养老保险。

3.医疗保险政策

扩大基本医疗保险范围，降低国有企业的参保门槛，对参加医疗保险的国有企业截至2004年底所欠的医疗保险费用，按原隶属关系中央和地方负担70%，企业负担30%。对困难企业退休人员医疗保险所需资金、失业保险基金缺口、困难企业军转干部生活补助和城市低保对象资金不足，用转移支付的形式适当补贴。对目前没有缴费能力的国有破产、困难企业在职和退休人员参加医疗保险所需资金，采用中央财政转移支付的形式每年给予补贴，建立长效财政支持机制。

4.棚户区改造政策

由中央、省、市财政按照一定比例，建立老工业城市工矿棚户区改造和基础设施建设专项补贴制度，按国家补贴80%、地方自筹20%的原则，以加快工矿区基础设施建设和棚户区改造步伐，支持老工业区和工矿棚户区改造和职能转型。

（二）科技人才政策

1.人才引进和培养政策

大力引进高层次创新人才，吸引国内外优秀人才和留学人员到老工业基地创业。在科研创新领域，重点支持引进两院院士、国家级实验室和重点学科负责人等技术创新人才。在重点产业领域，积极引进一批能够创办企业、带动产业发展的企业经营管理人才。对取得博士以上学位、享受省级以上政府津贴的专业人才到老工业基地城市工作，其取得的安家费收入免征个人所得税。对老工业企业引进的产业、学科、项目急需和拥有知识产权或特殊技能的紧缺人才，政府给予特殊鼓励政策，如从速从简办理引进人才的有关手续，并对其配偶、未婚子女优先解决落户、就业、入学等问题。允许科技城和产业园区进行人才体制创新先行先试，建立军转民的人才机制。加大中央财政对老工业基地人力资源市场建设的资金支持力度。建立科学的创新人才使用机制、管理制度，消除人才流动的体制障碍，引导科技人才向关键行业、重点企业、科研和生产一线集聚。继续做好与国内外知名公司的联合办学，加强老工业基地城市的国际化人才培训。充分发挥高等院校和研究院所在人才培养方面的作用，大力发展高等教育和职业教育，加快培养一批掌握先进技术和现代管理技能的复合型人才。

2.科技创新政策

对个人取得的技术转让所得，转让金额在10万元以下的免征个人所得税，转让金额在10万元以上的减半征收个人所得税。对各类企业的研究与开发费用，在初始年度，均可实行据实税前列支；在后续年度，只要发生的技术开发费比上年增长达到10%以上，除其当年实际发生的费用按规定据实列支外，可再按其实际发生额的50%直接抵扣当年的应纳税所得额。允许企业在税前列支一定比例(如3%～5%)的高新技术研究与开发风险投资准备金,该准备金按企业投资额或销售额的一定比例计提,并准予在企业所得税前抵扣。鼓励和支持企业采取联合出资、共同委托等方式进行合作研究开发,对开发新产品、新工艺和新技术,税前扣除比例可以进一步提高。鼓励科技人才转化职务科技成果,支持智力要素参与分配。加大对引智项目的支持力度,对经批准引智项目按国家配备资金给予配套经费。对产学研结合项目在土地使用、财税支持、人才调配、成果转化方面给予资金配套和贷款贴息,重点支持产学研活动的重大项目和共性技术研究,在扶持企业技术创新方面给予优惠政策。将企业信息化改造作为老工业基地改造的一项重点改造内容,设立改造专项,对改造投资大,短期内对企业经济效益提高直接效果不明显的信息化项目,给予较高比例(如30%)的投资补助。

(三)资源环境政策

1.资源利用政策

支持中部地区查清采矿山塌陷地的现状、数量、分布和权属,盘活利用关闭破产矿山存量土地,积极向国家争取合理调整变更。调整提高采矿山塌陷地征收、复垦、压矿村庄搬迁、农作物损失补偿标准。规范矿山开采和涉矿建设行为,对压矿村庄严格实行先搬后采,禁止在现有生产或在建的矿井井田范围上方建设建筑物、构筑物。减少每年矿业城市排污费上交国家环保总局和省环保局的比例。准许矿业城市向煤矿企业和用煤单位按照一定比例征收吨煤生态环境补偿金。建立矿业城市产业退出准备基金,支持其调整经济结构,发展接续产业。资金来源一是按吨矿10元的标准提取转产基金。省属以上煤电企业所得税返还地方一定比例,建议中央财政返还10%,省级财政返还20%。对产业升级作用大和对其他产业带动性强的企业,保障其天然气、电、土地等的配置,并在价格上有一定优惠。经国家和省有关部门批准的“三废”治理、综合利用项目,应在审批和资金上给予大力支持。参照“新疆模式”对中部老工业基地城市征收矿产资源税,用于补偿矿产资源开发对地方造成的伤害。在中部老工业基地城市生产的电量,应按一定比例留在当地。

2.环境保护政策

积极鼓励中部老工业基地重化、高污染、高耗能企业搬迁、转型。支持地方加强重点领域的节能减排工作,努力破解工业发展所面临的环境“瓶颈”。对历史遗留的环保问题和淘汰落后产能问题由中央环保部门直接组织实施。加大中部地区水域污染治理力度，并统筹治理上游迁移性污染问题，寻找新的清洁饮用水源，保障居民用水安全。建立健全生态补偿机制，对因矿山开采造成地面沉陷、地质灾害较严重的区域，不适宜居住的，要对居民集中安置；造成个人、单位财产损失的、人畜用水困难的，要积极予以赔偿或恢复。对尾矿坝要进行除险加固。落实企业资源开发补偿保证金制度。注重本地区的生态涵养，对已造成的破坏进行恢复和治理。

三、两类发展政策

（一）产业与项目政策

1.产业政策

根据中部老工业基地的具体情况，进一步修改完善《中部地区投资优势产业目录》等产业目录，支持中部老工业基地培育壮大特色产业，对符合国家产业政策，有一定技术含量的资源型、高载能的项目，在中部有条件的老工业基地城市适当放宽。设立结构调整专项资金，对于中部老工业基地传统产业技术改造给予贴息或国债资金支持；建立中部老工业基地战略性新兴产业发展专项资金，对高新技术产业化给予资金扶持，支持重大装备制造研究、技术攻关升级，同时给予3～5年的所得税减免期；建立支持中部老工业基地服务业发展专项资金，进一步放宽服务业市场准入门槛，支持生产性服务业发展；支持中部老工业基地“三基地”建设，发展特色产业集聚区。支持老工业基地城市中有条件的省级高新技术开发区升格为国家级开发区，放宽国家经济技术开发区、新型工业化示范基地、高技术产业化示范基地审批条件。

2.项目投资政策

增加央企在中部老工业基地城市的投资项目数量，争取央企的母公司增加对其在中部老工业基地城市的子公司资本金注入，督促企业发展新项目，剥离非经营性资产和企业办社会的包袱。同时，扩大投资项目的审批权限。中央预算内投资要向中部老工业基地城市的项目倾斜，对老工业基地城市的重点项目优先纳入规划，优先审批。进一步下放审批权限，对不需要中央、省平衡建设资金和其他外部条件的项目，享受省级审批权限，或自行审批报省备案。

（二）改革和开放政策

1.企业改革与重组政策

加强对国有企业公司制改革的指导，支持中部老工业基地城市发展具有较强竞争力的大公司、大企业集团。加大对非公有制经济发展的支持力度，进一步放宽市场准入条件，积极支持民间资本、外来资本参与资源开发、基础设施、公用事业、金融服务和社会事业等领域的建设，加大中小企业在创业扶持、科技平台、投融资等社会化服务体系建设方面的力度。放宽对国有股权转让的限制，允许在产权市场进行国有股权的拆细交易，支持地方政府通过转让企业国有资产筹集老工业基地城市改造的建设资金。国有资产管理部门对老工业基地城市改造项目企业国有资产的转让收入，可以采取即收即借的办法，以长期无息或低息借款的方式返贷给企业，用于中部老工业基地城市的改造。

2.外商投资政策

放宽外商投资城市燃气、热力和供排水管网建设、经营项目的股份比例限制，允许外方控股。鼓励外资金融机构参股地方城市商业银行，参与农村信用社改制重组。鼓励在企业年金、农业保险等方面有优势的外资保险公司进入。对外商设立合资证券公司、证券投资基金管理公司、保险经纪公司和外资保险公司经营机构给予优先许可。

积极引导外商投资中部老工业基地的装备制造业、化工业、高新技术产业和农产品加工等行业，国家在上述行业重大关键技术和设备引进方面给予政策性信贷支持。重大项目经批准可降低资本金比例。外商投资已获国家批准的国债重点项目，原批准项目贷款贴息、补助和资本金补助数额不变，按规定批准后，可转增中方国有企业股权。把中部老工业基地列入《中西部地区外商投资优势产业目录》的执行范围，凡符合该目录的外商投资项目，可享受鼓励类外商投资项目的进口税收优惠政策。

四、一类特殊政策

即对口帮扶政策。鼓励和支持跨区域合作。为有效推进连片改造，应鼓励跨区域的企业联合与重组，国家对跨区域资产重组企业的项目给予优先核准，优先安排扶持资金。建议国家出台对口支持政策，鼓励东部、东北等工业城市与中部老工业基地城市结队合作、对口支持，在老工业城市共建产业合作区，以此为平台加强在信息、产业、技术、人才、市场等方面的交流合作。老工业基地城市在工业园用地规划范围内，划出一定面积的土地，设立对口支持城市产业转移工业园区（承接园区），由其依法组织投资、开发、建设和招商引资等工作，并按商定比例从当地财政受益年度起进行利益分成。

对南水北调中线工程的水源地十堰、南阳等老工业基地，南水北调受益地区对这些老工业基地的工业、农业、交通、教育、水利等方面应进行对口支援。

第三节　促进政策实施的保障措施

必须建立一系列保障措施，才能保证中部老工业基地调整改造工作的顺利推进。

一、尽快推进政策法制化

实现老工业基地的全面振兴是一项复杂的系统工程，也是一项长期的艰巨任务，只有先解决老工业基地振兴的法律地位，才能从根本上保证政策的稳定性和实施效果，形成政策保障的长效机制。在发达国家，对衰退老工业区的治理和再开发，一般都是按照“立法——规划——治理和再开发”的程序进行，使其以后的相关政策能够按照正规的法律途径得到较为彻底的执行。而目前我国老工业基地的调整改造和全面振兴，无论是从相关规划研究还是相关的政策制定，都缺乏一个合理的法律途径。国家出台的很多政策措施至今尚未法制化，不少方面甚至无法可依。因此，从我国基本国情出发，应制定形成以法律法规为框架的老工业基地调整改造和振兴的法规体系，明确政府、企业和社会公众等不同主体在老工业基地调整改造和振兴中的责任和义务，使我国老工业基地振兴走上法制化、制度化的轨道。

二、强化组织保障

老工业基地调整改造和振兴任务繁重，政策的制定与执行涉及中央及地方各级政府和各级部门，如何建立起高效运作的组织体系，是中部老工业基地振兴政策能否贯彻执行的关键环节。一要明确主管部门。各地应成立老工业基地调整改造领导小组及办公室，牵头主管部门要全面统筹调整改造政策及对关键问题区域援助政策的制定、实施和监督反馈工作，组织、协调各级政府、各职能部门的分工合作。各老工业基地城市政府也要指定相关职能部门，作为贯彻执行老工业基地振兴政策的相关区域管理机构，以保证政策的上传下达。二要制定具体规划。老工业基地调整改造应强调规划先行，要加快制定中部老工业基地调整改造专项规划，同时中部各省及老工业基地城市也要及时制定相关调整改造规划，以规划科学推进老工业基地调整改造。三要建立中央与地方间的合作机制。要加强各部委、各级政府间的统筹协调、沟通合作，合理划分各级政府的事权财权，形成中央和地方政府间的工作协商机制，建立相应的分工合作机制，逐步消除制约政策效果发挥的行政障碍壁垒，进而开展有效的区域合作，共同推进老工业基地调整改造与振兴。

三、建立综合绩效评价机制

在明确了老工业基地的具体支持政策后，还要制定相应的评价机制对老工业基地调整改造政策的实施效果进行评估。通过对政策的实施效果进行综合绩效评价，可以考量政策的预期效应，发现政策在实施过程中是否收到了预期效果，存在哪些主要问题，从而决定这项政策是应该继续、调整还是终结，并为今后进一步完善政策提供科学依据。因此，实行综合绩效评价制度，是建立老工业基地政策保障机制的关键环节。可以从以下方面进行探索：一是建立科学的评价方法。可以按事前评价、中期评价和事后评价三个阶段建立完善的综合绩效评价体系。通过定期稽查、日常考核与阶段性考核相结合的方式，使考核评价工作更加规范、严密，具有更强的操作性。二是科学制定量化指标体系。目标是综合绩效评价的依据和标准，可对各项目标予以量化，建立一套定性与定量相结合的综合评价指标体系，制定评分标准，依据标准进行综合绩效评价。

四、建立动态调整机制

新的历史时期会对中部老工业基地的发展不断提出新的要求，赋予中部老工业基地更多的使命与责任，同时中部老工业基地自身的发展也会面临不断的变化。因此，建立动态调整机制，是中部老工业基地调整改造和振兴政策正常运行并发挥预期效果的重要保障。一是加快信息共享平台建设。要加快老工业基地信息共享平台的建设，根据中部地区老工业基地经济社会发展水平和生态环境的状况建立基本信息网络数据库，及时了解老工业基地动态变化的相关信息。二是建立信息反馈与动态调整机制。建立信息反馈与动态调整机制，可与监督评价机制相协调，适时对老工业基地调整改造政策进行调整完善，对政策与规划实施中发生的新情况、新问题及时进行信息反馈，以便作出相应的调整和补救措施，保证政策落实与规划实施的科学性与即时性。

五、建立和完善监控机制

政策的有效执行必须由政策监控贯穿于政策过程的始终，它涵盖政策监督、政策控制、政策调整等诸多活动。加快建立和完善中部老工业基地调整改造和振兴政策监控机制，可以充分激发和调动政策执行机构的积极性和创造性，增强机构的生机和活力，从而使各项政策更好地实现原有既定目标。一要强化责任意识。有权力必有责任。担任公共政策行使主体的组织或个人必须回应社会和民众的要求，积极、适时地制定与执行旨在增进或维护公共利益的公共政策，履行其社会义务和职责，勇于承担道德上、政治上、法律上的责任，接受来自内部和外部的控制以保证责任的实现。二要完善政策监控机制。加快构建和完善老工业基地调整改造和振兴的政策监控机制，尤其是制定切实可行的监控制度与具体的实施细则，以法律法规的形式明确政策监控的主体、性质、作用、职权、对象、范围等，从而使法定的权力进入可操作层面，可以强化监控功能，避免出现监控乏力、不敢监督、无法监督和监督失职等现象。三要实行严格的责任追究制度。由于政策行为的广泛性和复杂性，以及我国目前领导体制和决策机制中存在的不足，政策责任在事实上存在着极大的不确定性和模糊性，当出现决策失误、政策失败时，很难确认相应的责任主体。因此，应当建立健全决策者的责任制，明确规定决策者的法律义务和责任，使之对其决策行为负责。要尽快建立健全政府责任体系，做到政府责任法定化，为提高公共政策的绩效提供根本保障。

参考文献

[1] 鲁道夫·吕贝尔特:《工业化史》,上海译文出版社,1983 年版。

[2] [美]罗伯特· M.索洛等:《经济增长因素分析》,商务印书馆,1991 年版。

[3] [美]约瑟夫·熊彼特:《经济发展理论》,经济科学出版社,2000 年版。

[4] [美]W.阿瑟·刘易斯著,梁小民译:《经济增长理论》,上海三联书店、上海人民出版社,1994 年版。

[5] [美]W.W.罗斯托编,贺力平等译:《从起飞进入持续增长的经济学》,四川人民出版社,1988 年版。

[6] [美]西蒙·S.库兹涅茨:《现代经济增长:发展与思考》,中国经济出版社,1998 年版。

[7] 钱纳里、鲁宾逊、赛尔奎因著,吴奇、王松宝等译:《工业化和经济增长的比较研究》,上海三联书店、上海人民出版社,1995 年中译版。

[8] [美]道格拉斯·诺斯:《经济史中的结构与变迁》,上海三联书店,1995 年版。

[9] [美]诺斯:《制度、制度变迁与经济绩效》,上海三联书店、上海人民出版社,1994 年版。

[10] 刘秀生主编:《新制度经济学》,中国商业出版社,2003 年版。

[11] 彭德琳:《新制度经济学》,湖北人民出版社,2002 年版。

[12] 刘秀生:《新制度经济学》,中国商业出版社,2003 年版。

[13] 雷钦礼:《制度变迁、技术创新与经济增长》,中国统计出版社,2003 年版。

[14] [英]P.斯通曼:《技术变革的经济分析》,机械工业出版社,1989 年版。

[15] [美]埃德加· M.胡佛著,王冀龙译:《区域经济学导论》,商务印书馆出版,1990 年版。

[16] 李大山主编:《区域产业结构的理论与实证分析》,天津人民出版社出版,1998 年版。

[17] 张敦富:《区域经济开发研究》,中国轻工业出版社,1998 年版。

[18] 张可云:《区域经济政策》,商务印书馆,2005 年版。
[19] 安虎森 主编:《区域经济学通论》,经济科学出版社,2004 年版。
[20] 魏后凯:《现代区域经济学》,经济管理出版社,2006 年版。
[21] 李平:《技术扩散理论及实证研究》,山西经济出版社,1999 年版。
[22] 芮明杰:《产业经济学》,上海财经大学出版社,2005 年版。
[23] 蔡昉:《科学发展观与增长可持续性》,社会科学文献出版社,2006 年版。
[24] 李欣广:《可持续区域经济发展论——经济可持续发展论丛》,中国环境科学出版社,2002 年版。
[25] 王一鸣:《中国区域经济政策研究》,中国计划出版社,1998 年版。
[26] 张明龙:《中国区域经济前沿研究》,中国经济出版社,2006 年版。
[27] 杨伟民:《中国可持续发展的产业政策研究(上、中、下)》,中国市场出版社,2004 年版。
[28] 史忠良、何维达:《产业兴衰与转化规律》,经济管理出版社,2004 年版。
[29] 郭连强:《衰退产业的国际比较与启示》,载《经济纵横》,2004 年第 9 期。
[30] 王青云:《资源型城市转型研究》,中国经济出版社,2003 年版。
[31] 国务院研究室课题组:《中国老工业基地改造与振兴》,科学出版社,1992 年版。
[32] 中国工业经济研究与开发促进会课题组:《老工业基地的新生——中国老工业基地改造与振兴研究》,经济管理出版社,1995 年版。
[33] 周景堂、廖丹青、陈文科主编:《改革与发展中的老工业基地》,湖北人民出版社,1993 年版。
[34] 《振兴老工业基地》课题组,《中国老工业基地振兴之路》,载《改革》,2000 年第 5 期。
[35] 国务院振兴东北地区等老工业基地领导小组办公室:《振兴东北地区等老工业基地 2004 年度报告》,中国财政经济出版社,2005 年版。
[36] 陈耀:《新时期我国老工业基地的改造与振兴》,载《经济工业作者学习资料》,2000 年。
[37] 唐坚:《老工业基地改造与振兴若干问题》,载《社会科学》,2004 年第 4 期。
[38] 刘伟、李绍荣:《产业结构与经济增长》,《中国工业经济》,2002 年第 5 期。
[39] 樊纲、王小鲁:《中国市场化指数——各地区市场化相对进程报告(2000 年)》,经济科学出版社,2001 年版。

[40] 赵新良:《回眸探索历程:国外老工业基地振兴方略比较》,辽宁人民出版社,2004 年版。
[41] 李诚固:《东北老工业基地衰退机制与结构转换研究》,载《地理科学》,1996 年第 5 期。
[42] 吴敬琏:《当代中国经济改革》,上海远东出版社,2006 年版。
[43] 赵儒煜:《后工业社会反论》,吉林人民出版社,1999 年版。
[44] 宋冬林:《老工业基地国有企业深化改革研究》,长春出版社,2001 年版。
[45] 任保平:《工业化的阶段性及其新型工业化中的再工业化》,载《社会科学季刊》,2005 年第 5 期。
[46] 任保平:《衰退工业区的产业重建与政策选择》,中国经济出版社,2007 年版。
[47] 徐传谌、杨圣奎:《东北老工业基地的制度'解锁'与制度创新———兼评关于老工业基地落后成因争鸣的各家观点》,《东北亚论坛》,2006 年第 2 期。
[48] 费洪平、李淑华:《中国老工业基地改造的基本情况及应明确的若干问题》,载《宏观经济研究》,2000 年第 5 期。
[49] 史言信:《新型工业化道路——产业结构调整与升级》,中国社会科学出版社,2006 年版。
[50] 冯春萍:《德国鲁尔工业区持续发展的成功经验》,载《石油化工技术经济》,2003 年第 2 期。
[51] 张伟东:《从制度变迁看东北振兴的路径依赖与路径选择》,载《开发与研究》,2005 年第 5 期。
[52] 赵 涛:《德国鲁尔区的改造——一个老工业基地改造的典型》,载《国际经济评论》,2000 第 22 期。
[53] 杨振凯:《老工业基地的衰退机制研究》,吉林大学博士学位论文,2008 年。
[54] 许广义:《东北老工业基地改造模式研究》,哈尔滨工程大学博士学位论文,2006 年。
[55] 隋忠诚:《东北老工业基地振兴的国际经验研究》,吉林大学博士学位论文,2006 年。
[56] 张平宇:《新型工业化与东北老工业基地改造对策》,载《经济地理》,2004 年。

[57] 吴炳怀:《旧城工业区改造问题初探》,载《城市规划汇刊》,1997年第4期。
[58] 李平:《工业遗产保护利用模式和方法研究》,长安大学硕士学位论文,2008年。
[59] 宋大伟:《东北老工业基地如何重振雄风》,载《瞭望新闻周刊》,2003年第19期。
[60] 邬义钧:《论产业结构优化升级与所有制结构调整》,载《中南财经政法大学学报》,2003年第3期。
[61] 洪银兴主编:《可持续发展经济学》,商务印书馆,2000年版。
[62] 曲福田主编:《可持续发展的理论与政策选择》,中国经济出版社,2001年版。
[63] 高洪深:《区域经济学》,中国人民大学出版社,2002年版。
[64] 黄景贵主编:《发展经济学研究——制度变革与经济增长》,中国财政经济出版社,2003年版。
[65] [英]约翰·希克斯:《经济史理论》,商务印书馆,1999年版。
[66] [英]波斯坦等:《剑桥欧洲经济史(第8卷:工业经济:经济政策和社会政策的发展)》,经济科学出版社,2004年版。
[67] [英]波斯坦等:《剑桥欧洲经济史(第7卷(上):工业经济:资本、劳动力和企业 英国、法国、德国和斯堪的纳维亚)》,经济科学出版社,2004年版。
[68] [英]波斯坦等:《剑桥欧洲经济史(第7卷(下):工业经济:资本、劳动力和企业.美国、日本和俄国)》,经济科学出版社,2004年 版。
[69] [日]桥本寿郎、长谷川信、宫岛英昭著,戴晓芙译:《现代日本经济》,上海财经大学出版社,2001年版。
[70] [英]I.B.汤普森:《法国区域经济地理》,上海译文出版社,1983年版。
[71] [德]海尔曼·皮拉特著,杨志军译:《德国鲁尔区的转型与区域政策选择》,《经济社会体制比较》,2004年第4期。
[72] 倪建民:《德国鲁尔区经济结构转变》,载《经济研究参考》,2000年第11期。
[73] Herman Bade著,何晓军、张颖译:《新经济和新计划能否抑制老工业区的衰落?——以德国鲁尔区和多特蒙德市为例》,载《国外城市规划》,2001年第6期。
[74] 李晟晖:《矿业城市产业转型研究——以德国鲁尔区为例》,《改革与理论》,2002年第6期。

[75] 陈国堂:《德国鲁尔老工业区改造》,载《中国发展观察》,2005 年第 9 期。
[76] 陈淮:《日本产业政策研究》,人民大学出版社,1991 年版。
[77] 余昺雕:《现代日本经济论》,吉林文史出版社,2003 年版。
[78] 赵琪:《东北地区资源型城市贫困问题研究》,东北师范大学博士论文,2006 年。
[79] 笪志刚:《日本、德国资源型工业区与振兴东北》,载《世纪桥》,2005 年第 8 期。
[80] 杨振凯:《日本九州老工业基地改造的政策分析》,载《现代日本经济》,2006 年第 6 期。
[81] 姜培生、朱涛、张德意:《日本北九州开展清洁生产考察报告》,载《中国能源》,2005 年第 8 期。
[82] 李靖华、郭耀煌:《国外产业生命周期理论的演变》,载《人文杂志》,2001 年第 6 期。
[83] 郁培丽、鄢皓月:《发达国家老工业基地调整改造的创新本质与战略意义》,载《东北大学学报(社会科学版)》,2005 年第 2 期。
[84] 王晓来:《发达国家老工业基地调整与改造的成功经验及其对我国的启示》,载《大连大学学报》,2004 年第 3 期。
[85] 吉林省委财经办课题组:《从美国"锈带复兴"看东北老工业基地振兴》,载《经济纵横》,2005 年第 7 期。
[86] 国家发展改革委外事司:《美国老工业基地在调整中振兴》,载《中国经贸导刊》,2004 年第 1 期。
[87] 许燕兰:《美国老工业区改造的经验及其启示》,载《广西社会科学》,2005 年第 6 期。
[88] 王振华:《从美国"锈带复兴"看美国老工业区结构调整》,载《科技信息》,2003 年第 9 期。
[89] 李勇辉、吴朝霞:《世界老工业基地改造的模式与启示研究》,载《开发研究》,2005 年第 3 期。
[90] 宋玉祥:《新型工业化与东北老工业基地重振》,载《中国东北论坛》,东北师范大学出版社,2003 年。
[91] 宋玉祥:《东北地区可持续发展评价研究》,载《中国人口、资源与环境》,2004 年第 1 期(第 14 卷)。

[92] 杨冬民、韦苇:《振兴东北老工业基地应走新兴工业化道路》,载《生产力研究》,2004 年第 12 期。

[93] 许顺才、林纪、许景权、吕红亮:《东北地区资源枯竭城市的转型问题研究》,载《2006 中国城市规划年会论文集:城市总体规划》。

[94] 刘洪:《经济研究范式的转换》,《经济学研究》,2004 年第 3 期。

[95] John H. Thompson. "*Some Theoretical considerations for Manufacturing Geography*". Economic Geography, Vol.42, No.4. (Oct., 1966), pp.356 ~ 365.

[96] W. B. Arthur 1989 "*Competing technologies, increasing returns and lock-in by historical events*", Economic Journal 99.

[97] C. Beatty, S. Fothergill, R. Powell. 2005 "*Twenty Years On: Has the Economy of the Coalfields Recovered?* " Regional Studies Association International Conference, University of Aalborg, Denmark.

[98] Hermann Schumacher. "*The Situation in the Ruhr*". The Economic Journal, Vol.33, No.130. (Jun., 1923), pp.155 ~ 162.

后　记

本书作者一直致力于工业化理论、产业结构和工业经济等领域的研究，而萌发著书的愿望，则源起于 2008 年和 2010 年先后两次陪同非常熟悉湖北工业领域的老领导，原湖北省常务副省长、省人大党组书记、常务副主任周坚卫同志，开展湖北“十一五”规划关于新型工业化的中期评估和湖北“十二五”时期关于产业结构调整等专题调研过程中的所学、所感、所悟。

2011 年，作者又有幸参与了国家发改委组织的全国老工业基地调整改造规划编制的前期重大课题研究，并主持了其中一项子课题《中部地区老工业基地调整改造专题研究》。课题研究过程中，作者曾带领课题组多次深入湖北、河南、湖南等省份的 20 多个老工业基地城市展开调研，获得了重要的素材和感性认识；同时也通过多次参加国家发改委组织召开的全国老工业基地调整改造座谈会，与来自全国各地研究老工业基地的专家学者进行交流、学习。在此基础上，作者先后查阅了大量文献资料，经过潜心研究和思考，历时二年终于著成此书。本书既追溯了老工业基地调整改造的理论渊源，也有源于实践的现实探讨；既展现了全国区域大格局下的宏观背景，也有基于区域板块和城市的中微观视角；既反映了国家层面的战略思考，也有来于地方的政策诉求。尤其是对中部老工业基地研究较为深入，以求为全国老工业基地和中部老工业基地的调整改造与振兴提供理论基础和实践依据。

《中部地区老工业基地调整改造专题研究》课题在研究过程中，得到了国家发改委东北司姜四清副司长和东北司产业处翟东升处长、综合处王任飞副处长等同志的认真指导，得到了湖北省发改委、河南省发改委、湖南省发改委的大力支持。湖北省委副秘书长、省委政研室主任赵凌云教授对课题报告提出了宝贵意见，湖北省发改委工业处蔡铂处长、黄培副处长、郭扬等同志以及叶学平、李兵兵、成丽娜、杜文杰等省社科院的同事们参与了课题讨论及研究，院经济所研究生潘凯等同学承担了大量的资料收集整理工作。正是因为该课题扎实深入的研究，本书作者才有可能在此基础上进一步思考著成此书。还有湖北人民出版社的同志对著作的顺利出版给予了极大帮助，在此一并向他们表示真诚的感谢。

由于时间匆忙和水平所限，本书很多研究还不够深入，疏漏不足之处敬请读者不吝赐教。本书参考引用了大量著作论文，作者已尽量予以标注，如有遗漏亦请原作者见谅并致谢意。

最后，谨以此书献给我的母校、老师和所有关心与支持我的同事朋友！

姚莉

于2012年仲夏